国家级职业教育规划教材
人力资源和社会保障部职业能力建设司推荐
高等职业技术院校汽车类专业教材

汽车车身构造与维修

（第二版）

人力资源社会保障部教材办公室　组织编写

主　编　胡小牛

中国劳动社会保障出版社

简介

本书主要内容包括汽车车身构造与维修的认知、汽车钣金维修基础、汽车车身构件的维修、汽车车身变形的校正、汽车涂装维修设备与材料的使用、汽车涂装维修工艺等。

本书由胡小牛任主编，蒋达、宣峰、任永潇参与编写。

图书在版编目(CIP)数据

汽车车身构造与维修 / 胡小牛主编. -- 2版. -- 北京：中国劳动社会保障出版社，2022

高等职业技术院校汽车类专业教材

ISBN 978-7-5167-5605-8

Ⅰ.①汽… Ⅱ.①胡… Ⅲ.①汽车-车体结构-高等职业教育-教材②汽车-车体-车辆修理-高等职业教育-教材 Ⅳ.①U463.82②U472.41

中国版本图书馆CIP数据核字(2022)第213574号

中国劳动社会保障出版社出版发行

(北京市惠新东街1号 邮政编码：100029)

*

保定市中画美凯印刷有限公司印刷装订 新华书店经销

787毫米×1092毫米 16开本 20.75印张 371千字

2022年12月第2版 2022年12月第1次印刷

定价：49.00元

营销中心电话：400-606-6496

出版社网址：http://www.class.com.cn

http://jg.class.com.cn

前　言

为了更好地适应全国高等职业技术院校汽车类专业的教学要求，全面提升教学质量，人力资源社会保障部教材办公室组织有关学校的骨干教师和行业、企业专家，在充分调研企业生产和学校教学情况、广泛听取教师对现有教材反馈意见的基础上，吸收和借鉴各地高等职业技术院校教学改革的成功经验，对现有全国高等职业技术院校汽车类专业教材进行了修订（新编）。

本次教材修订（新编）工作的重点主要体现在以下几个方面：

第一，合理更新教材内容。

根据企业岗位和教学实践的需求变化，确定学生应具备的能力与知识结构，调整部分教材内容，使知识点与技能点的深度、难度、广度与实际需求相匹配；根据相关专业领域的最新发展，淘汰陈旧过时的内容，补充新知识、新技术、新设备、新材料方面的内容；根据最新的国家技术标准编写教材内容，保证教材的科学性和规范性。

第二，加强实践技能的培养。

根据就业岗位对技能型人才所需能力的要求，进一步加强实践性教学内容，采用理论知识与技能训练一体化的编写模式，以体现“做中学”“学中做”的教学理念。

第三，精心设计教材形式。

在教材的呈现形式上，尽可能使用图片、实物照片和表格等将知识点生动地展示出来，力求让学生更直观地理解和掌握所学内容。

第四，提供全方位的教学服务。

本套教材配有习题册、电子课件、习题册答案和二维码微视频，电子课件和习题册答案可通过技工教育网（http://jg.class.com.cn）下载。

本次教材的修订（新编）工作得到了辽宁、吉林、江苏、山东、河南、广东等省人力资源社会保障厅及有关学校的大力支持，在此我们表示诚挚的谢意。

人力资源社会保障部教材办公室

2021年3月

目 录

CONTENTS

模块一 | 汽车车身构造与维修的认知

任务 1 汽车车身构造的认知 …… 001

任务 2 汽车车身维修的认知 …… 026

模块二 | 汽车钣金维修基础

任务 1 汽车钣金维修工具和设备的使用 …… 048

任务 2 汽车车身覆盖件的拆装 …… 073

任务 3 汽车钣金件的制作 …… 089

任务 4 汽车钣金件的焊接 …… 104

模块三 | 汽车车身构件的维修

任务 1 汽车车身覆盖件的维修 …… 123

任务 2 汽车车身钣金覆盖件的变形修复 …… 134

任务 3 汽车车身结构件的更换 …… 142

模块四 | 汽车车身变形的校正

任务 1 汽车车身碰撞的分析与检查 …… 154

任务 2 汽车车身变形的测量与校正 …… 163

模块五 | 汽车涂装维修设备与材料的使用

任务 1　汽车涂装维修设备的使用 …… 178
任务 2　汽车涂装材料的认知 …… 203
任务 3　汽车涂料的调配 …… 219

模块六 | 汽车涂装维修工艺

任务 1　汽车涂装施工前的准备 …… 243
任务 2　汽车车身底材表面的处理 …… 259
任务 3　汽车车身面漆的喷涂 …… 287
任务 4　汽车车身漆面的修饰 …… 308

模块一

汽车车身构造与维修的认知

任务 1　汽车车身构造的认知

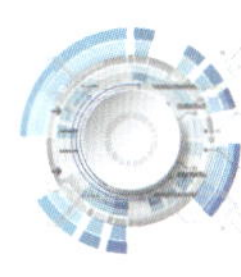

学习目标

1. 了解汽车车身的类型。
2. 熟悉汽车车身的基本构造。
3. 熟悉金属和非金属材料在车身上的应用。
4. 能描述汽车车身零件的名称和作用。
5. 能描述汽车车身零件的材质和特性。

任务描述

汽车车身是汽车的重要组成部分，它的功能是运送人员或货物，隔绝汽车行驶过程中的振动和噪声，为司乘人员提供安全舒适的乘坐环境。随着新技术、新工艺、新材料的开发与研究，汽车车身正朝着安全、节能、舒适、耐用的方向发展。本任务要求学生了解汽车车身的类型，掌握汽车车身的基本构造，以及车身构件的材质和特性，为后续学习汽车车身维修奠定基础。

相关知识

一、汽车车身的构成

如图 1-1-1 所示，汽车车身一般由车身结构件、开闭件、内外部装饰件和车身附件等构成。

图 1-1-1　汽车车身的构成

车身结构件组成了车身本体，是指纵梁、横梁和立柱等主要承力构件及与它们相连接的板件等保证车身强度和刚度的零部件。

开闭件包括发动机罩、加油口盖、工具箱盖、玻璃升降器、充电口盖、车门和行李舱门等。

内部装饰件包括仪表板、立柱饰板、门槛护板和地毯等。外部装饰件包括车顶装饰条、保险杠、翼子板和挡泥板等。

车身附件包括天窗、天窗遮阳板、烟灰盒、车门内把手、雨刮和洗涤器等。

二、汽车车身的类型

汽车车身的分类方式很多，按用途可分为轿车车身、大客车车身、货车车身和专用汽车车身，按车身承载形式可分为非承载式车身、半承载式车身和承载式车身。

1. 非承载式车身

非承载式车身由主车身和车架组成（见图 1–1–2），是一种具有独立车架的车身。车架是车辆安装承载装置、驱动装置和传动装置等的总骨架，承受着车身几乎全部的载荷；车身是安装在车架上用于载人或装货的箱形构件，不承载或只在很小程度上承载因车架弯曲或变形而产生的部分载荷。车身通过弹性元件与车架相连，弹性元件能吸收一部分由地面和发动机传来的振动和噪声，在很大程度上改善乘坐舒适性。

图 1–1–2　非承载式车身的组成

非承载式车身的优点是减振性好、工艺简单、易于改型且维修方便，缺点是质量大、承载面高，这给整车轻量化和车辆高度的降低带来了一定的困难。货车（除微型货车外）、大客车、专用汽车以及大部分高级轿车都采用非承载式车身。

2. 承载式车身

承载式车身没有独立的车架，由地板、骨架、内外蒙皮和车顶等组焊成刚性框架结构，车身构件全部参与承载。典型的承载式车身如图 1–1–3 所示。

图 1–1–3　典型的承载式车身

承载式车身具有质量小、刚度和抗扭能力强、生产性好、结构紧凑及安全性好的优点，缺点是底盘部件容易产生疲劳损伤，客舱容易受到振动与噪声的影响，损坏后修复难度大。

普通汽车大多采用承载式车身。由于整个车身参与承载，其强度高，有利于减轻自重并优化结构，承载式车身已经成为当前小客车车身发展的主流。

三、汽车车身的基本构造

汽车按照形状和车顶形式可分为普通汽车、活顶汽车、旅行汽车、硬顶汽车、舱背式汽车、厢式车和 SUV 多功能车等，如图 1-1-4 所示。汽车车身按照车身承载方式的不同可分为非承载式车身和承载式车身两种。

图 1-1-4　按车身形状和车顶形式分类

a）普通汽车　b）活顶汽车　c）旅行汽车　d）硬顶汽车

e）舱背式汽车　f）厢式车　g）SUV 多功能车

1. 非承载式汽车车身的构造

（1）车架

汽车通常采用 U 型或箱型高强度钢制作车轮、发动机和悬架的支架，支架在碰撞时能吸收大量的能量，车架上的托架、支架和孔洞可安装各种部件，从而构成汽车的底盘。为了便于汽车转弯，车架通常会被做成前窄后宽的形状。常见的车架有梯形车架、X 形车架和框式车架三种类型，常见车架的结构特点和外形见表 1-1-1。

表 1-1-1 常见车架的结构特点和外形

车架名称	结构特点	外形
梯形车架	贯穿汽车前后的两根纵梁通过若干横梁组焊在一起，形状似楼梯。应用于四轮驱动的越野车、大型客车和货车	
X 形车架	纵梁中部向汽车中心线靠拢，整个车架呈 X 形。其抗扭刚度高，允许车轮有较大的跳动空间，便于装配独立悬架。应用于具有高越野性能的车辆	
框式车架	纵梁经过地板的边缘，前部设置安装前悬架和发动机的横梁，后部设置安装后轮的横梁。优点是可降低车身地板的高度，增加室内空间。应用于大多数汽车	

（2）车身

非承载式汽车车身由前车身和主车身两部分组成。

1）前车身。前车身由散热器支架、前翼子板和前挡泥板等组成，如图 1-1-5 所示。散热器支架由上支架、下支架和左右支架焊接成一个整体。前翼子板上侧内部和后端采用点焊的焊接方式，加强了翼子板的强度和刚度。前翼子板与前挡泥板共同降低了传到客舱的振动和噪声，减小了悬架和发动机在受到侧面冲击时的损伤。

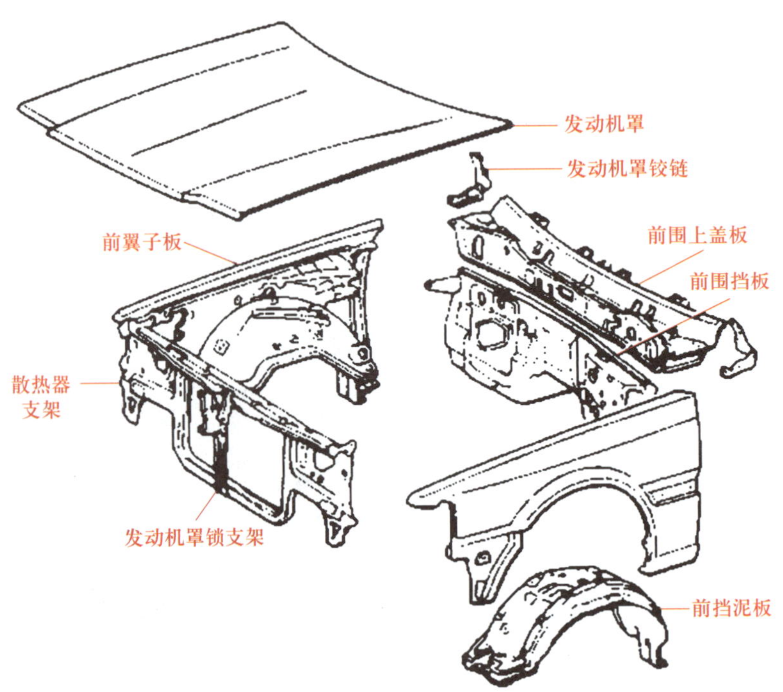

图 1-1-5　非承载式汽车前车身的构造

2）主车身。客舱和行李舱焊接在一起构成主车身，主车身由围板、地板和顶盖外板等组成，如图 1-1-6 所示。地板前面有一传动轴凹槽纵穿地板中心，横梁与地板前部焊接在一起并被共同安装在车架上。地板的四侧采用折边工艺做成褶皱，增加了地板的刚度，减少了车身振动。

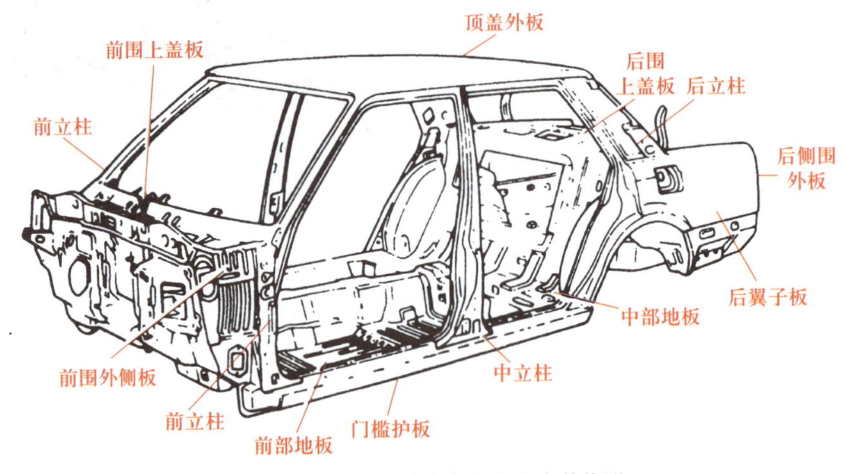

图 1-1-6　非承载式汽车主车身的构造

2. 承载式汽车车身的构造

承载式车身又称整体式车身，是一种将车架与车身合二为一的整体车身结构形式，如图 1–1–7 所示。发动机和底盘各部件被直接安装在车身上，车身承受重力、驱动力、制动力以及来自不同方向的冲击、振动等各种载荷。承载式车身是由各个车身结构件通过焊接连接形成的一个整体刚性骨架，该车身质量轻、重心低，在平坦路面上行驶的稳定性和安全性好，但振动和噪声容易直接传到客舱，车身维修难度大。

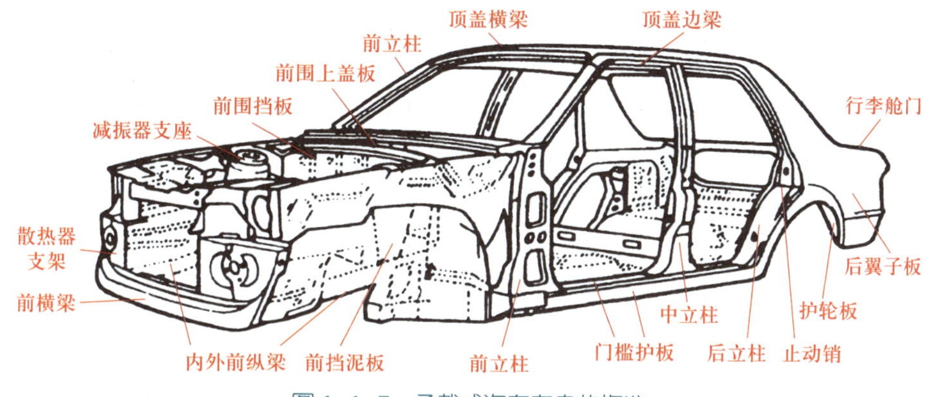

图 1–1–7 承载式汽车车身的构造

现代汽车普遍采用承载式车身，汽车车身前、中、后三部分的划分如图 1–1–8 所示。

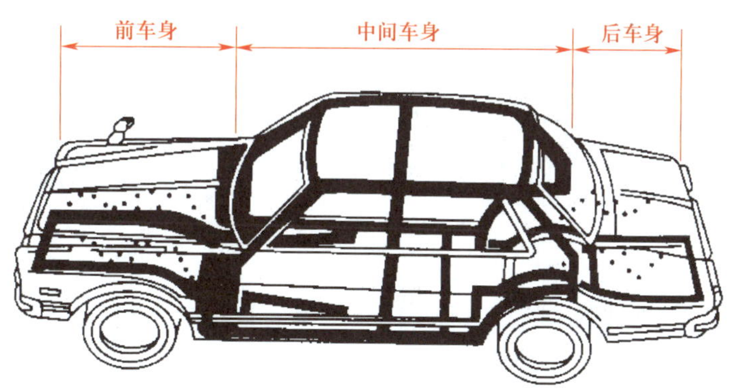

图 1–1–8 汽车车身的划分

在汽车车身前、后预留有“薄弱环节”，这些“薄弱环节”起着良好的吸收冲击能量的作用，通常称为吸能区或溃缩区。吸能区的板件上通常有孔状、褶皱状或波纹管状等的结构，在汽车发生碰撞时，前部或后部吸能区（见图 1–1–9）通过形变吸收碰撞能量，从而保证车身中部的安全。中间车身的客舱及其周围要比前、后车身坚固，并具备良好的整体性。

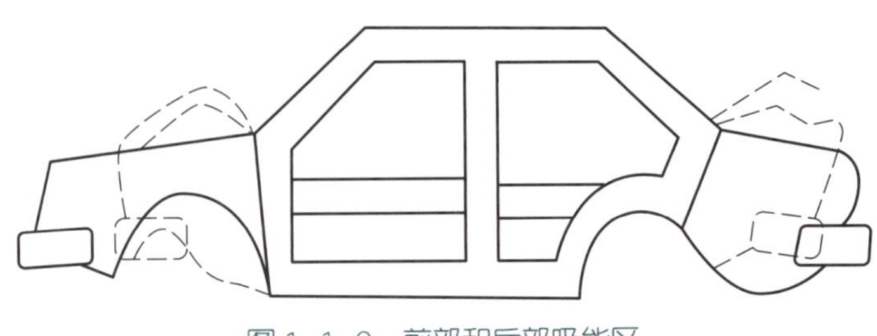

图 1-1-9　前部和后部吸能区

（1）前车身结构

承载式汽车的前车身是一个安装转向装置和发动机等总成的箱体结构，主要由发动机罩、散热器支架、前纵梁、前翼子板、前挡泥板、前围挡板以及用于安装发动机的副车架、横梁等组成，如图 1–1–10 所示。

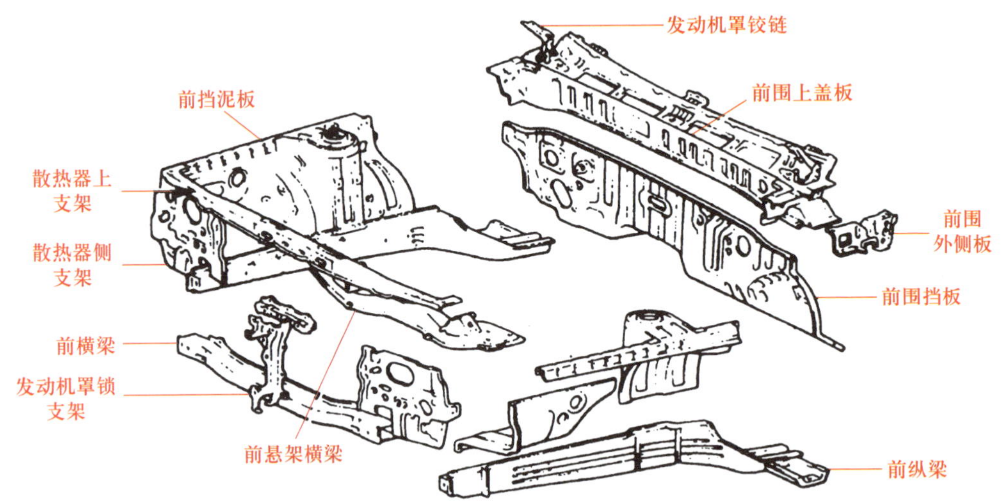

图 1-1-10　承载式汽车前车身的构造

1）发动机罩。发动机罩通过支撑铰链固定安装在发动机舱上。发动机罩由高强度钢板冲压成的网状骨架（内板）和蒙皮（外板）组焊而成，如图 1–1–11 所示，发动机罩夹层之间采用了隔音和隔热材料。

2）前围挡板。前围挡板位于发动机舱与客舱之间，其两端与前立柱、前纵梁焊接成一体。为了隔热、隔音和减小振动，前围挡板两侧粘有沥青、毛毡和胶棉等材料。

3）前纵梁。前纵梁是汽车的主要强度件，直接焊在前车身的下部，其上焊接挡泥板，也有前挡泥板与前纵梁成一体式的构件。前纵梁上钻有许多不同直径的小孔，用于装配发动机总成及车身附件。

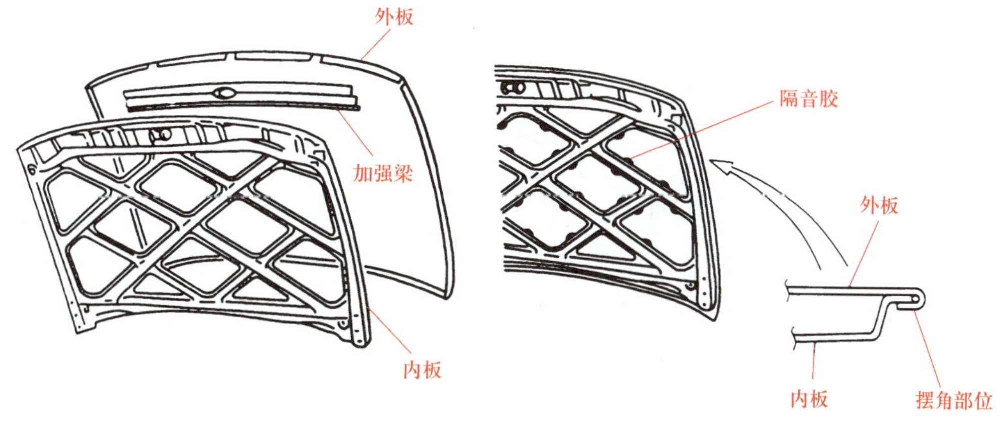

图 1-1-11 发动机罩的组成

4）散热器支架。散热器支架通过点焊焊接到纵梁上，以便于安装散热器。

5）前翼子板。前翼子板是前车身的主要覆盖件，通过螺栓固定在前悬架支撑板上。它不仅提高了前车身的整体强度，也起着使车身线条更加流畅的作用。

（2）中间车身结构

承载式汽车的中间车身由窗柱、车门、门槛护板、地板、车顶和行李舱隔板等组成。车顶、车底和立柱等构件均以焊接的方式组合在一起，为防止载荷在结合部位形成应力集中，这些构件多采用圆弧过渡形式进行连接。中间车身侧面的构造如图 1-1-12 所示。

1）侧窗立柱。中间车身的侧窗立柱除了起支撑风窗和车顶的作用外，还可以在发生挤压事故时保护乘客的安全。侧窗立柱包括前立柱、中立柱和后立柱，又称 A 柱、B 柱和 C 柱。

2）车门。车门是使用最频繁的汽车部件，车门必须锁止可靠、开启方便，且可密封，以保持车内的干燥和安静。车门一般分为窗框车门、冲压成型车门和无框车门三种，如图 1-1-13 所示。车门装有门锁、玻璃和玻璃升降器等附属设施，以及车门内饰板等装饰件。

3）门槛护板。门槛护板是安装在车门底部的坚固板件，通常焊接在车身地板和支柱、反冲板或后侧围外板上。反冲板是位于前立柱和门槛护板间的小板。对于无中柱硬顶汽车，若要保证整车的强度，应对门槛护板采取相应的加强措施。

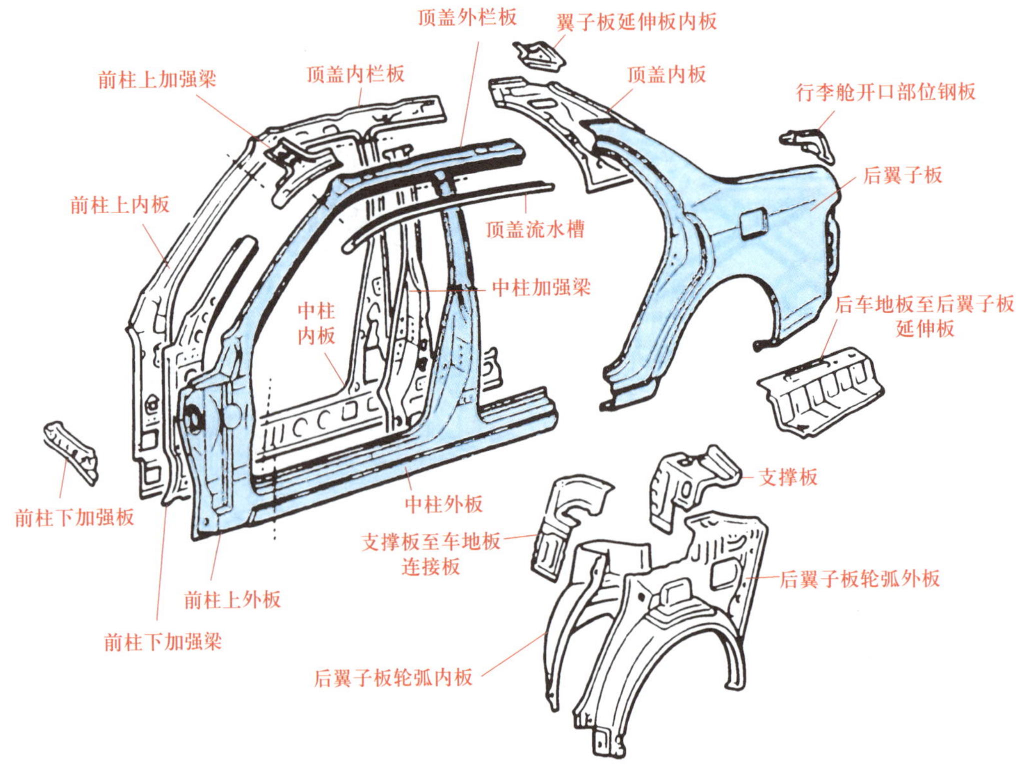

图 1-1-12　承载式汽车中间车身侧面的构造

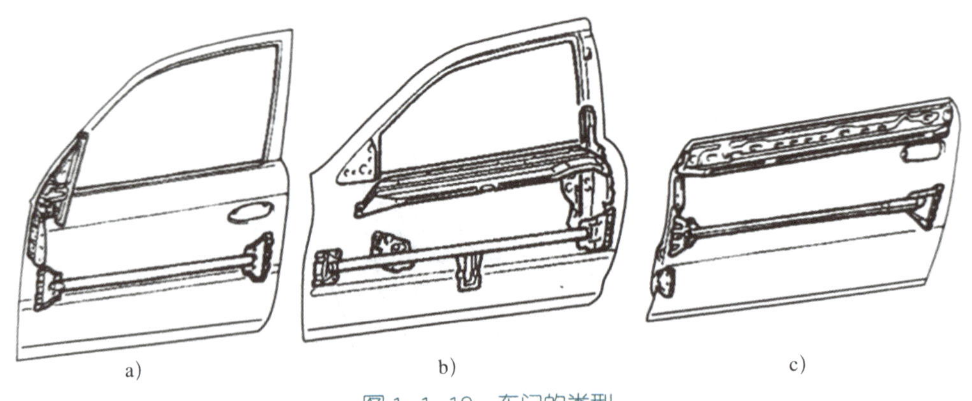

图 1-1-13　车门的类型

a）窗框车门　b）冲压成型车门　c）无框车门

4）地板。地板是中间车身的基础，汽车车身在行驶过程中受到的载荷都是通过地板进行传递并加以扩散的。通常选用高强度钢板冲压件来制作地板，并配置抗载能力强的车身纵梁和横梁。中间车身地板的构造如图 1–1–14 所示。

5）车顶。车顶由顶盖外板、顶盖横梁和顶盖边梁等组成。有些汽车在车顶装有天窗，并配有彩色玻璃。车顶的构造如图 1–1–15 所示。

6）行李舱隔板。行李舱隔板是一块位于后座之后、后风窗玻璃之前的薄板，行李舱隔板将客舱和行李舱分隔开，其上部通常留有扬声器开口。

（3）后车身结构

承载式汽车的后车身是指客舱后面用于放置物品的部分，即行李舱部分，主要由后围板、后地板、后翼子板和行李舱门等构件组成。车身纵梁由中间车身径直向后延伸至后车身，在后桥部位形成拱形弯曲，这样既保证了后部车身的刚度，又不至于使后桥与车身相互干涉，当车身后部受到追尾碰撞时，还能瞬时吸收部分冲击能量，以对客舱进行有效保护。

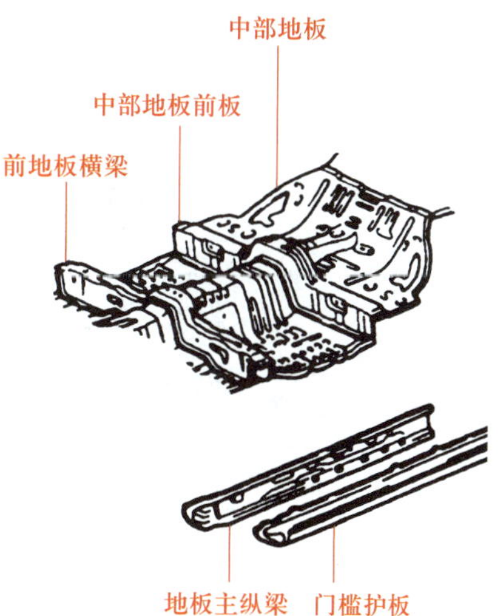

图 1-1-14 承载式汽车中间车身地板的构造

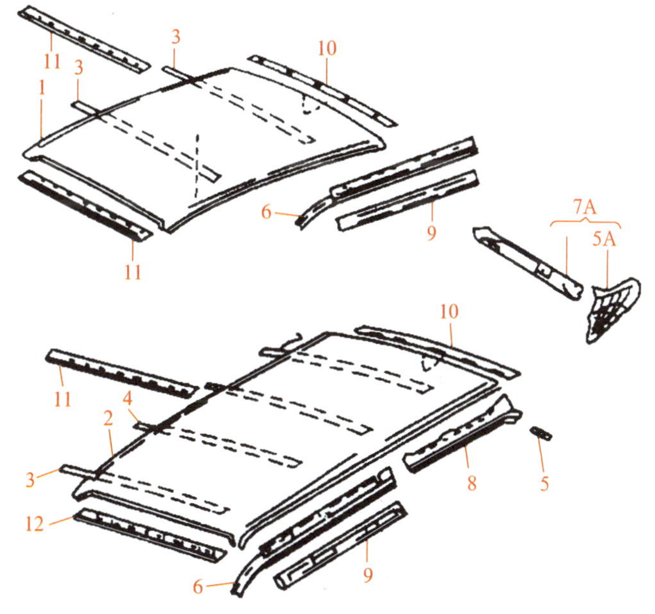

图 1-1-15 承载式汽车中间本身车顶的构造

1、2—顶盖 3、4—加强板 5—支撑板 5A—角板 6、9—内侧框 7A、8—内侧框延长板 10—后横梁 11、12—前横梁

三厢车的行李舱与客舱是分别独立的，两厢车的行李舱则与客舱合为一体。三厢车后车身的构造如图 1-1-16 所示，两厢车后车身的构造如图 1-1-17 所示。

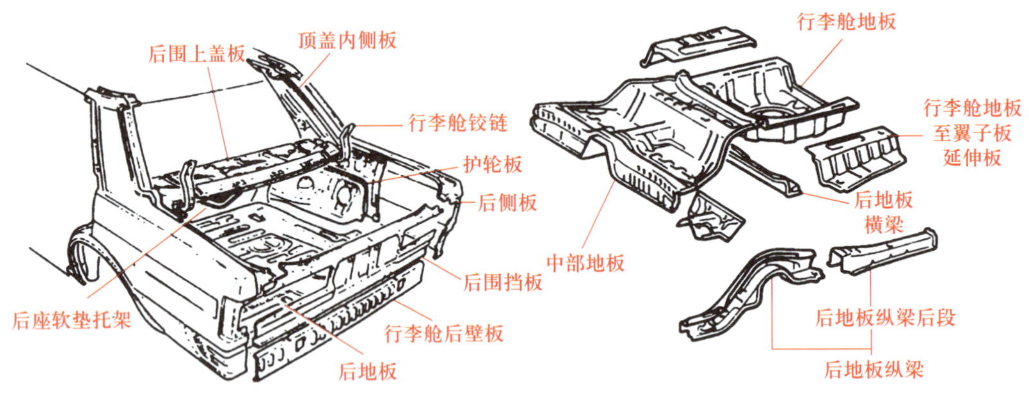

图 1-1-16　三厢车后车身的构造

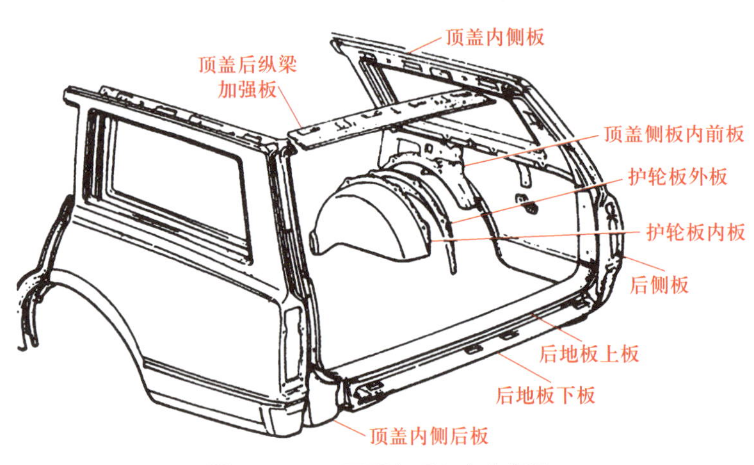

图 1-1-17　两厢车后车身的构造

（4）车身附件

车身附件是车身中具有独立功能的部件，车身附件主要包括拖钩、风窗玻璃、天窗、车门内把手、遮阳板、出风口和雨刮等。

（5）装饰件

内部装饰件包括仪表板、顶盖内饰板、门槛护板、地毯，以及车内各种饰板等。外部装饰件包括保险杠、散热器格栅、车顶装饰条、地板护板、挡泥板、号牌架和行李架等。

3. 新能源汽车车身的构造

市场上的新能源汽车大多是电动汽车，由于储能方式与驱动形式的不同，电动汽车与传统燃油汽车在整车结构方面存在较大的差异。

（1）整体轮廓

为满足动力蓄电池布置和人机工程的要求，电动汽车的客舱高度须高于传统燃油汽车，车身长度应小于传统燃油汽车，如图 1–1–18 所示。因电动汽车前舱布置驱动电动机所占用的纵向空间较小，在正面碰撞的过程中，前围挡板的侵入量小，电动汽车的动力总成比传统燃油汽车小 200 mm 左右，前悬架尺寸比传统燃油汽车小 150 mm 左右。另外，电动汽车车身后悬架尺寸也可适当减小。

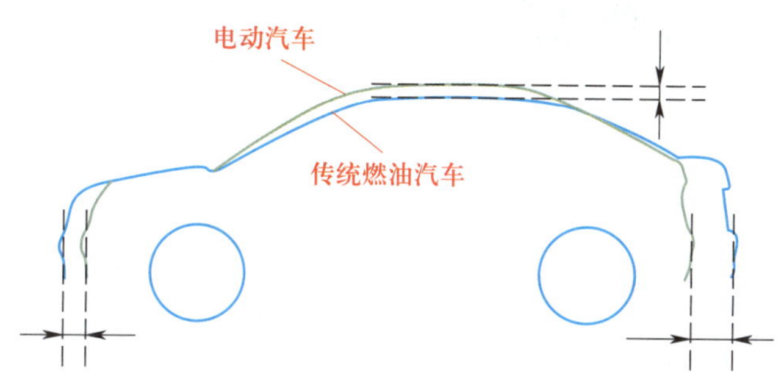

图 1–1–18　电动汽车与传统燃油汽车整体轮廓的对比

（2）前纵梁

电动汽车动力总成固定装置的位置比传统燃油汽车低很多，所以电动汽车车身前纵梁的位置高度要低于传统燃油汽车。

（3）底架和地板

电动汽车的动力蓄电池一般布置在车身前地板和中部地板的下方，电动汽车取消了加强纵梁，与传统燃油汽车相比，其前纵梁后延部分外移到了边缘。此外，为使载荷传递路径通畅，电动汽车在车身前纵梁和前地板内纵梁之间增加了加强梁，以保证电动汽车底架的合理性。

电动汽车地板的下部是容纳电池的箱体结构，上部是适应乘客和座椅的平凸结构，如图 1–1–19 所示。

（4）B 柱

电动汽车 B 柱结构的中、上段强度偏高，底段强度偏低，这样可达到上段少变形以保护驾驶员、中段少变形以保护动力蓄电池、下段多变形以吸能的效果，如图 1–1–20 所示。

图 1-1-19　电动汽车地板的构造

（5）充电插口的布置

多数电动汽车将充电插口设置在车身前部，尤其是前散热器格栅处，并将直流、交流充电插口集中布置，少数电动汽车则将充电插口分离布置在前散热器格栅的两侧。此外，还有少数车型将充电插口布置在翼子板上，但这会使电缆较难按预定走向弯转。

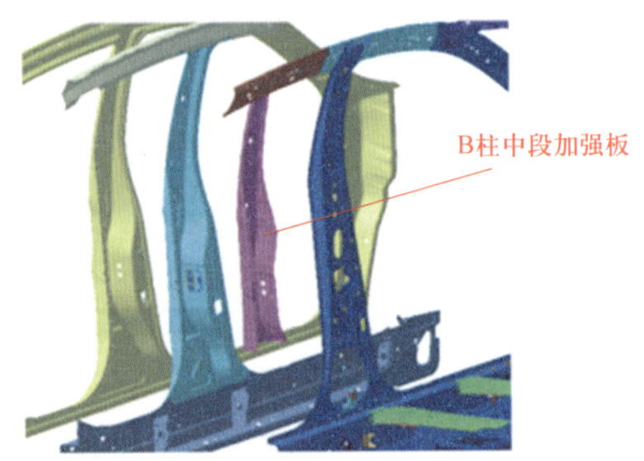

图 1-1-20　电动汽车 B 柱的构造

四、汽车车身材料

1. 金属材料

（1）钢板在车身中的应用

1）热轧钢板和冷轧钢板。车身中包含热轧和冷轧两种类型的钢板，热轧钢板用于汽车上比较厚的零部件，如横梁、车架、车身内部钢板、底盘零件和底盘大梁等。大多数承载式车身都由冷轧钢板制成，悬架周围和车身底部等容易被腐蚀的部位一般采用经过表面处理的冷轧钢板作为防锈钢板。

2）低碳钢。截至 2000 年，车身修理中遇到的钢板大多数都是低碳钢钢板。为了满足环保标准、减轻汽车的质量，在现代汽车车身结构件中，高强度钢逐渐替代了传统的低碳钢，但车身覆盖件一般还会使用低碳钢来制造。

3）高强度钢。许多汽车制造厂都使用强度高、质量轻的高强度钢来制造现代汽车车身的大部分板件。汽车车身上常用的高强度钢和超高强度钢的类型见表 1-1-2，2000 年前后汽车车身钢材的使用变化情况见表 1-1-3。

表 1-1-2　　汽车车身上常用的高强度钢和超高强度钢的类型

名称	应用场合	图例
烘烤硬化钢	①用于车辆上高强度且成型困难的零件 ②用于车身面板部件（如车门外板）。它不仅成型度高、表面质量极佳，还具有抗碰撞凹痕的性能	
高强度低合金钢	①用于对强度和防撞要求较高的部件，但其成型度不高 ②其加工后形成的微合金钢可以用于车辆后部发动机支架和内部侧框架等	
高抗拉强度钢	①用于与悬架装置有关的构件和车身等 ②用于车门边护板和保险杠加强筋等	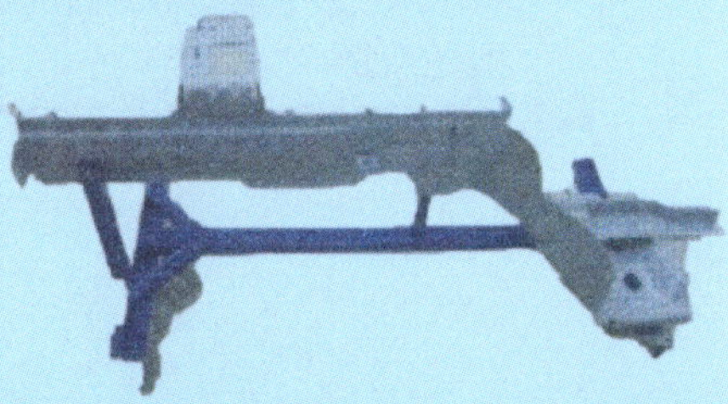
TRIP 钢（相变诱导塑性钢）	用于发生碰撞时必须吸收较多能量的高强度结构件	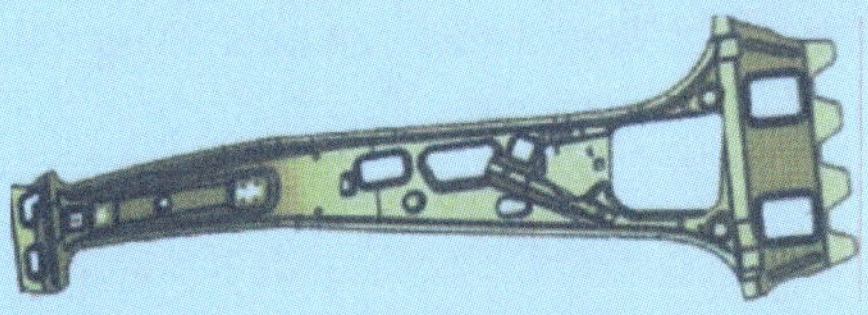

续表

名称	应用场合	图例
多相钢	用于高强度且发生碰撞时必须吸收大量能量的结构件	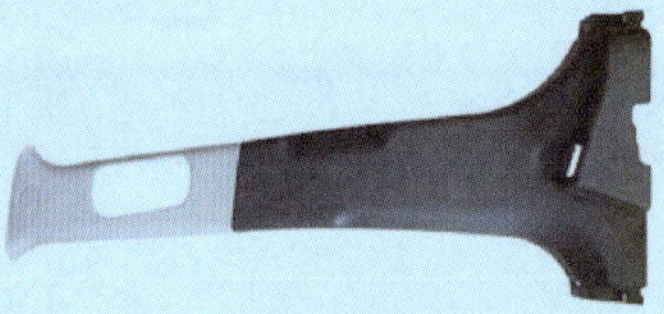
马氏体相位钢	①用于对防撞要求较高的部件（在很短的碰撞时间内要吸收大量能量） ②用于在损坏时必须完整更新的螺纹件 ③用于侧面防撞保护件	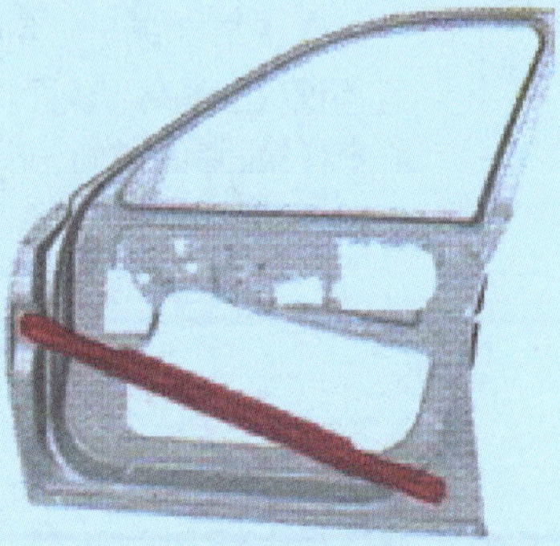
硼钢	①用于要求具有极高强度且具有高成型度的部件 ②用于车身中门立柱和门槛加强件等	

表 1-1-3　　2000 年前后汽车车身钢材的使用变化情况

车身钢材类型	2000 年前占比	现占比
低碳钢	70%	30%
高强度钢	20%	50%
超高强度钢	10%	20%

4）特殊钢板。特殊钢板是经过防锈或其他特殊处理的钢板。车身使用的特殊钢板有防锈钢板、不锈钢板和夹层制振钢板等。

防锈钢板的表面有一层镀层，镀层有镀锌、镀铝和镀锡三种形式。镀锌钢板在车身中应用最广泛，双面镀锌钢板一般被用于车身下部板件（如地板和挡泥板等）；单面镀锌钢板一般被用于不经常接触腐蚀物质的车身上部板件；镀铝钢板对酸性环境的防腐蚀性能要优于碱性环境，一般被用于排气管护板；镀锡钢板被用于燃油箱。

不锈钢板主要被用于一些豪华轿车车身上的外部装饰件。

夹层制振钢板被用于车身的下隔板或行李舱隔板。

（2）铝合金在车身中的应用

铝合金在汽车上的应用已呈逐年递增趋势，在很多车型中，铝合金被用来制造车身结构件和外部板件。

车身中的铝合金按照其在车身中功能要求的不同可分为铸造件、冲压件和压铸件。车身板件大部分使用压铸件，压铸件质量小、强度高、延展性强、焊接性能好、可塑性好，在碰撞时有较高的安全性。冲压件强度高，能够加强车身的强度和刚度，也能使车身在剧烈的碰撞中保持结构的完整。

（3）镁合金在车身中的应用

镁合金在车身中的应用不是很多。镁合金抗刮擦能力优良、吸收振动能力强、抗疲劳性良好，但容易形成应力集中，且易受电化学腐蚀。

2. 非金属材料

（1）汽车用塑料

用塑料代替金属既可使汽车轻量化，又可改善汽车的某些性能，如耐磨、防腐、避震、减小噪声等。塑料按照其热性能不同可分为热固性塑料和热塑性塑料两大类。热固性塑料耐热性好，受压不易变形，但力学性能较差；热塑性塑料易加工成型，力学性能较好，但耐热性相对较差，容易变形。

塑料具有诸多金属和其他材料不具备的优良性能，因此在汽车上应用很广，常被用于制作各种结构零件、耐磨减磨零件和隔热防振零件等。汽车用塑料的类型及应用见表 1–1–4。

表 1-1-4　　汽车用塑料的类型及应用

类型	符号	化学成分	主要应用部件
热固性塑料	TPO、EPM、TEO	聚丙烯＋乙烯丙烯橡胶（至少 20%）＋聚烯	保险杠护罩、导流板、扰流板、仪表板、格栅
	PA	聚酰胺	散热器箱、前照灯灯圈、侧围板外延部分、外部装饰件
	PC+PBT	聚碳酸酯＋聚对苯二甲酸丁二酯	保险杠护罩
	PPE+PA	聚丙乙烯＋聚酰胺	翼子板、外部装饰件
	ABS	丙烯腈－丁二烯－苯乙烯共聚物	仪表板、装饰条、控制台、肘靠、格栅
	PUR	热固性聚氨酯	保险杠护罩、前后车身面板、护板
	PC+ABS	聚碳酸酯＋丙烯腈－丁二烯－苯乙烯共聚物	车门面板、仪表板
	UP、EP	不饱和聚酯、环氧树脂	翼子板外延部分、发动机罩、车顶、行李舱门、仪表板护罩
	TEEE	醚酯型热塑弹性体	保险杠、门槛套
	PET	聚对苯二甲酸乙二醇酯	翼子板
	EEBC	聚醚酯嵌段共聚物	门槛套嵌条、翼子板外延部分、保险杠延长段
	EMA	乙烯＋甲基丙烯酸	保险杠护罩
	RIM、RRIM	环氧树脂	挠性保险杠护罩、护板、门槛套、前围板
	SMC、FRP	玻璃纤维增强塑料	刚性车身面板、翼子板、发动机罩、行李舱门、扰流板、顶板、后侧围板

续表

类型	符号	化学成分	主要应用部件
热塑性塑料	PE	聚乙烯	翼子板内板、内装饰板、扰流器、溢流箱、散热器护罩、汽油箱
	PC	聚碳酸酯	内部刚性装饰板
	PVC	聚氯乙烯	内装饰板、软垫板
	PS	聚苯乙烯	仪表外壳、汽车灯罩
	TPE	热塑性人造橡胶	保险杠护罩、护板、发动机罩下部件
	PP	聚丙烯	保险杠护罩、软护板、内部嵌条、散热器护罩、翼子板内板、汽油箱
	TPUR	热塑性聚氨酯	保险杠护罩、软护板、挡泥板、门槛套

（2）汽车用玻璃

玻璃是汽车车身上具有重要功能的零件。汽车上玻璃的应用主要是车窗玻璃，这对玻璃的透明性、耐候性、强度及安全性有很高的要求。在现代汽车中，玻璃不仅是一种功能性零件，而且兼顾开阔视野、提供良好的乘坐环境和降低空气阻力等多种效果。优良的玻璃造型设计有利于降低汽车的空气阻力，减少燃料的消耗。现代汽车流行的曲面风窗玻璃还使汽车的造型更加美观和实用。

根据在汽车上安装位置的不同，汽车用玻璃分为风窗玻璃、后窗玻璃、前角窗玻璃、前门窗玻璃、后门窗玻璃、后角窗玻璃和后侧窗玻璃等；根据玻璃用途的不同，分为钢化玻璃、夹层玻璃、防爆玻璃、中空玻璃、防水玻璃和特种挡风玻璃，各种汽车用玻璃的种类和特点见表 1–1–5。

（3）汽车用碳纤维复合材料

碳纤维是一种含碳量在 90% 以上的高强度、高模量的新型纤维材料。碳纤维“外柔内刚”，具有耐腐蚀的特性，是新一代增强纤维。

表 1-1-5　　汽车用玻璃的种类和特点

汽车用玻璃的种类	汽车用玻璃的特点
钢化玻璃或区域钢化玻璃	具有很高的力学强度、冲击韧性和热稳定性。破碎时无尖锐棱角，不易伤人
夹层玻璃	具有较高的强度和较好的热稳定性
防爆、防弹玻璃	具有较高的抗冲击强度、较好的透光性，以及耐寒、耐热等性能
中空玻璃	具有隔音、隔热、保温、不结霜、不产生凝结水和吸收紫外线等性能
防水玻璃	水滴在玻璃上会迅速滚落，车内人像、物像不会被映射到风窗玻璃上
特种挡风玻璃	防止车内热量向车外传递，保持车内温度

碳纤维作为车身材料，最大的优点是质量轻、强度大，其质量相当于同体积钢材的 20%～30%，而强度却是钢材的 10 倍以上，在碰撞中对能量的吸收能力也比钢或铝高出 4～5 倍，可为乘员提供最大限度的安全保障。碳纤维复合材料的使用使汽车在轻量化方面取得突破性进展，也节省了能源。

（4）汽车用橡胶

橡胶是一种高分子材料，汽车上有许多零件是由橡胶制造的，比如汽车门窗的密封条。橡胶具有极高的弹性，可以作为减振材料；具有良好的热可塑性，容易被加工成各种形状和尺寸，在去除外力后仍能保持不变；具有良好的黏着性，能与其他材料黏结成整体；具有良好的绝缘性，是制造导线、电缆等导体的理想材料；具有良好的耐寒、耐腐蚀和不渗水、不漏气等性能。橡胶的缺点是导热性差、硬度和抗拉强度不高，以及容易老化。

（5）汽车用黏合剂

汽车用黏合剂能将两种材料黏结在一起，用于填补零件裂纹、空洞等缺陷。黏合剂具有较高的黏结强度和良好的耐水、耐油、耐腐蚀、电绝缘等性能，用它来修复零件具有工艺简单、连接可靠、成本低，以及不会引起零件变形和结构变化等优点。汽车车身维修常用的黏合剂有环氧树脂胶黏剂和酚醛树脂胶黏剂两种。

环氧树脂胶黏剂是一种有机黏合剂，适用于黏结各种金属材料和非金属材料。环氧树脂胶黏剂以环氧树脂和固化剂为主，辅以增韧剂、稀释剂、填料和促进剂等配制而成。

酚醛树脂胶黏剂也是一种有机黏合剂，它的基本成分是酚醛树脂。酚醛树脂胶黏剂具有较高的黏结强度，耐热性好，在 200 ℃以下可长期工作，但其脆性大，不耐冲击。酚醛树脂胶黏剂可以单独使用，也可以与其他树脂或橡胶混合使用。

任务实施

一、承载式汽车车身构造的认知

对照表 1-1-6 中的车身构造图片，熟悉车身各部分零件的名称，并在实际车身上找出与名称相对应的零件。

表 1-1-6　承载式汽车车身构造的认知

操作内容	图片
1. 汽车前车身构造的认知 **方法：** （1）熟悉零件的名称和位置 1—前悬架横梁　2—前横梁　3—发动机罩锁支架　4—散热器侧支架　5—散热器上支架　6—发动机罩铰链　7—前围上盖板　8—前围外侧板　9—前围挡板　10—前翼子板内板　11—前纵梁　12—发动机罩外板　13—发动机罩内板焊接总成 （2）在实车上找出与名称相对应的车身零件 **提示：** 采用学校钣金实训室里的车身构造认知车或汽车钣金维修车间里的维修车进行认知	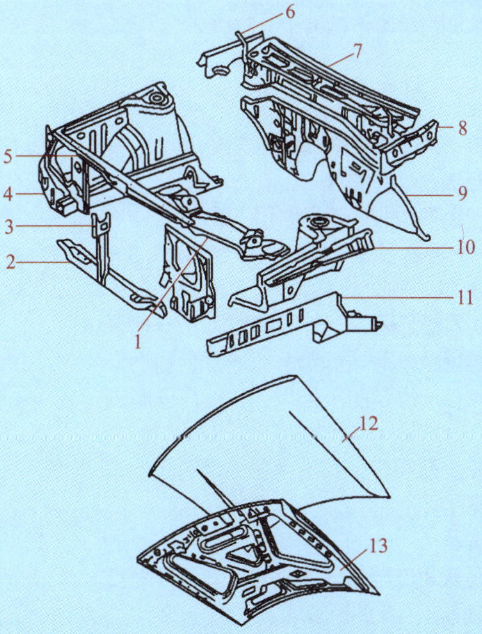 1 2 3 4 5 6 7 8 9 10 11 12 13

续表

操作内容	图片
2. 汽车中间车身构造的认知 **方法：** （1）熟悉零件的名称和位置 1—中柱（B 柱）外板　2—地板纵梁　3—门槛护板　4—前围外侧板　5、6—发动机罩铰链支架　7—前风窗柱（A 柱）　8—A 柱上加强梁　9—A 柱上内板　10—B 柱内板　11—顶盖内纵梁　12—顶盖外纵梁　13—顶盖流水槽　14—顶盖内板　15—后侧板（后翼子板）内板　16—后翼子板　17—后地板至后翼子板延伸板　18~20—后护轮板组件　21—车门内板　22—车门防撞梁　23—车门铰链　24—玻璃导槽　25—门窗前杆　26—车门外板　27—窗框架　28—车门密封条　29—顶盖纵梁　30—顶盖纵梁内板　31—顶盖横梁　32—前窗顶板　33—顶盖 （2）在实车上找出与名称相对应的车身零件 **提示：** 认知过程中要做好个人防护	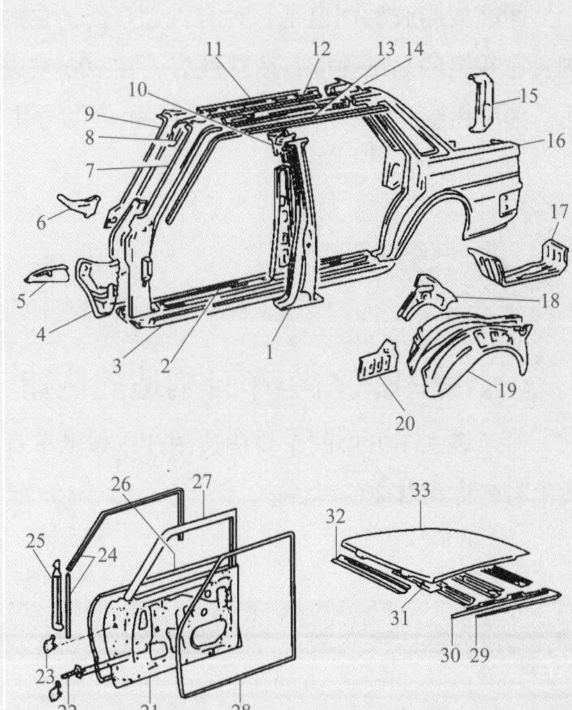
3. 汽车后车身构造的认知 **方法：** （1）熟悉零件的名称和位置 1—后翼子板　2—后围上盖板　3—后柱（C 柱）　4—行李舱铰链　5—护轮板（后挡泥板）　6—后围挡板　7—行李舱后壁板　8—后地板　9—行李舱上外板　10—行李舱下外板　11—行李舱内板 （2）在实车上找出与名称相对应的车身零件 **提示：** 在认知过程中，要及时发现并排除安全隐患，不要拥挤围观	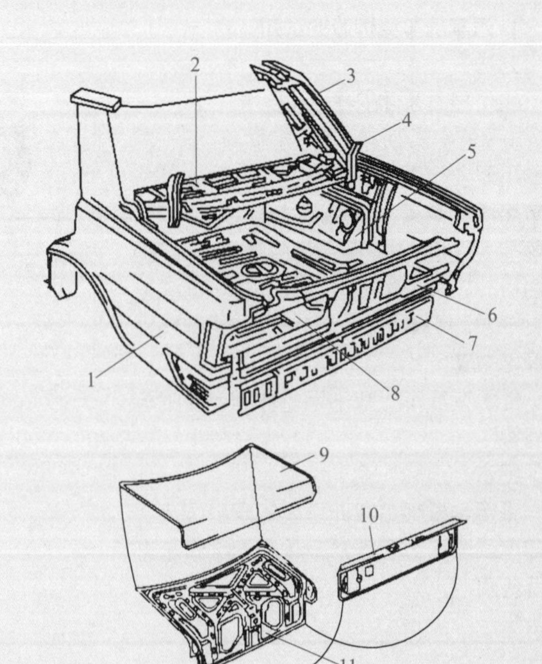

续表

操作内容	图片
4. 汽车车身底部构造的认知 **方法：** （1）熟悉零件的名称和位置 1—地板主纵梁　2—前地板下加强梁　3—前纵梁　4—前横梁　5—前地板　6—前地板横梁　7、8—中部地板　9—后地板侧板　10—后地板　11—后地板横梁　12—后侧板支架　13—后侧板下地板　14—后地板纵梁　15—门槛护板 （2）在实车上找出与名称相对应的车身零件 **提示：** 车身底部零件不便于观察，要在教师的指导下完成认知	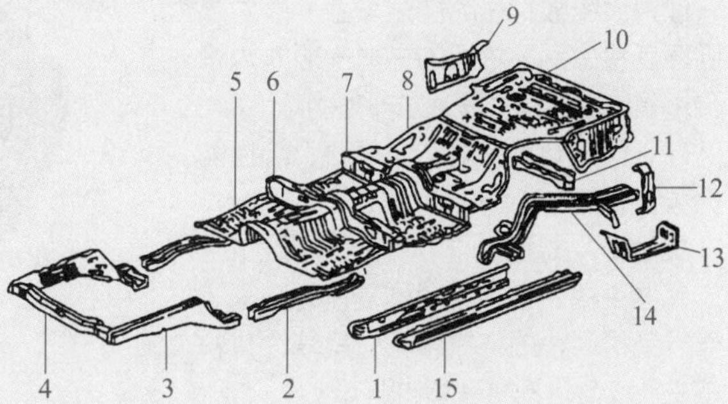 9 10 5 6 7 8 11 12 13 14 4 3 2 1 15

二、常见汽车车身部件材料的认知

对照表 1-1-7 中的汽车车身部件图片，辨别其组成材料和对应的材料特性。

表 1-1-7　　常见汽车车身部件材料的认知

操作内容	图片
1. 汽车保险杠材料的认知 **方法：** （1）认知材料：汽车保险杠的材料主要为热塑性塑料，其中大多为聚丙烯（PP） （2）认知材料特性：质量轻，容易注塑成型，有很好的耐冲击性、韧性和耐候性 **提示：** 少数汽车保险杠为钢制保险杠，通常由厚度为 2 mm 左右的低碳钢钢板冲压而成	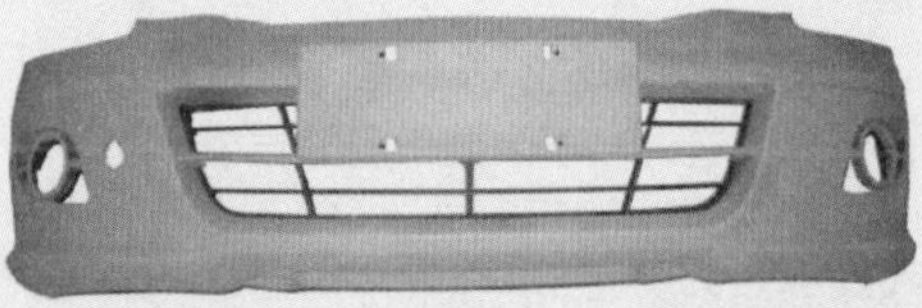

续表

操作内容	图片
2. 汽车发动机罩材料的认知 **方法：** （1）认知材料：发动机罩外板的材料一般为镀锌板，在高档汽车上一般为高强度低合金钢。内板的材料一般为烘烤硬化钢，在高档汽车上为多相钢 （2）认知材料特性：强度高，防撞能力强，耐腐蚀性能好 **提示：** 有些高档汽车采用轻质复合材料来制作发动机罩，如林肯轿车，其复合材料的主要成分是乙烯基酯树脂	 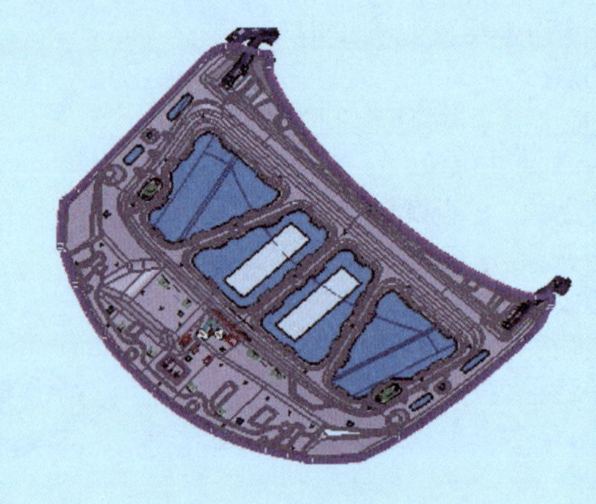
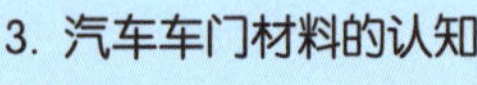 **3. 汽车车门材料的认知** **方法：** （1）认知材料：车门蒙皮和骨架的材料大多为烘烤硬化钢，车门防撞杆为马氏体相位钢 （2）认知材料特性：烘烤硬化钢抗拉强度高，表面质量好，具有抗碰撞凹痕的性能；马氏体相位钢抗拉强度较高，能在很短时间内吸收大量能量 **提示：** 2000 年前，车身钢板大多采用低碳钢制造	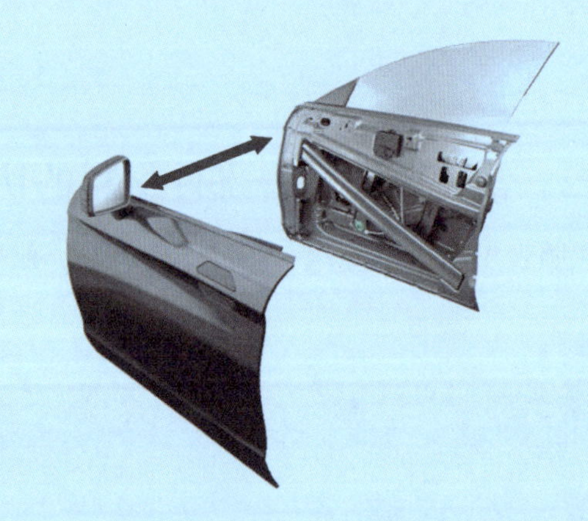
4. 汽车风窗玻璃材料的认知 **方法：** （1）认知材料：低档汽车风窗采用区域钢化玻璃，普通汽车风窗采用夹层玻璃，特殊高档汽车风窗采用防弹玻璃 （2）认知材料特性：玻璃破碎产生的碎片不易伤人，也不会影响车内视线 **提示：** 防弹玻璃强度非常高，用子弹多次射击也不易将其击穿	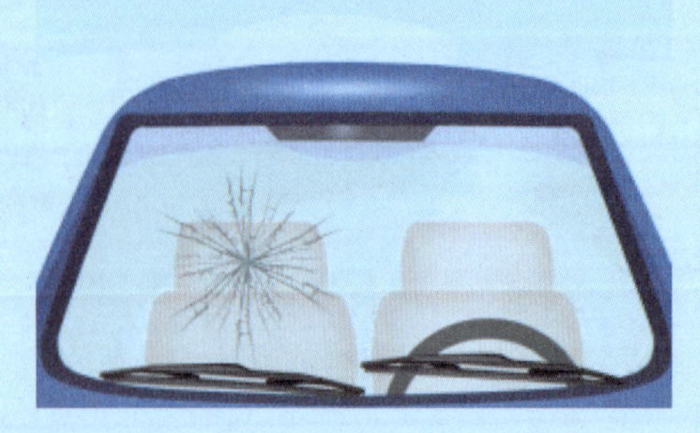

续表

操作内容	图片
5. 汽车立柱材料的认知 **方法：** （1）认知材料：汽车前后立柱的材料一般为多相钢或 TRIP 钢，中间立柱为硼钢 （2）认知材料特性：这些钢材料具有很高强度和高成型度，能抵抗高强度的碰撞，加工制造性能好 **提示：** 中间立柱对抵抗碰撞变形的需求最高，所以其材料经常选取强度最高的硼钢	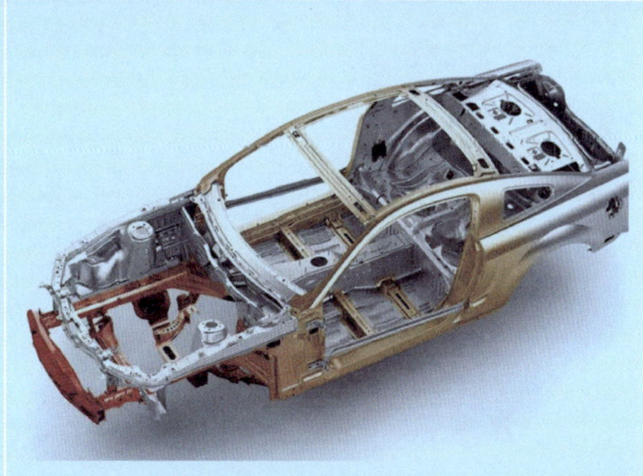
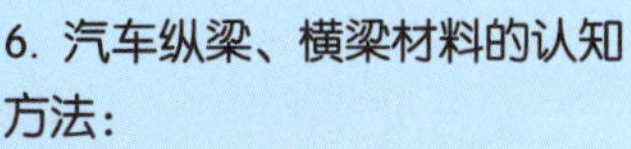 **6. 汽车纵梁、横梁材料的认知** **方法：** （1）认知材料：汽车前纵梁、横梁的材料一般为热轧钢板，根据车身要求的不同，钢板厚度一般为 2 ~ 5 mm （2）认知材料特性：热轧钢板强度高，但表面质量不是很好，冷加工性能稍差 **提示：** 热轧钢板主要用于制作车架和梁等大型构件	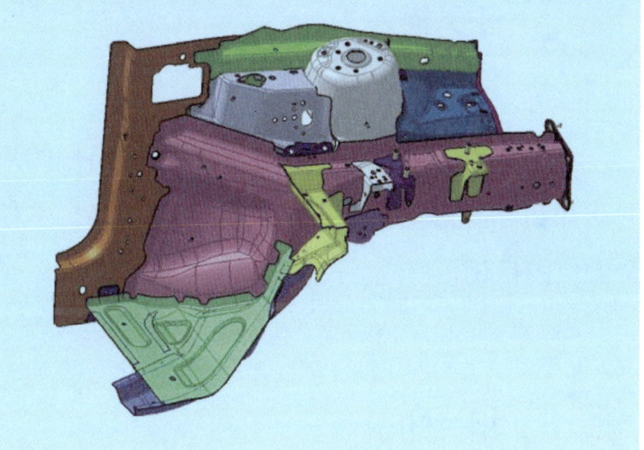

思考与练习

1. 承载式车身由哪几部分组成？其结构特点是什么？
2. 汽车中间车身由哪些主要构件组成？
3. 简述电动汽车 B 柱的结构特点。
4. 简述车身钢板的种类和各自的特性。

任务 2　汽车车身维修的认知

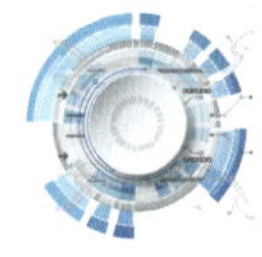

学习目标

1. 了解车身损伤的形式和原因。
2. 了解车身维修的作用。
3. 熟悉车身维修的基本工艺。
4. 熟悉车身修复的作业内容。
5. 能做好车身修复的安全防护工作。

任务描述

汽车车身维修的认知主要包括车身损伤的形式和原因的认知、车身维修工艺流程的认知和车身修复作业安全的认知等内容，本任务可帮助初学者对汽车车身维修形成全方位的认识。

相关知识

一、汽车车身维修概述

汽车车身维修是汽车车身维护和修理的总称，是指对碰撞、腐蚀、磨损的车身进行拆装、整形、更换、校正、防腐、涂漆等操作，以使车身恢复原有的强度、刚度、形状和表面质量，并达到车身技术规范的修理作业。狭义的汽车车身维修又称汽车车身修复，按照作业内容不同，汽车车身修复通常分为车身钣金修复和车身涂装修复两部分。

1. 车身损伤的形式和原因

车身各部件在不同的使用条件下损伤的形式、部位和程度也不同。车身损伤主要有使用中的物理性损伤、使用中的化学性损伤和修理缺陷引起的损伤等。

（1）使用中的物理性损伤

使用中的物理性损伤分为日常磨蚀性损伤和突发事故性损伤两种。

1）日常磨蚀性损伤有磨损、腐蚀、裂纹和断裂等形式，是在汽车使用过程中逐渐产生的。

磨损是由钣金件相互接触的表面产生相对运动引起的，接触面所受的作用力越大、作用时间越长、材质表面硬度越低，则磨损越严重。

腐蚀主要由金属表面的泥、水引发氧化反应或焊接修理后未经防锈处理等情况引起。钣金件发生腐蚀时，往往先在表层产生锈斑，涂膜起泡剥落，而后金属板穿孔并逐渐扩大。腐蚀易发生在钣金件的夹层处，以及其接合部位的缝隙或槽形部位的下端。

裂纹和断裂的原因有钣金件在制作成型或焊接过程中产生内应力；汽车行驶时，车身不断振动使钣金件承受交变载荷；汽车急加速、紧急制动和急转弯时，车身承受离心力的作用；汽车通过路况差的路面时，各钣金件承受扭转力的作用等。当构件的应力集中和结构薄弱处由于受内应力和外力的反复作用，产生过度疲劳时，就会形成裂纹，严重时则产生断裂。

2）突发事故性损伤有凹凸、撕裂、褶皱、弯曲和扭曲等形式。

凹凸、撕裂和褶皱是由钣金件表面受到事故性撞击或挤压引起的。弯曲和扭曲是由事故性碰撞和挤压，行驶振动的交变载荷，急加速、紧急制动、急转弯时车身的惯性等引起的。

（2）使用中的化学性损伤

使用中的化学性损伤有化学腐蚀性损伤和光热诱变性损伤两种。汽车电解液和润滑油对车身板件和涂膜造成的腐蚀属于化学腐蚀性损伤。在太阳光的长期照射下，太阳光中的紫外线和热量会使车身涂膜的成分发生化学变化，从而使涂膜变色、粉化、失光，这种损伤属于光热诱变性损伤。

（3）修理缺陷引起的损伤

修理缺陷引起的损伤有修理方法错误性损伤和修理装配不当性损伤两种。修理方法错误指高温加热高强度钢板使其强度和刚度下降、在镀锌板上刮涂原子灰使涂层脱落等。修理装配不当指拆装不规范、调整不到位、整形不达标等。

2. 车身维修的作用

科学的车身整形手段、优质的喷涂质量对保护汽车车身、恢复汽车外观起着至关重要的作用。车身维修的作用具体有以下几点。

（1）校正车身变形

在汽车的使用过程中，车身碰刮之类的损伤不可避免，此时就需要对汽车钣金件的凹陷、凸起、褶皱、变形等进行整形校正，以恢复板件原来的形状与状态，为后续的涂装奠定良好的基础。这对车身修复的成本和质量有重要影响。

（2）改善车身局部的强度和刚度

若汽车钣金件局部腐蚀或损伤到不可修理的程度，须根据腐蚀和损伤的实际情况更换新材料或新件，以恢复车身在受到腐蚀或损伤前的强度，保证车身的刚度匹配合理，避免因局部损伤导致车身整体强度和刚度大幅下降的后果。

（3）保护车身抵抗外界侵蚀

大多数车身主要由钢板制作而成，在使用过程中，车身要长期受到空气、水分和日光的侵蚀，有时还会受汽油、柴油、防冻液、酸、碱等化学物质的腐蚀。为了减少车身受到的腐蚀，最有效的方法是用涂膜进行覆盖保护，所以钣金修复后的车身以及涂膜损伤严重的车身须及时补涂涂料，以起到保护表面、延长车身使用寿命的作用。

（4）美化车身

随着人类文明的发展，人们在审美要求上越来越讲究物品与环境的协调统一。汽车是人们生产和生活所必需的交通工具，人们对车身装饰的要求也越来越高。漂亮的外观、鲜明的色调在一定程度上都是依靠汽车涂装来实现的，所以汽车涂装修复在汽车修理中有特殊的意义。要保证良好的车身修复质量，必须在车身钣金修复的基础上，严格按照喷涂技术的工艺要求，结合良好的工艺技巧，使车身修复既能保护车辆，又能起到美化车辆的作用。

3. 车身维修的基本工艺

车身维修按损坏程度可分为普通修复（小修）和严重修复（大修），车身大修不一定与维修汽车发动机和底盘同时进行，但在汽车大修时，可以对车身进行一定的修整。

车身维修一般采用就车修理法，有时也同时采用部分零部件互换修理法。汽车车身维修工艺流程如图 1–2–1 所示。

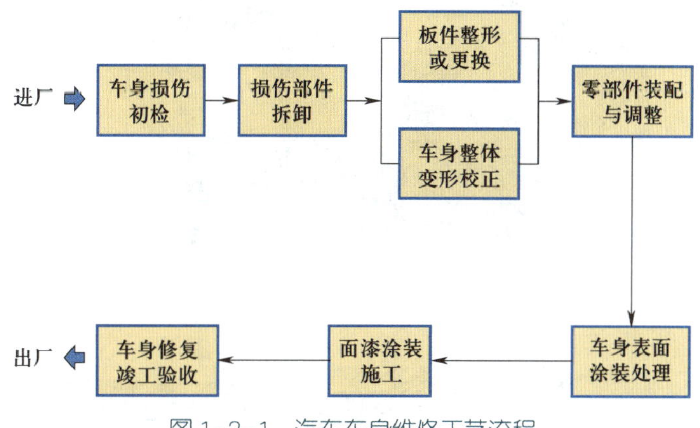

图 1-2-1 汽车车身维修工艺流程

二、车身钣金修复

1. 钣金修复的主要内容

车身钣金修复主要包括损伤初检、拆卸与鉴定、整形与更换、装配与调整等内容。

（1）损伤初检

待修车辆进入钣金车间，技术员首先要对车辆进行车身损伤的初步检查，以确定损伤的性质和损伤的程度；根据检查的结果，再确定需要整形和更换的车身构件，并制订合理的钣金修复计划。

（2）拆卸与鉴定

车身损伤因其性质、程度和部位等因素的不同，要求拆卸的部件也不同。拆卸的主要目的是为车身修复前的检验和车身修复操作提供方便，同时也可避免维修时对未受损件产生不必要的损伤。车身部件的拆卸除螺母和螺栓拆卸外，还有切割、錾削、钻孔等方式。对于易碎或容易损坏的零件，如玻璃、内饰件等，拆卸时须特别小心。汽车后保险杠的拆卸如图 1–2–2 所示。

拆下车身部件后，需要对部件和剩下的车身进行鉴定。鉴定的目的是进一步确定损伤的性质以及具体的修复方法。在鉴定时，应采用尺子、样板或模具进行检查，车身整体变形的鉴定则需要采用专业的设备来进行，如图 1–2–3 所示。

图 1-2-2　汽车后保险杠的拆卸

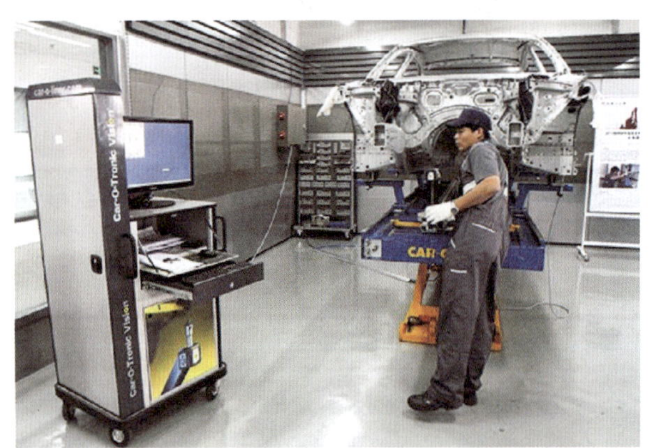

图 1-2-3　车身整体变形的鉴定

（3）整形与更换

根据损伤程度的不同，车身部件的修复分为整形和更换两种方式。

在损伤程度较轻，通过整形修复能达到原有技术标准，且修复成本低于更换成本时采用整形修复。整形修复通常采用敲击、拉伸、焊修的方法。对于车身覆盖件的损伤变形，一般采用敲击、拉伸的方法来恢复其表面形状，如图 1-2-4 所示，再通过收火消除板件内部的应力，以使板件达到原有的强度和刚度。车身变形的校正由初步校正壁板开始，在校正的过程中，应对出现的裂纹或断裂进行焊接；对损伤严重的区段，一般采用火焰、电动铣刀或气动刀具进行切割，再用制作的钣金镶补件进行修补。

更换是在车身板件损伤严重、没有修理价值的情况下采取的一种修复方法。高档汽车车身板件的维修通常采用换件法，这样不仅能保证车身维修的质量，也可以节省车身维修的成本。

图 1-2-4 车身覆盖件外板的拉伸

（4）装配与调整

修复车身各部件后，应按原车的要求进行装配，各部件的几何尺寸应满足原车的技术要求，以免破坏车身的刚度匹配。当装配质量不符合技术要求时，须对车身部件的装配位置和预紧力进行调整，以消除车身板件装配变形产生的内应力。

2. 钣金修复的安全防护与作业要求

（1）汽车钣金修复作业对人体的危害

汽车钣金维修人员在工作过程中经常要接触粉尘、弧光辐射等污染，还要使用拉伸、锤击等的动力设备，操作中受到伤害的概率很高。所以，维修人员在提高自身防范意识的同时，还要学会正确使用各种安全防护设施。汽车钣金修复作业对人体的危害主要有焊接伤害、噪声伤害和机械损伤三个方面。

焊接作业中危害健康的因素有弧光辐射、金属烟尘和焊接有害气体。弧光辐射包括红外线、紫外线和强可见光，强烈的弧光会烧伤皮肤，损伤眼睛中的感光细胞，使人体的生殖系统病变；金属烟尘是焊条和母材金属熔融时产生的金属蒸气在空气中迅速冷凝及氧化所形成的非常微小的颗粒物，长期吸入高浓度的焊接烟尘，会使呼吸系统、神经系统等发生多种严重病变，导致维修人员患尘肺病、锰中毒和金属烟热等慢性病；焊接电弧周围的有害气体主要有氮氧化物、氟化物和臭氧等，维修人员长期处于这样的环境易引发癌症。

噪声是一类会引人烦躁或因音量过强而危害人体健康的声音，车身钣金修复中的噪声主要来源于对板件进行整形时的敲打和锤击，一般在 100 dB 以上。如果不做好卫生防护工作，噪声往往会使维修人员听力下降、血压上升、反应迟钝、情绪急躁、失眠和疲倦等，带来生理和心理上的双重危害。

机械损伤是因维修人员在汽车钣金修复作业中操作不慎引发的身体外部伤害。机械损伤包括躯干及四肢的划伤、擦伤、夹伤、砸伤、烫伤和烧伤等，轻微的机械损伤影响维修人员的工作，严重的机械损伤则会给维修人员造成很大伤害，带来残疾甚至危及生命。

（2）维修人员的人身安全防护

虽然钣金修复作业具有一定的危害，但只要采取适当的防护措施，这些危害都可以避免或减轻到最低。为保证维修人员的人身安全，汽车钣金修复作业要求维修人员佩戴防护用具，这也是保证钣金修复质量的必要措施。

1）对呼吸系统的防护。焊接镀锌钢材时产生的焊接烟尘、机械打磨时产生的微尘都会被吸入人的呼吸系统中，对人体产生暂时或永久的伤害。因此，在进行上述操作时，维修人员都应该佩戴呼吸保护器，汽车钣金修复常用的呼吸保护器有防尘口罩（见图 1–2–5）和焊接呼吸器（见图 1–2–6）两种。在进行打磨、研磨或吹风机操作时会产生大量的粉尘，应佩戴防尘口罩；在焊接镀锌钢材时则应佩戴焊接呼吸器。

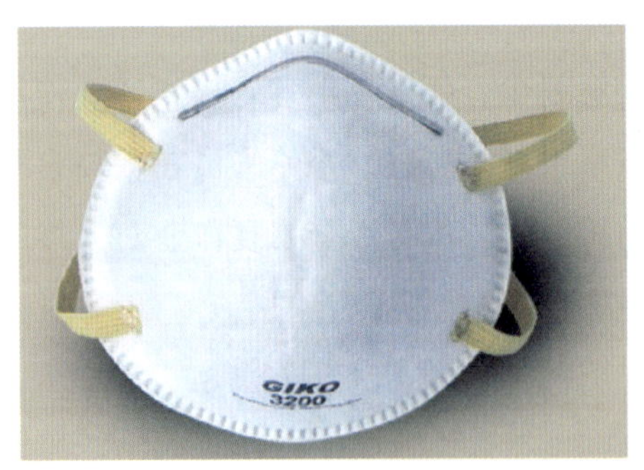

图 1–2–5　防尘口罩

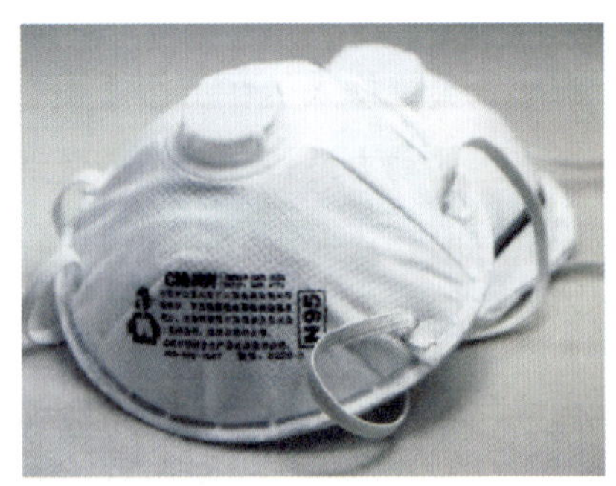

图 1–2–6　焊接呼吸器

2）对头部的防护。维修人员在进行修复操作时须戴上安全帽，以防止灰尘或油污的污染，保护头部不受伤害。在车下作业或者进行拉伸校正操作时要戴硬质安全帽（见图 1–2–7），以防碰伤头部。留长发的维修人员在佩戴时要将长发放入安全帽中。

3）对眼睛和面部的防护。大部分钣金修复操作都要求维修人员佩戴防护眼镜、风镜、面罩、头盔等眼睛或面部的防护装置。防护眼镜能在进行锤击、钻孔、磨削和切削等操作时保护眼部。在进行可能会造成严重脸部伤害的操作时，仅佩戴防护眼镜无法提供足够的保护，应佩戴防护面罩（见图 1–2–8）。在进行气体保护焊操作时，应佩戴有深色镜片的头盔或护目镜（见图 1–2–9）。头盔能保护脸部免受高温、紫外线或熔融金属的灼伤，变色镜片能保护眼睛免受过亮光线或电弧紫外线的伤害。

图 1–2–7 硬质安全帽

图 1–2–8 防护面罩

a)

b)

图 1–2–9 焊接时对眼睛和面部的防护

a）焊接专用头盔 b）焊接专用护目镜

4）对耳朵的防护。在进行气动切割、板件整形、钣金件制作和表面打磨等操作时会产生强烈的噪声，维修人员需要佩戴耳塞或耳罩等耳部防护装置（见图 1–2–10）。在进行焊接时，耳部防护装置还可以避免熔化的金属进入耳内。

5）对身体的防护。维修人员在车间内应穿连体工作服，衣领、袖口应扣紧，工作前应摘除佩戴的饰物。在焊接时应穿焊接工作服（见图 1–2–11），裤长要能盖住鞋口，以防炽热的火花或熔化的金属进入鞋子；下身通常可穿皮质的工作裤、绑腿和护脚来防止熔化的金属烧穿衣物；上身的防护装置有焊工夹克和皮围裙（见图 1–2–12）。

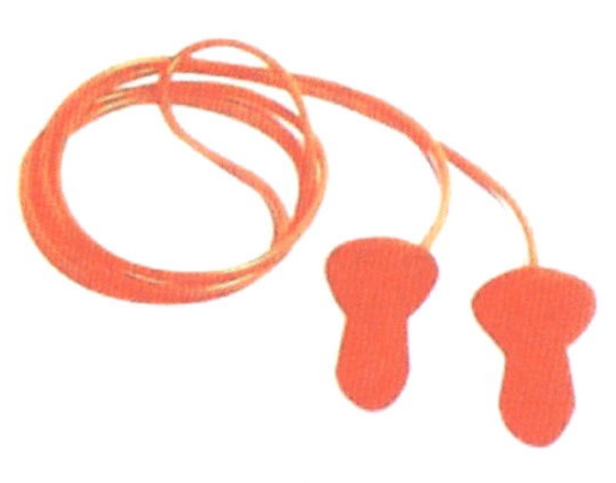

a）

b）

图 1-2-10　耳部防护装置
a）耳塞　b）耳罩

图 1-2-11　焊接工作服

图 1-2-12　皮围裙

6）对手部的防护。维修人员在使用打磨机、电钻等旋转工具和设备时不得戴手套，以防被卷入旋转设备内部；在进行拆装调整作业时需要戴棉纱手套，以防手指被划伤；在焊接时应戴皮质的焊接手套，以防熔融金属的烧伤。手部的防护用品如图 1-2-13 所示。

a）

b）

图 1-2-13　手部的防护用品
a）棉纱手套　b）焊接手套

7）对腿、脚的防护。腿部防护用品主要有绑腿和护膝，绑腿用于防止熔化的金属烧穿衣物，护膝可以减轻长时间跪地操作带来的伤害。脚部防护用品有鞋头带金属片的防护、防滑安全鞋，以及在焊接时应穿的绝缘鞋。腿部、脚部防护用品如图 1–2–14 所示。

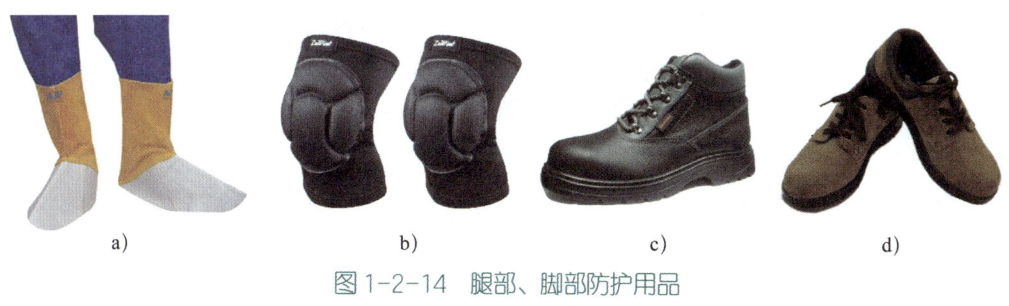

a) b) c) d)

图 1–2–14 腿部、脚部防护用品

a）绑腿 b）护膝 c）安全鞋 d）绝缘鞋

（3）钣金修复的安全作业要求

1）拆卸时，在车辆的重心有明显变化前，车辆应被固定在地面或举升机上。

2）若在蓄电池附近进行电焊或会产生火花的操作，必须拆除车上的蓄电池。

3）在进行车身修复作业时若四周无防护设施，则不能停放其他车辆或堆放易燃物品，以免飞溅的火花对车辆的涂膜、玻璃及蓄电池造成损坏，甚至引发火灾。

4）在油箱或其他装有燃料的部件附近进行喷砂或焊接时须特别小心，如不能保证人身和作业安全，则必须在拆除或移开这些部件后再进行作业。

5）对于有空调的车辆，不能对其空调部件进行熔焊、铜焊或锡焊，也不能使空调部件受热。

6）在进行电焊操作时，为防止电子控制元件的电压过高，应拆下蓄电池负极并套上绝缘保护套，不能使地线接头或焊条接触到电子控制元件，并应保证地线接地良好。

三、车身涂装修复

1. 涂装修复的工艺与方法

（1）涂装修复的工艺

现代汽车涂装修复按照涂装工艺可分为六个基本工序，即涂装施工前准备、底涂层涂装、中间涂层涂装、面漆喷涂前准备、面涂层涂装和涂膜处理与缺陷防治。汽车涂装修复的工艺流程如图 1–2–15 所示。

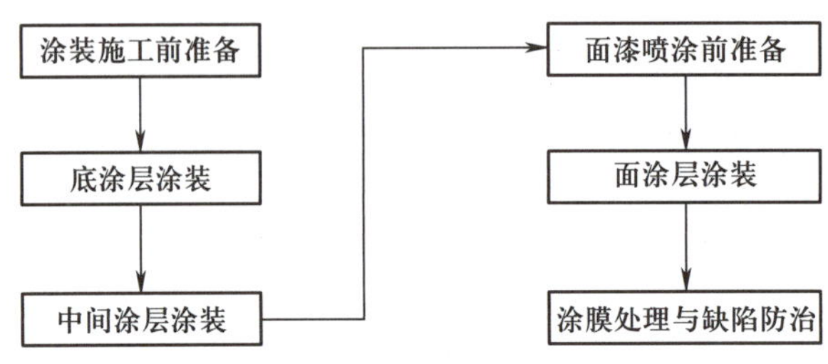

图 1-2-15　汽车涂装修复的工艺流程

在汽车涂装修复中，涂装施工前准备是整个涂装施工的基础，其主要内容包括车身表面的清洁、涂膜损伤的评估、涂装修复工艺的选择、车身原涂层类型的鉴别和车身表面的预处理等。

底涂层涂装的作用是增强车身底材与中间涂层或面涂层之间的附着力，提高底材的防腐能力。进行车身底涂层涂装时，涂装人员必须了解底漆选用和调制的方法，熟悉空气喷枪、压缩空气供给系统的使用方法以及底漆的喷涂方法。

中间涂层涂装可分为原子灰涂层的涂装和中涂底漆涂层的涂装两部分。原子灰涂层的涂装主要包括原子灰的选用、原子灰的刮涂和原子灰涂层的打磨等内容；中涂底漆涂层的涂装主要包括喷涂设备和烘干设备的使用、中涂底漆的喷涂和中涂底漆涂层的打磨等内容。

面漆喷涂前准备是汽车涂装修复中难度最大的工艺之一，涂料的选用是否合理、颜色的调配是否准确都直接影响涂装工作的效果。面漆喷涂前准备的主要内容包括面漆喷涂前遮盖、面漆的选用与用量估计、面漆涂料颜色的调配和面漆涂料的配制等。

面涂层涂装的作用是为车身提供美丽的外观，面涂层的装饰性是评价汽车的一个重要指标，因此，面涂层涂装是汽车涂装修复工艺中最为关键的环节。面涂层涂装主要包括面漆的整体喷涂、面漆的局部修补喷涂和面漆的干燥等内容。

面涂层涂装结束后，由于喷涂环境和喷涂条件的影响，涂装表面或多或少存在一些涂膜缺陷。为了提高涂膜质量、防止涂膜缺陷的产生，涂装人员往往需要进行涂膜处理与缺陷防治，其主要内容包括涂膜修饰、涂膜检测和涂膜缺陷防治等。

（2）涂装修复的方法

涂装修复工艺的选择也是涂装修复方法的选择，不同的涂装修复方法适用于不同条件下的涂装作业，因此，选择正确的涂装修复方法非常重要。汽车涂装修复的方法主要有喷涂和刮涂两种。

喷涂是指用特制的喷涂设备（主要是空气喷枪）将涂料雾化，并将其涂布在被涂物表面的涂装方法，如图 1–2–16 所示。喷涂的应用范围很广，大多数车身零部件都可以使用喷涂的方法进行涂装。喷涂比较节省涂料，涂装质量较好，涂膜质量容易控制，但是对涂装人员的技术水平要求较高，对喷涂设备的要求也比较严格，对环境会造成比较严重的污染。

图 1–2–16 车身涂料的喷涂

刮涂是指用刮板将涂料刮于被涂物表面的涂装方法。刮涂对涂装设备的要求较低，对涂装人员的技术水平要求较高，涂料浪费较少。刮涂多用于汽车涂装中的凹陷填充或外形修复。车身凹陷处原子灰的刮涂如图 1–2–17 所示。

图 1–2–17 车身凹陷处原子灰的刮涂

2. 涂装修复的安全防护与作业要求

（1）汽车涂装修复作业对人体的危害

汽车涂装中绝大部分的涂料及溶剂都是易燃、有毒物质，这些有毒物质可以使人体的神经系统麻痹，使人产生行动和语言障碍，在汽车涂料中，主要的有毒物质是有机溶剂型混合物和挥发气体。另外，打磨区研磨作业产生的微细粉尘对人体呼吸系统的危害也不可轻视，油漆中的苯蒸气若到达一定的浓度亦可致人死亡，涂装人员长期接触苯会出现慢性中毒的状况，引发白细胞减少、血小板降低、骨髓造血功能障碍等疾病。

（2）涂装人员的人身安全防护

为保障涂装人员的身体健康，涂装车间应有切实的安全防护措施，并经常对涂装人员进行卫生教育和培训，使涂装人员具备必要的卫生安全知识，这也是保证涂装质量的必要措施。

1）对呼吸系统的防护。磨料的粉尘、腐蚀性溶液或溶剂挥发的气体和喷漆时的漆雾等都会给涂装人员的呼吸系统带来危害，即使在通风良好的环境下，涂装人员仍须佩戴呼吸保护器。在汽车涂装修复作业中使用的呼吸保护器有供气式呼吸保护器、滤筒式呼吸保护器和防尘呼吸保护器三种，如图 1–2–18 所示。喷涂含氰化物的油漆时要佩戴供气式呼吸保护器，喷涂不含氰化物的油漆时一般佩戴滤筒式呼吸保护器，在打磨和灰尘飞扬的作业环境中要佩戴防尘呼吸保护器。

2）对头部的防护。进行涂装或其他修理作业时必须始终戴好工作帽。

3）对眼睛和面部的防护。涂装场地飞扬的灰尘和碎屑可能会伤及眼睛。在进行打磨作业和在车底下工作时都要戴防尘镜、护目镜或防护面罩，如图 1–2–19 所示。

4）对耳朵的防护。在敲打钢板或喷砂时发出的噪声对人们的听觉有不利的影响，甚至会损伤耳膜，因此应佩戴耳塞，如图 1–2–20 所示。

5）对手部的防护。为防止溶液、底漆和外层涂料对手部的伤害，涂装人员在进行作业时应佩戴安全手套。汽车涂装修复作业常用的手套有棉纱手套、乳胶手套和防溶剂手套三种，如图 1–2–21 所示。棉纱手套一般用于打磨的场合，乳胶手套用于调色、喷涂和刮涂等不与涂料直接接触的场合，防溶剂手套常用于直接接触涂料的场合。若将涂料不慎沾在手上，应选择专用的清洁剂进行清洗，不得使用稀释剂洗手。

图 1-2-18 呼吸保护器

a）供气式呼吸保护器 b）滤筒式呼吸保护器 c）防尘呼吸保护器

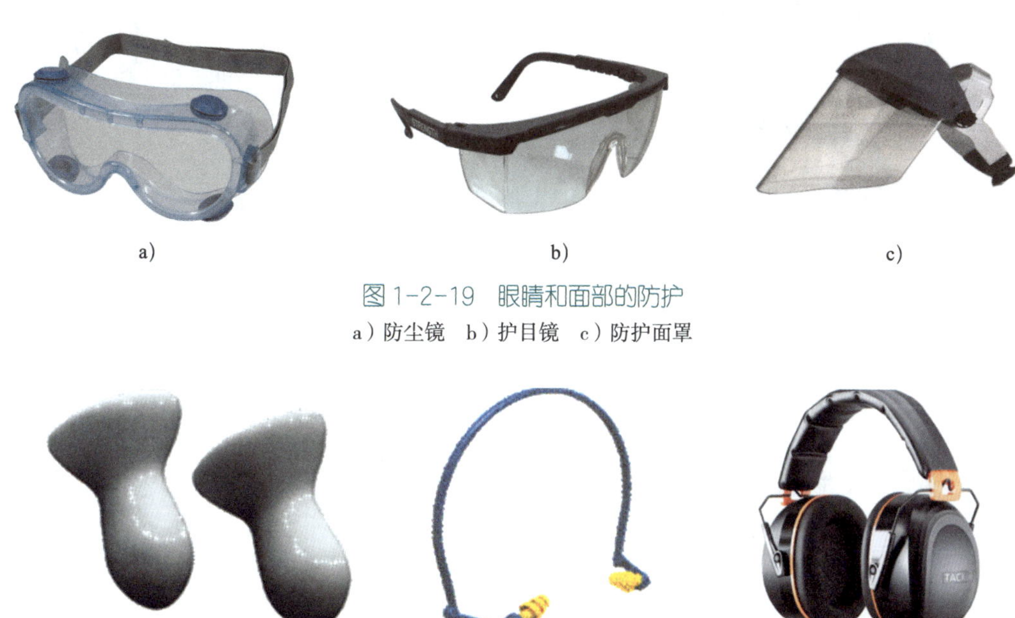

图 1-2-19 眼睛和面部的防护

a）防尘镜 b）护目镜 c）防护面罩

图 1-2-20 各式耳塞

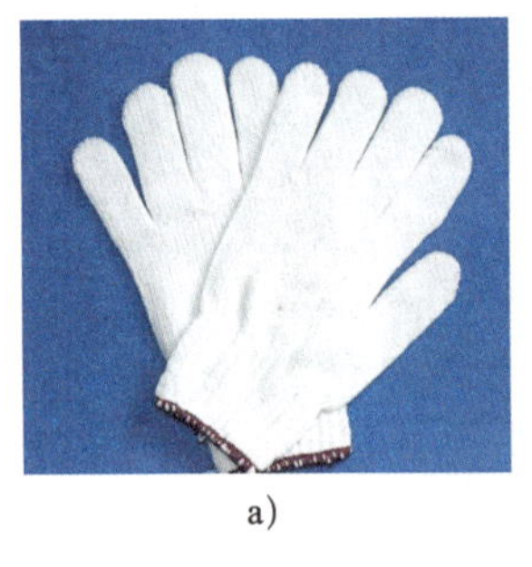
a）

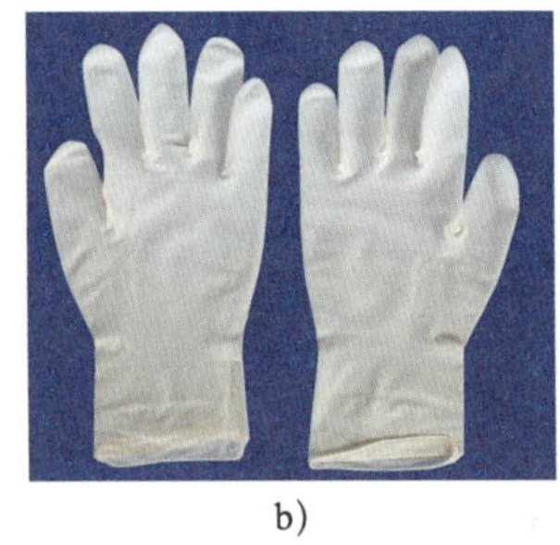
b）

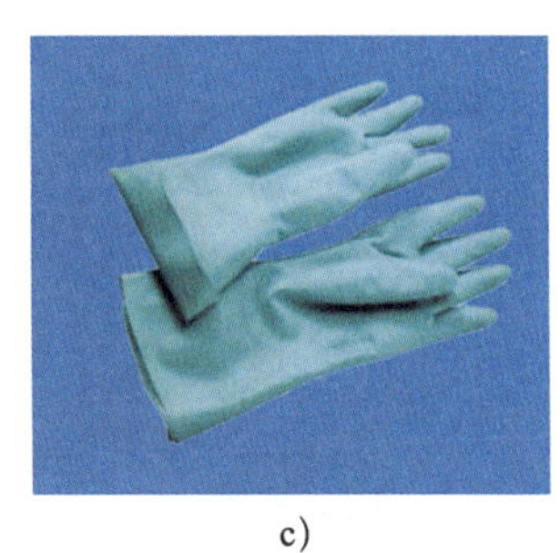
c）

图 1-2-21　安全手套

a）棉纱手套　b）乳胶手套　c）防溶剂手套

6）对脚部的防护。在进行涂装修复作业时，应穿鞋头带金属片的防护、防滑安全鞋，金属片可以保护脚趾不被下落的物体碰伤。

7）对身体的防护。涂装人员要按照规定穿工作服，常用的工作服有棉质工作服和防静电工作服两种，如图 1-2-22 所示。在调色、喷涂场合应穿着清洁的防静电工作服，此类工作服面料不起毛，不会影响涂膜质量。工作服上衣应是长袖的，工作裤要有足够的长度，以能盖到鞋帮为宜。

a）

b）

图 1-2-22　工作服

a）棉质工作服　b）防静电工作服

（3）涂装修复的安全作业要求

1）操作前，涂装人员应根据作业要求，穿好三紧或连裤工作服和鞋子，戴好工作帽、呼吸保护器、手套和耳塞等。

2）操作场所应通风良好。

3）在使用钢丝刷、锉刀、气动或电动工具进行表面处理时，需佩戴防护眼镜，以免眼睛受伤；粉尘较多时应佩戴呼吸保护器，以防呼吸道感染。

4）用碱液清除旧涂层时，必须佩戴防溶剂手套和防护眼镜，并穿戴涂胶围裙和鞋罩。

5）应妥善保管剩余的涂料和稀释剂等，以防其挥发。

6）喷涂结束后，将设备、工具清理干净并妥善保管，操作现场应保持清洁，并将用过的残漆、废纸和废砂纸等放置到垃圾箱内。

任务实施

一、汽车钣金修复工序的认知

对照表 1–2–1 中的图片场景，熟悉汽车钣金修复各工序的基本工作内容。

表 1–2–1　　钣金修复工序的认知

序号	工序	图片		
1	板件的拆装	保险杠的拆卸	翼子板的安装	发动机罩的调整
2	钣金件的制作	钣金件的放样	钣金件的下料	钣金件的制作

续表

序号	工序	图片		
3	钣金件的整形	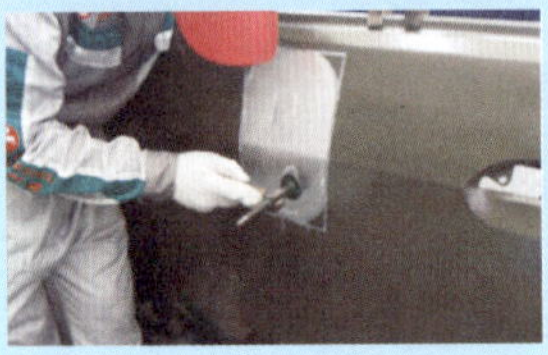		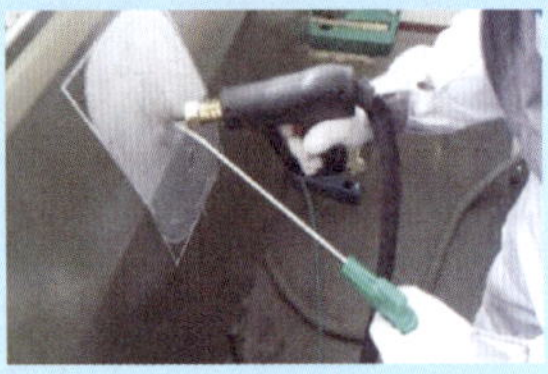
		敲击整形	拉伸整形	修复收火
4	钣金件的更换		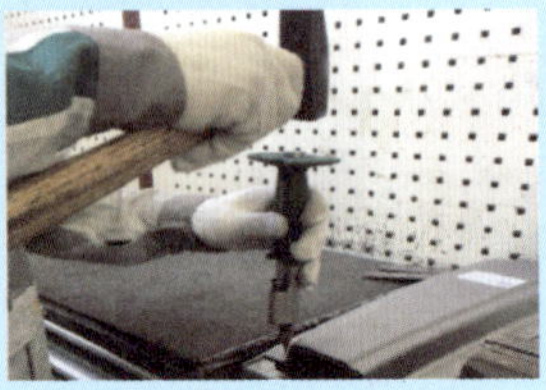	
		钣金件的切割	钣金件的定位	钣金件的焊接
5	整车变形的测量与校正			
		变形检查	变形测量	变形校正

二、汽车钣金修复作业的安全防护

根据表 1-2-2 中钣金修复作业场合的不同，分析如何正确穿戴安全防护用具。

表 1-2-2　　　　　　　　钣金修复作业的安全防护

操作内容	图片
1. **拆装、调整作业防护** **方法：** 操作者穿戴工作帽、护目镜、防尘口罩、棉质工作服、棉纱手套和安全鞋 **提示：** 拆装作业中的典型危害是灰尘和机械损伤	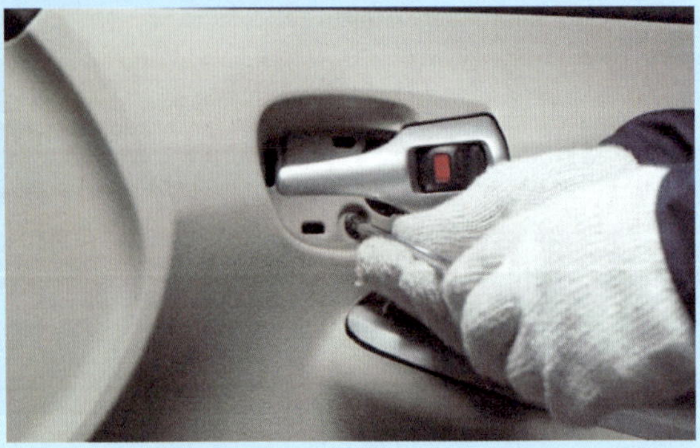

续表

操作内容	图片
2. **敲击、打磨作业防护** **方法：** 操作者穿戴工作帽、护目镜、防尘口罩、耳塞、棉质工作服和安全鞋 **提示：** 敲击作业中可以戴棉纱手套，但在使用旋转动力工具打磨时则不允许戴手套。在以上作业中主要应防范噪声和灰尘	
3. **整形、车底作业防护** **方法：** 操作者穿戴硬质安全帽、护目镜、防尘口罩、棉纱手套、棉质工作服和安全鞋 **提示：** 整形、车底作业中要预防重物掉落或弹出，硬质安全帽能保护操作者的头部	
4. **焊接作业防护** **方法：** 操作者穿戴有变色镜片的头盔、焊接呼吸器、耳塞、焊接手套、焊接工作服和安全鞋 **提示：** 焊接产生的弧光、烟尘和飞溅的熔渣等都能对人体造成很大的伤害，因而以上作业的防护要求相当严格	

三、汽车涂装修复工序的认知

对照表 1-2-3 中的图片场景，熟悉汽车涂装修复各工序的基本工作内容。

表 1-2-3　　涂装修复工序的认知

序号	工序	图片		
1	涂装施工前准备	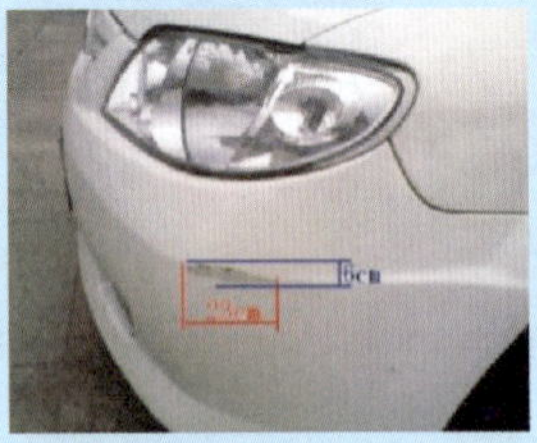	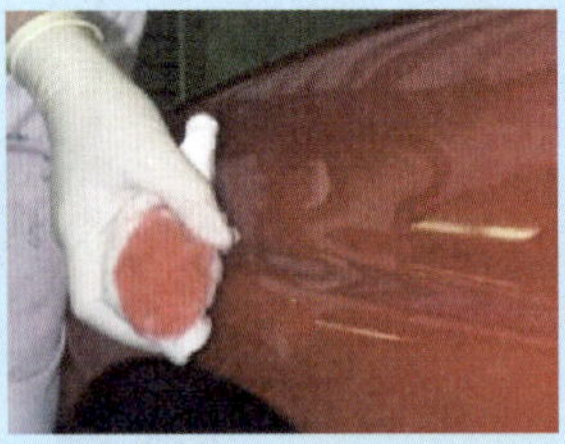	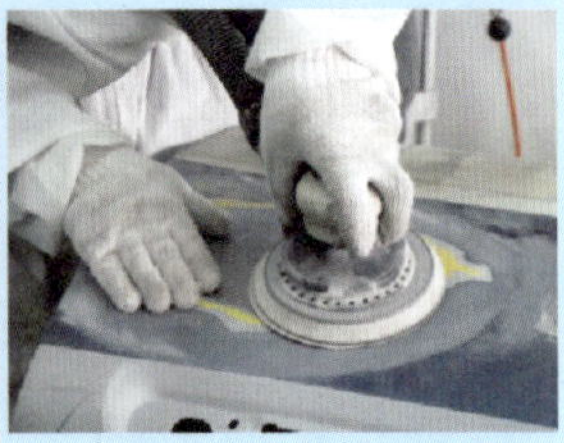
		涂膜损伤评估	车身原涂层类型的鉴别	除旧漆与打磨羽状边
2	底涂层涂装			
		底漆喷涂前除油	底漆喷涂	底漆的干燥
3	中间涂层涂装		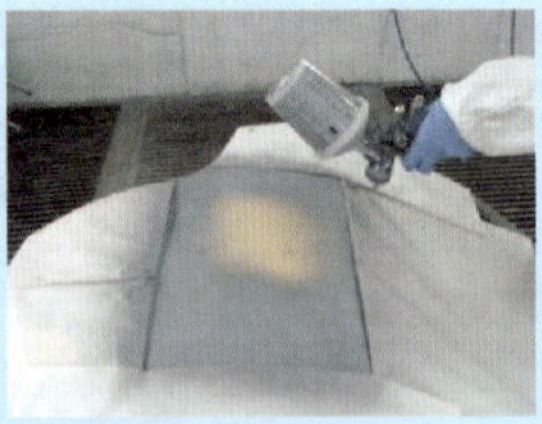	
		原子灰刮涂和涂层打磨	中涂底漆喷涂	面漆喷涂前打磨
4	面漆喷涂前准备	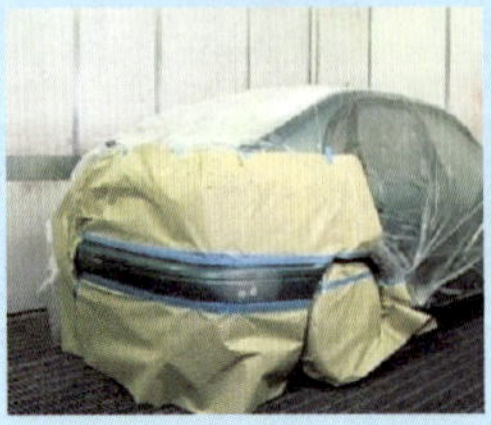		
		面漆喷涂前遮盖	面漆涂料调色	面漆涂料配制

续表

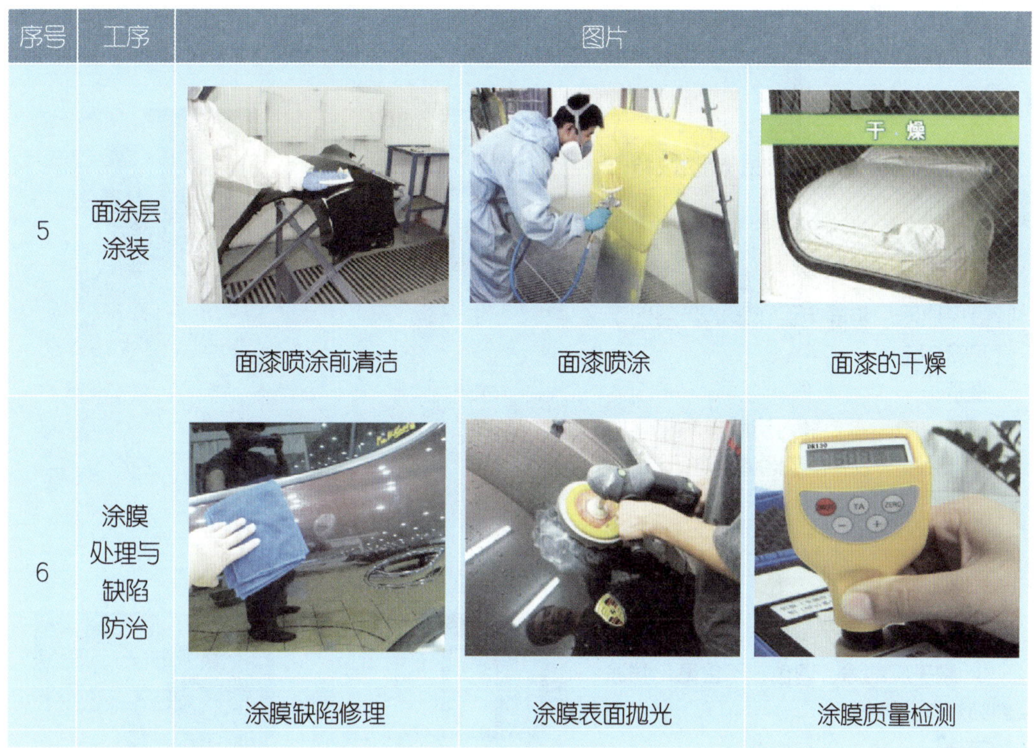

序号	工序	图片		
5	面涂层涂装	面漆喷涂前清洁	面漆喷涂	面漆的干燥
6	涂膜处理与缺陷防治	涂膜缺陷修理	涂膜表面抛光	涂膜质量检测

四、汽车涂装修复作业的安全防护

根据表 1–2–4 中涂装修复作业场合的不同，分析如何正确穿戴安全防护用具。

表 1–2–4　　涂装修复作业的安全防护

操作内容	图片
1. 打磨、抛光作业防护 **方法：** 操作者穿戴工作帽、防尘镜、耳塞、防尘口罩、棉质工作服、棉纱手套和安全鞋 **提示：** 打磨作业的典型危害是打磨粉尘和噪声	

续表

<table>
<tr><th>操作内容</th><th>图片</th></tr>
<tr><td>2. 除旧漆、除锈、除油、清洗喷枪作业防护
方法：
操作者穿戴工作帽、护目镜、滤筒式呼吸保护器、防静电工作服、防溶剂手套和安全鞋
提示：
该作业中应主要针对皮肤接触化学物品、呼吸系统吸入有机气体等进行防护</td><td>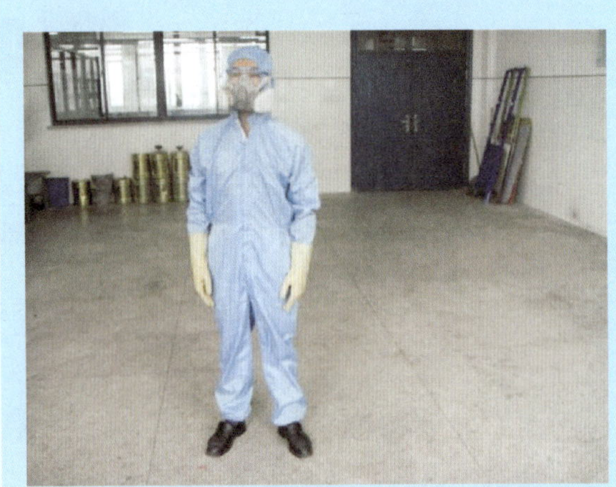</td></tr>
<tr><td>3. 原子灰刮涂、调色、不含氰化物涂料喷涂作业防护
方法：
操作者穿戴工作帽、护目镜、滤筒式呼吸保护器、防静电工作服、乳胶手套和安全鞋
提示：
乳胶手套能阻隔溶剂，并方便操作者进行作业</td><td></td></tr>
<tr><td>4. 含氰化物涂料喷涂作业防护
方法：
操作者穿戴供气式呼吸保护器、防静电工作服、乳胶手套和安全鞋
提示：
供气式呼吸保护器应罩住操作者的整个头部，以对头部进行有效的保护</td><td>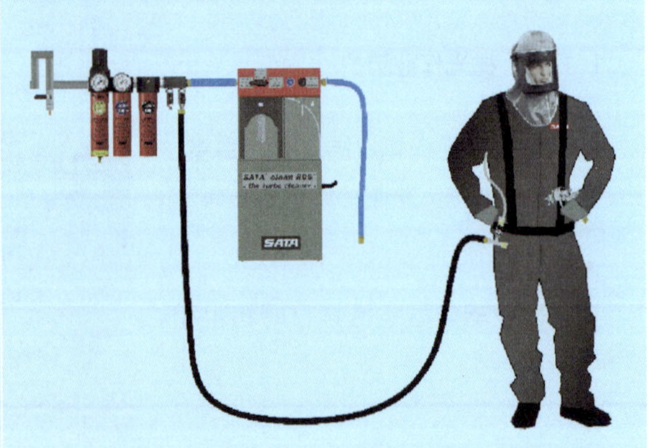</td></tr>
</table>

续表

操作内容	图片
5. 遮盖、涂膜测试作业防护 **方法：** 操作者穿戴工作帽、护目镜、棉质工作服和安全鞋 **提示：** 该作业中灰尘少，且操作者不与有机气体接触，因而只需要进行基本防护	

思考与练习

1. 车身损伤的形式有哪些？产生损伤的原因分别是什么？
2. 简述车身钣金修复作业的主要内容。
3. 涂装人员应做好哪些安全防护工作？

模块二

汽车钣金维修基础

任务1　汽车钣金维修工具和设备的使用

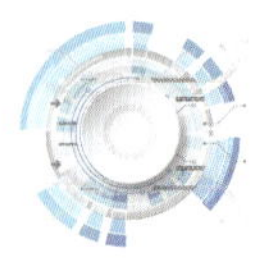

学习目标

1. 了解汽车钣金拆装工具的种类和用途。
2. 了解汽车钣金维修工具及设备的种类和用途。
3. 掌握汽车钣金维修工具的使用方法。
4. 掌握汽车钣金维修设备的使用方法。

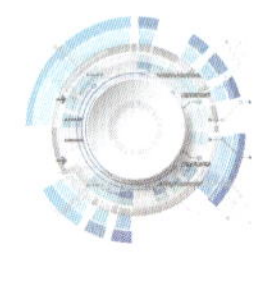

任务描述

常用汽车钣金维修工具和设备的使用是车身维修人员的一项基本技能，是完成车身维修工作的前提条件。本任务系统地介绍了常用汽车钣金维修工具和设备的种类、用途和使用方法，并要求学生通过学习和训练，掌握相关的知识和技能。

相关知识

一、常用汽车钣金维修工具

1. 汽车钣金拆装工具

（1）螺栓、螺母和螺钉拆装工具

螺栓和螺母拆装常用的工具有扳手和旋具。

1）扳手。在汽车修理中，通常使用梅花扳手、开口扳手、套筒扳手和活动扳手等拆装螺栓和螺母，如图 2-1-1 所示。在操作空间和维修条件受到限制时，可灵活选择扳手的类型来进行维修操作。

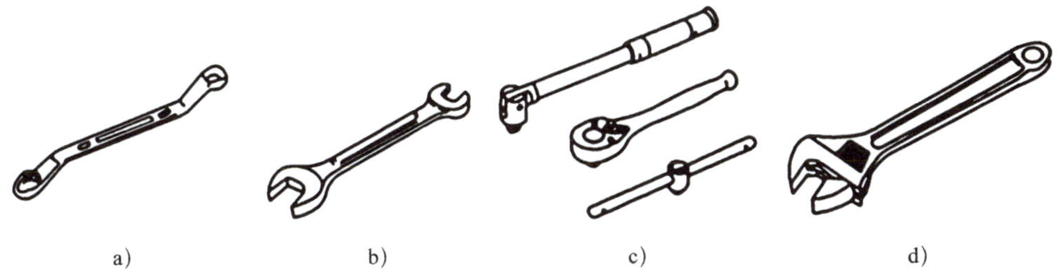

图 2-1-1　常用扳手的类型

a）梅花扳手　b）开口扳手　c）套筒扳手　d）活动扳手

2）旋具。旋具用于拆卸和更换车身表面的固定螺钉，其手柄有木柄和塑料柄之分。木柄旋具又分为普通式和穿心式两种，穿心式旋具能够承受较大的扭矩，并可以在其尾部轻微敲击。塑料柄旋具具有良好的绝缘性能，经常用于电工作业。旋具主要有一字旋具和十字旋具两种类型，如图 2-1-2 所示。

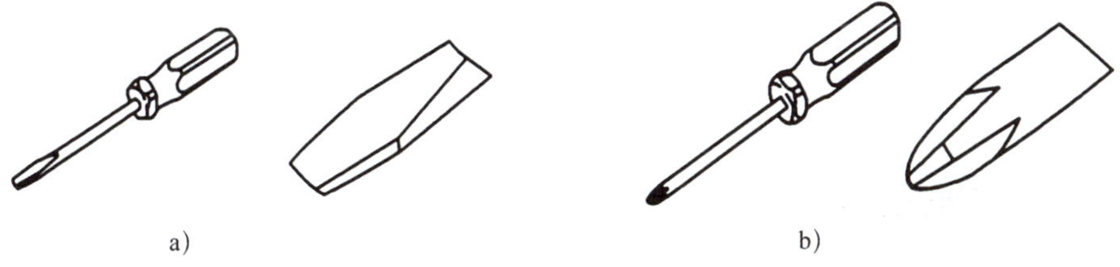

图 2-1-2　常用旋具的类型

a）一字旋具　b）十字旋具

（2）卡扣拆卸工具

车身塑料覆盖件之间通常采用卡扣进行连接。拆卸塑料卡扣可使用专用的卡扣拆卸工具，否则很容易损坏卡扣，卡扣拆卸工具如图 2–1–3 所示。这种拆卸工具可以快速、准确地抓取待拆除的卡扣，操作方便，不会因误触损伤卡扣及其周边的油漆。

图 2-1-3　卡扣拆卸工具

（3）铆接安装工具

铆接是通过手工或以压缩空气为动力，使用专用工具使铆钉变形，以将连接件铆合在一起的连接方法。铆接用到的主要材料和工具是抽芯铆钉和气动（或手动）铆钉枪，如图 2–1–4 所示。铆接的特点是不需要顶钉操作，使反面无法顶钉或结构复杂构件的连接变得很方便，铆接通常用于轻载连接的场合。

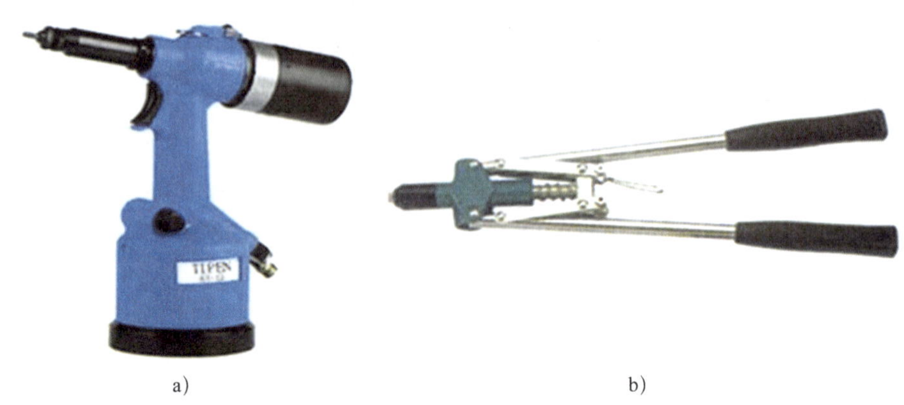

a)　　　　b)

图 2-1-4　铆钉枪

a）气动铆钉枪　b）手动铆钉枪

2. 汽车钣金维修工具

常见的汽车钣金维修工具有钣金整形工具和表面修整工具。

（1）钣金整形工具

在汽车发生碰撞变形后，通常使用传统钣金整形工具进行修理，常见的钣金整形工具有锤子、垫铁、撬棒、大力钳、中心冲、錾子和锉刀等。

1）锤子。汽车钣金整形中使用的锤子有扁头锤、捅锤、拱锤、中间锤、平头锤、鹤嘴锤和橡胶锤等。扁头锤主要用于敲击平面，也可以用于敲击较深的凹陷面和边缘拐角；捅锤主要用于敲击弧形构件，也可以横击，还可以当撬棒使用；拱锤主要用于圆弧形工件的整形与制作，如修整小型车的轴承端盖等；中间锤用于避免直接锤击工件的场合；平头锤主要用于修整箱形角等部位；鹤嘴锤用于修复工件表面的小凹坑；橡胶锤用于不伤漆面的修理场合。汽车钣金整形中使用的锤子如图 2-1-5 所示。

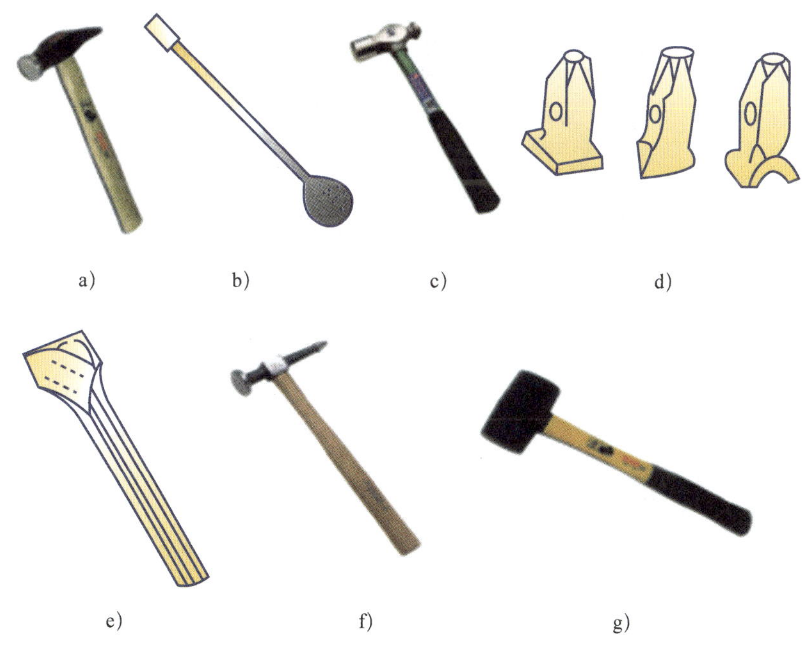

图 2-1-5 汽车钣金整形中使用的锤子

a）扁头锤 b）捅锤 c）拱锤 d）中间锤 e）平头锤 f）鹤嘴锤 g）橡胶锤

2）垫铁。垫铁是一种可以拿在手上的铁砧，与锤子相互配合来完成钣金整形作业，也被称为衬铁或顶铁。垫铁有高曲面、低曲面、平面和棱边等多种不同的作用面，每种作用面适用于特定的凹陷损伤和不同车身钣金件表面的形状。垫铁与受损钣金件金属外形的配合至关重要，假如在高隆的面板上使用平面或低隆的垫铁，将会增加钣金件的凹陷。钣金整形中使用的垫铁如图 2–1–6 所示。

图 2-1-6　钣金整形中使用的垫铁

3）撬棒。撬棒用于撬起凹点，它有不同的长度和形状，也可以用来撬起密闭车身部件的凹点。撬棒可以与手锤配合来修理损伤，它不会破坏钣金件，也不会损伤漆面。汽车钣金整形中使用的撬棒如图 2–1–7 所示。

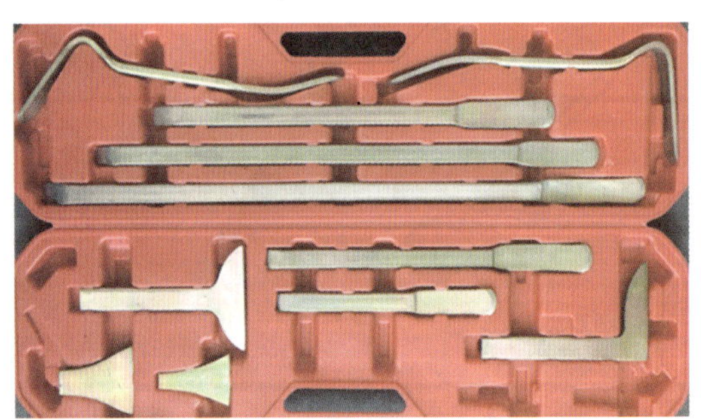

图 2-1-7　汽车钣金整形中使用的撬棒

4）大力钳。大力钳有尖嘴带刃大力钳、焊接用大力钳、铁皮大力钳、C 形大力钳、链条式大力钳、弧齿加硬大力钳、直齿加硬大力钳和尖嘴加硬大力钳等多种类型。汽车钣金整形中使用的大力钳如图 2–1–8 所示。大力钳主要用于铆接、焊接和钻孔等钣金维修操作，在使用中可以根据钣金件的特征来调节钳口的松紧。

（2）表面修整工具

表面修整的目的是提高修理表面的平整度，恢复车身构件的表面质量。表面修整的主要工具有盘式气动打磨机、带式气动打磨机和车身锉刀等。

1）盘式气动打磨机。盘式气动打磨机由外壳、风叶轮、进尘吸管和打磨盘等组成，如图 2–1–9 所示。盘式气动打磨机经常与吸尘器配合使用，吸尘器提供打磨的动力，同时清理打磨产生的粉尘。盘式气动打磨机质量轻、操作方便，在车身维修中应用广泛。

2）带式气动打磨机。带式气动打磨机适用于狭窄位置的打磨，经常用于处理切割分离产生的毛刺、焊接位置坡口和焊接接头。带式气动打磨机如图 2-1-10 所示。

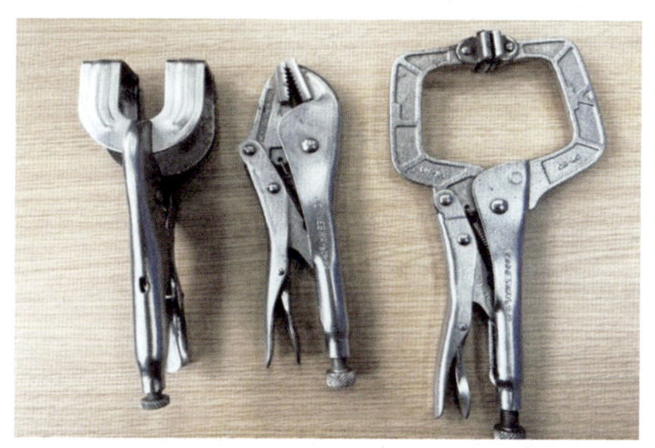

图 2-1-8 汽车钣金整形中使用的大力钳

图 2-1-9 盘式气动打磨机

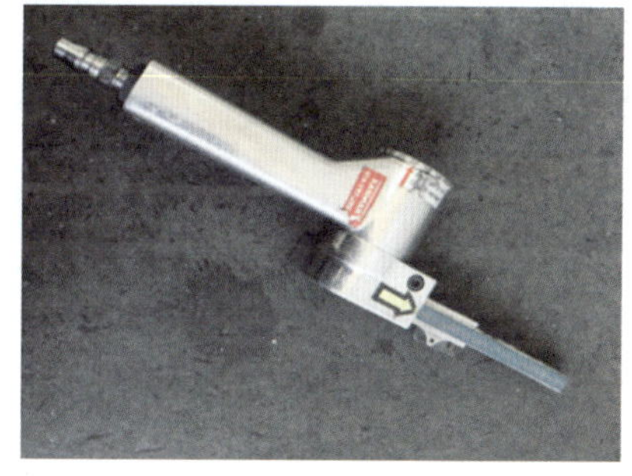

图 2-1-10 带式气动打磨机

3）车身锉刀。车身锉刀用于修理钣金锤、垫铁和匙形铁等钣金工具作业留下的凹凸不平的痕迹，车身钣金维修常用的车身锉刀如图 2-1-11 所示。锉削板件平坦部位时，应以 30° 角握住车身锉刀直推，或直握车身锉刀偏 30° 角斜推，如图 2-1-12 所示。

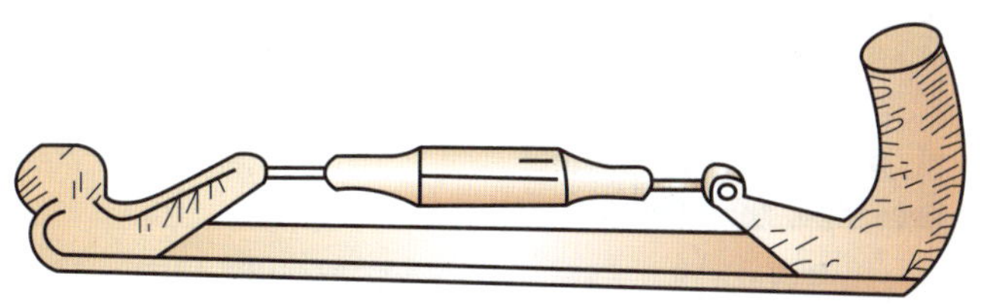

图 2-1-11 车身锉刀

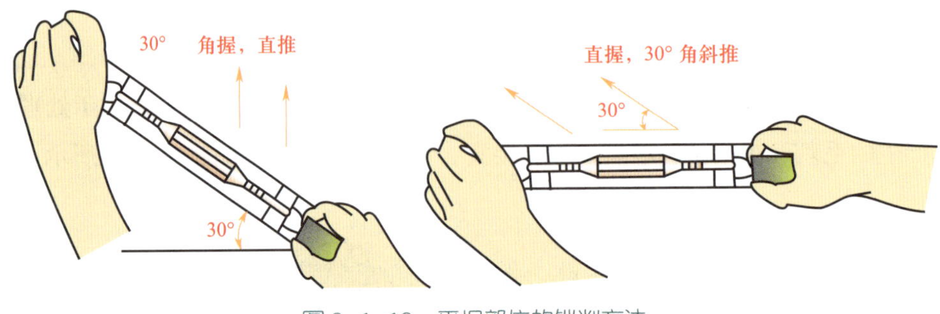

图 2-1-12　平坦部位的锉削方法

二、常用汽车钣金维修设备

1. 车身焊接设备

（1）惰性气体保护焊焊机

惰性气体保护焊不仅适用于对车身外部覆盖件的焊接，还适用于整体式车身高强度钢构件的焊接，在车身维修中应用广泛。惰性气体保护焊的操作方法简单，且能根据焊接的具体情况进行调整，焊接质量好、焊接速度快、电弧平稳。惰性气体保护焊的主要设备是二氧化碳气体保护焊焊机。

1）二氧化碳气体保护焊焊机的组成。二氧化碳气体保护焊焊机主要由保护气瓶、减压流量调节器、焊枪、控制面板和电缆线等组成，焊机的组成如图 2-1-13 所示，焊机的控制面板如图 2-1-14 所示。

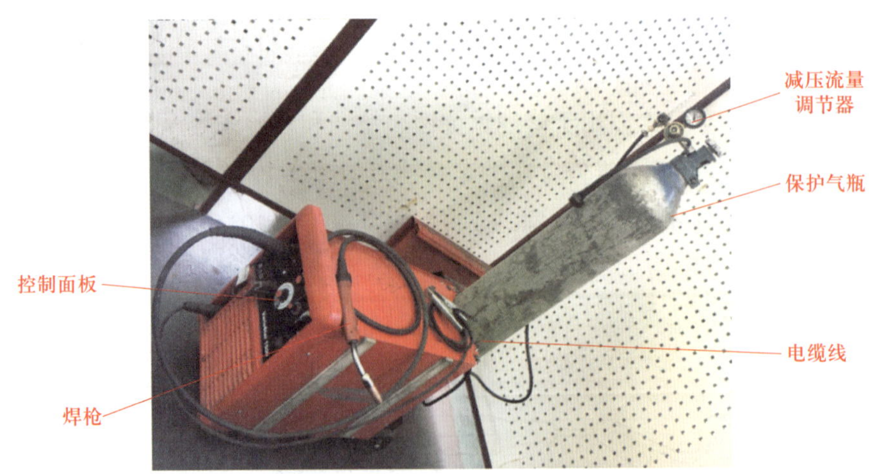

图 2-1-13　二氧化碳气体保护焊焊机的组成

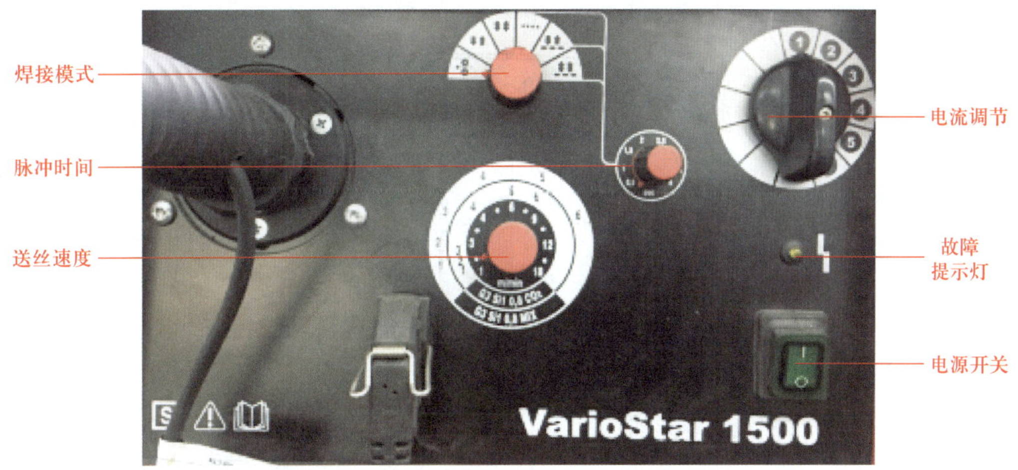

图 2-1-14 二氧化碳气体保护焊焊机的控制面板

2）二氧化碳气体保护焊焊丝的安装。二氧化碳气体保护焊焊丝的安装方法是：按照说明书规定，将二氧化碳气体保护焊焊机通电；将保护气瓶放置在合适的位置并固定；安装焊丝，如图 2-1-15 所示，用手将焊丝送进送丝管约 300 mm，保证焊丝顺利进入送丝管内；调整送丝轮压力，使焊丝获得足够的推力，如图 2-1-16 所示。注意，若压力过小，焊丝会在送丝轮上打滑；若压力过大，焊丝会发生变形，从而导致送丝不均匀。

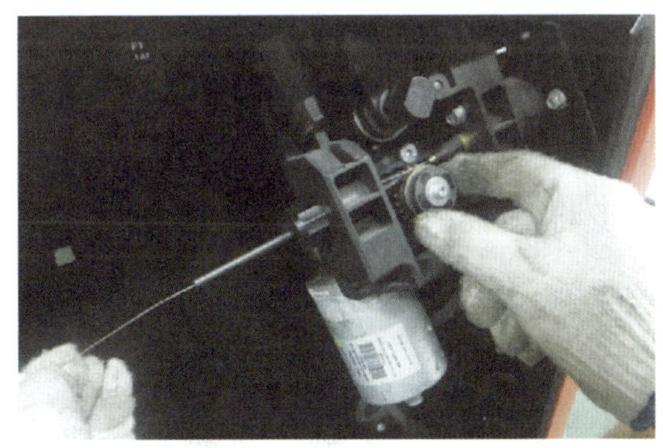

图 2-1-15 焊丝的安装

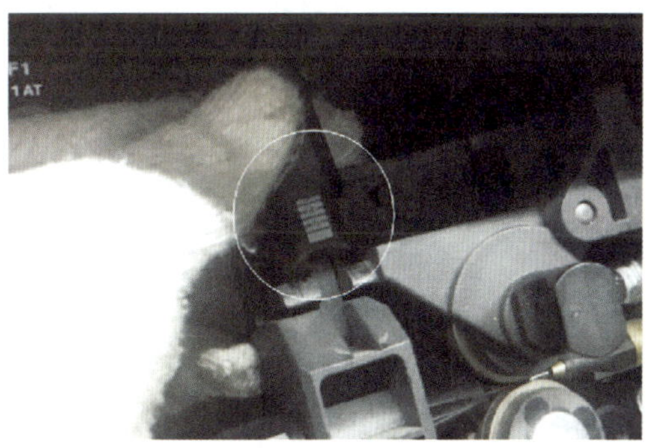

图 2-1-16 送丝轮压力的调整

3）惰性气体保护焊的工作原理。惰性气体保护焊的工作原理是：按下启动开关，送丝机构将焊丝以一定的速度送出，焊枪在焊接工件与焊丝之间产生电弧，电弧产生的热量能使焊丝和工件熔化，从而将工件连接在一起。惰性气体通过焊机的内部管路到达焊枪前端，对焊接部位起保护作用，防止熔融的金属因接触空气而氧化。惰性气体保护焊的工作原理如图 2-1-17 所示。

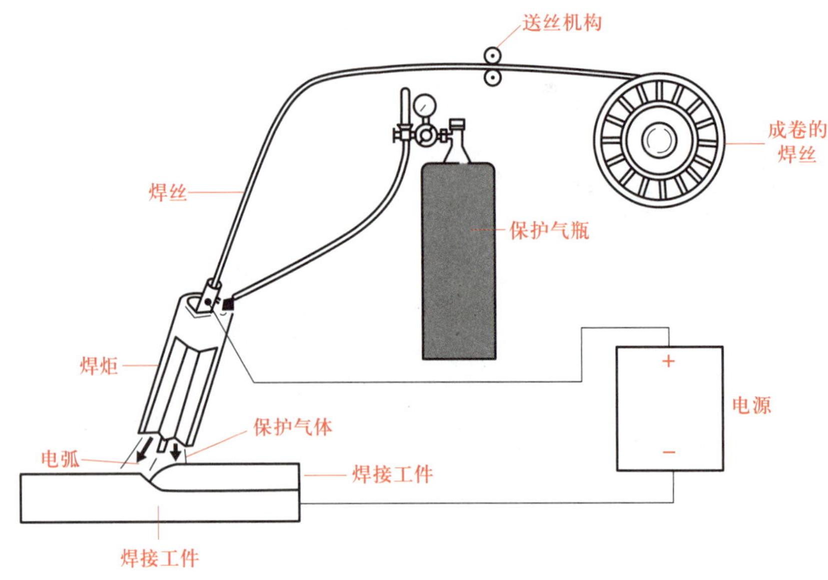

图 2-1-17　惰性气体保护焊的工作原理

（2）氧乙炔焊接设备

氧乙炔焊是熔焊的一种，它是将乙炔和氧气在一个腔内混合，在喷嘴处点燃，用其产生的高温（约达 3 000 ℃以上）将焊条和工件熔化、融合在一起的焊接方式。氧乙炔焊将热量集中在工件的一个部位，热量会影响周围的区域，从而使钢板的强度降低，因此在现在的车身维修中较少使用。

氧乙炔焊接设备由气瓶、减压器、气体导管和焊枪等组成。氧乙炔焊接设备的气瓶分为装有氧气的钢瓶和装有乙炔气体的钢瓶，如图 2-1-18 所示；减压器（见图 2-1-19）用于将气瓶的压力减小到规定值，以保持气体的稳定输出；气体导管用于将卸压后的氧气和乙炔从各减压器处输送到焊枪；焊枪（见图 2-1-20）将氧气和乙炔以适当的比例混合，并在喷嘴处点燃，产生火焰，使板件熔化熔接。

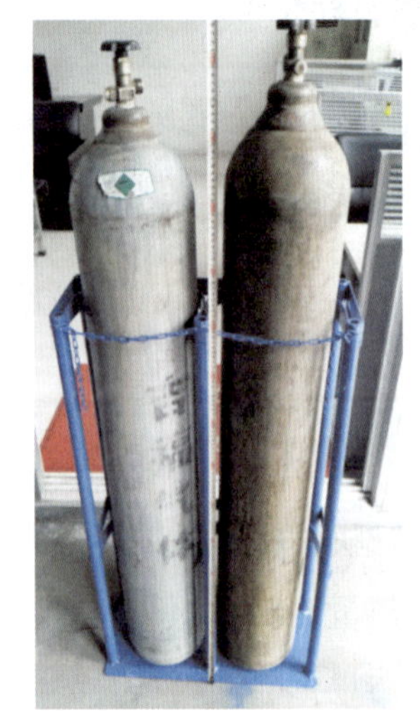

图 2-1-18　氧气、乙炔气瓶

（3）电阻点焊焊机

电阻点焊具有焊接时间短、受热范围小、焊接强度高、金属不易形变和焊接成本低等优点，在车身生产和维修中应用非常广泛。

图 2-1-19　减压器

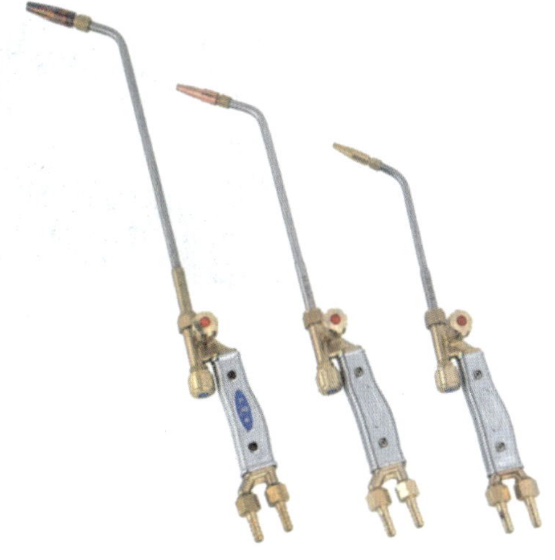

图 2-1-20　不同规格的氧乙炔焊焊枪

1）电阻点焊焊机的组成。电阻点焊焊机由机箱、控制面板、冷却系统和可更换电极臂的焊枪组成，如图 2-1-21 所示。

图 2-1-21　电阻点焊焊机的组成

电阻点焊焊枪如图 2-1-22 所示，按下焊枪开关，焊枪内的气缸就会推动电极臂向被焊金属表面施加挤压力，同时接通焊接电流使被焊接的金属板熔接。

2）电阻点焊的焊接原理。电阻点焊使低电压、高强度的电流流过夹紧在一起的两块金属板，在焊点处产生电阻热，并用焊枪电极的压力把金属板熔接在一起。电阻点焊的焊接原理如图 2-1-23 所示。

图 2-1-22　电阻点焊焊枪

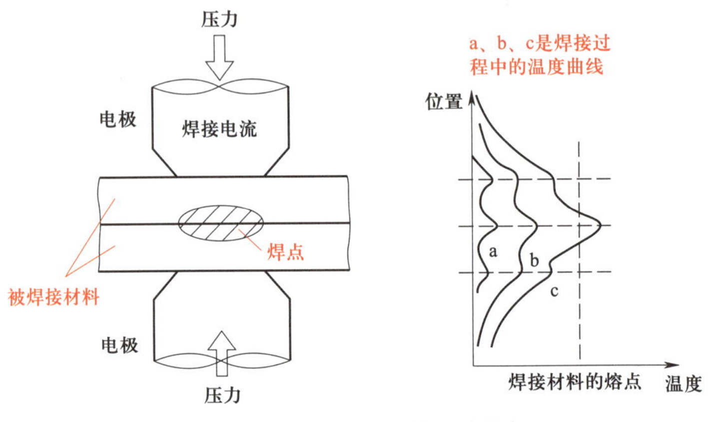

图 2-1-23　电阻点焊的焊接原理

3）电阻点焊的焊接参数。电阻点焊有电极压力、电流强度和加压时间三个主要焊接参数。

①电极压力。焊枪电极施加在金属板上的压力对两个金属板之间的焊接强度有直接的影响，如果焊枪电极的压力小，则会产生焊接飞溅，导致焊接强度降低；如果焊枪电极的压力大，则会使焊点过小，也会降低焊接强度。电极压力对焊接强度的影响如图 2–1–24 所示。

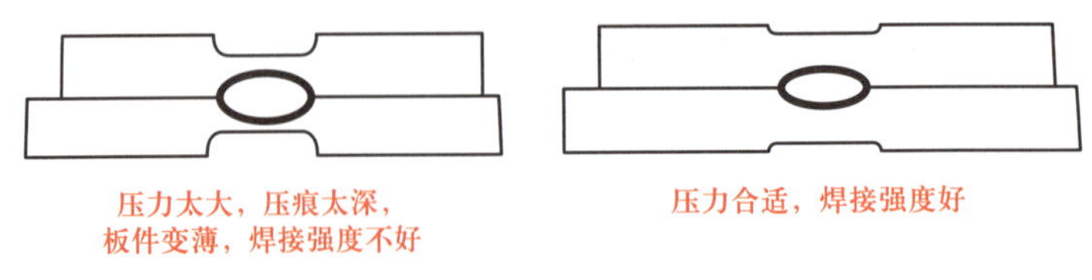

图 2-1-24　电极压力对焊接强度的影响

②电流强度。在电极给金属板加压后，会有一股强大的电流通过焊枪电极，流入两块金属板。电流太大则会产生焊接飞溅，可以通过调小电流或调大压力来减少焊接飞溅物的数量。在实践中，可以通过观察焊点的颜色来判断焊接电流强度是否合适，

若焊点与焊接前的颜色相同，说明焊接电流强度正常，如图 2-1-25 所示；若焊点颜色变深，则说明焊接电流强度偏大，应适当减小电流强度。

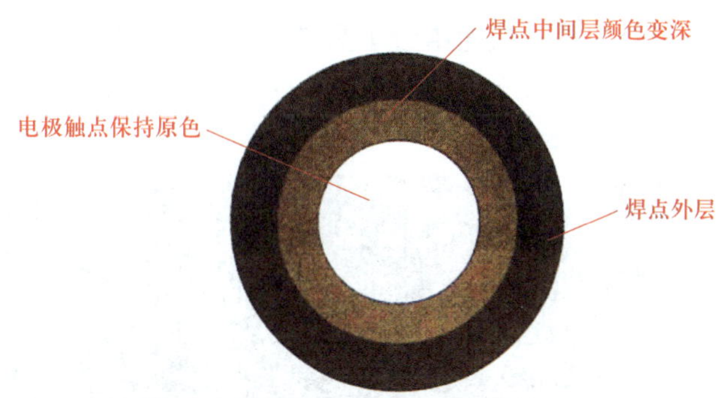

图 2-1-25 焊接电流强度正常时焊点的颜色

③加压时间。停止焊接后，焊接部位的金属开始冷却，在金属冷却前，电极要维持一定时间的压力才能形成一个圆且平的焊点。因此，加压时间是一个非常重要的参数，加压时间太短会使金属熔接不够紧密。

2. 车身整形设备

（1）车身外形修复机

车身外形修复机在修理企业中通常被称为“介子机”，它是汽车车身维修的必备设备之一。车身外形修复机输出功率大，具有点焊拉拔、热收缩和薄板焊接等功能，应用非常广泛。车身外形修复机的组成如图 2-1-26 所示。

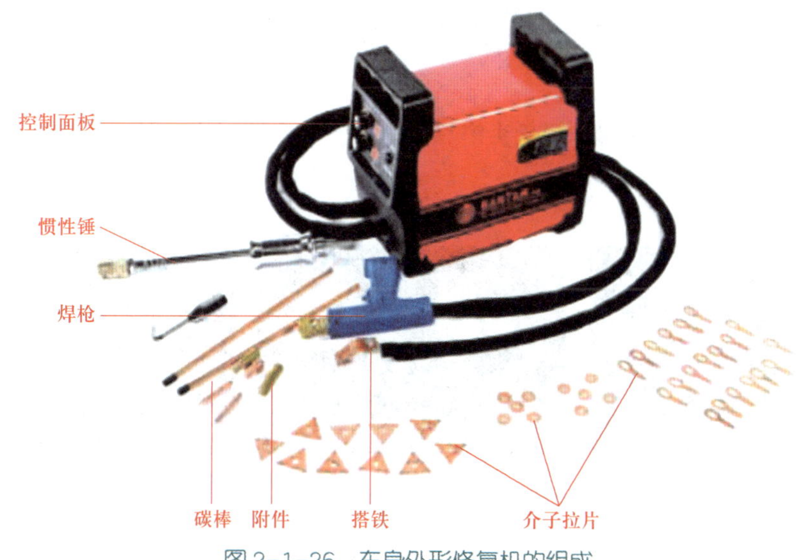

图 2-1-26 车身外形修复机的组成

（2）快速组合工具

根据板件整形的具体情况快速地把多种工具组合在一起，以满足车身板件整形要求的工具被称为快速组合工具。快速组合工具被用于修理板件的凹陷损伤和径线损伤等，如图 2–1–27 所示。

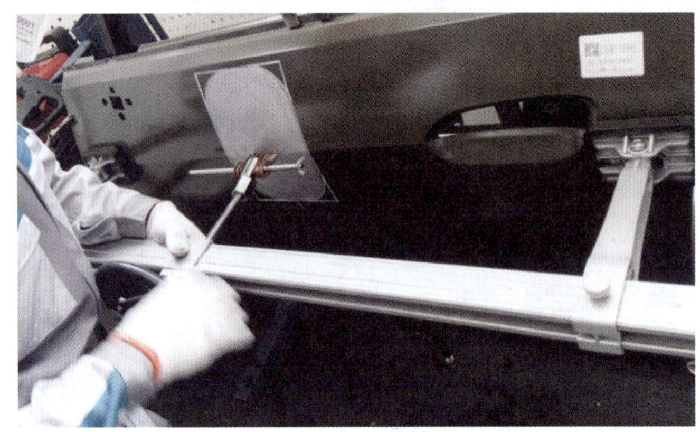

图 2-1-27　快速组合工具

3. 车身测量与校正设备

（1）超声波测量系统

超声波测量系统是车身测量中应用较多的设备，具有操作简单的特点。

1）超声波测量系统的组成。超声波测量系统由测量头、适配器、测量转换接头、加长杆、超声波发射器和超声波接收器等组成。每一种类型的测量头又分为不同的规格，如图 2–1–28 所示。

适配器指能使安装的螺栓测量头牢靠地连接在车身测量点上的各种安装适配螺母，如图 2–1–29 所示。

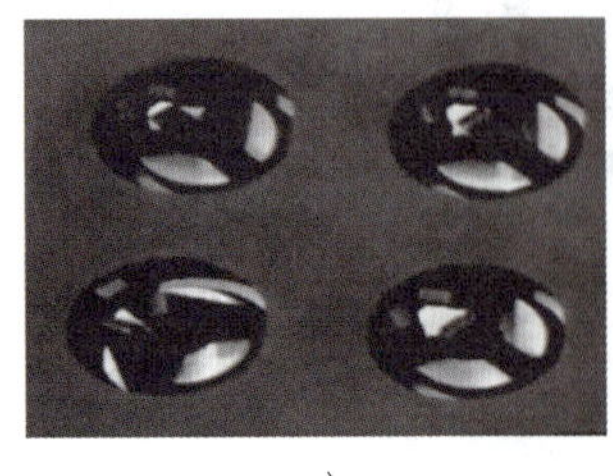

a）

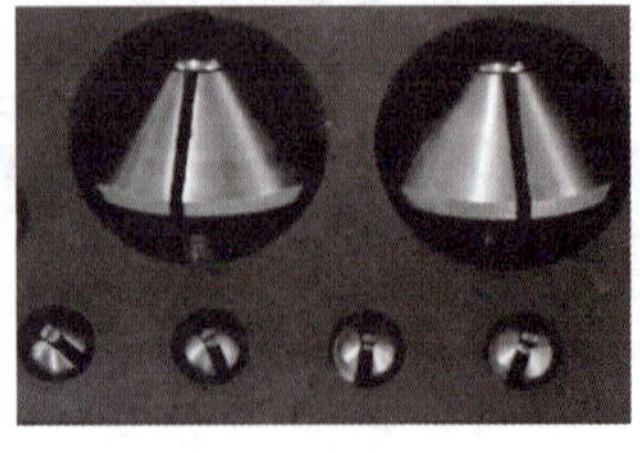

b）

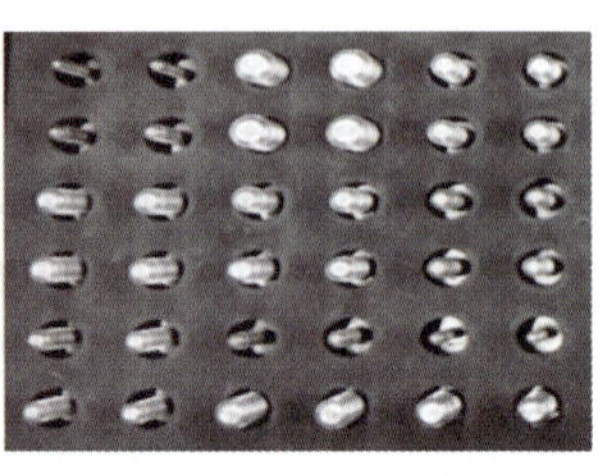

c）

图 2-1-28　测量头的类型

a）收紧测量头　b）扩张测量头　c）旋入测量头

图 2-1-29　适配器

当测量点在车身的侧面和上部时，测量头需要配备测量转换接头，各种测量转换接头如图 2–1–30 所示。为了测量不同高度的基准点，超声波测量系统配有长短不一的加长杆，加长杆有 25 ~ 400 mm 等规格，如图 2–1–31 所示。

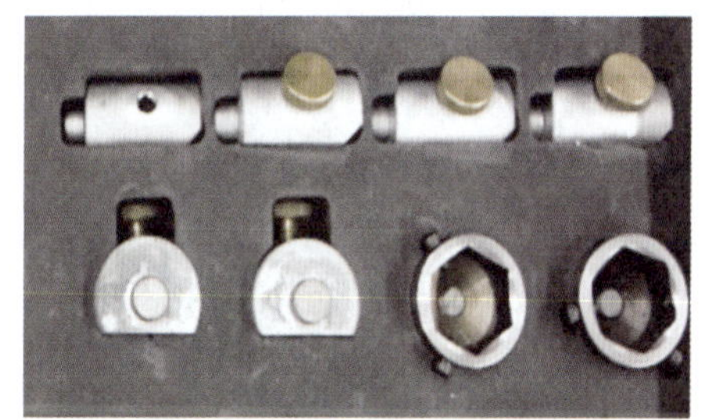

图 2-1-30　测量转换接头

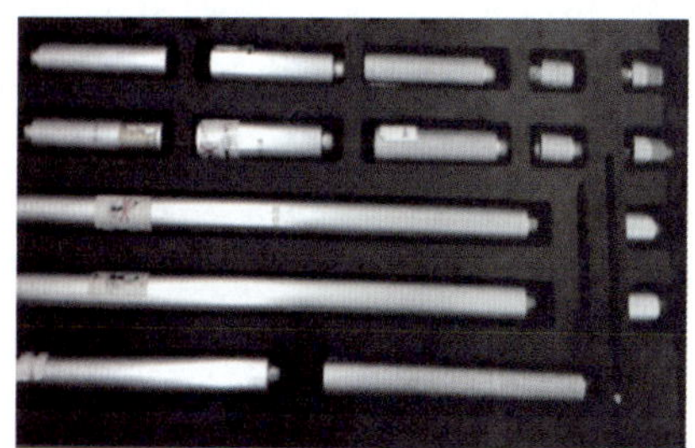

图 2-1-31　加长杆

超声波发射器是主要的测量元件，其标志的旁边有两个超声波发射孔，如图 2–1–32 所示，在安装时要使其发射孔朝向超声波接收器。超声波接收器接收超声波发射器发出的超声波，并将超声波通过传输线传送给计算机，如图 2–1–33 所示。

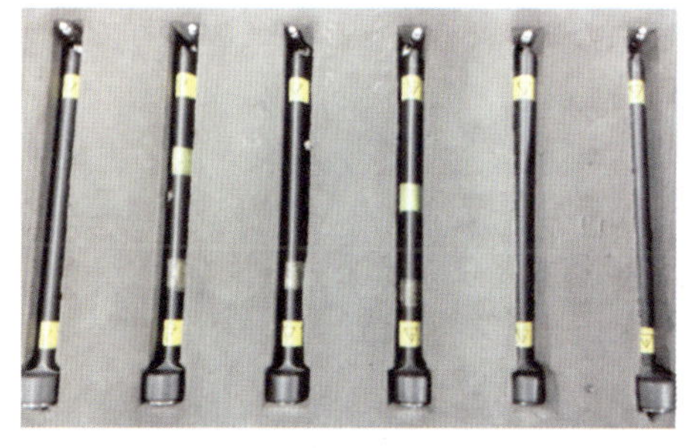

图 2-1-32　超声波发射器

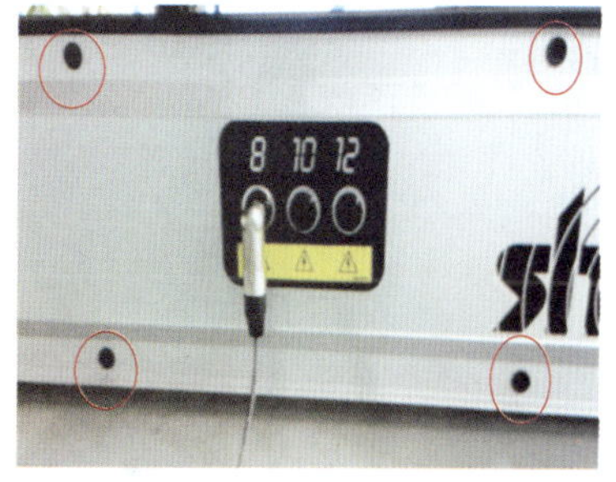

图 2-1-33　超声波接收器

2）超声波测量系统的安装。超声波测量系统安装非常简单，其测量可以在校正平台上进行，也可以在设备配套的支架上进行。安装时要把铝梁（含超声波接收器）连接到计算机上，把横梁（也含超声波接收器）平放在校正平台或支架上，铝梁要与车底保持一定的距离。超声波测量系统的安装如图 2–1–34 所示。

图 2–1–34　超声波测量系统的安装

3）超声波测量系统的使用注意事项。超声波测量系统的操作非常简单，无须人工调节基准面和中心线，只需在计算机中确定长度的基准，也不会因为超声波发射器和接收器位置的移动而影响测量数据的准确度，但要注意环境噪声对测量准确度的影响，在有噪声的环境中要多次进行测量。

（2）机械式通用测量系统

机械式通用测量系统不仅能同时测量所有基准点，而且能使测量更容易、更精确。在测量时，测量人员只需将通用测量系统围绕车辆移动，它不仅能检查车辆上所有的基准点，而且能快速、准确地确定车辆上每个基准点的位置。机械式通用测量系统分为龙门式通用测量系统和米桥式通用测量系统（见图 2–1–35）等。

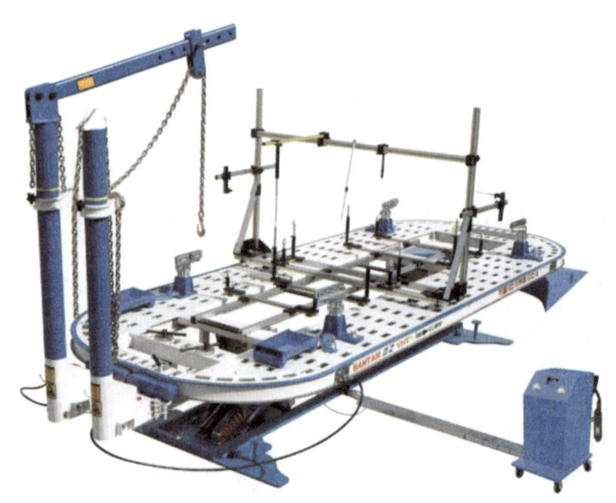

图 2–1–35　米桥式通用测量系统

在使用机械式通用测量系统进行测量时，应首先建立车辆和测量系统的基准，在测量桥或测量架上安装好横尺，将测量头安装到横尺上就可以同时测量受损车辆上的多个基准点的数据。通过比较各基准点的实际测量数据与标准数据，确定各个基准点处是否发生了变形，如果车身上基准点的测量数据超过 ± 3 mm 的公差范围，就必须对基准点进行校正。在找好基准点后，就可以利用安装在测量架横尺上的测量头来测量车身上其他测量点的数据。以车辆的标准数据为参考，即可通过测量和对比数据来判定车身部件是否发生了变形、校正工作是否准确，以及新更换的车身部件定位是否正确。

任务实施

一、二氧化碳气体保护焊焊机的使用

本任务的内容为二氧化碳气体保护焊焊机的使用，见表 2–1–1。

表 2–1–1 二氧化碳气体保护焊焊机的使用

操作内容	图片
1. 调整焊接参数 方法： （1）使用厚度为 0.7 mm 的试焊铁片 （2）将焊接电流调到 3 挡 （3）选取手动焊接模式 （4）将送丝速度调到 2 挡 提示： 应穿戴齐全安全防护用品	
2. 控制焊接规范 方法： （1）导电嘴到喷嘴的距离为 2 ~ 3 mm （2）喷嘴到板件的距离为 5 ~ 8 mm （3）焊枪的角度为 10° ~ 15° （4）保护气体的流量为 10 ~ 15 L/min （5）正确搭铁 提示： 应戴焊接手套和焊接专用头盔	

续表

操作内容	图片
3. 试焊 方法： 通过观察焊接现象、听声音来判断试焊表面是否出现焊丝回烧的现象 提示： （1）如果有“嘶嘶”声，说明送丝速度太慢 （2）试焊前要穿戴好脚部防护用具	
4. 增加送丝速度 方法： 调大送丝速度，使旋钮指针指向 10 挡位置 提示： 调节时要缓慢地旋转旋钮	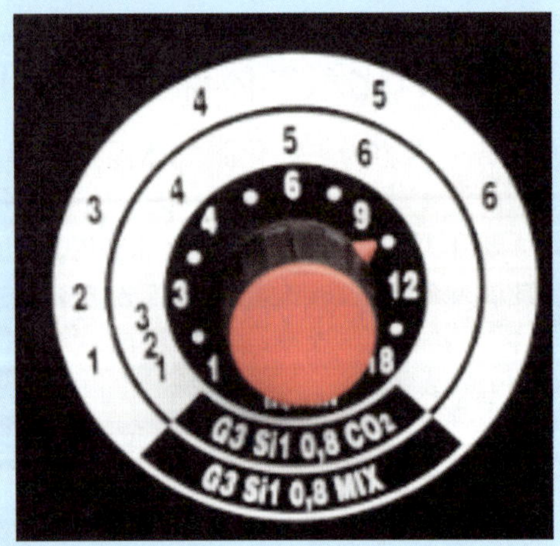
5. 再次试焊 方法： 通过观察焊接现象、听声音来判断试焊情况。观察飞溅物数量增多、出现“啪嗒”声的现象，体会焊枪上出现的推手的感觉 提示： 上述现象说明送丝速度可能过快了	

续表

操作内容	图片
6. 减小送丝速度 **方法：** 将送丝速度的旋钮指针调至 6 挡位置 **提示：** 调节时要缓慢地旋转旋钮	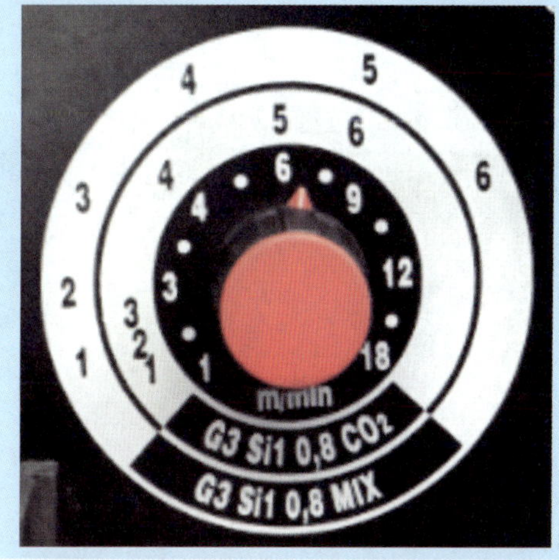
7. 第三次试焊 **方法：** 通过观察焊接现象、听声音来判断试焊情况。若焊接出现“沙沙”声，整个焊接过程柔和、平稳，则焊接已熔透 **提示：** 上述现象说明二氧化碳气体保护焊焊机已经调整到了最佳状态	

二、车身外形修复机的使用

本任务的内容为车身外形修复机的使用，见表 2–1–2。

表 2–1–2　　车身外形修复机的使用

操作内容	图片 
1. 操作前准备 **方法：** （1）做好安全防护工作 （2）准备好车身外形修复机、盘式打磨机、锤子、钢直尺和垫圈等 **提示：** 在操作前应仔细检查工具，以提高工作效率	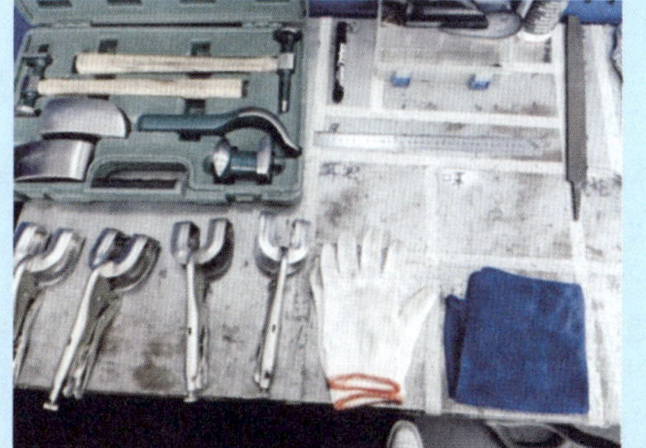

续表

操作内容	图片 
2. 确定维修方案 **方法：** （1）根据碰撞点的位置、方向和大小评估板件的损伤情况 （2）根据板件损伤的具体情况确定维修方案 **提示：** 维修区域应超出直接损伤区域，但不能超出过多	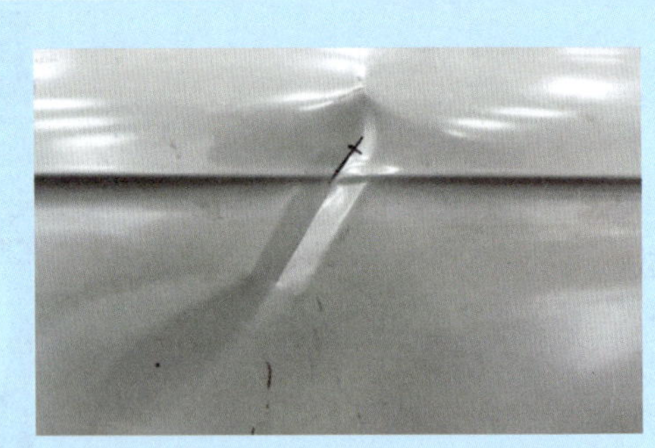
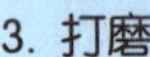**3. 打磨** **方法：** （1）用盘式气动打磨机打磨掉损伤区域内的油漆和原子灰层，露出裸金属 （2）除去打磨表面的灰尘 **提示：** 打磨时要完全清除损伤区域的旧涂层，但不能过度打磨	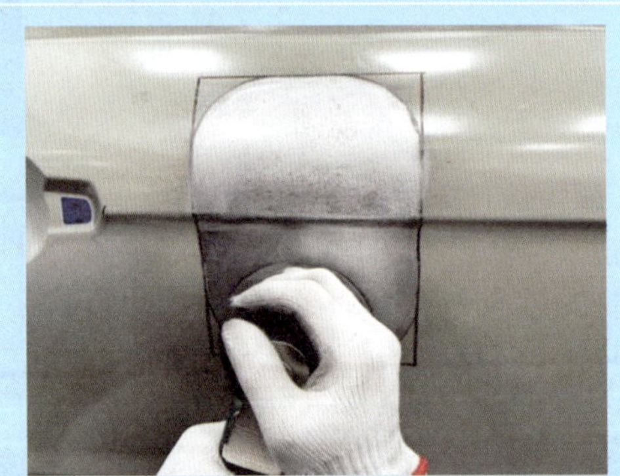
4. 搭铁 **方法：** （1）在板件边缘打磨出一小块搭铁区 （2）在搭铁区焊上搭铁连接线 **提示：** 搭铁区不要打磨得太大，搭铁连接要牢靠	
5. 焊上垫圈并进行惯性拉伸 **方法：** （1）根据板件变形的特点，在损伤区域焊上垫圈 （2）用惯性锤的钩子钩住垫圈，向凹陷的相反方向进行惯性拉伸 **提示：** 惯性锤拉伸的冲击力不能过大，否则会拉出洞来	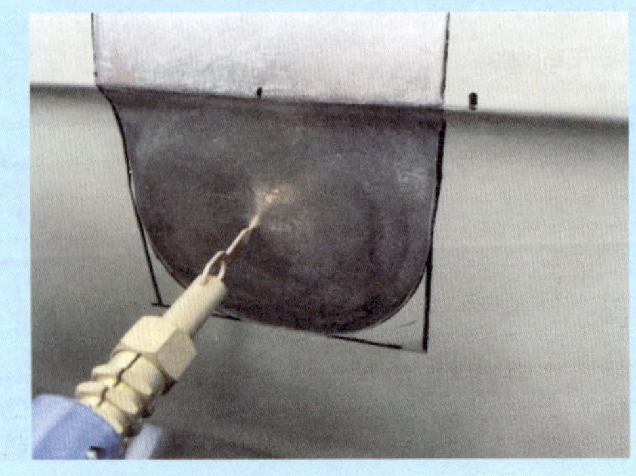

续表

操作内容	图片
6. 检验 方法： （1）将钢直尺靠在维修区域，检查维修区域的平整度 （2）根据检查的结果确定需要再次修整的量 提示： （1）检查时，钢直尺要与板件平行并靠紧 （2）在确定修理效果时，要以对侧未损伤的标准车门为参照	
7. 调整 方法： （1）如果维修区域存在高出标准平面的高点，则用鹤嘴锤向下轻轻敲平 （2）如果维修区域低于标准平面 2 mm 以上，则用惯性锤继续向外拉拔，直到维修区域符合要求为止 提示： 垫圈焊接不能在同一个焊点上进行多次	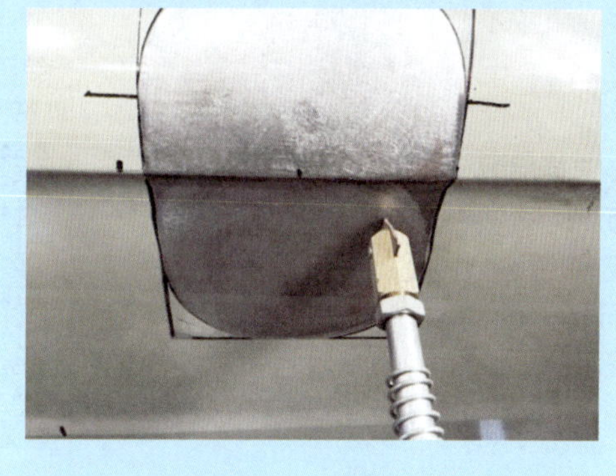
8. 结束工作 方法： （1）关闭车身外形修复机电源，将相关的工具和设备归位 （2）整理维修过程中使用的耗材并分类存放 （3）整理工位，清扫场地 提示： 结束前，要将车身外形修复机控制面板上的所有旋钮和开关复位	

三、超声波测量系统的使用

本任务的内容为超声波测量系统的使用，见表 2-1-3。

表 2-1-3　　超声波测量系统的使用

操作内容	图片
1. 输入客户信息 **方法：** （1）双击打开系统，按 F1 键进入“客户信息”界面 （2）输入界面中的各基本信息，点击“确定（OK）”按钮	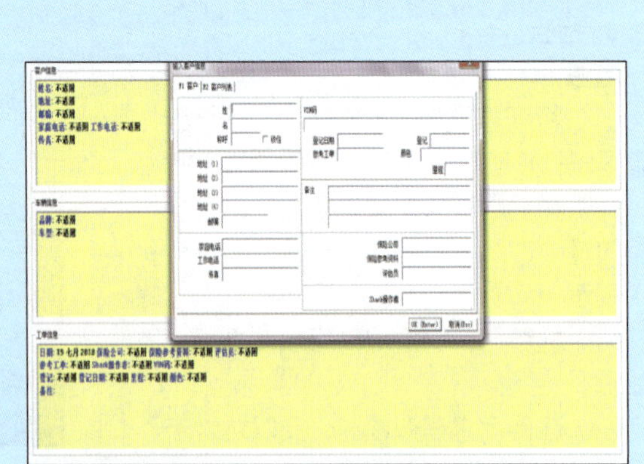
2. 选择品牌 **方法：** 按 F1 键进入“品牌”选项卡，选择待修汽车的品牌 **提示：** 测量前，要准确确定待修汽车的品牌	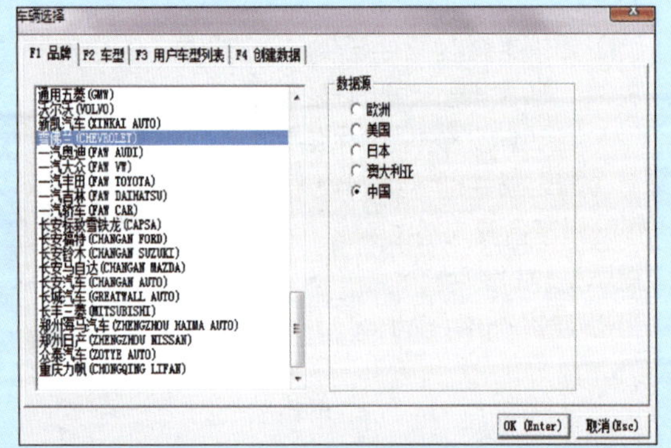
3. 选择车型 **方法：** 按 F2 键进入“车型”选项卡，选择待修汽车的车型 **提示：** 右图的车辆信息为：车型——新赛欧（Sail），型号——三厢（Three Compartment），年代——2013	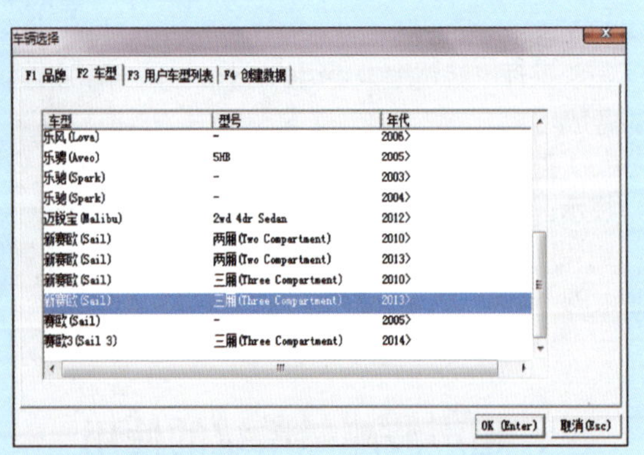

续表

操作内容	图片
4. 确定信息 **方法：** （1）填写“客户信息” （2）确定“车辆信息” （3）填写“工单信息” **提示：** 确认无误后按 F1 键，若有问题按 F8 键返回上一步	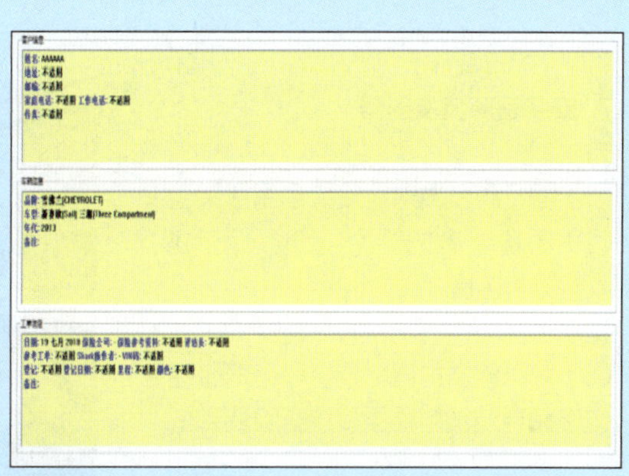
5. 进入车辆底盘测量点界面 **方法：** （1）选择去除悬架（Page Down） （2）选择铝梁与车头方向一致（F4）	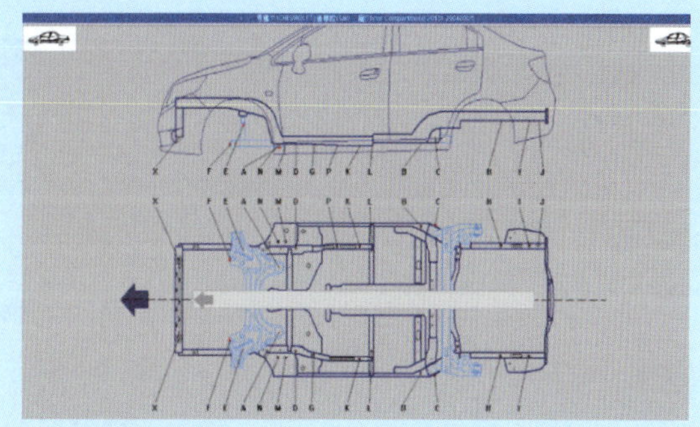
6. 选择基准点 *a* 点 **方法：** （1）根据提示选用 T25/M14F 测量头 （2）将左、右测量头安装到车身上 **提示：** （1）按照系统提示位置（可观看照片来辅助定位），准确地找到该测量点并安装测量头 （2）注意测量点应对称	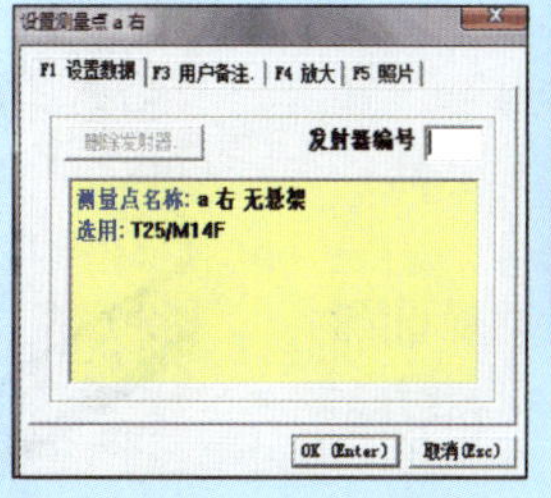 

续表

操作内容	图片
7. 安装超声波发射器 **方法：** （1）将超声波发射器安装到测量头上 （2）将超声波发射器与铝梁（超声波接收器）相连接 **提示：** （1）超声波发射器的连接段带有磁性 （2）超声波发射器插接线应安装到位	
8. 确定基准点 *a* 点 **方法：** （1）输入超声波发射器的连接编号 （2）点击“确定（OK）”按钮 **提示：** *a* 点在汽车中部前方自动标识的黄色基准线处	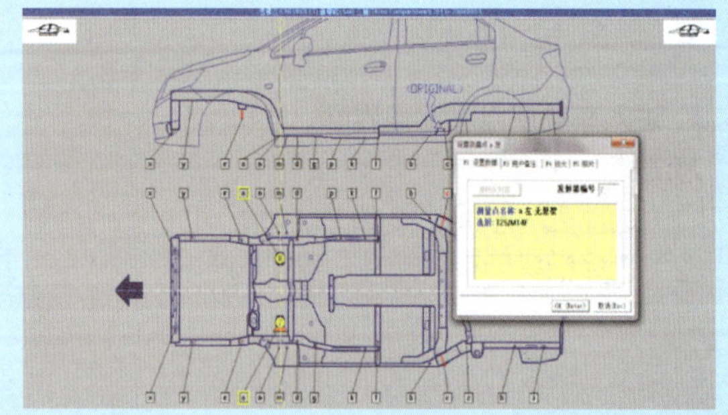
9. 选择参考点 *b* 点 **方法：** （1）根据提示选用 C30 测量头 （2）将左、右测量头安装到车身上 **提示：** （1）按照系统提示位置（可观看照片来辅助定位），准确地找到该测量点并安装测量头 （2）注意测量点应对称	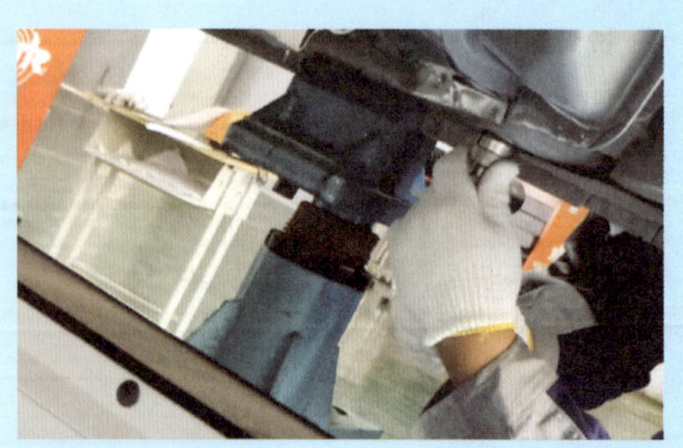

续表

操作内容	图片
10. 安装超声波发射器 方法： （1）将超声波发射器安装到测量头上 （2）将超声波发射器与铝梁（超声波接收器）相连接 （3）输入超声波发射器的连接编号，确认测量点 提示： （1）超声波发射器的连接段带有磁性 （2）超声波发射器插接线应安装到位 （3）测量点是对称的	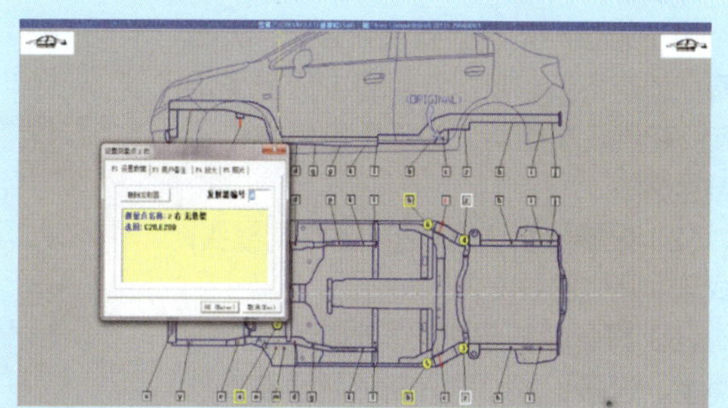
11. 选择车身后部测量点 *e* 点 方法： （1）根据提示选用 C20/E200 测量头 （2）将测量头安装到车身上 （3）将超声波发射器与铝梁（超声波接收器）相连接 （4）输入超声波发射器的连接编号，确认测量点 提示： E200 为加长杆	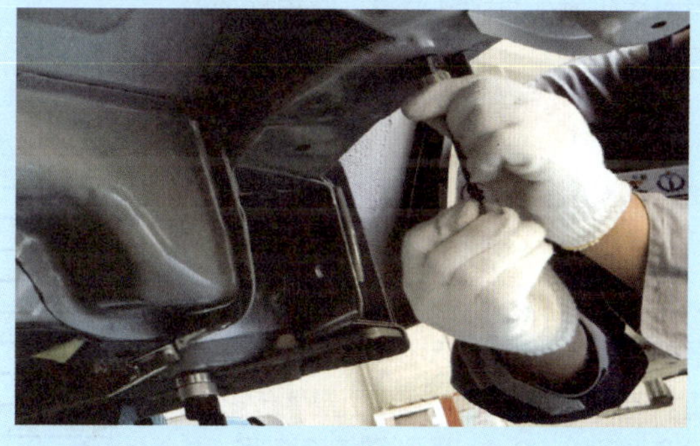
12. 记录数据 方法： （1）记录 *a* 点的测量数据 （2）记录 *b* 点的测量数据 （3）记录 *e* 点的测量数据 提示： 记录的数据应准确无误	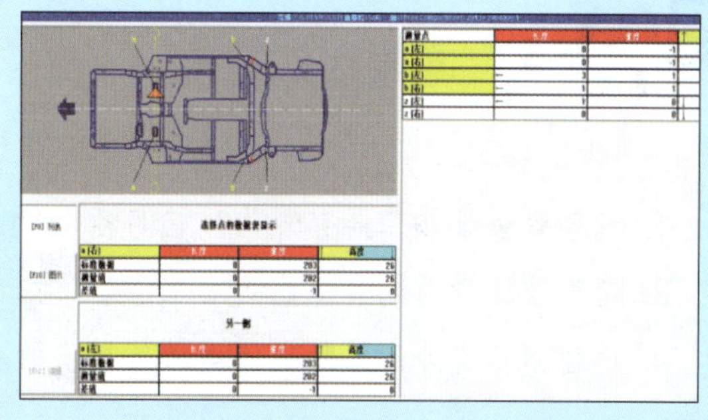

续表

<table>
<tr><th>操作内容</th><th>图片</th></tr>
<tr><td>13. 测量车身前部测量点 y 点
方法：
（1）因超声波发射器只有 6 只，a、b 两点固定不变，所以在测量中只能使用 2 只超声波发射器，换测前应将发射器编号删除
（2）根据提示选用 C20/E200 测量头，找到实际位置并安装
（3）将 e 点的超声波发射器移动到 y 点上，连接铝梁，输入新的超声波发射器连接编号，确定测量点
（4）拆下 e 点测量头，并将其归位
（5）按 F1 键进行测量，记录 y 点数据
提示：
正确安装测量头，拿取超声波发射器时手应放在其中间位置，以免损坏发射点</td><td>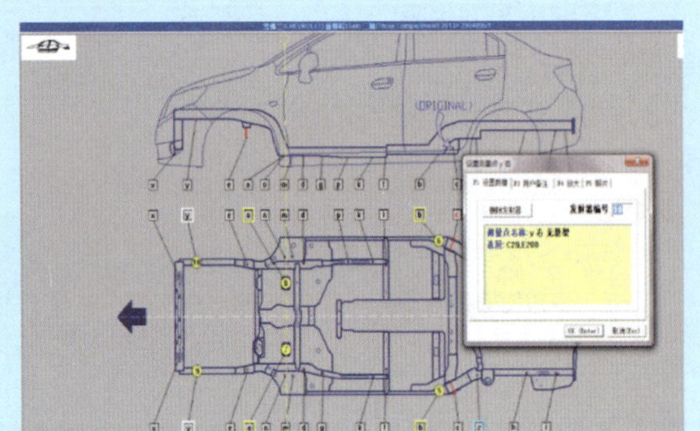</td></tr>
<tr><td>14. 数据分析
方法：
超声波测量系统会将实际测量值与数据库中的标准值进行比较，分析数据差值。若得出 y（左）侧宽度值向右变形，且变形超出 ±3 mm，则需校正修理</td><td>
<table>
<tr><th>测量点</th><th>长度</th><th>宽度</th><th>↑ 高度</th></tr>
<tr><td>a(左)</td><td>0</td><td>-1</td><td></td></tr>
<tr><td>a(右)</td><td>0</td><td>-1</td><td></td></tr>
<tr><td>b(左)</td><td>← 3</td><td>1</td><td></td></tr>
<tr><td>b(右)</td><td>← 1</td><td>1</td><td></td></tr>
<tr><td>y(左)</td><td>← 2</td><td>-8</td><td>↑</td></tr>
<tr><td>y(右)</td><td>← 1</td><td>3</td><td></td></tr>
<tr><td>z(左)</td><td>← 1</td><td>0</td><td>↓</td></tr>
<tr><td>z(右)</td><td>0</td><td>0</td><td>↓</td></tr>
</table>
</td></tr>
</table>

思考与练习

1. 汽车钣金维修工具有哪些？它们各有什么作用？
2. 超声波测量系统有哪些使用注意事项？
3. 简述用车身外形修复机修理局部损伤的步骤。

任务 2　汽车车身覆盖件的拆装

学习目标

1. 掌握汽车车身覆盖件的作用和组成。
2. 了解汽车车身结构件的作用和组成。
3. 掌握汽车车身覆盖件的连接方式和拆装工艺。
4. 能熟练拆装汽车车身覆盖件。

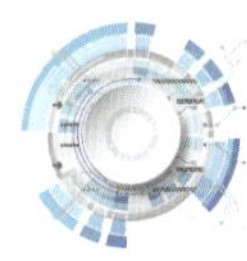

任务描述

汽车车身外部被板件覆盖，这些板件在使用过程中经常会因为各种原因损坏，需要进行维修或更换，这就要求车身维修人员能对车身板件进行相应的拆卸、安装和调整工作。本任务要求学生掌握车身典型覆盖件的组成、拆装和调整等相关知识和技能。

相关知识

一、汽车车身构件概述

汽车车身构件总体上包括车身覆盖件和车身结构件两大类，如图 2–2–1 所示。

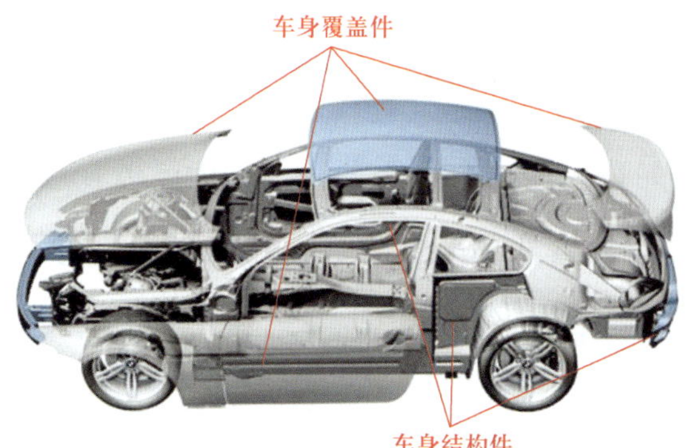

图 2-2-1　汽车车身构件的分类

1. 车身覆盖件

车身覆盖件指构成汽车车身或驾驶室、覆盖发动机和底盘的异形体表面和内部的零件，主要包括汽车的前后保险杠、发动机罩、翼子板、车门和行李舱门等。这类覆盖件是可以拆卸和更换的，其实，车身覆盖件属于装饰件，是封闭薄壳状的受力零件。在汽车运行的过程中，如果出现事故，受损的大多是车身覆盖件。如果车身覆盖件表面出现小面积的缺陷或者细小的划痕，会影响汽车的美观，所以在汽车生产和维修时，不允许覆盖件上留有波纹、褶皱和边缘拉痕等问题。

如今汽车大多采用轻量化设计，很多汽车车身覆盖件由原来的金属材质变成塑料材质，因为塑料材质在质量等方面相对传统的金属材质更有优势。但是，塑料材质也有一定的缺陷，因为塑料材质比较软，如果汽车发生事故，塑料材质的覆盖件更容易受损。

2. 车身结构件

车身结构件指车体框架，可以将其理解为支撑车体的骨骼，它是车辆安全的第一保障。车身结构件包括汽车的前纵梁、后纵梁、A 柱、B 柱、C 柱，以及护轮板等，常见的汽车车身结构件如图 2-2-2 所示。

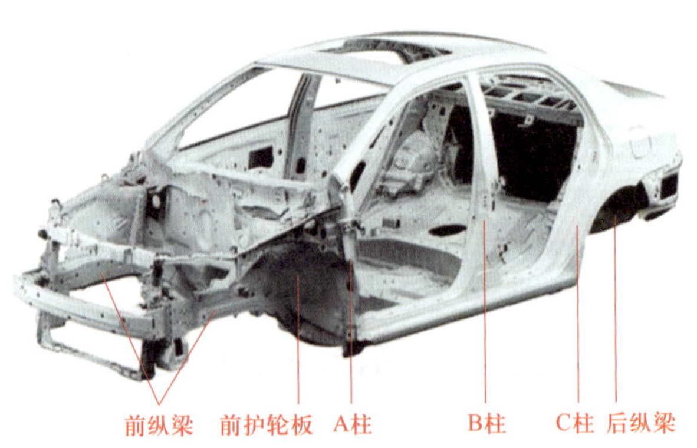

图 2-2-2　汽车车身结构件

车身结构件是一体的，只要结构件有损伤，修复时就必须进行校正、切割或焊接工作，修复后车辆的安全系数会有所下降。因此，车身结构件的损伤会被定性为大事故。

二、汽车车身覆盖件

1. 发动机罩

发动机罩是遮盖和保护发动机的车身钣金件总成，是发动机舱的上盖板。

（1）发动机罩的作用

发动机罩除了对发动机起保护作用外，还起到隔音、隔热、减振以及阻隔发动机舱内外部件的作用，既可阻止外界因素进入发动机舱引发腐蚀，也可阻止发动机舱内的空气外泄。

（2）发动机罩的组成与材料

发动机罩主要由发动机罩铰链、发动机罩支撑杆、发动机罩锁扣和发动机罩密封条等零件组成，如图 2–2–3 所示。

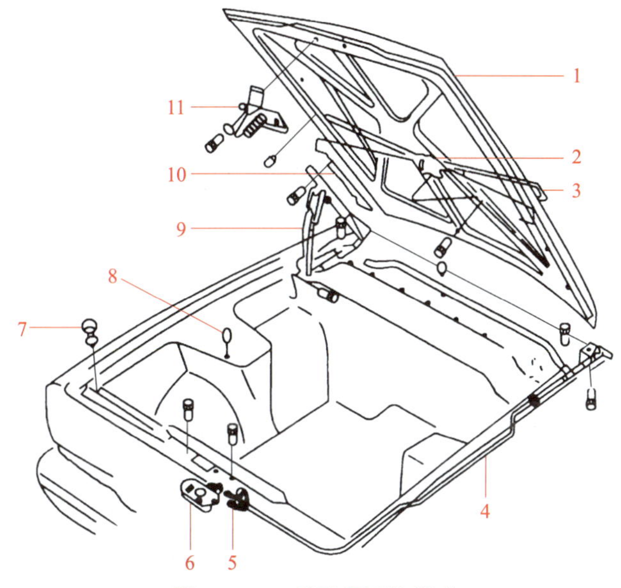

图 2–2–3　发动机罩的组成

1—发动机罩　2—夹子　3—扭力杆　4—发动机罩锁控制缆　5—缆夹　6—锁座　7—前缓冲挡块　8—缓冲挡块　9—发动机罩铰链　10—发动机罩铰链垫片　11—发动机罩锁头

（3）发动机罩的拆装工艺

1）打开发动机罩，支起发动机罩支撑杆，做好保护工作，以防损伤漆面。

2）拆下发动机罩上的洗涤器喷嘴及软管线束。

3）拆卸发动机罩与其铰链之间的固定螺栓，注意，在拆除螺栓后应防止发动机罩滑落。

4）将发动机罩放置在置物架上。

5）根据需要对发动机罩进行清洁和检修。

6）按照拆卸的逆顺序安装发动机罩。

7）检查发动机罩与周边板件的间隙，根据情况再次进行调整。

2. 翼子板

翼子板是遮盖车轮的车身外板，是非常重要的车身覆盖件。翼子板按照安装位置的不同分为前翼子板和后翼子板。

（1）翼子板的作用与组成

翼子板的作用是防止汽车行驶过程中卷起的泥土和沙石被车轮溅到车厢底部。

汽车翼子板大多为高强度钢板，一般由 0.6 ~ 0.8 mm 厚的板料拉延成型，其外形由车身造型决定，边界、前部的形状取决于灯具的形式与布置，后部取决于前门和后部覆盖件的形状，上部取决于发动机罩和行李舱门的尺寸与布置，下部与车轮相配合。翼子板的外形如图 2–2–4 所示。

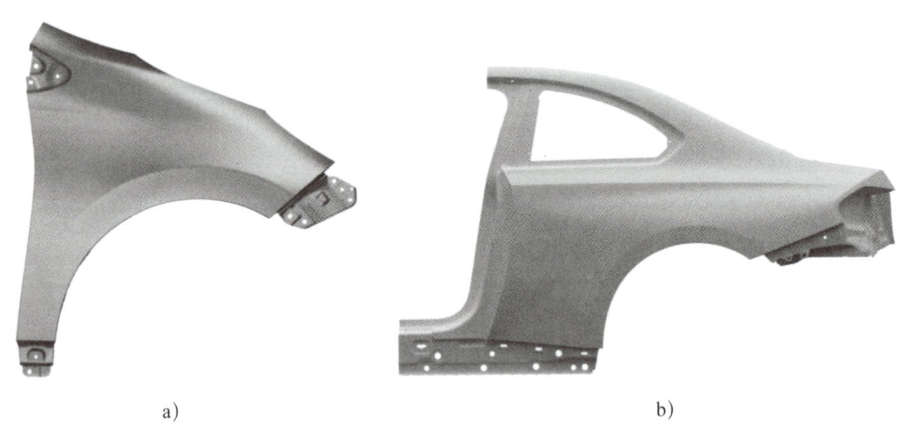

a)　　b)

图 2–2–4　翼子板的外形

a）前翼子板　b）后翼子板

（2）翼子板的连接方式

前翼子板大多通过螺栓与车身连接，其后端通过中间板与前围支柱相连接，前端与散热器支架的延长部分及灯具架相连接，侧面与挡泥板相连接，左、右前翼子板间也有连接板。汽车的后翼子板又称后侧围外板，一般采用焊接的方式与车身连接。

（3）前翼子板的拆装工艺

1）发动汽车，将转向盘向右打满；熄火并取下车钥匙，打开发动机罩，断开蓄电池负极；用十字旋具拆下前保险杠上的四个螺母。

2）用十字旋具和套筒分别拆下前保险杠蒙皮的右侧底部和翼子板上的三个螺母，拨开挡泥板。

3）将小棘轮扳手、接杆和套筒组合，拆下前保险杠底部的螺母；用方形旋具和套筒拆下翼子板和保险杠连接的螺母；用大棘轮扳手和套筒拆下前照灯后面的四个螺栓。

4）拆下前照灯总成。拆开挡泥板与翼子板连接的螺母，拆下翼子板。

5）按照拆卸的逆顺序安装前翼子板。安装时要更换损坏的插入式自锁螺母，并换用新的塑料密封垫。

3. 车门

（1）车门的作用与特点

车门是汽车车身的主要部件之一，它不仅为司乘人员上下车提供了方便，而且与整车动力性、舒适性和使用性能等有着密切的关系，也对整车造型起着协调作用，并直接影响车身外形的美观度。

车门开关灵活、运动自如，具有足够乘员上下车的空间，车门开关应有轻度的限制，能在最大开度和实际使用开度的位置上停稳，汽车车门开度一般在 60° ~ 70° 的范围内，并且在倾斜路面上也能顺利开关。

（2）车门的组成与材料

车门通常由蒙皮、车门框架、门板、内饰板、铰链和密封条等部件组成，蒙皮、框架和门板通常以点焊或粘接的方式接合在一起。车门通过铰链与立柱相连，铰链通常以螺栓连接或焊接的方式固定在立柱和门框上。为提高车门侧面的抗碰撞强度，车门内通常还设有防撞梁。车门上通常装有车窗玻璃、玻璃升降器和车门锁等相关附件。车门的基本结构如图 2-2-5 所示。

（3）车门的拆装工艺

1）先将车门打开到一半，松开车门铰链螺母，断开车门线束。

2）将千斤顶放置在车门下，以辅助固定车门，拆下车门铰链螺母，抬下车门。

3）先拆卸内拉手，然后拆卸内扶手。

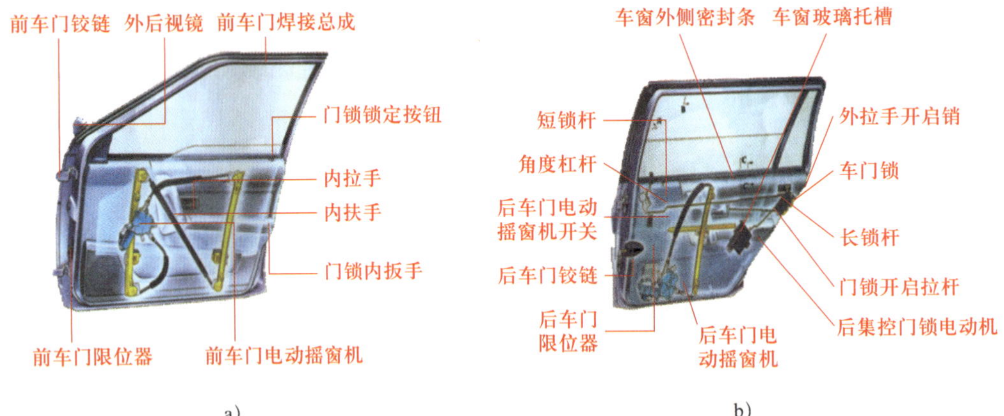

图 2-2-5　车门的基本结构

a）前车门　b）后车门

4）拆卸内饰板。

5）拆卸车门附件。

6）按照拆卸的逆顺序安装车门。

7）调整车门。

4. 保险杠

（1）保险杠的类型

按照结构不同，汽车保险杠可以分为普通型保险杠和吸能型保险杠两种。普通型保险杠结构简单、质量轻，被广泛用于一般汽车；吸能型保险杠在其结构中加设了一种防冲击的装置，安全系数较高、保险性能好，且与车身造型相协调，多用于高级汽车。

普通型保险杠可分为钢制保险杠和整体成型树脂型保险杠两种。钢制保险杠（见图 2–2–6）也称刚性保险杠，通常由厚度为 2 mm 左右的钢板冲压成型，表面镀铬。整体成型树脂型保险杠（见图 2–2–7）使用聚丙烯树脂，该树脂质量轻、容易注塑成型、应用非常广泛。

（2）保险杠的组成

汽车前后保险杠一般由保险杠面板、吸能缓冲材料、加强横梁、左右两个吸能支架，以及其他安装部件组成，常见的汽车前保险杠的结构如图 2–2–8 所示。

图 2-2-6 钢制保险杠

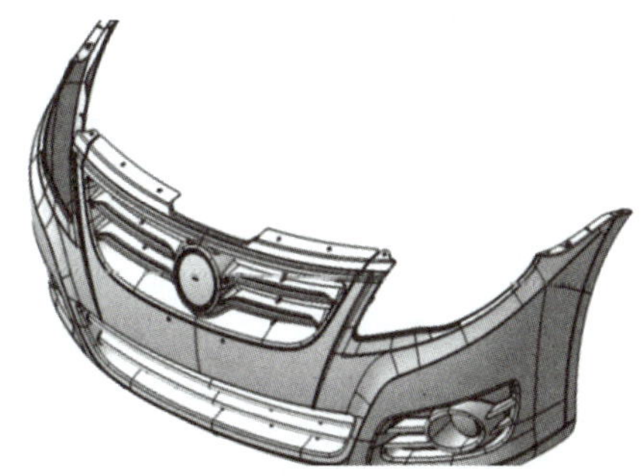

图 2-2-7 整体成型树脂型保险杠

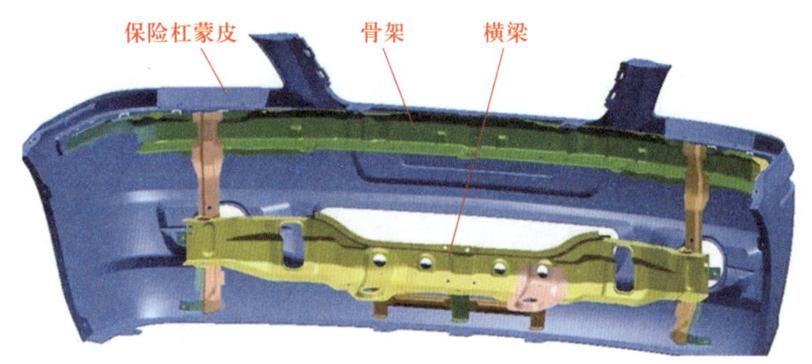

图 2-2-8 汽车前保险杠的结构

（3）保险杠的连接方式

保险杠一般安装在车架及纵梁上，在拆装前要仔细查找保险杠在车架及纵梁上的安装位置。

前保险杠有多种固定方式，有自下而上的固定方式，如丰田系列和本田系列轿车保险杠；有侧面固定方式，如货车、皮卡车、吉普车保险杠；有发动机舱内侧固定方式，如桑塔纳轿车保险杠；有正面固定方式，如奔驰系列轿车保险杠等。后保险杠一般采用自下而上的固定方式，也有少数是从侧面固定的，大多数后保险杠被安装在行李舱下方的纵梁上，由左右安装支架上的两个螺钉进行定位。

（4）前保险杠的拆装工艺

1）拆下前翼子板衬板与前保险杠分总成的连接螺栓。

2）拆下前翼子板与前保险杠分总成的连接螺栓。

3）拆下前保险杠支架的连接螺栓。

4）拔下转向灯插头，然后从车上拆下前保险杠分总成。

5）拆下前转向灯。

6）拆卸前保险杠支架分总成。

7）按照拆卸的逆顺序安装前保险杠。

任务实施

一、汽车发动机罩的拆装

本任务的内容为汽车发动机罩的拆装，见表 2–2–1。

表 2–2–1　汽车发动机罩的拆装

操作内容	图片
1. 操作前准备 方法： （1）准备好发动机罩拆装所需要的工具 （2）拉动开启发动机罩手柄拉索，打开发动机罩并将其支撑好 （3）安装翼子板护罩 提示： 发动机罩手柄拉索一般设置在驾驶室的左下方	
2. 拆卸洗涤器喷水管和线束插件 方法： （1）拆下洗涤器喷水管与喷嘴之间的连接，拆除喷水管 （2）观察发动机罩内衬板的相关线束，拔下线束插接器 提示： 根据具体的车型确定洗涤器喷水管的拆卸方法	

续表

操作内容	图片
3. **拆卸发动机罩铰链** **方法：** （1）在发动机罩铰链的位置上做好记号，以便于之后的安装 （2）拆下发动机罩铰链的固定螺栓 **提示：** 拆卸发动机罩铰链时应两人配合，在一人进行拆卸的同时，另一人用手托住发动机罩	
4. **抬下发动机罩** **方法：** 卸下发动机罩两侧铰链的固定螺栓后，两人共同抬下发动机罩，并将其妥善放置 **提示：** 放置发动机罩时应注意不得使其表面与地面等粗糙表面接触，以防刮伤发动机罩涂层	
5. **安装发动机罩** **方法：** 按拆卸的逆顺序安装发动机罩 **提示：** 注意拆卸的位置或痕迹，以便于调整发动机罩与车身的间隙和位置	

续表

操作内容	图片
6. 调整发动机罩间隙 **方法：** （1）稍稍松开发动机罩与铰链之间的固定螺栓，再扣上发动机罩 （2）移动发动机罩，使其后缘与前翼子板后缘对齐，其前缘与前翼子板和前照灯保留合适的间隙 **提示：** 调整发动机罩时要注意避免开启时构件的相互干扰，同时发动机罩左右与翼子板的间隙要保持一致、美观	
7. 调整发动机罩高度 **方法：** （1）稍稍松开铰链或盖板上的固定螺栓，调整发动机罩使其上下对准，然后慢慢盖上发动机罩，并根据需要抬高或降低发动机罩的后部。当发动机罩的后部与前翼子板齐平时，慢慢地提升发动机罩并拧紧固定螺栓 （2）转动定位器，直至发动机罩的前部与前翼子板的顶部齐平。调整完定位器后，重新拧紧定位器上的防松螺钉 **提示：** 新换的发动机罩容易出现拱起，此时需要用手扳动拱起部位，使其复位	
8. 检查发动机罩铰链及锁扣 **方法：** （1）检查发动机罩锁扣是否平稳脱开，发动机罩锁扣钢绳是否正常工作 （2）检查发动机罩铰链行程是否合适，发动机罩支撑柱工作是否可靠 **提示：** 如果需猛烈地撞击发动机罩与拉钩才能扣上发动机罩，则应提高拉钩；如果锁住时发动机罩不能接触前定位器，则应降低拉钩	

二、汽车前翼子板的拆装

本任务的内容为汽车前翼子板的拆装，见表 2-2-2。

表 2-2-2 汽车前翼子板的拆装

操作内容	图片
1. 操作前准备 方法： （1）准备好扳手、卡扣拆卸工具、塑料销钉拆卸钳、一字和十字旋具等工具 （2）观察前翼子板的连接螺栓，确定拆卸步骤 （3）安装翼子板护罩 提示： 卡扣和销钉需要用专用工具进行拆卸，否则容易损坏	
2. 拆卸翼子板前端的覆盖件 方法： （1）拆卸前保险杠 （2）拆卸前照灯总成 提示： 拆卸下前保险杠和前照灯总成后要将其妥善放置，否则容易损坏其表面	
3. 拆卸前翼子板内衬 方法： （1）拆下挡泥板固定螺钉和外接板衬块固定螺栓 （2）取下前翼子板内衬 提示： 翼子板内衬上有大量的沙粒和污物，注意避免其掉入眼睛	

续表

操作内容	图片
4. 拆卸前翼子板上的附件 方法： （1）拆下转向信号灯总成 （2）拆下前翼子板上的其他附件 提示： 转向信号灯的拆卸要相当小心，在拆卸前要拔出与电缆连接的插接器，否则容易损坏电路和灯具	
5. 拆卸前翼子板 方法： （1）先拆下前翼子板与护轮板的连接螺栓，然后拆下前翼子板与车身的连接螺母 （2）取下前翼子板 提示： 在拆卸前翼子板时，应转动转向盘改变车轮方向，腾出更多的空间，以便于拆卸螺栓	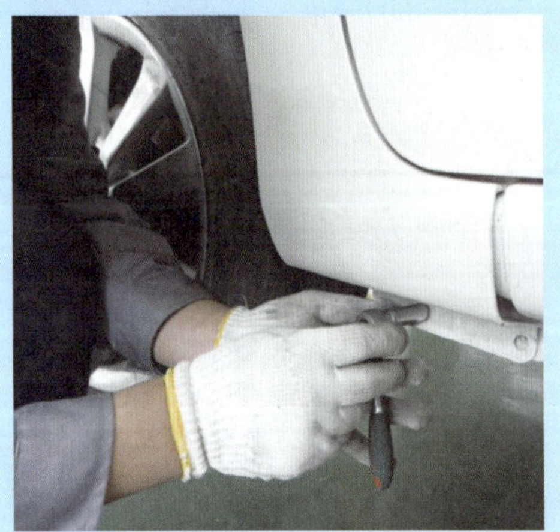
6. 安装前翼子板 方法： 按拆卸的逆顺序安装前翼子板 提示： 安装时，注意要更换损坏的插入式自锁螺钉，换用新的塑料密封垫，不得刮碰其他部件和表面的漆层	

续表

操作内容	图片
7. 调整前翼子板 **方法：** （1）若原车螺栓上没有垫片，在前翼子板连接盖板的上部螺栓上添加垫片，可以使前翼子板的上部外移；在下部螺栓上添加垫片，可以使前翼子板的下部外移。通过调整高度，使前翼子板与车门齐平 （2）松开前翼子板固定螺栓，将前翼子板向前、向后、向内或向外移动，使其平行于发动机罩 **提示：** 如果前翼子板超出限度而不能与车门齐平，会使车辆在行驶时产生风噪。翼子板与周边部件的所有间隙应不大于 4 mm	

三、汽车车门的拆装

本任务的内容为汽车车门的拆装，见表 2-2-3。

表 2-2-3　汽车车门的拆装

操作内容	图片
1. 操作前准备 **方法：** （1）准备好常用工具、尼龙撬板、卡扣拆卸工具、旋具和胶带纸等 （2）关闭点火开关，断开蓄电池负极，在车门前边缘贴上胶带纸 **提示：** 贴胶带纸的目的是避免车门在拆卸时与翼子板发生剐蹭，损坏漆面	
2. 拆卸内拉手 **方法：** （1）撬开内拉手装饰盖的定位爪，取出内拉手装饰盖 （2）选择磁性扳手，拆卸内拉手螺母 （3）拆下车门锁内拉线和连接杆上的塑料帽 **提示：** 用磁性扳手拆卸螺母可以避免小螺母掉落	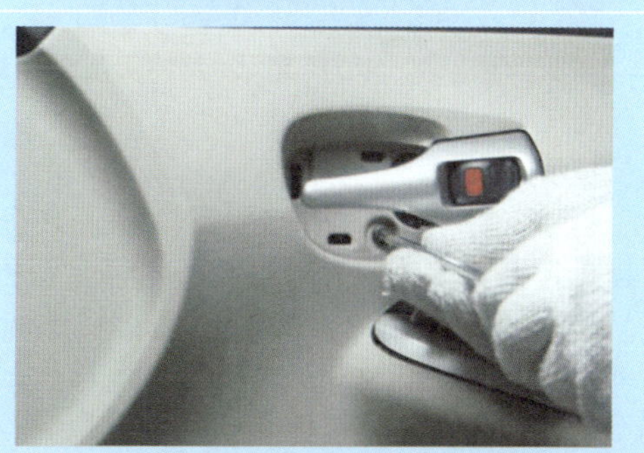

续表

操作内容	图片
3. 拆卸内扶手 方法： （1）使用一字旋具撬开扶手上盖 （2）拆卸扶手螺母，取下扶手上板 （3）拆卸控制开关连接器 提示： 撬开扶手上盖时，应将一字旋具头部用胶带缠住，以免损坏塑料件；拆卸控制开关连接器时，应向下压住释放开关，顺势将控制开关连接器向外侧拉出，严禁野蛮操作，以免损坏线束	
4. 拆卸内饰板 方法： （1）用旋具拆下内饰板上的螺钉，用卡扣拆卸工具撬开卡扣 （2）断开内饰板内侧锁止拉索和遥控锁止拉索 （3）取下内饰板，将其放置到零件架上 提示： 卡扣拆卸工具距卡扣的距离应尽可能短，以免损坏内饰板	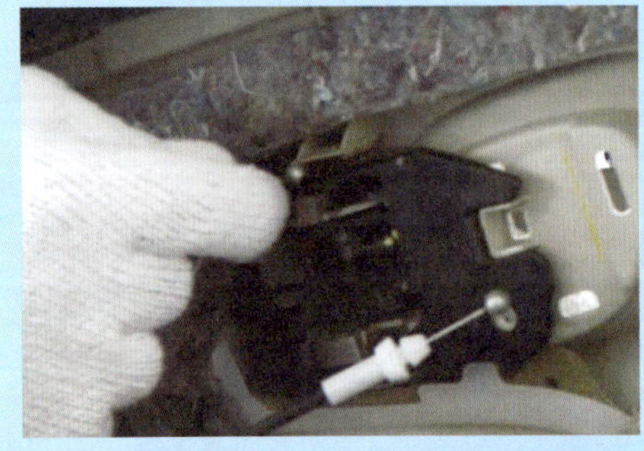
5. 拆卸车门附件 方法： （1）拆卸外后视镜内饰板 （2）断开各线束连接器和线束卡爪 （3）拆卸胶套，拉出线束，并将其放置到车门内侧 提示： 拆卸线束卡爪时，将一只手伸入车门内侧，捏紧卡爪的两侧并将其向外推出；线束放好后，严禁关闭车门，以免线束或连接器因受到挤压而损坏	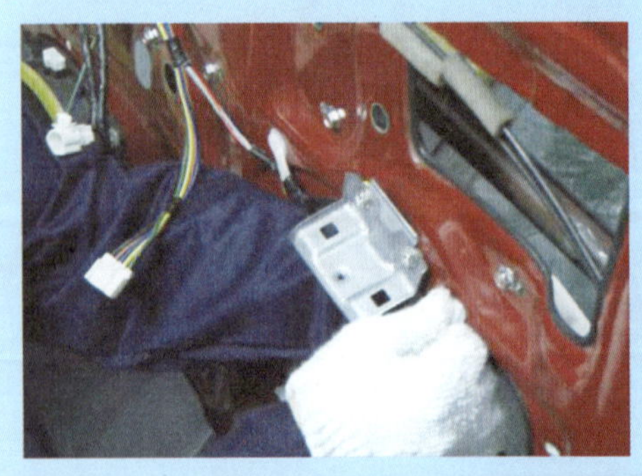

续表

操作内容	图片 
6. 拆卸车门总成 **方法：** （1）选择棘轮扳手、接杆和套筒来拆卸车门限位器螺栓 （2）选择快速扳手拆卸车门铰链螺栓，并取下车门 **提示：** 拆卸时，一人从外侧托住车门下端，以防车门掉落；放置车门时应确保摆放平稳、可靠	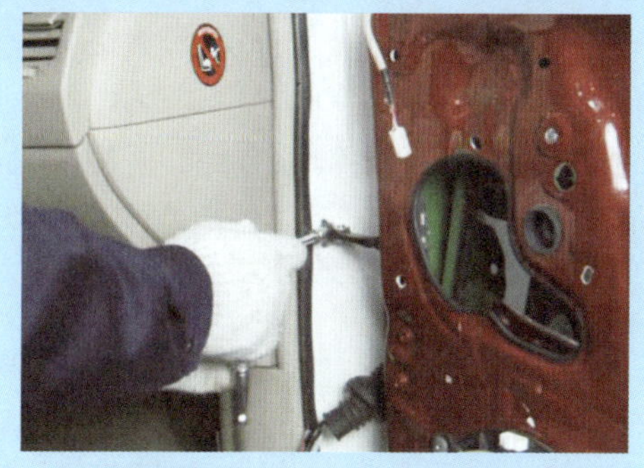
7. 安装车门总成 **方法：** （1）抬起车门，并将其放置到门框位置，按照图示顺序安装、预紧车门铰链螺栓 （2）安装车门限位器，预紧螺栓 （3）关闭车门，检查车门与相邻板件的配合是否正常 **提示：** 注意不要装反车门限位器的方向。在安装车门后，应观察并确保门锁与锁柱配合正常才可关闭车门，以免损坏门锁	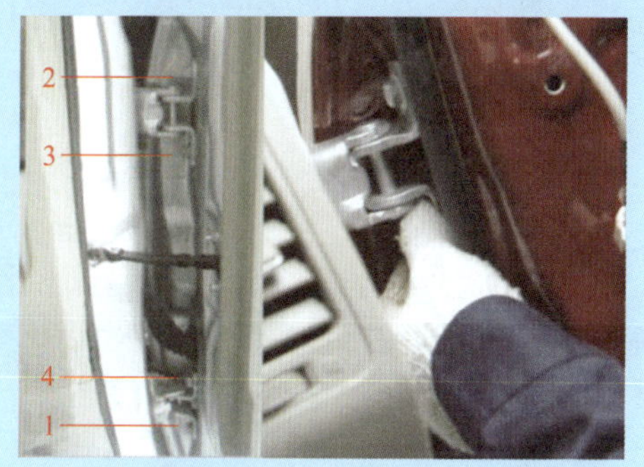
8. 安装线束 **方法：** （1）导入车门线束，安装线束卡爪 （2）安装各线束连接器，检查内饰板卡扣是否损坏 **提示：** 线束胶套应与钢板孔壁完全贴合。在将线束导入车门内之前，严禁关闭车门，以防损坏线束或连接器。及时更换损坏的卡扣，以免内饰板松动	
9. 安装内饰板和车门附件 **方法：** （1）安装内饰板内侧锁止拉索和遥控锁止拉索，导出控制开关连接器 （2）安装内饰板和控制开关连接器 **提示：** 应通过视觉、听觉和触觉来判断安装是否到位	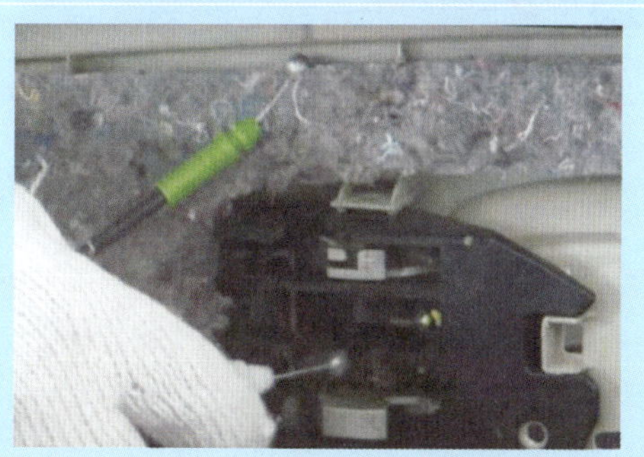

续表

操作内容	图片
10. 测试控制部件 **方法：** （1）接上电源，打开点火开关 （2）检查门锁的开关功能、玻璃升降器和外后视镜等的调节功能是否正常 **提示：** 检查并确认门锁是否正常，以免车门关闭后不能正常打开；启动玻璃升降器开关，检查车门玻璃升降是否正常；切换外后视镜控制开关至“R”的位置，开启镜片调整功能，并检查其是否正常	
11. 调整车门 **方法：** （1）检查车门门锁是否错位，检查车门与前后车身结构件之间的间隙是否符合要求，如果不符合要求，则须进行调整 （2）松开车门铰链或锁座上的螺栓，将车门向上下、前后以及内外移动，以正确定位 （3）定位车门后，将铰链或锁座上的螺栓按照规定的力矩拧紧 **提示：** 定位车门后，车门与门框的间隙约为 3 mm，与门槛护板的间隙约为 5 mm。车门必须与门框和周围车身板件平整对齐	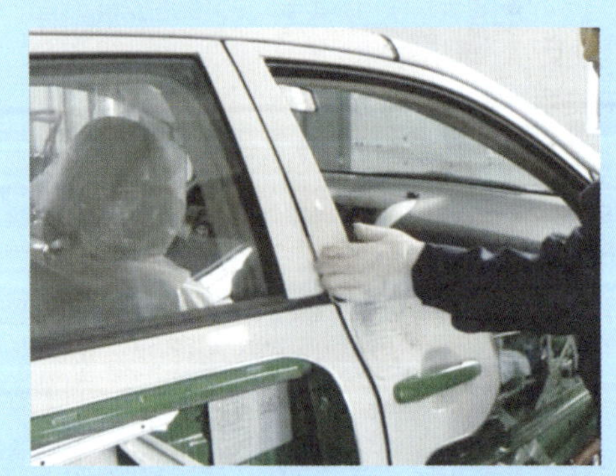

思考与练习

1. 汽车车身覆盖件主要由哪些构件组成？
2. 发动机罩的作用是什么？
3. 简述前保险杠的拆装工艺。

任务 3　汽车钣金件的制作

学习目标

1. 了解汽车钣金件制作的基本步骤。
2. 掌握汽车钣金件展开图的画法。
3. 掌握汽车钣金件制作的基本工艺。
4. 能对照汽车钣金件展开图进行放样、划线、裁剪和下料操作。
5. 能按照工艺制作简单的汽车钣金件。

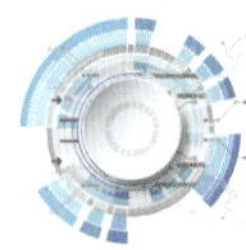

任务描述

在汽车钣金维修过程中，有时为了降低维修成本和提高工作效率，需要制作一些简单的汽车钣金件或者钣金件的一部分。本任务要求学生学习汽车钣金件的制作方法，掌握相关的知识和技能。

相关知识

汽车钣金件的制作包括钣金件的展开、放样、下料和制作四个步骤。

一、汽车钣金件的展开、放样与下料

在汽车钣金件制作过程中，将构件的立体表面按实际形状和尺寸依次展开在一个平面上的过程称为展开。将构件的立体表面展开在一个平面上所得到的平面图形称为展开图。圆柱体曲面的展开过程与展开图如图 2–3–1 所示。

把构件的展开图画到施工板料或纸板上的过程称为放样，利用放样对材料进行切割下料操作，再使用弯曲、拱曲、制筋、卷边、冲压和焊接（或铆接）等成型工艺就可以制作出需要的钣金件。

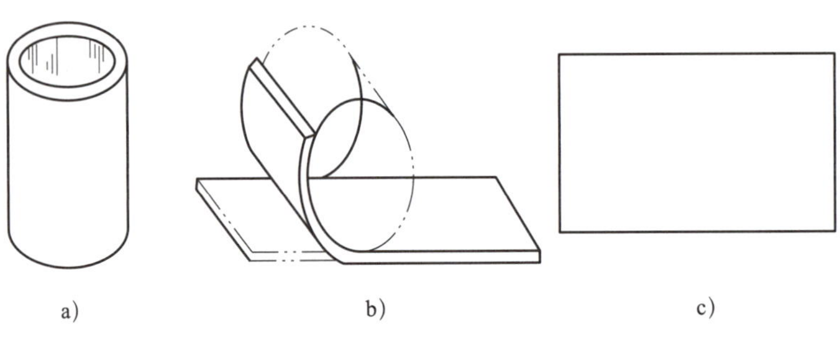

图 2-3-1　圆柱体曲面的展开过程与展开图

a）圆柱体曲面　b）展开　c）展开图

1. 钣金件展开图的画法

（1）一般位置线段实长的求法

钣金件展开图的尺寸与实物是一模一样的，也就是按 1 : 1 的比例展开，要准确画出展开图，就必须求出某些必要轮廓线的实际长度。根据正投影原理，只有当立体表面的轮廓线（素线）与投影面平行时，它们的投影才能反映其实际长度。但在很多情况下，投影图不能反映构件表面某些轮廓线的实际长度，这种情况下的直线段称为一般位置线段。求一般位置线段实长的常用方法有直角三角形法和旋转法等。

1）直角三角形法。以空间中的直线段为斜边作一个直角三角形，使这个直角三角形的两个直角边分别平行于两个投影面，那么这两个直角边在这两个投影面上的投影长度就是它们在空间中的实际长度。如果知道以某个直线段为斜边的直角三角形的两个直角边在两个投影面上的正投影长度，就可以通过求由这两个投影作为直角边的直角三角形的斜边长度，进而求得该直线段在空间中的实际长度，如图 2-3-2 所示。

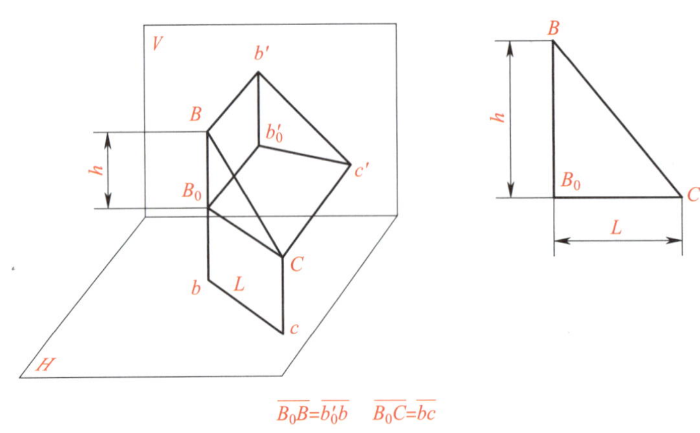

图 2-3-2　直角三角形法

2）旋转法。旋转法是将一般位置的直线段旋转为投影面平行线，按照新的投影，测得直线段在与其平行的投影面上的投影长度，以求得直线段的实长的方法，如图 2–3–3 所示。

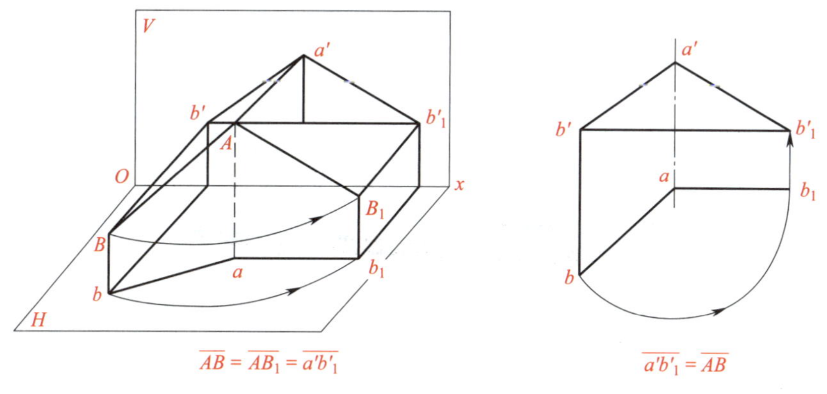

图 2-3-3　旋转法

（2）钣金件展开图的绘制

1）平行线展开法。平行线展开法的原理是在立体表面上相互平行的各个素线展开以后还是相互平行的。与轴线平行的直素线旋转所形成的立体表面也可以用此方法展开，比如圆柱体和棱柱体的侧面等。

2）放射线展开法。锥体的表面，如圆锥体和棱锥体的侧面，都是由交汇于顶点的直素线构成的。锥体表面的棱线（素线）在展开前交汇于锥顶，在展开后仍相交于一点，呈放射线状，所以这种展开方法被称为放射线展开法。

放射线展开法的原理是把锥体表面上任意相邻的两条棱线及其所夹的底边线看成一个近似的平面三角形，当各平面三角形的底边足够短时，各平面三角形面积的和就约等于原锥体的表面积，若把所有的平面三角形依次展开在一个平面上，原来的锥体表面就被展开了。

3）三角形展开法。如果钣金件的形体表面是由平面、柱面和锥面的全部或部分曲面组合而成的，用平行线展开法或放射线展开法制作展开图会比较麻烦，而用三角形展开法则简便易行。

三角形展开法是将构件的表面分成一组或很多组三角形，然后求出各组三角形每边的实长，并把它们的实形依次画在平面上的方法。使用三角形展开法时，必须根据构件的形状特征来划分三角形，这与放射线展开法中将锥体表面围绕锥顶分成若干个三角形来展开的过程是有区别的。

2. 钣金件放样的常用工具

放样是把展开图画到施工板料上的过程，常用的放样工具有划针、划规、样冲和钢直尺等。

（1）划针

划针是用来在板料上划线的基本工具，钣金件放样常用的划针如图 2–3–4 所示。

图 2–3–4　划针

（2）划规

划规用于在金属板上划圆或圆弧，并可用于测量两点的距离或直接将钢直尺上的尺寸移到金属板上。钣金件放样常用的划规如图 2–3–5 所示。

（3）样冲

样冲主要用于冲圆心或在钻孔时冲中心孔，如图 2–3–6 所示。

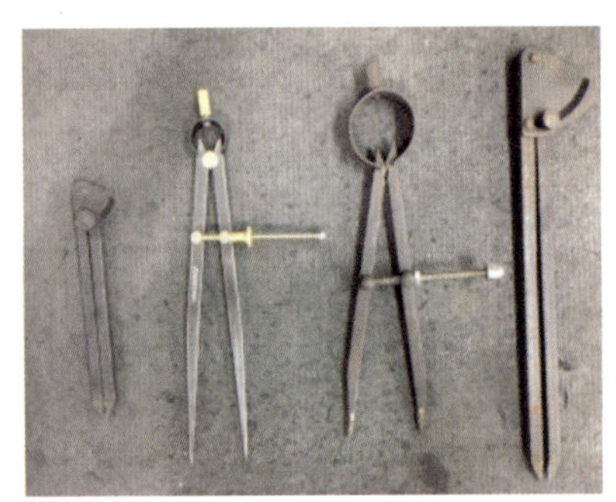

图 2–3–5　划规

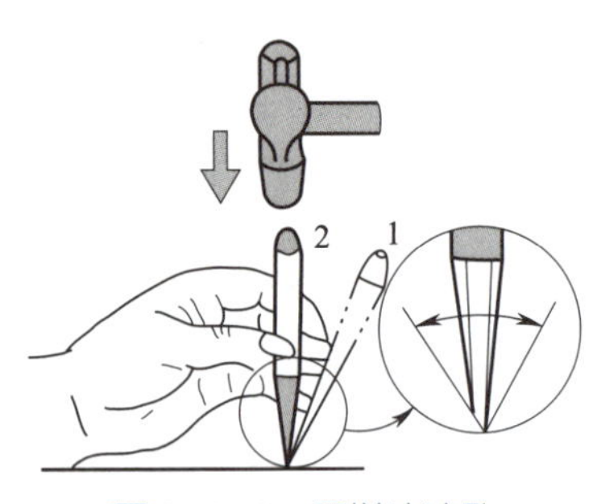

图 2–3–6　用样冲冲孔

（4）钢直尺

钢直尺（见图 2–3–7）是最简单的长度量具，在钣金件的下料、划线和放样中应用非常广泛。

3. 板材的裁剪与下料

（1）板材裁剪与下料的常用工具

板件裁剪常用的工具是手工剪切设备。手工剪切设备分为手动剪刀和台式剪刀两种，一般用于单件生产或半成品修整工作，手动剪刀一般只能剪切厚度为 0.8 mm 以下的金属板料，而台式剪刀可以剪切厚度为 1.5 ~ 2 mm 的金属板料，板件裁剪常用的手工剪切设备如图 2-3-8 所示。

图 2-3-7　钢直尺

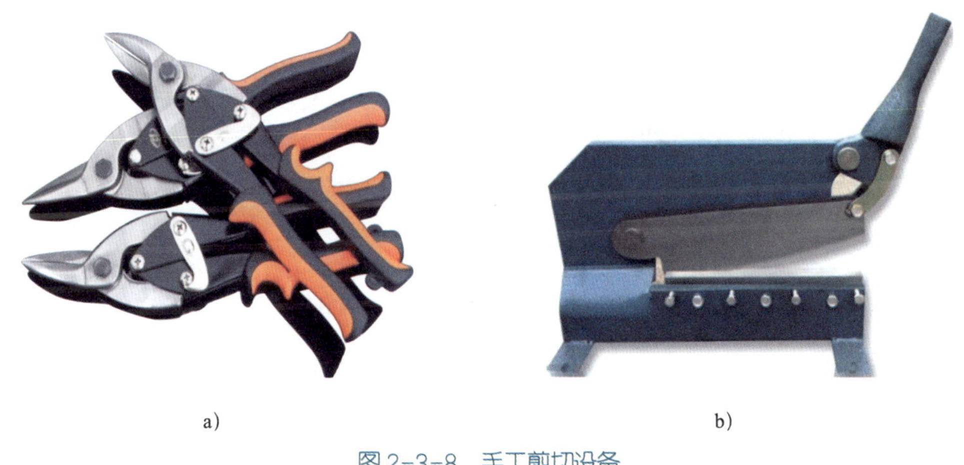

a)　　b)

图 2-3-8　手工剪切设备

a）手动剪刀　b）台式剪刀

（2）板材裁剪与下料的常用方法

1）集中下料法。为了合理使用材料，通常将使用同样牌号、有同样厚度的工件集中一次划线下料，这种下料方法称为集中下料法，如图 2-3-9 所示。

2）零料拼整法。在钣金作业中，有时按整个工件来划料，被挖去的材料较多，浪费较大。现实中，通常将工件裁成几部分，再拼起来使用，这样便可以节省用料。零料拼整法如图 2-3-10 所示。

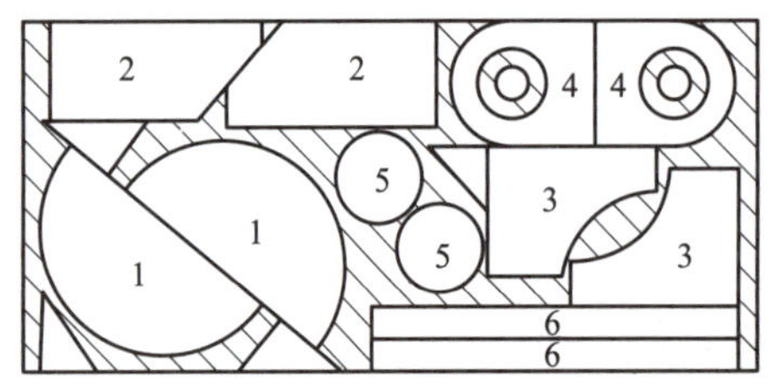

图 2-3-9　集中下料法

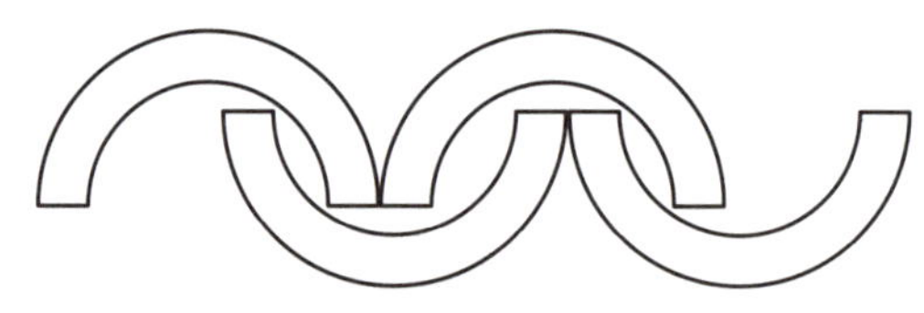
图 2-3-10　零料拼整法

3）排样套裁法。当工件下料的数量较多时，为使板料得到充分利用，必须对同一形状的工件或各种不同形状的工件进行排样套裁。排样的方式通常有直排、斜排、单行排列、多行排列、对头直排和对头斜排等。排样套裁法如图 2-3-11 所示。

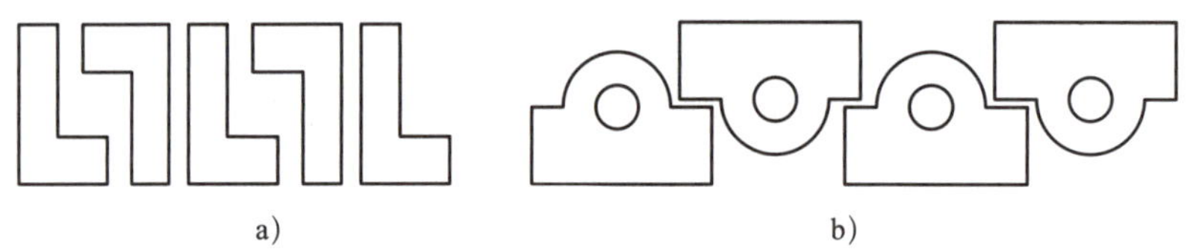

图 2-3-11　排样套裁法
a）单行排列　b）对头斜排

二、汽车钣金件的制作工艺

汽车钣金件的制作有制筋、放边、收边、卷边、咬缝和弯曲等工艺。

1. 制筋

在钣金件表面上制出各种凸筋可以提高其刚度和使用性能，增加美感。钣金件凸筋的横截面一般为圆弧形、方形或角形，如图 2-3-12 所示。

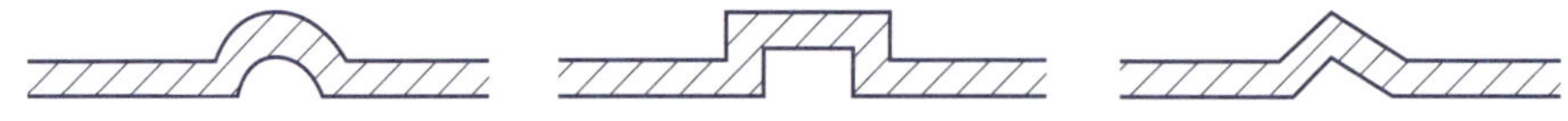
图 2-3-12　钣金件凸筋的横截面

简易的手工制筋方法有用扁冲制筋和用简易模具制筋两种，手工制筋的方法如图 2-3-13 所示。

2. 放边与收边

（1）放边

通过让板料变薄使角形零件弯曲成型的方法叫做放边，加工凹面曲线弯边时常采用放边的方法，如图 2-3-14 所示。

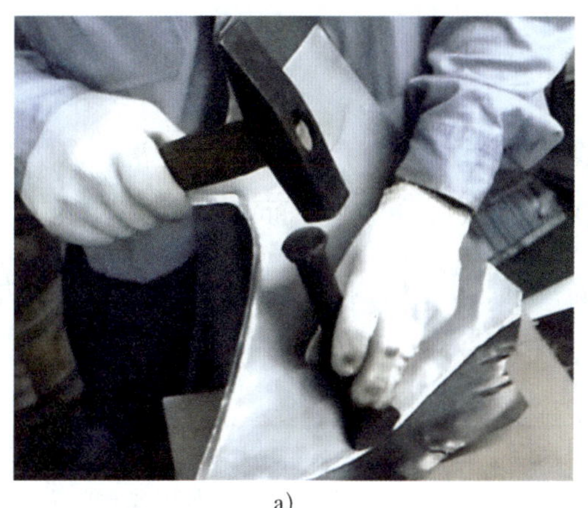
a)

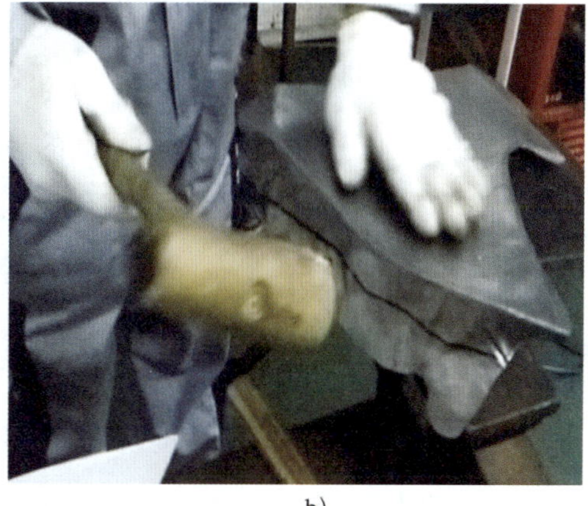
b)

图 2-3-13　手工制筋的方法
a）用扁冲制筋　b）用简易模具制筋

图 2-3-14　放边

制造凹面曲线弯边零件时，可在铁砧或平台上捶打直角料边缘，使其厚度变小、面积增大、弯边伸长。捶打时，要控制好捶击力度，使靠近内缘的材料伸长较小，靠近直角料边缘的材料伸长较大，锤痕呈放射状均匀分布。这样，直角料就逐渐被捶打成凹面曲线弯边的零件。

用放边法制作凹面曲线弯边零件的过程如图 2-3-15 所示，其具体步骤为：

1）计算出零件的展开尺寸，划线、剪切并展开板料。

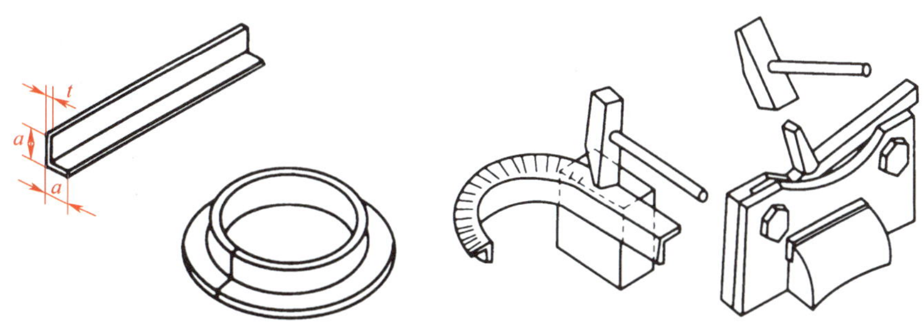

图 2-3-15　用放边法制作凹面曲线弯边零件

2）在板料上划出弯曲线，并按线将板料弯成角形件。

3）去除板料的边缘毛刺。

4）在平台上锤打板料，弯曲平面的外缘。锤打时，所用锤头端面应光滑，以防击出坑痕，锤击点要外密内疏，锤痕要呈放射状，锤放边应与平台面平行并贴紧。

5）锤打范围在板料弯曲平面靠外边缘宽度的 3/4 范围内，严禁捶打弯曲平面内边缘的圆角处，否则会使工件扭曲变形。

6）对于有直线段的角材工件，可在直线段内部进行敲打。

7）锤打时若发现加工硬化现象，应及时进行退火处理，以防工件出现裂纹。

8）在放边过程中，应随时用样板检查工件外形，尽量避免放边过量，否则不易修正。待工件达到要求后，应进行校正和修整。

（2）收边

收边是使钣金件的边缘或周沿增厚和收缩内弯成型的工艺方法，其原理是使毛坯的纤维收缩变短。收边有起皱钳收边和起皱模收边两种方法。在收边时，首先在毛坯的边缘起皱，使其纤维沿纵向长度变短，然后在防止皱纹向两侧伸展恢复的情况下将皱纹消平。

起皱钳收边是根据零件的弯曲程度，用起皱钳在收边部位折起若干个皱，再在铁砧或轨铁上逐个收平褶皱的方法，如图 2–3–16 所示。起皱钳收边的操作方法如下：

1）将零件折弯成直角料，如图 2–3–16a 所示。

2）校正直角料，使之平直。

3）用起皱钳在收边部位折起褶皱，如图 2–3–16b 所示。

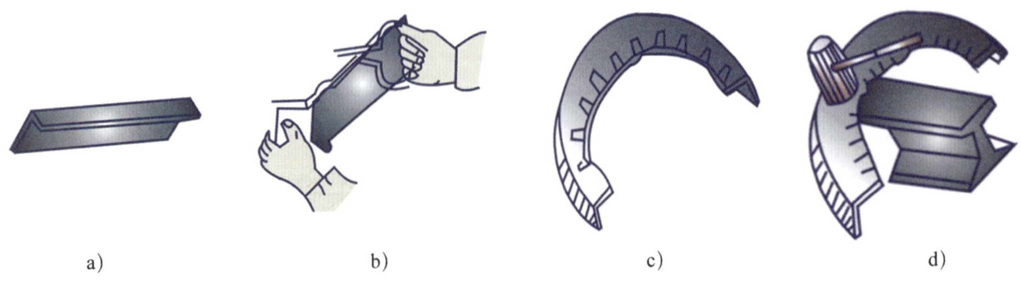

a)　b)　c)　d)

图 2-3-16　起皱钳收边

a）折弯　b）折起褶皱　c）直角料变为圆弧形　d）敲平褶皱

4）收边部位的边缘长度减小，使直角料呈圆弧形，如图 2-3-16c 所示。

5）将圆弧形零件放在铁砧上，用铁锤将褶皱敲平，如图 2-3-16d 所示。

6）锉削零件毛边。

3. 卷边与咬缝

（1）卷边

卷边是为了增加零件边缘的刚度和强度，将零件边缘卷曲的手工制作工艺。卷边除了能起到增强钣金件的刚度和强度的作用外，还可以起到一定的装饰作用。卷边分为夹丝卷边和空心卷边两种。夹丝卷边会在零件的边缘内嵌入一根铁丝，以增强零件边缘的刚度，铁丝的粗细应根据零件的受力情况及尺寸大小来确定，一般铁丝的直径是板料厚度的 3 倍以上，包卷铁丝的边缘长度应不大于铁丝直径的 2.5 倍。卷边的类型如图 2-3-17 所示。

夹丝卷边的操作方法如图 2-3-18 所示。

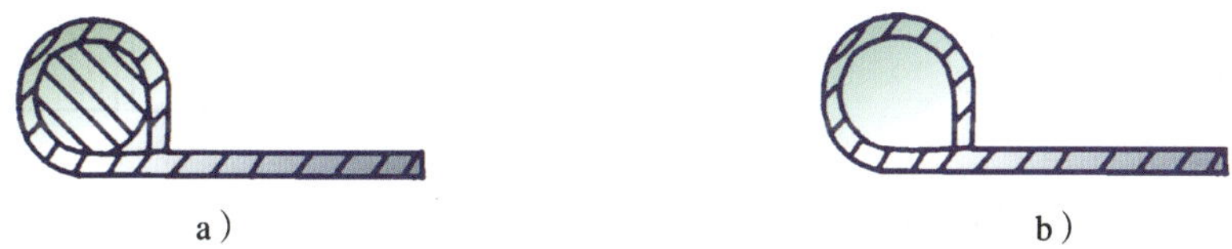

a）　　b）

图 2-3-17　卷边的类型

a）夹丝卷边　b）空心卷边

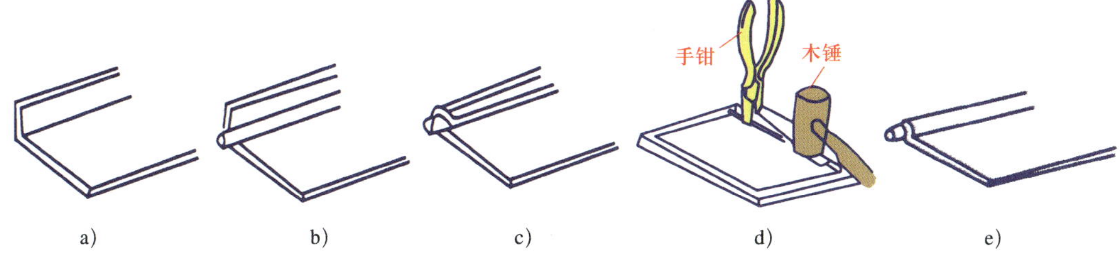

图 2-3-18　夹丝卷边的操作方法

a）将板料弯折成直角　b）将铁丝放入　c）固定铁丝位置　d）包住铁丝　e）扣紧板料

1）将板料剪切成所需尺寸。

2）沿板料边缘量出 2.5 倍铁丝直径的距离并划线。

3）将板料按划线弯折成直角，如图 2-3-18a 所示。

4）用钢丝钳剪一段适当长度的铁丝，用木锤在光滑平面上将铁丝打直。

5）将铁丝放入已折好的直角边内，如图 2-3-18b 所示，并用手钳固定铁丝位置，如图 2-3-18c 所示。

6）用木锤或铆钉锤捶打板缘，使其包住铁丝，如图 2-3-18d 所示。

7）用铆钉锤逐段扣紧板料，使之成型，如图 2-3-18e 所示。

（2）咬缝

将两块板料的边或一块板料的两边折弯扣合并彼此压紧的连接方式称为咬缝（也称咬接）。咬缝连接比较牢固，在许多地方被用来代替焊接。

咬缝根据结构的不同可分为挂扣、单扣和双扣三种类型，根据形式的不同可分为站扣和卧扣两种类型，不同形式的咬缝如图 2-3-19 所示。

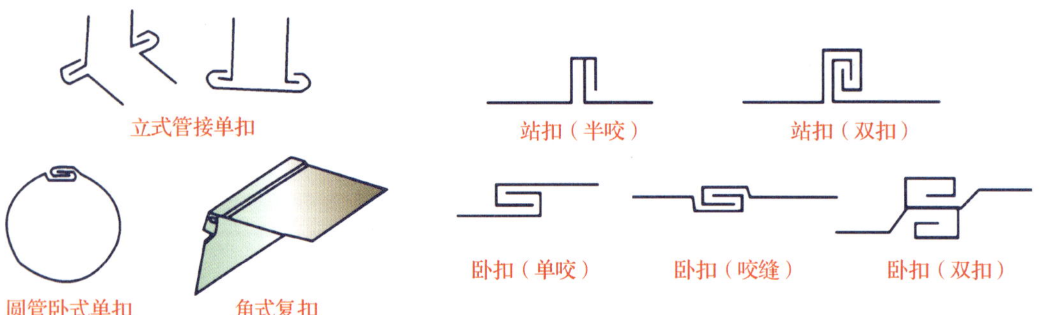

图 2-3-19 不同形式的咬缝

咬缝的制作方法和注意事项如下：

1）咬缝下料时，应留出咬缝余量。咬缝余量是根据咬缝宽度和扣合层数来计算的。

2）咬缝宽度与板料厚度有关。一般厚度在 0.5 mm 以下的板料，其咬缝宽度为 3 ~ 4 mm；厚度为 0.5 ~ 1 mm 的板料，其咬缝宽度为 5 ~ 7 mm。

3）扣合层数取决于咬缝结构。立式单咬缝和角式咬缝的扣合层数为 3 层；卧式单咬缝的扣合层数看似 4 层，但其中一层为有效尺寸，所以实际扣合层数为 3 层；立式双咬缝和卧式双咬缝的扣合层数均为 5 层。

4）因为 1 mm 以下的板料厚度通常会忽略不计，所以立式单咬缝、角式咬缝和卧式单咬缝的咬缝余量一边为 1 个咬缝宽度，另一边为 2 个咬缝宽度；卧式双咬缝和立式双咬缝的咬缝余量一边为 2 个咬缝宽度，另一边为 3 个咬缝宽度。

4. 弯曲

用手工操作将金属材料沿直线或曲线弯曲成一定角度或弧度的工艺过程称为弯曲。

（1）弯曲变形的特点

1）变形区域是圆角部分，平直区域基本不变形。变形区域的内层被压缩、外层被拉伸，而中间层的长度基本不变，如图 2–3–20 所示。

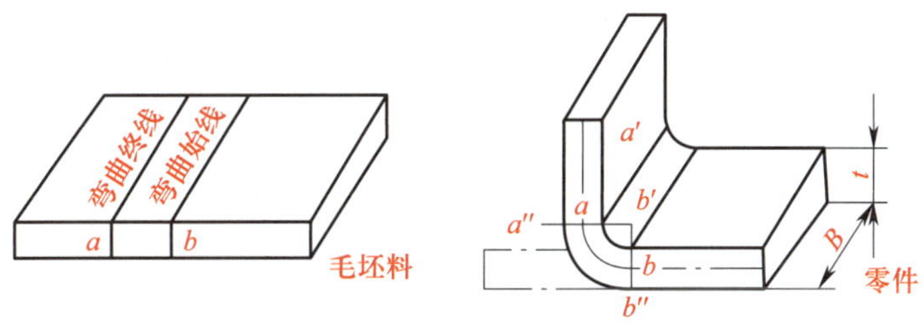

图 2–3–20 工件弯曲变形示意图

2）零件有最小弯曲半径。最小弯曲半径指弯曲零件内弯曲半径的最小值，其大小与板件材料、热处理工艺，以及弯曲线与纤维方向的夹角有关系。

3）弯曲件的回弹。弯曲件的回弹指从模具中取出弯曲件后，由于弹性变形，弯曲件产生角度和弯曲半径变化的现象，如图 2–3–21 所示。

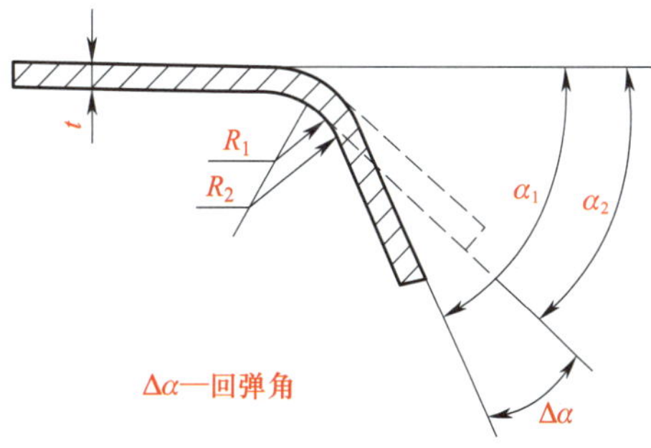

图 2–3–21 弯曲件的回弹示意图

（2）弯曲的基本工艺

板件弯曲是钣金成型的基本操作工艺，弯曲的形式一般分为两种，即角形弯折和弧形弯曲。在进行弯曲时可借助木垫或金属垫等辅助工具。

1）弯 S 形件。制作弯 S 形件时，依照划线夹持板料，并将其弯成 α 角，然后将方衬垫放在 α 角下，再弯折 β 角，如图 2-3-22 所示。

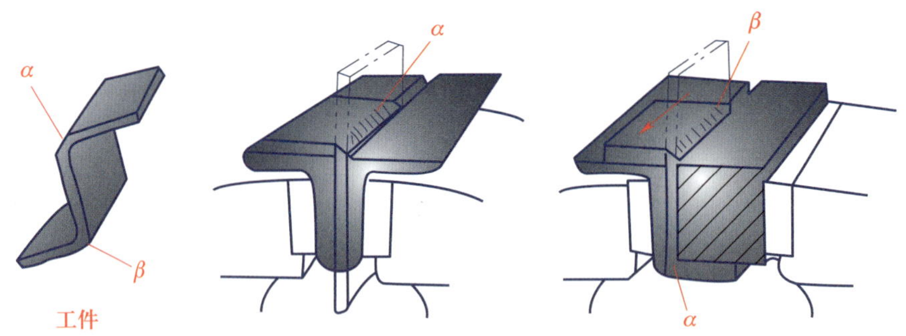

图 2-3-22 弯 S 形件的操作方法

2）弯“几”字型件。制作弯“几”字型件时，先将板料弯成 α 角，再用衬垫弯折出 β 角，最后完成 θ 角。弯曲封闭的盒子时，其方法步骤与弯“几”字型件大致相同，但最后还需将板件夹在台钳上，使其缺口朝上，再将其向内弯折成形。弯“几”字型件的操作方法如图 2-3-23 所示。

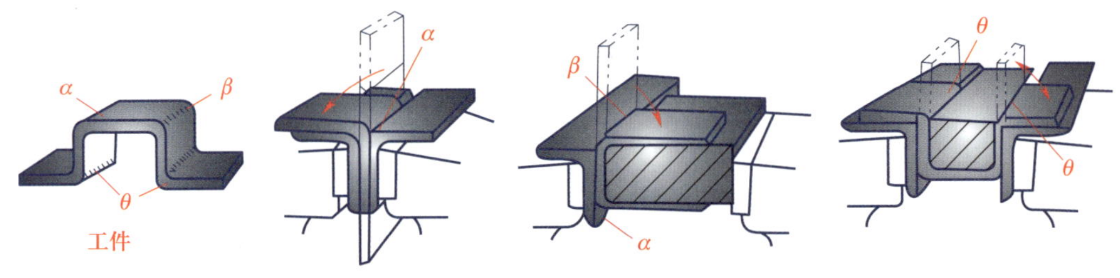

图 2-3-23 弯“几”字型件的操作方法

任务实施

一、正四棱台侧面的展开

以正四棱台侧面的展开为例，熟悉钣金件展开图的画法，见表 2-3-1。

表 2-3-1 正四棱台侧面的展开

操作内容	图片
方法： （1）分析此正四棱台侧面的结构，利用主视图求出锥顶的大小，用画棱锥展开图的方法画出其展开图，再减去小棱锥面即可 （2）用旋转法求棱线的实长，以及截去小棱锥面的位置在棱线上对应的位置。以锥顶为圆心，以求出的棱线实长为半径画圆弧 （3）选择适当的位置Ⅰ作为展开图的起始线，依次量取俯视图上棱锥底面四个投影线段的长度，并把它们画在以棱线实长为半径画出的圆弧上，其与圆弧的交点分别为Ⅰ、Ⅱ、Ⅲ和Ⅳ （4）从棱锥顶点分别连线到Ⅰ、Ⅱ、Ⅲ和Ⅳ点，得到棱锥面的展开图 （5）以锥顶为圆心，以小棱锥棱线实长为半径，画出与各个棱线相交的圆弧，再依次用直线连接相邻的两点，将由此得到的小棱锥面减去，便可得到正四棱台侧面的展开图 **提示：** （1）展开图应外形正确、符合图样要求 （2）展开图应等分正确、步骤完整 （3）放射线的作法和求法应正确，线条应清楚 （4）应在规定时间内完成展开图	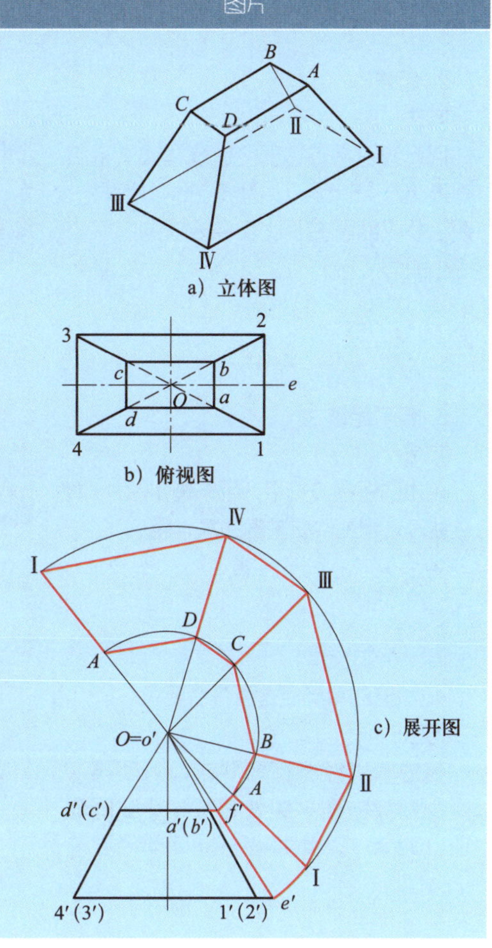 a）立体图 b）俯视图 c）展开图

二、收边的制作

本任务的内容为收边的制作，见表 2-3-2。

表 2-3-2 收边的制作

操作内容	图片
1. **校正直角料** **方法：** 根据要求，下料制作直角料并校正	

续表

操作内容	图片
2. 起皱 方法： 用起皱钳将收边部位钳成褶皱（褶皱间隔 10 ~ 15 mm）。褶皱应尽可能稠密，使毛坯收缩弯曲至比工件要求的曲率半径小即可	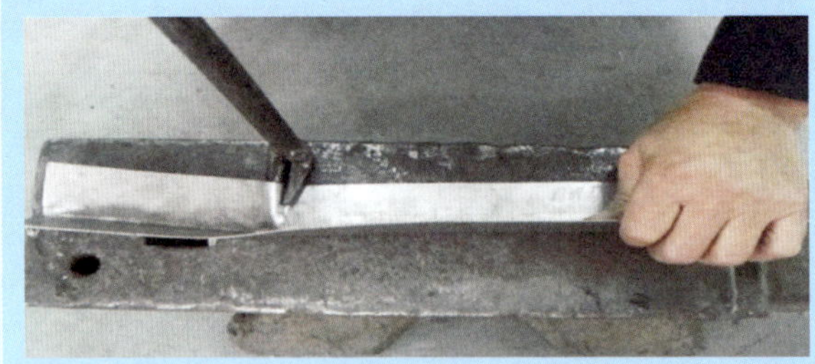
3. 修平起皱 方法： 用木锤将褶皱打平，用铁锤平整坯料，并使其达到工件要求的曲率半径	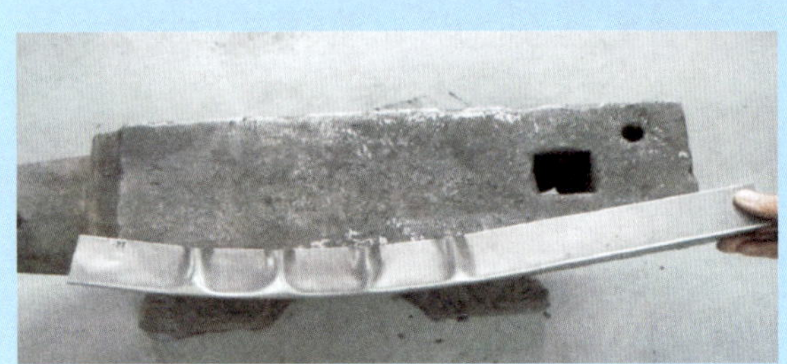
4. 检查曲率半径是否符合要求 方法： 若曲率半径不符合要求，则须再次使用起皱钳在平缓处起皱（褶皱间隔 5 ~ 10 mm），以使之符合曲率半径要求	
5. 精修成型 方法： 用铁锤敲平起皱区，并用锉刀修整边缘毛刺至边缘圆滑	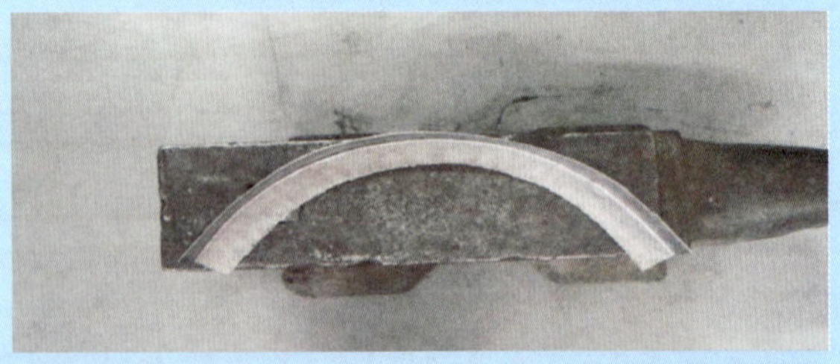
6. 完成制作 提示： 完成制作后，工件表面应圆滑、无毛刺、无锤痕，形状规整、美观	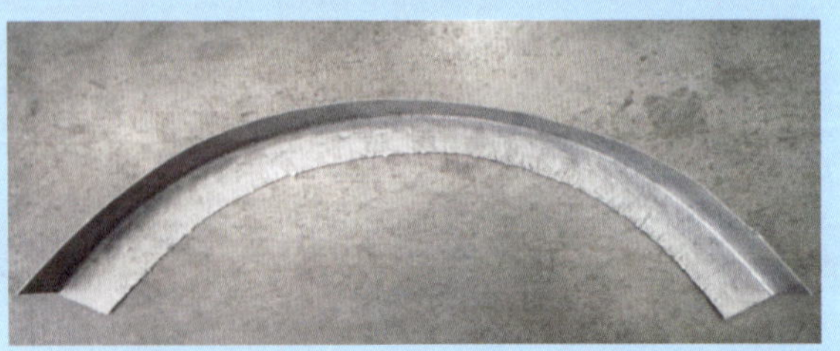

三、卷边的制作

本任务的内容为卷边的制作，见表 2–3–3。

表 2–3–3 卷边的制作

操作内容	图片
1. 划线 **方法：** 在板料上划出两条卷边线	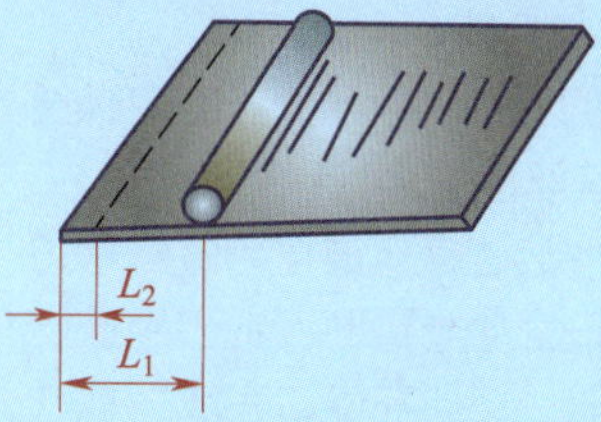 L_2 L_1
2. 弯曲 **方法：** （1）将板料放在平台（或方铁、轨道等）上，使其 L_2 部分长度的 1/3 露出平台，左手压住板料，右手用木锤或方木敲击露出平台部分的边缘，使其向下弯曲成 85°～90° （2）将板料向平台外弯曲，直至平台边缘对准第二条卷边线，即露出平台部分长度等于 L_1，并使第一次敲打的边缘靠上平台	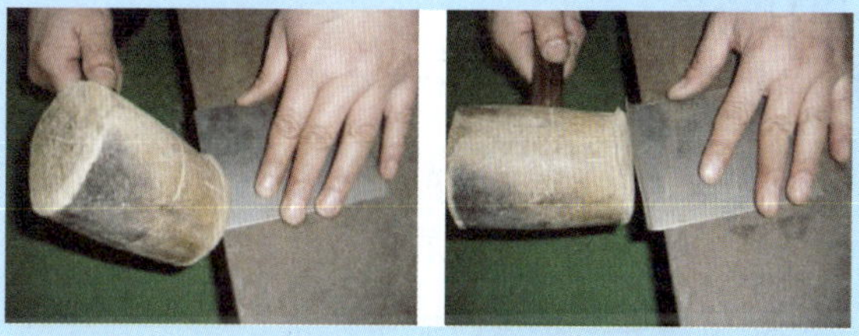
3. 卷曲成圆弧 **方法：** 将板料翻转，使卷边朝上，轻而均匀地敲打卷边，使其向里扣，使卷曲部分逐渐变成圆弧形	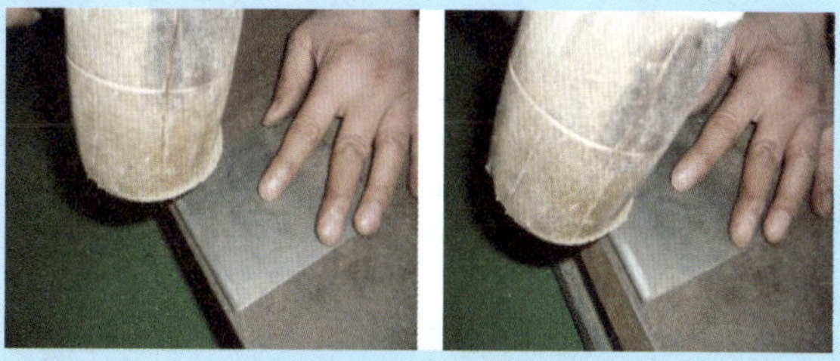
4. 放入铁丝 **方法：** 将铁丝放入卷边内，放置时先从一端开始，以防铁丝弹出。先将卷边一端扣好，然后放一段扣一段，待全部扣完后，轻轻敲打，使卷边靠紧铁丝	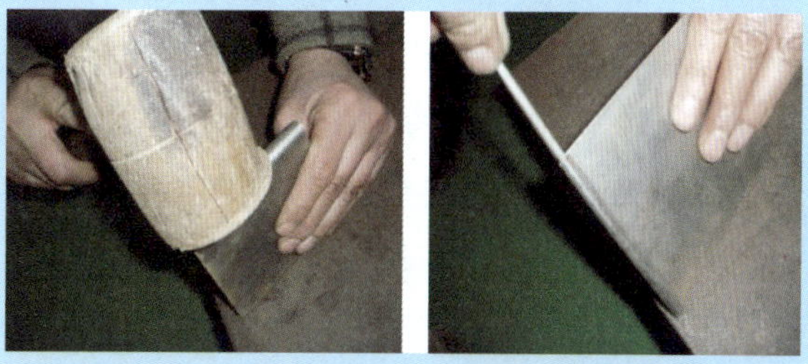

续表

操作内容	图片
5. **咬紧接口** **方法：** 翻转板料，使卷边接口靠住平台的边角，令接口咬紧 **提示：** 注意划线的尺寸，包卷铁丝的边缘长度应不大于铁丝直径的 2.5 倍 手工空心卷边的操作过程与夹丝卷边类似，只是在空心卷边时，卷边与铁丝不要靠得太紧，以便在卷边完成后把铁丝抽拉出来	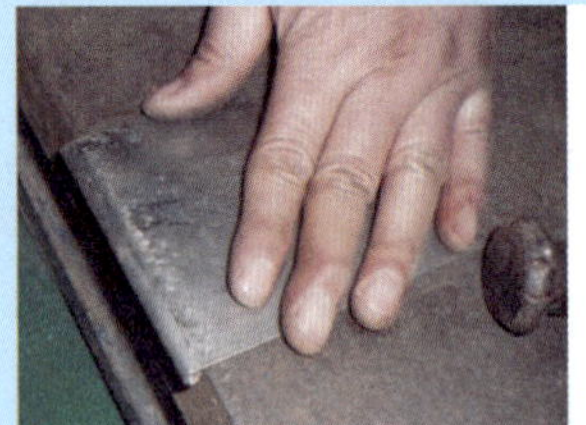 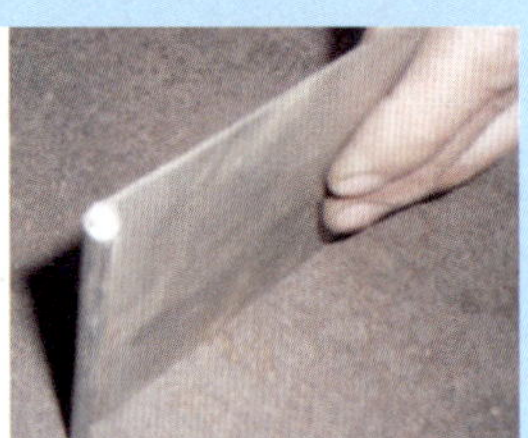

思考与练习

1. 放射线展开法的原理是什么？
2. 简述夹丝卷边的操作方法。
3. 简述咬缝的制作方法和注意事项。

任务 4　汽车钣金件的焊接

学习目标

1. 了解二氧化碳气体保护焊的焊接类型。
2. 了解电阻点焊的焊接特点。
3. 掌握二氧化碳气体保护焊焊接参数的调整方法。
4. 掌握电阻点焊焊接参数的调整方法。
5. 能使用二氧化碳气体保护焊焊接塞焊孔板。
6. 能使用电阻点焊焊接简单板件。

任务描述

在焊接汽车钣金件时，要根据钣金件的形状和结构，在保证连接强度的前提下合理选择焊接方式。汽车钣金件的焊接有多种焊接类型和焊接工艺，本任务要求学生学习二氧化碳气体保护焊和电阻点焊的相关知识，掌握汽车钣金件焊接的基本技能。

相关知识

根据钣金件在车身上位置的不同，汽车钣金件的焊接分为不同的强度等级。因此，只有在考虑汽车钣金件的位置、用途、形状和厚度等因素后，才能选用最为适合的焊接方法，以保持车身原来的强度和刚度。汽车车身维修经常使用二氧化碳气体保护焊和电阻点焊。

一、二氧化碳气体保护焊

1. 二氧化碳气体保护焊的焊接类型

（1）根据焊枪与板件相对位置的不同分类

根据焊枪与板件相对位置的不同，二氧化碳气体保护焊可分为平焊、立焊、横焊和仰焊四种类型。

1）平焊。平焊时板件焊缝处于水平位置，通常焊枪采用的倾斜角为10°～15°，如图2–4–1所示。平焊具有容易看清焊缝、焊缝成型美观等优点。

平焊时可以采用站或蹲的姿势，如图2–4–2所示。在焊接时，应首先调试好焊接参数，然后在焊缝起始处引燃电弧，焊枪会在0.5～1 s内形成第一个焊点，接着松开开关熄弧，重复此动作直至完成整个焊缝的焊接。

焊枪应在焊缝上做小幅度的直线运动，不能向两侧做横向摆动。焊枪在焊缝上的移动应匀速、稳定，以保证焊缝的连续性。在焊接过程中，要严格保持焊枪喷嘴与板件之间的距离，不能随意抬起焊枪，确保焊丝的伸出长度不变，同时使焊缝获得良好、持续的气体保护。

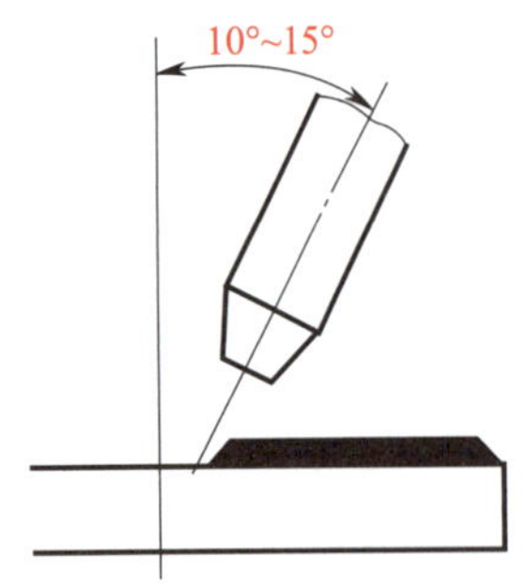

图 2-4-1　平焊时焊枪的倾斜角

图 2-4-2　平焊的姿势

2）立焊。立焊时板件焊缝处于垂直位置。在焊接时，熔化的金属容易因重力作用而悬垂，产生咬边、焊瘤、熔深与焊道宽度不均匀、焊道表面凹凸不平和焊波不整齐等现象，因此，立焊对焊接人员的技术要求比较高。

二氧化碳气体保护焊立焊可分为向上立焊和向下立焊两种方法，一般向下立焊的焊接方法应用较多。向下立焊时焊枪的倾斜角一般为 60° ~ 80°，向上立焊时焊枪的倾斜角一般为 80° ~ 90°，如图 2–4–3 所示。

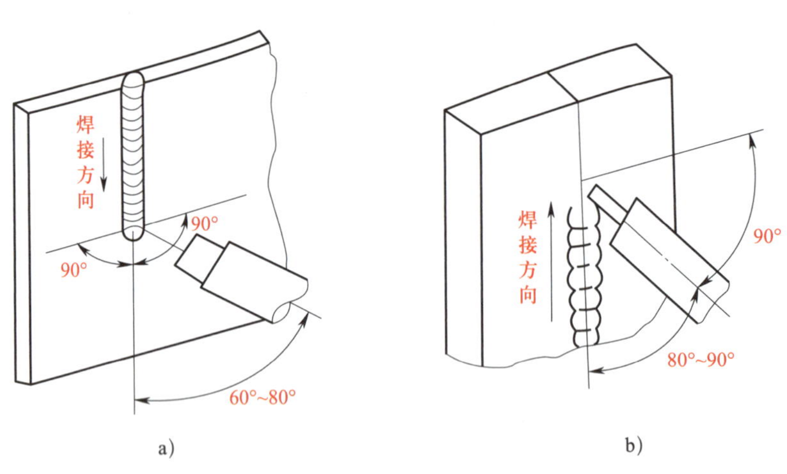

图 2-4-3　立焊时焊枪的倾斜角

a）向下立焊时焊枪的倾斜角　b）向上立焊时焊枪的倾斜角

立焊的焊接方法与平焊相同，在焊接过程中，要始终保持焊枪喷嘴与板件之间有 4 ~ 5 mm 的距离，并确保焊丝伸出长度不超过焊丝直径的 10 倍。

3）横焊。横焊是指板件与水平面垂直、焊缝与水平面平行状态下的焊接，如图 2–4–4 所示。

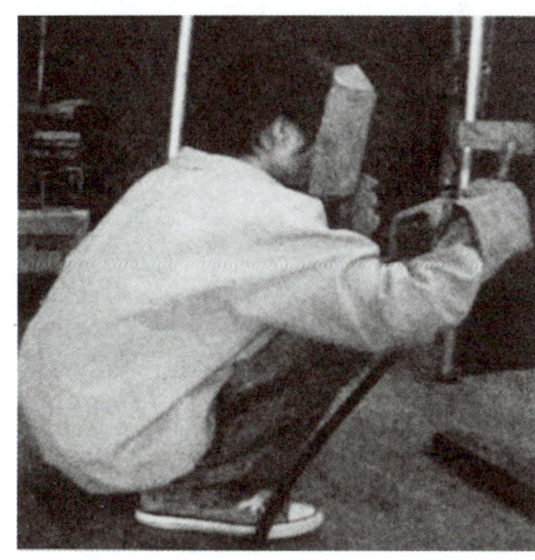
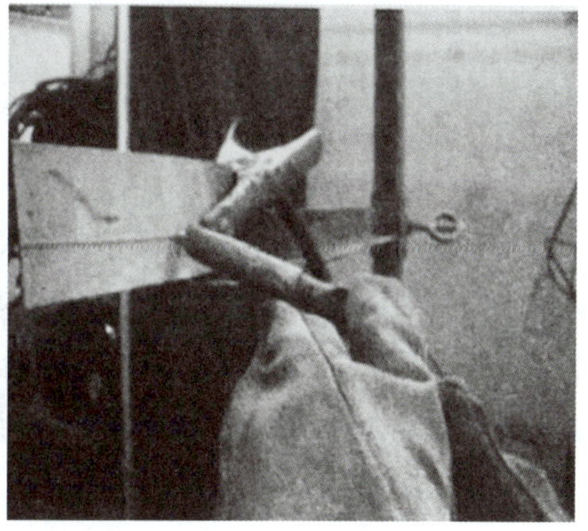

图 2-4-4　横焊

焊接厚板时一般采用焊枪左倾的焊接方法，焊接薄板时则采用焊枪右倾的焊接方法，焊枪的倾斜角如图 2-4-5 所示，横焊的焊接方法与平焊基本相同。

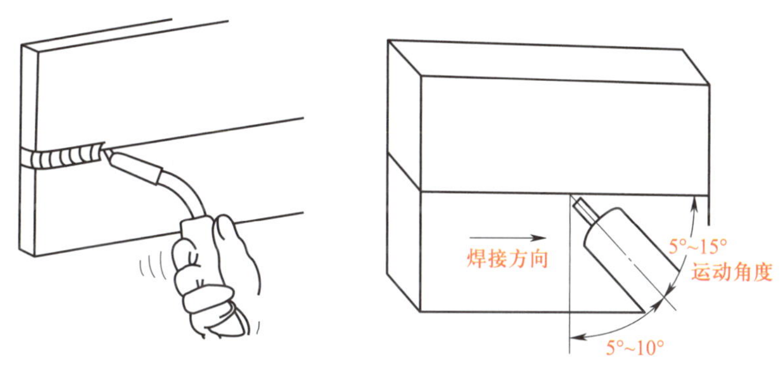

图 2-4-5　横焊时焊枪的倾斜角

4）仰焊。仰焊是板件位于焊接人员头部上方，焊接人员要将焊枪举过头顶并仰视焊接位置的一种焊接方法。仰焊一般采用从远到近的焊接方法，焊枪的倾斜角如图 2-4-6 所示。

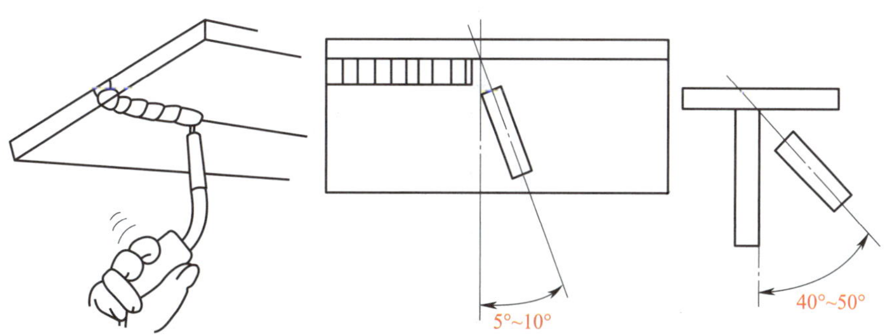

图 2-4-6　仰焊时焊枪的倾斜角

（2）根据板件连接方式的不同分类

根据板件连接方式的不同，二氧化碳气体保护焊可分为塞焊、对接焊和搭接焊三种类型。

1）塞焊。在车身维修中，一般用塞焊（见图 2–4–7）来代替汽车制造时所用的电阻点焊，塞焊的强度很高，既可被用于车身结构件的焊接，也可被用于外围装饰板和薄板件的焊接维修。在塞焊之前，需要先在一块板件上钻出孔来。

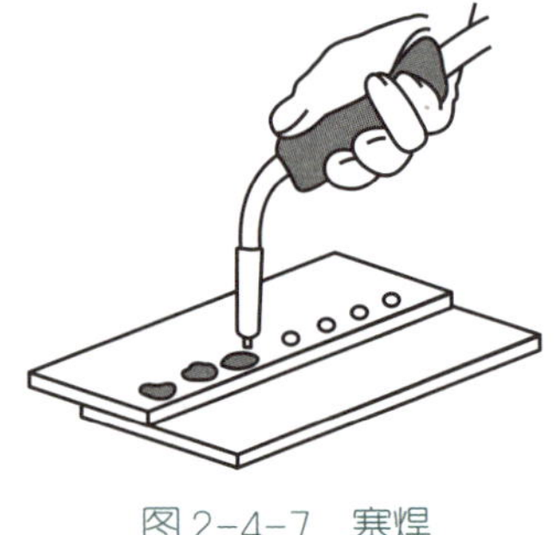
图 2–4–7　塞焊

在焊接时，应将两板件固定牢靠，调试好焊接参数，使焊枪垂直于带孔板件的正面，将焊丝置入孔内，按下开关，激发电弧，并用焊枪绕孔边画圆，以使焊丝在孔内形成熔池，然后松开开关，让熔池在气体的保护中冷却凝固。

塞焊孔的直径一般为 5～10 mm，当塞焊孔较大时，应将焊枪沿孔缘缓慢地做圆周运动，以空心圆形式进行填充；当塞焊孔较小时，焊枪最好对准孔的中心固定不动。在焊接时应尽量将焊枪与板件靠得近一些，一般距离不超过 10 mm，以便保证焊接质量。塞焊应熔透到下层板件，如果焊点处背面有圆形凸起，则说明熔透良好。

2）对接焊。对接焊是将两个相邻的金属板件边缘连接在一起，沿着两个金属板件的对接缝隙进行连续焊的焊接方式，如图 2–4–8 所示。

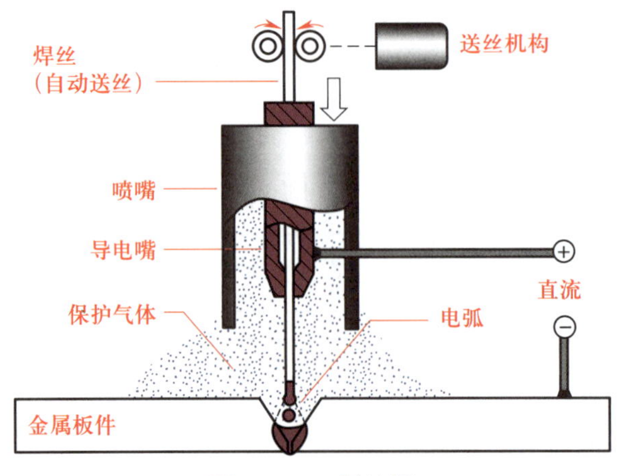

图 2–4–8　对接焊

在焊接时，首先要调试好焊接参数，在焊缝的起点附近产生电弧，然后立刻将焊枪移动到焊缝的起点处，进行连续焊接。在焊接过程中要密切注意金属板件的熔化程度以及焊丝和焊缝的连续性，每次焊接的长度不可超过 20 mm，焊缝的宽度和高度应保持一致。

为了将焊缝之间的间隙填满，可先用气动砂轮机沿着金属板件表面进行研磨，然后再进行焊接。如果焊缝表面未经研磨便被填入焊接金属，则会产生气泡。焊接厚度为 0.8 mm 以下的金属薄板，必须采用不连续的焊接方式。

3）搭接焊。搭接焊是将两块金属板件的搭接边缘熔化焊接的一种焊接方式，如图 2-4-9 所示。搭接焊被用于修理在汽车制造时进行过这种焊接的地方，或被用于修理外板和非结构性的金属板件。当需要焊接的金属多于两层时，不可采用这种方法。

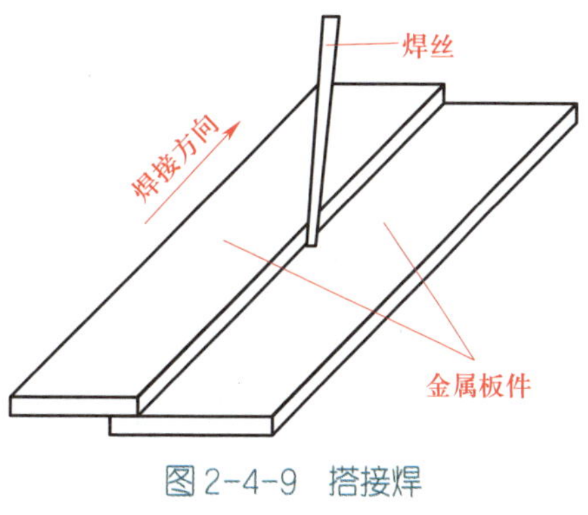

图 2-4-9 搭接焊

搭接焊的焊接方法与对接焊基本相同，在焊接过程中要注意控制焊接处的温度，否则会使板件变形。

2. 二氧化碳气体保护焊焊接参数的调整

（1）焊接电流的调整

焊接电流的大小影响焊丝熔化的速度、电弧的稳定性和板件焊接的熔深。焊接电流增大，焊接熔深随之增大，焊缝宽度也随之增大。焊接电流的选择参考值见表 2-4-1。

表 2-4-1 焊接电流的选择参考值

焊丝直径 /mm	一挡电流 /A	二挡电流 /A	三挡电流 /A
0.6	30～40	40～50	50～60
0.8	—	40～50	50～60

（2）电弧长度的调整

电弧长度直接关系着焊接质量的好坏，电弧长度的大小由电弧电压决定。电弧电压过低，电弧长度缩短，焊接熔深增加，焊缝呈狭窄的圆拱状；电弧电压过高，电弧长度增加，焊接熔深减小，焊丝出现轻微回烧，焊缝位置热量增加，焊缝呈扁平状。不同的电弧长度产生的焊接效果如图 2-4-10 所示。

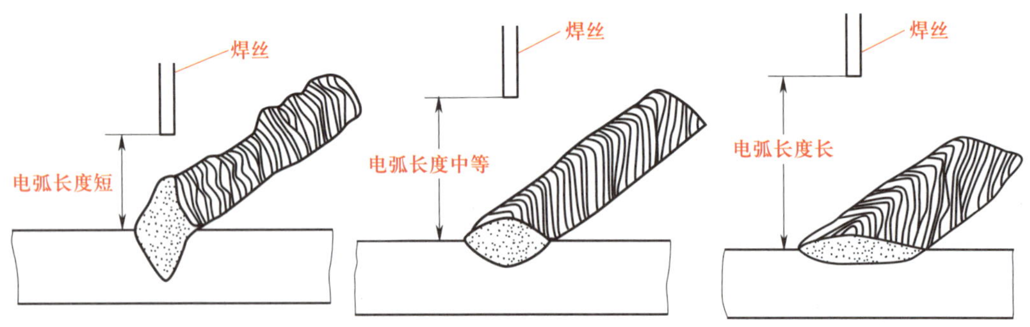

图 2-4-10　不同的电弧长度产生的焊接效果

（3）焊枪喷嘴到板件距离的控制

一般情况下，焊枪喷嘴到板件的标准距离为 5 ~ 8 mm，如图 2-4-11 所示。若焊枪喷嘴到板件的距离过大，焊枪伸出的焊丝长度就会增加，因而产生预热，加快焊丝熔化的速度，保护气体所起的作用就会减小；若焊枪喷嘴到板件的距离过小，将难以进行焊接，还会烧坏焊枪的导电嘴。

（4）焊枪焊接角度与方向的控制

焊枪焊接的角度应控制在 10° ~ 15°，如图 2-4-12 所示。焊接方向分为正向和逆向两种，正向焊接的熔深小且焊缝平，逆向焊接的熔深大且会产生大量的熔敷金属。

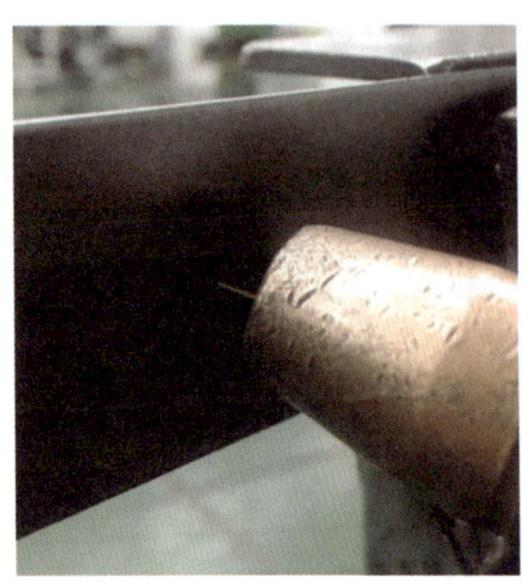

图 2-4-11　焊枪喷嘴到板件的距离

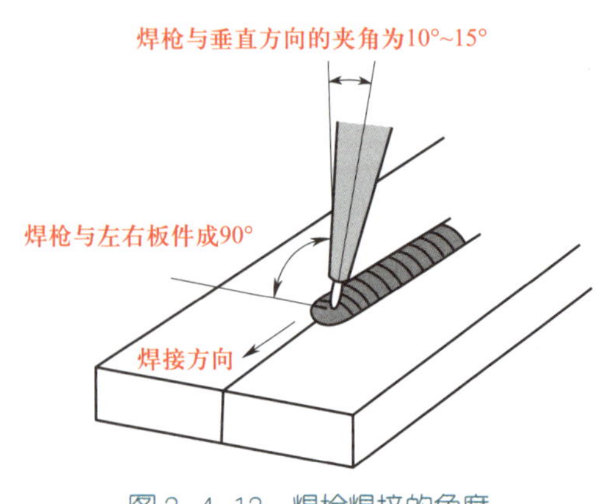

图 2-4-12　焊枪焊接的角度

（5）保护气体流量的调整

保护气体的流量太大或太小都会使保护层的保护效果受到影响，在焊接时要根据焊接电流、焊枪移动速度和焊枪喷嘴到板件的距离等来调节保护气体的流量。一般情况下，保护气体的流量应调整到 10 ~ 15 L/min，如图 2-4-13 所示。

图 2-4-13　调节保护气体的流量

（6）送丝速度的调整

若要在焊接电流不变的情况下焊接不同厚度的板件，就需要对焊机的送丝速度进行调整。送丝速度的快慢关系到焊接质量的好坏。在实际工作中，可以通过观察现象和听声音的方式来判断送丝速度的快慢，以便将送丝速度调整到最合适的范围。送丝速度的调整方法见表 2-4-2。

表 2-4-2　送丝速度的调整方法

现象与声音	原因	解决办法
焊丝出现回烧（“嘶嘶”声）	送丝速度慢	增加送丝速度
飞溅物数量增多（“啪嗒”声）	送丝速度快	减小送丝速度
焊接平稳（“沙沙”声）	送丝速度合适	保持送丝速度

二、电阻点焊

电阻点焊具有焊接时间短（只需 1 s 或更短的时间便可焊接高强度钢或高强度低合金钢）、受热范围小、焊接强度高、金属不易变形和焊接成本低等优点。因此，电阻点焊在汽车制造与维修中得到广泛应用，在整体式车身的焊接中占比为 90% ~ 95%。

1. 电阻点焊的焊接注意事项

（1）焊接的角度与距离

在焊接时，焊机电极应与焊接平面垂直，如图 2-4-14 所示。焊接距离包括两个焊点之间的距离和焊点到板件边缘的距离，焊接距离的大小决定电阻点焊的焊接强度。

两层金属板件之间的结合力会随着焊点间距的缩小而增大，但间距过小也会导致焊接电流分流，使焊接部位流过的电流变小，这反而会降低焊接强度。焊点间距的选择见表 2–4–3。

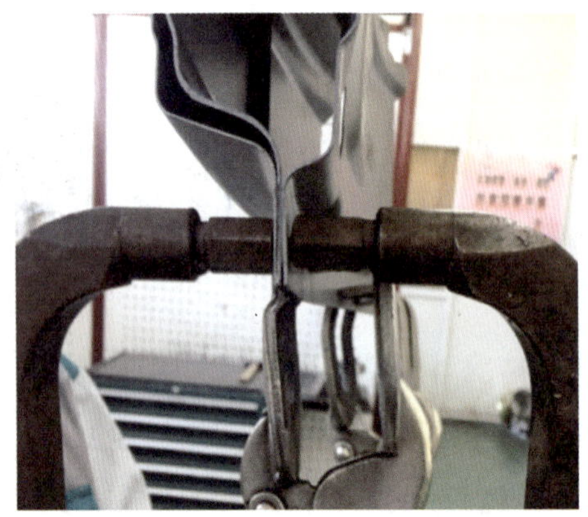

图 2–4–14　电极与焊接平面垂直

表 2–4–3　焊点间距的选择

板件厚度 T/mm	焊点间距 S/mm	边缘距离 P/mm
0.4	≥ 11	≥ 5
0.8	≥ 14	≥ 5
1.0	≥ 17	≥ 6
1.2	≥ 22	≥ 7
1.6	≥ 30	≥ 8

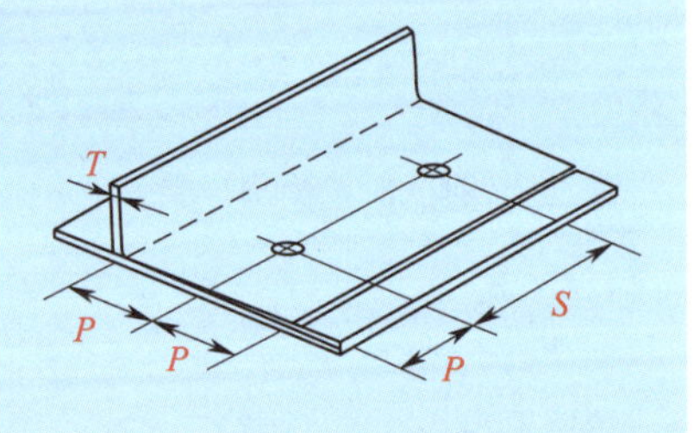

焊点到板件边缘的距离由电极的位置决定，如果距离太小，也会使焊点的强度降低。焊点到板件边缘的最小距离见表 2–4–4。

表 2–4–4　焊点到板件边缘的最小距离

板件厚度 T/mm	最小距离 S/mm
0.4	≥ 11
0.8	≥ 11
1.0	≥ 12
1.2	≥ 14
1.6	≥ 16

（2）焊接的顺序

电阻点焊焊接不能沿着一个方向连续地进行，因为附近的焊点会使焊接电流分流，从而降低焊接质量。因此，电阻点焊应采用跳焊的方式，跳焊的顺序如图 2–4–15 所示。

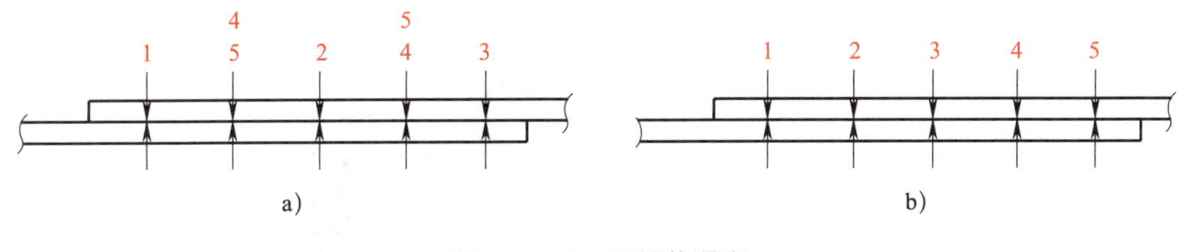

图 2–4–15 跳焊的顺序
a）正确 b）错误

（3）焊点的数量

用电阻点焊焊接三层或多层的金属板件时，应进行两次焊接或适当增大焊接电流。由于修理用电阻点焊机功率小，电阻点焊的焊点数量应比原厂的焊点数量增加 30% 左右。

2. 影响电阻点焊焊接质量的因素

在使用电阻点焊焊机时，除了焊机自身的电极臂、压力和焊接电流等因素会影响焊接质量外，焊接间隙和导电质量这两个因素也会对焊接质量产生影响。

（1）焊接间隙

如图 2–4–16 所示，两个焊接表面之间可能会存有间隙，间隙会影响焊接电流的通过，降低焊接强度。因此，在焊接前要用夹具夹紧被焊接的金属板件。

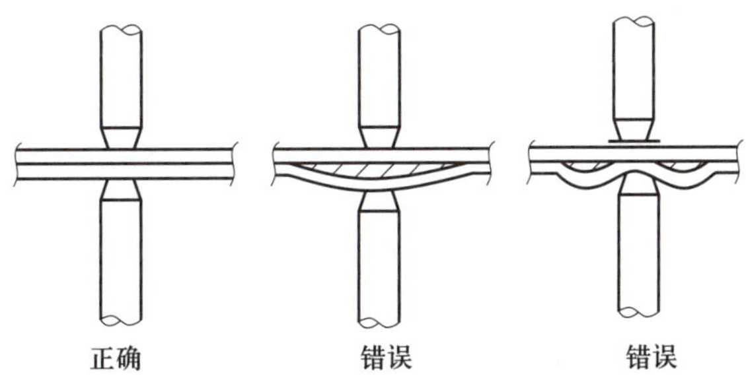

图 2–4–16 焊接间隙

（2）导电质量

涂层、锈斑、灰尘或其他污染物会对焊接电流造成影响，从而降低焊接质量。在焊接前，必须把这些影响导电的物质从焊接表面上清理掉，以保证接触面干净。在焊接过程中焊枪的电极会出现烧蚀现象，进而影响焊接时的导电效果，因此，在进行一段时间的焊接后要及时对电极进行修整。电极的修整如图 2-4-17 所示。

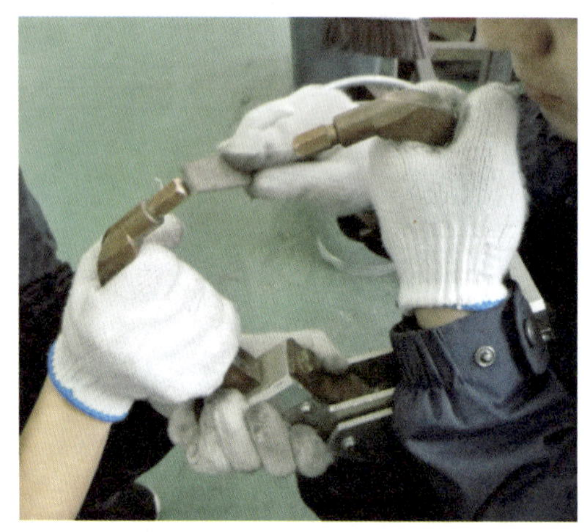

图 2-4-17　电极的修整

3. 焊点质量检验

焊点质量检验是保证在维修后汽车安全性达标的重要步骤。焊点质量检验有外观检验和破坏性检验两种方法，外观检验是通过目测外观来判断焊点质量的方法，破坏性检验则被用于检验焊点的强度。

（1）外观检验

外观检验的判断内容有焊点两表面的金属压痕是否同心，压痕深度是否超出焊接板件厚度的一半，焊点直径是否与电极直径数值相同，以及焊接表面是否有飞溅物或气孔等。在修理时要保证焊接部位平整，不能在原焊点分离的位置再次进行焊接操作。

（2）破坏性检验

破坏性检验是将试焊后的板件扭转和撕裂以判断焊接质量的方法。破坏性检验分为扭转法和撕裂法两种方法。扭转法是将试焊板件扭转分开，并观察两块板件，其中一块上应留有一个直径与焊点直径相同的孔，如果孔的直径小于焊点直径或根本就没有孔，说明焊点的焊接强度太低，不符合要求，须重新调整焊接参数。撕裂法是采用撕裂的方法将试焊板件分开，并观察两块板件，其中一块上应留有一个直径大于焊点直径的孔，如果孔的直径小于或等于焊点直径或根本就没有孔，说明焊点的焊接强度太低，不符合要求，须重新调整焊接参数。破坏性检验如图 2–4–18 所示。

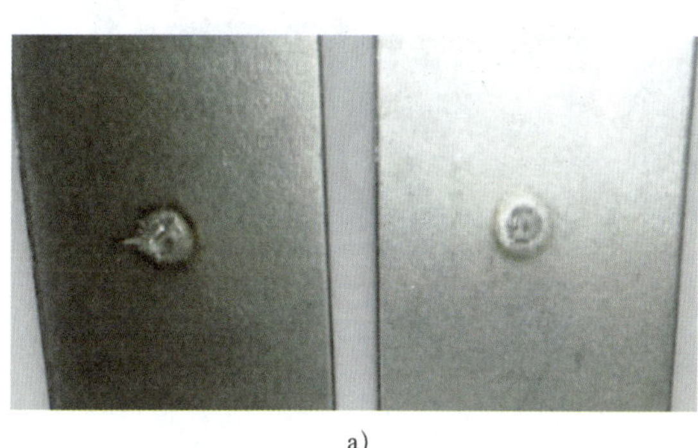

a）

b）

图 2–4–18 破坏性检验

a）扭转检验不合格 b）撕裂检验合格

任务实施

一、板件之间的塞焊

本任务的内容为板件之间的塞焊，见表 2–4–5。

表 2–4–5 板件之间的塞焊

操作内容	图片
1. 操作前准备 **方法：** （1）准备好二氧化碳气体保护焊焊机、防护用品、夹具、焊接专用头盔和塞焊用板件 （2）准备好焊接手套、呼吸器和工作服，以及绝缘鞋等 **提示：** 在焊接前一定要穿戴好焊接用的皮围裙，以防飞溅物烫伤	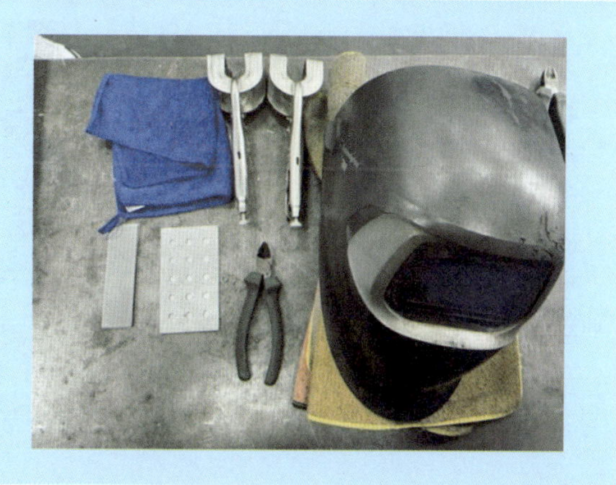

续表

操作内容	图片
2. 打开电源 **方法：** 打开焊机电源开关，此时电源指示灯应显示为绿色 **提示：** 注意用电安全，要保证在不漏电的情况下开启焊机	
3. 调整参数 **方法：** 打开减压流量调节阀，将气体压力调整到合适的参数 **提示：** 将保护气体的流量调至 10 ~ 15 L/min	
4. 清洁板件 **方法：** 用抹布清洁板件上的污渍 **提示：** 一定要将板件上的污渍清理干净，否则会直接影响焊接质量	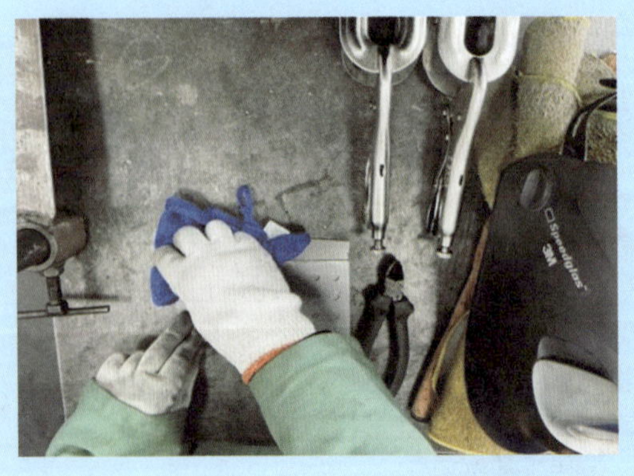

续表

操作内容	图片
5. **固定夹板** **方法：** 用准备好的夹具把板件夹紧，并固定在焊接工作台上 **提示：** 注意板件之间不要留有缝隙，否则会影响焊接质量	
6. **焊接** **方法：** 开始焊接，从孔的中间起焊，并使焊枪顺时针匀速转动，直至将焊孔填满 **提示：** 在焊接时，焊丝要沿焊孔边缘匀速画圈	
7. **检查质量** **方法：** 焊接完成后，检查板件的焊接质量 **提示：** （1）正面焊点应光滑且呈圆形 （2）背面凸起的大小和高度应达到要求	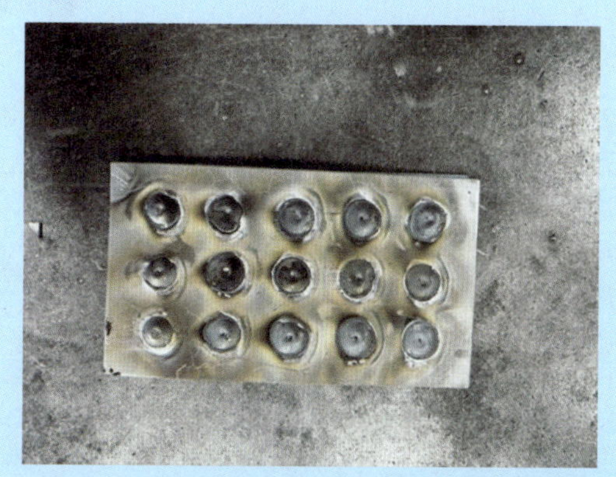

续表

操作内容	图片
8. 整理场地 方法： （1）整理焊接产生的废料 （2）清扫场地 （3）整理工位 提示： 注意要清洁工具，并将它们放到规定的位置	

二、板件之间的电阻点焊

本任务的内容为板件之间的电阻点焊，见表 2-4-6。

表 2-4-6 板件之间的电阻点焊

操作内容	图片
1. 操作前准备 方法： 准备好电阻点焊焊机、防护用品、五件套中立柱板件和试焊片等 提示： 试焊片的规格为 0.7 mm、1.2 mm	
2. 准备组合件 方法： 准备以下板件： A/D 板件：镀锌钢板，厚度为 0.7 mm B/E 板件：热冲压钢板，厚度为 1.2 mm C 板件：镀锌钢板，厚度为 1 mm D 板件孔径：9 mm×4 个孔，6 mm×4 个孔 E 板件孔径：8 mm×4 个孔	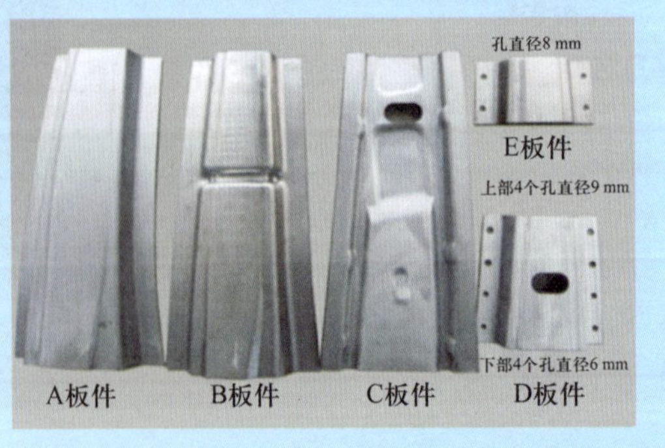

续表

操作内容	图片
3. 清洁板件 方法： 清洁板件和试焊片表面的灰尘和油污 提示： 注意在焊接前要将各板件及试焊片都擦拭干净	
4. 划线确定焊点位置 方法： （1）焊点基准线距板件长边缘 10 mm （2）板件窄边侧第一点距边缘 20 mm （3）板件窄边侧第二点距第一点 40 mm，以此类推 提示： 要正确使用划线工具	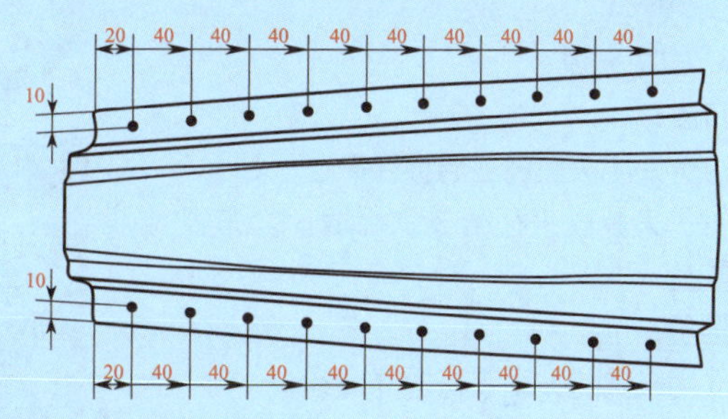
5. 确定 A 板件的切割位置 方法： 把 D 板件放置在 A 板件上，用划针沿 D 板件的较宽边缘划线 提示： 两板件的窄边要对齐重合	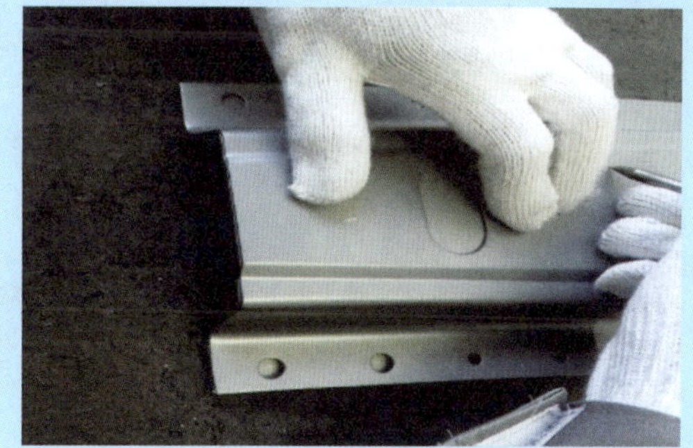
6. 确定 B 板件的切割位置 方法： 把 E 板件放置在 B 板件上，用划针沿 E 板件的较宽边缘划线 提示： 两板件的窄边要对齐重合	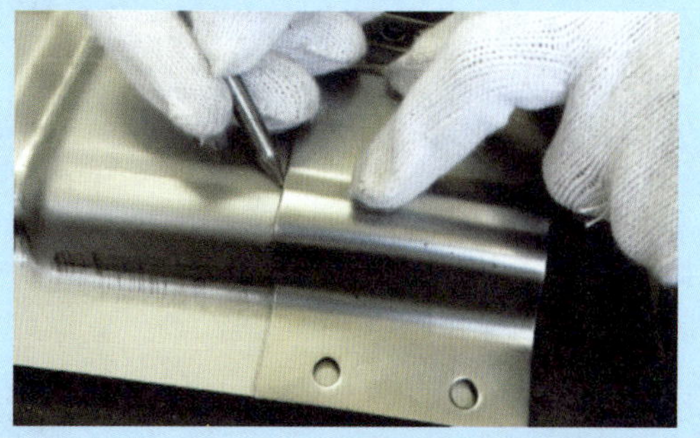

续表

操作内容	图片
7. 叠放 **方法：** 将 A、B 和 C 板件按照从上到下的顺序叠放 **提示：** 在叠放时，注意不要将 B、C 板件的位置弄反	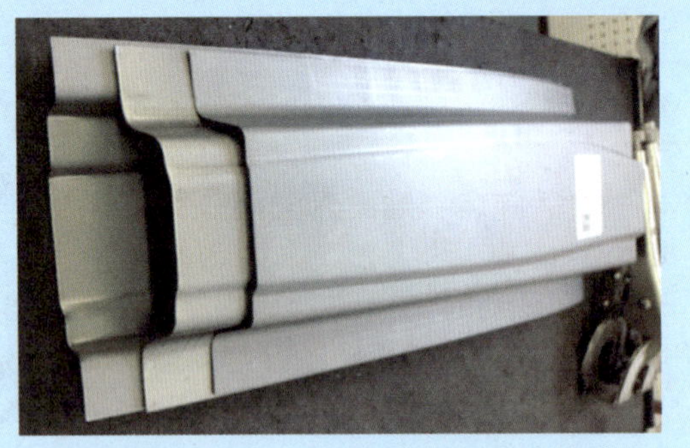
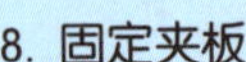**8. 固定夹板** **方法：** （1）使用夹具将三层板件夹在一起 （2）夹具应夹在第 3 个和第 8 个焊接位置上 **提示：** 使用夹具时一定要将板件夹紧	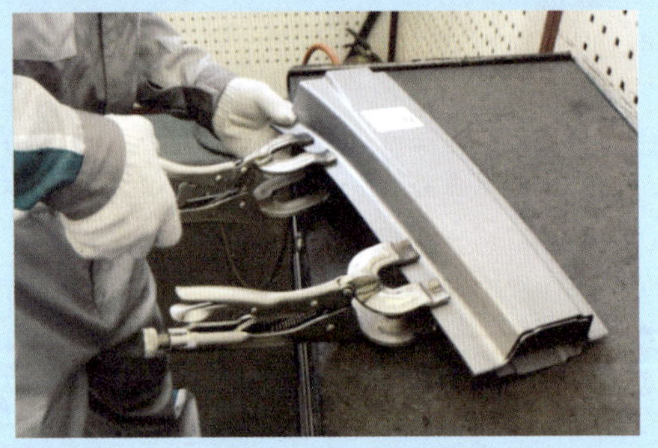
9. 对齐板件 **方法：** 用锤子将板件敲平，使板件边缘对齐 **提示：** 锤子的敲击力度不宜过大	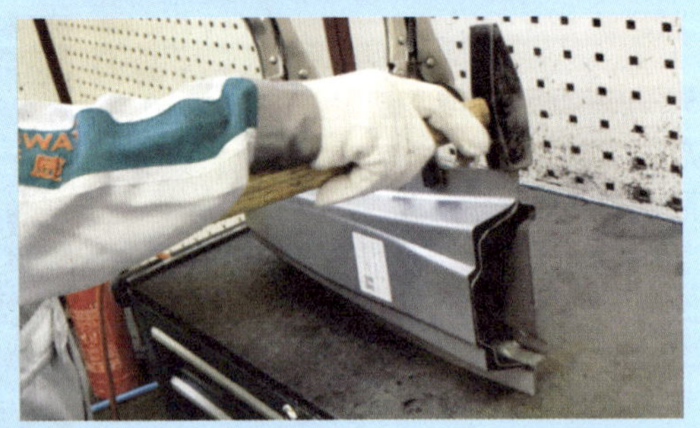
10. 固定板件 **方法：** （1）调节横梁高度 （2）用 C 形大力钳夹持板件到横梁上 **提示：** 以板件夹在横梁上后不能晃动为准	

续表

操作内容	图片
11. 调整参数 方法： （1）打开电阻点焊焊机电源开关 （2）调整焊机参数 提示： 以破坏性检验中焊点合格时的参数为标准	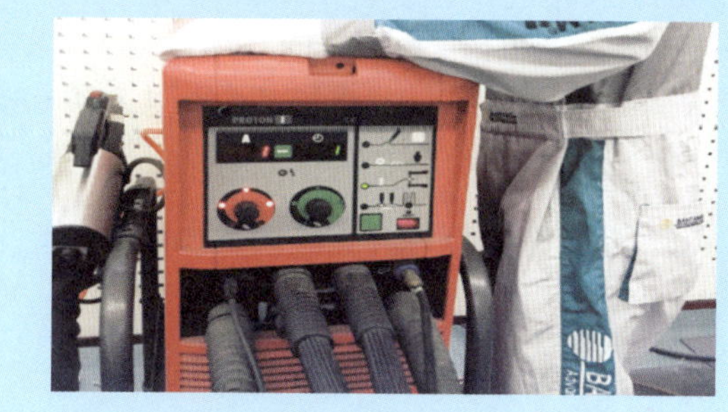
12. 焊接 方法： 在正确的位置进行焊接，不可在同方向上对相邻焊点进行连续电阻点焊 提示： （1）焊接应采用跳焊的方式 （2）焊接时不可将开关一下按到底，应先按开关行程的 1/2，待电极位置调整好后再触发焊接开关通电	
13. 焊接另一条边 方法： 用同样的方法焊接组合件的另一侧	
14. 垂直焊接 方法： 调整组合件的位置，使电极与板件相互垂直，进行焊接 提示： 对于有一定曲率的板件，要根据具体情况及时调整电极位置	

思考与练习

1. 二氧化碳气体保护焊的电弧长度对焊接质量有哪些影响？
2. 怎么进行电阻点焊焊点质量的检验？
3. 简述电阻点焊破坏性检验的基本步骤。

模块三

汽车车身构件的维修

任务1 汽车车身覆盖件的维修

学习目标

1. 了解修理汽车车身覆盖件的基本方法。
2. 掌握汽车车身金属覆盖件的切割方法和焊修工艺。
3. 掌握汽车车身塑料覆盖件的鉴别方法和维修工艺。
4. 能进行较低难度的汽车车身覆盖件的切割与焊修。

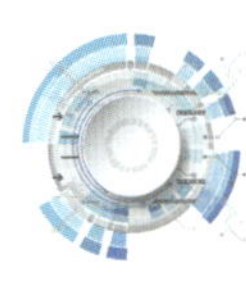

任务描述

汽车车身覆盖件的材质大多为金属和塑料，覆盖件的维修要以其具体的材料特性为依据，采取合理的维修措施。对于金属覆盖件的局部严重损伤，通常采用切割和焊修的方法；对于塑料覆盖件的局部破损，通常采用胶黏和焊接的方法。

本任务重点讲述汽车车身覆盖件局部破损的修复方法，要求学生初步掌握汽车车身覆盖件维修的相关知识与技能。

相关知识

汽车车身覆盖件出现变形可以通过整形的方法修复，若出现大面积损坏则需要更换整个板件，出现局部严重损坏则应采用切割与焊修的方法。覆盖件的切割与焊修是指将覆盖件上的损坏部分切割下来，再用同一型号的板件上好的部分将其替换并焊接，最后进行表面修整的工艺。

一、汽车车身金属覆盖件的切割与焊修

根据板件的强度和大小，车身金属覆盖件的切割可分为手工剪切和手工锯割两种方法。手工剪切常用的工具是手动剪刀和气动剪刀（见图 3–1–1），手工锯割常用的工具有手锯、气动锯、气动打磨机和焊点去除钻等（见图 3–1–2）。

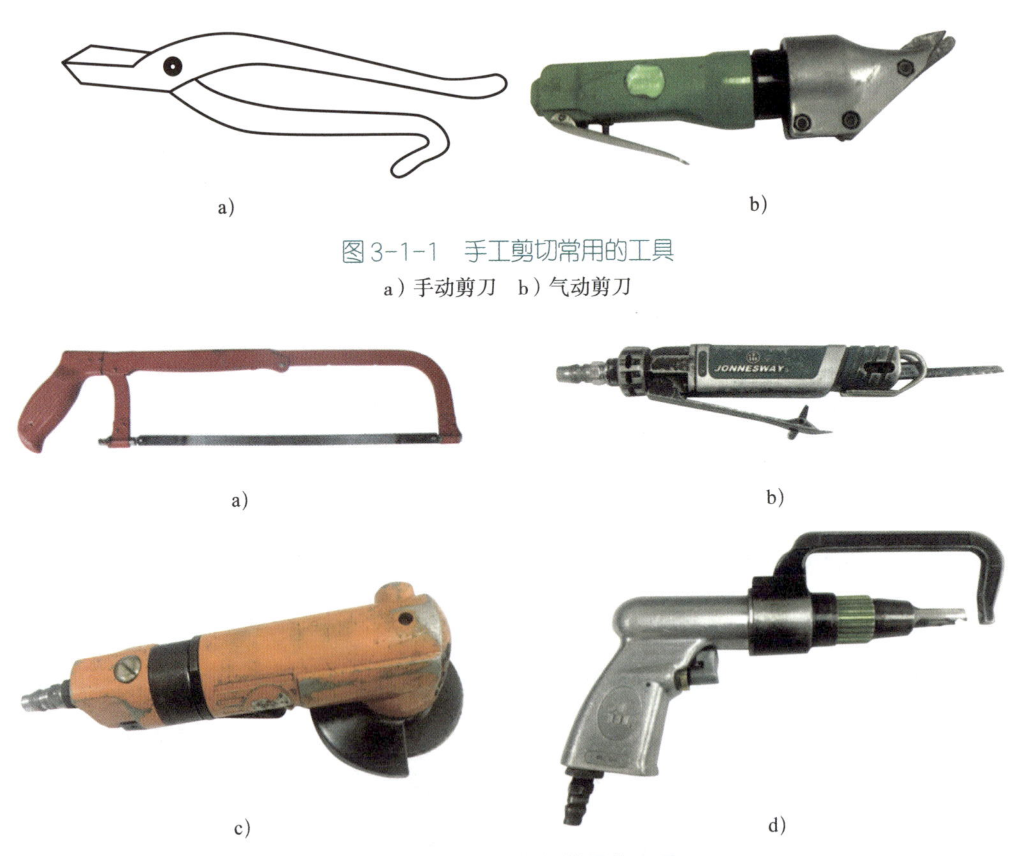

图 3–1–1　手工剪切常用的工具

a）手动剪刀　b）气动剪刀

图 3–1–2　手工锯割常用的工具

a）手锯　b）气动锯　c）气动打磨机　d）焊点去除钻

1. 金属覆盖件的手工剪切方法

手工剪切一般用于单件生产或半成品的修理工作。手工剪切方法有直线的剪切法、外圆的剪切法、内圆的剪切法和厚板料的剪切法等。

（1）直线的剪切法

直线的剪切法是用剪刀沿着直线轨迹剪切板料的方法。在剪切时，被剪去的部分一般都处于剪刀的右面，如图 3-1-3 所示。

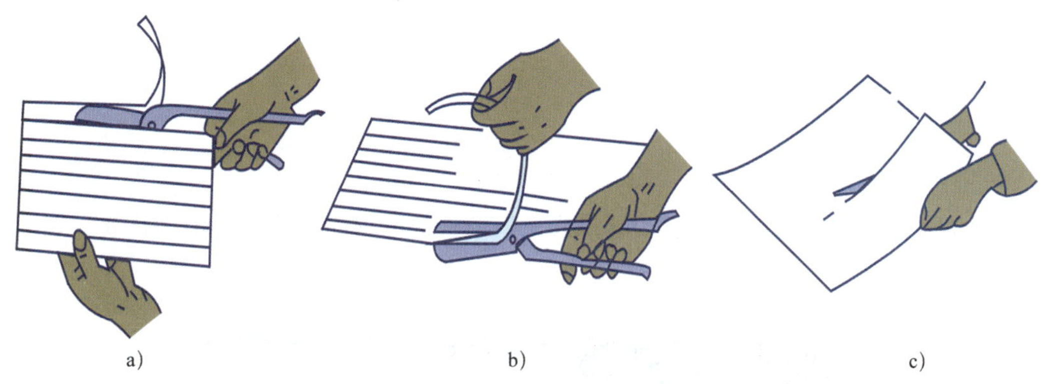

图 3-1-3　直线的剪切法

a）剪短料　b）剪长料　c）剪板料

（2）外圆的剪切法

外圆的剪切法应从圆形板料的左边下剪，按顺时针方向进行剪切，边料会随着剪刀的移动而向上卷起，如图 3-1-4 所示。若边料较宽，可采取直线的剪切法。

图 3-1-4　外圆的剪切法

（3）内圆的剪切法

内圆的剪切法应从板料圆形孔的右边下剪，按逆时针方向剪切，边料会随着剪刀的移动而向上卷起，如图 3-1-5 所示。

（4）厚板料的剪切法

在剪切厚板料时，可将剪刀固定在台虎钳上，并在剪刀的上手柄上套一根管子，右手握住管子，左手扶住厚板料进行剪切；也可由两人进行操作，一人敲击，一人控制剪刀和厚板料。厚板料的剪切法如图 3-1-6 所示。

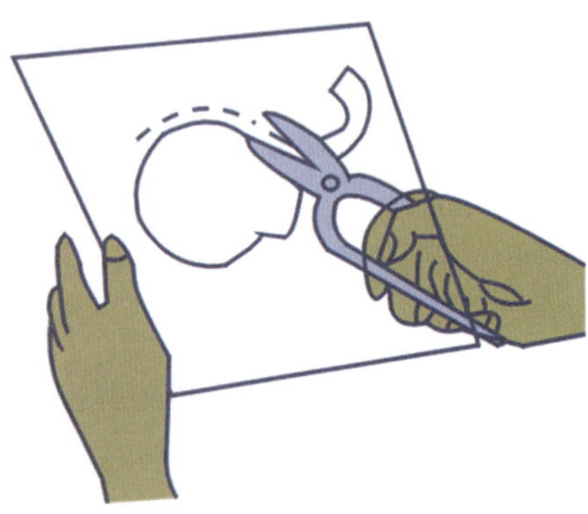

图 3-1-5　内圆的剪切法

图 3-1-6　厚板料的剪切法

2. 金属覆盖件的切割与焊接工艺

（1）切割车身损坏部分

1）准备切割工具，将其连接电源线，根据板件的损伤部位选择切割路线，如图 3-1-7 所示。

图 3-1-7　板件的切割路线

2）根据切割路线使用气动锯进行切割。

3）打磨切割断面，去除金属毛刺。

（2）整形、修复损伤的板件

对切割下来的板件进行整形、修复，若板件损伤严重，则须更换新板件。

（3）用电阻点焊焊接板件

1）将整形修复后的板件置于车身原始位置，如图 3-1-8 所示，准备进行电阻点焊焊接。

2）调节好电阻点焊焊机的焊接电流和压力等焊接参数，如图 3-1-9 所示，开始进行电阻点焊焊接。

3）根据焊接的顺序，依次对板件进行定位和固定，如图 3-1-10 所示。

图 3-1-8 准备进行电阻点焊焊接

图 3-1-9 调节电阻点焊焊机的焊接参数

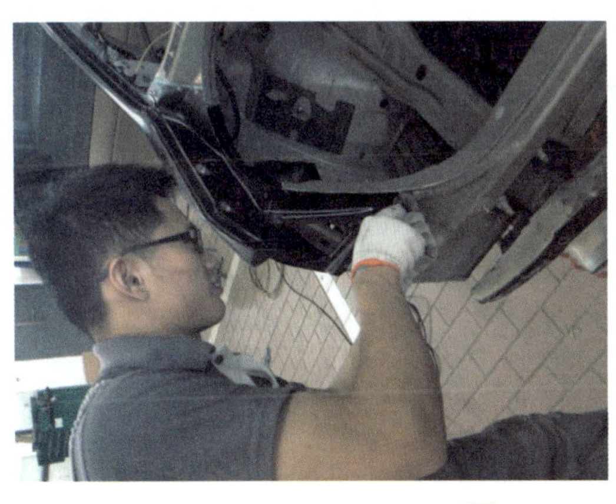

图 3-1-10 定位和固定

4）依次对板件进行焊接和调整，如图 3-1-11 所示，直至完成整个板件的焊接固定。

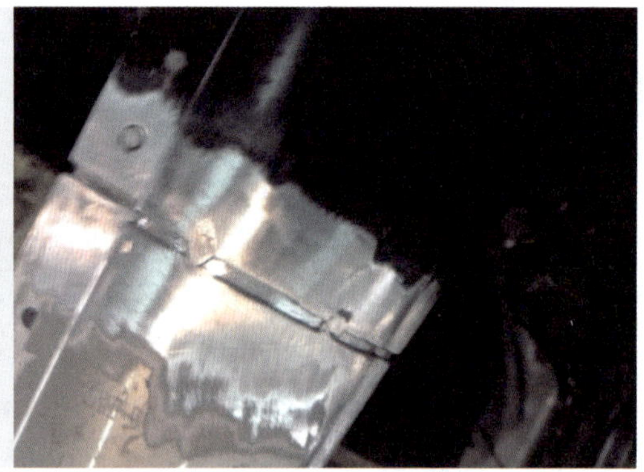

图 3-1-11 焊接和调整

二、汽车车身塑料覆盖件的维修

许多车身零部件都由塑料制作而成，塑料覆盖件在车身上的位置如图 3-1-12 所示。

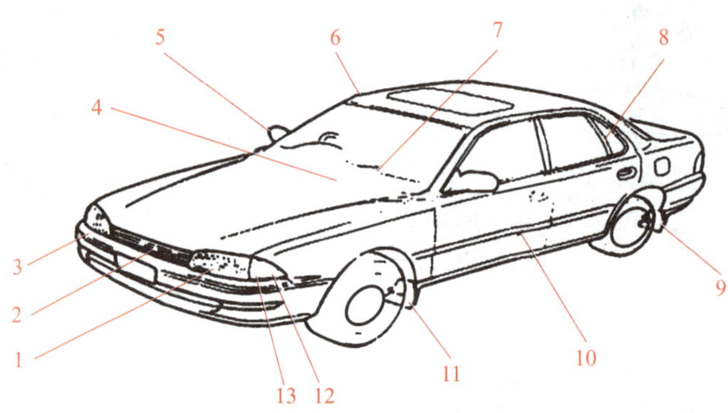

图 3-1-12 塑料覆盖件在车身上的位置

1—前照灯（PP/PC） 2—散热器格栅（ABS） 3—前保险杠蒙皮（TSOP/PP/PUR）
4—发动机罩顶通风气孔（TSOP/PP） 5—外后视镜（AAS） 6—风窗玻璃嵌条（AES）
7—仪表板安全垫（PVC/PUR） 8—车顶雨滴嵌条（PVC/AES） 9—后挡泥板（PP/PUR）
10—外侧嵌条（PVC） 11—前挡泥板（PP/PUR） 12—示宽灯（PP/PMMA）
13—前转向信号灯及雾灯（PP/PC）

塑料在车身上应用广泛，从事车身维修工作的人员应掌握塑料的种类、特性、鉴别方法和维修工艺等知识，以便顺利完成对车身塑料覆盖件的维修任务。

1. 塑料覆盖件的鉴别

车身用塑料可分为热固性塑料和热塑性塑料，在对塑料覆盖件进行修理前，应先鉴别所修塑料覆盖件的类别，鉴别的方法分为以下四种。

（1）用 ISO 识别码进行鉴别

一般在塑料件背面的一个椭圆形区域内，都模压有 ISO 识别码，绝大多数汽车制造厂都使用这种识别码。用 ISO 识别码识别塑料的方法比较规范，但也比较麻烦，因为通常要把零件拆下来才能看到其 ISO 识别码。

（2）查阅车身维修手册

部分汽车制造厂不使用 ISO 识别码，但会在其车身维修手册中说明车身所使用的塑料种类，以及其他相关信息。车身常用塑料的信息包括其符号、化学名称、应用、耐温性和种类等，具体内容可查阅车身维修手册。

（3）试焊试验

对于一些既没有 ISO 识别码，又无法在车身维修手册中查到相关信息的塑料，可以采用试焊试验的鉴别方法。取颜色编码不同的塑料焊条（每个颜色编码代表一种塑料类型），在待修板件的隐蔽部位或损伤处进行试焊，如图 3-1-13 所示，若其中一种塑料焊条能够黏附在板件上，则板件塑料就与该塑料焊条为同一种类型。

图 3-1-13 试焊试验

（4）漂浮试验

从塑料板件上剪切一块塑料放入水中，观察它是浮在水面上还是沉入水中。一般情况下，浮在水面上的是热塑性塑料，沉入水底的是热固性塑料。

2. 塑料覆盖件的维修

塑料覆盖件多使用螺钉、卡扣或胶黏剂来进行安装与固定，可以参照汽车制造厂提供的车身维修手册来对其进行拆卸。在塑料覆盖件的维修中，如果塑料覆盖件的损伤面积较大，已无维修的必要，则只能将其更换；如果塑料覆盖件的损伤面积较小，通常可以通过以下三种方法对其进行维修。

（1）胶黏修补

胶黏修补的操作过程如下：

1）用肥皂水和塑料清洗剂清洗维修部位，去除蜡、灰尘和油脂等污物。

2）按正确的比例彻底地混合胶黏剂的两个组分。

3）在修补块和断口处涂上胶黏剂，将修补块牢牢地在断口处压紧，以确保维修部位在胶黏剂固化之前不会移位，按使用说明书中的规定时长进行按压，待胶黏剂干燥后即可达到胶黏效果。塑料板件的胶黏修补如图 3–1–14 所示。

（2）加热校正

许多热塑性塑料板件在发生轻微的弯曲或变形时，可以用加热校正的方法进行维修。加热校正的具体操作过程如下：

1）清洗并吹干塑料板件。清洗时要使用塑料清洗剂或肥皂水。

2）加热塑料板件的变形部位。用热风枪加热塑料板件的变形部位，待塑料板件背面烫手时，停止加热，如图 3–1–15a 所示。

3）用手按压或用木块敲打塑料板件使其复原，如图 3–1–15b 所示。

4）用蘸上冷水的海绵或抹布快速冷却塑料板件。

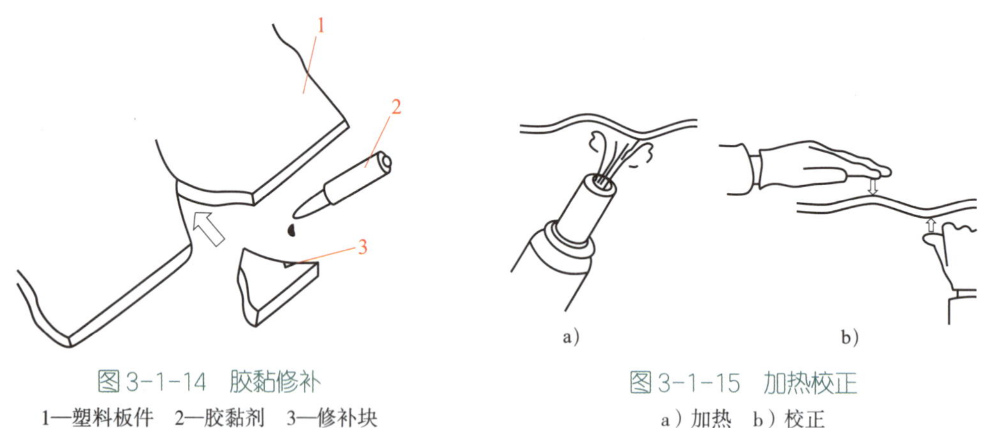

图 3–1–14　胶黏修补
1—塑料板件　2—胶黏剂　3—修补块

图 3–1–15　加热校正
a）加热　b）校正

（3）焊接校正

焊接校正主要利用热源和塑料焊条来对塑料板件进行维修，热源由专用的热风塑料焊枪（简称热风枪）提供，热风塑料焊枪的结构如图 3–1–16 所示。焊接校正的具体操作如下：

1）焊接前的准备。先在塑料板件的焊接处开出 V 形焊缝坡口，然后将焊条头部切出约 60°的斜角。

2）塑料板件的焊接。焊枪喷嘴应与板件表面保持一定距离，即 6 ~ 12 mm。将切好的焊条置于焊缝起始处，焊条与板件表面应保持垂直。将焊枪左右摆动并向焊条和板件吹热风，同时将热熔的焊条压进 V 形焊缝坡口。焊条的熔化速度可以通过控制加热温度来进行调节。

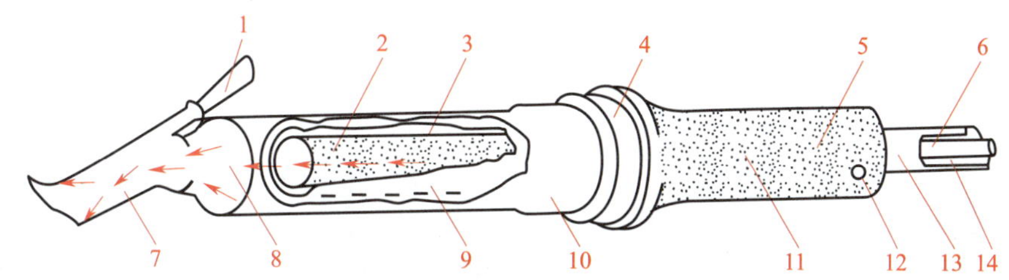

图 3-1-16　热风塑料焊枪

1—螺牙喷管　2—加热元件　3—加热腔　4—固定螺母　5—冷空气入口　6—120 V 交流电源线
7—焊枪尖端　8—热空气　9—内枪管　10—外枪管　11—手柄　12—螺钉　13—空气管　14—压缩空气入口

在焊接过程中，对板件的加热要充分，但注意不要使塑料板件熔化或烧焦。为使焊条与板件更好地熔在一起，操作人员要在用一只手向焊条施加压力的同时，用另一只手将焊枪做扇形摆动。热风塑料焊接如图 3-1-17 所示。

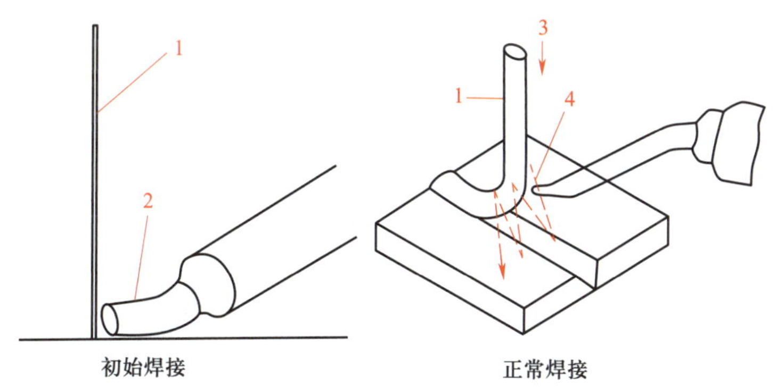

图 3-1-17　热风塑料焊接

1—焊条　2—焊嘴　3—加压　4—热风塑料焊枪的移动方式

3）焊接后的处理。在停止加热后，还须对焊条施加压力并保持几秒钟，待焊条冷却到无法被拉动时，用气动剪刀切下多余的焊条。在焊接后，热固性塑料的冷却大约需要 15 min，热塑性塑料的冷却则大约需要 30 min。

4）焊缝的修整。选用 P36 砂纸对焊缝进行粗磨，在打磨后用肉眼对焊接部位进行观察，在确认没有虚焊或裂纹后，再分别用 P220 和 P320 砂纸对修理表面进行精细打磨。

任务实施

本任务的内容为汽车保险杠蒙皮的胶黏修补，见表 3–1–1。

表 3–1–1　　保险杠蒙皮的胶黏修补

操作内容	图片
1. 清洗表面 方法： （1）用肥皂水和塑料清洗剂清洗整个保险杠蒙皮的内外表面 （2）用毛巾擦除保险杠表面的水分，然后用压缩空气将保险杠表面吹干 提示： 在清洗表面时不要用冷水，否则会影响保险杠的清洁效果	
2. 打磨 方法： 对开裂部位进行打磨，沿着裂纹磨出坡口，以保证板件的黏合性能 提示： 注意不要过度打磨板件	
3. 在背面涂抹胶黏剂 方法： （1）将环氧树脂胶黏剂调和均匀 （2）将调好的环氧树脂胶黏剂涂抹在保险杠蒙皮的背面	

续表

操作内容	图片
4. 覆盖玻璃纤维布 **方法：** （1）剪一块大小合适的玻璃纤维布，覆盖在胶黏剂上，调整玻璃纤维布的位置 （2）在布网中填满胶黏剂，并用塑料刮刀将胶黏剂涂抹均匀 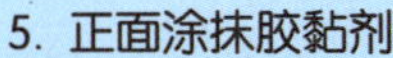	
5. 正面涂抹胶黏剂 **方法：** （1）在修补保险杠蒙皮背面后，在打磨过的正面涂上一层环氧树脂胶黏剂，并用刮刀修整胶黏剂的形状，以符合保险杠外形 （2）等待 20 min 以上，使胶黏剂完全硬化 **提示：** 要将胶黏剂涂满整个损伤区域	
6. 打磨 **方法：** （1）用 P36 砂纸打磨修补区域，使修补表面恢复原来的形状 （2）分别用 P220 和 P320 砂纸对保险杠蒙皮的维修部位进行打磨，使修补区域的表面质量达到要求 **提示：** 要防止打磨过度，否则会影响保险杠的修复质量	

思考与练习

1. 简述金属厚板料的剪切法。
2. 怎样用试焊试验的方法鉴别塑料的类型？
3. 简述加热校正塑料件的基本流程。

任务 2　汽车车身钣金覆盖件的变形修复

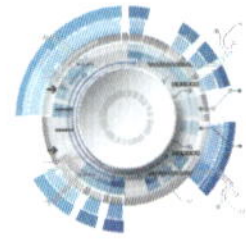

学习目标

1. 了解汽车车身钣金覆盖件损伤变形修复的工具与材料。
2. 掌握汽车车身钣金覆盖件变形的手工修复方法。
3. 掌握用外形修复机修复钣金件变形的方法。
4. 能手工修复局部轻微变形的汽车车身钣金覆盖件。
5. 能正确使用车身外形修复机。

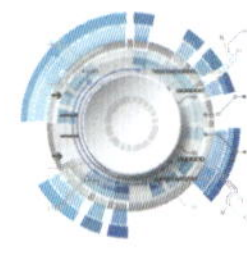

任务描述

汽车事故导致的汽车车身钣金覆盖件的损伤通常分为严重损伤、局部中度损伤和局部轻微损伤三个等级。严重损伤没有修理价值，应采用直接换件的方法；局部中度损伤可以采用局部更换和焊接的方法；局部轻微损伤可以采用局部修复和整形的方法。

本任务重点讲述汽车车身钣金覆盖件局部轻微损伤的修复，要求学生掌握相关的知识和技能。

相关知识

一、汽车车身钣金覆盖件损伤变形修复的工具与材料

车身钣金覆盖件损伤变形修复的工具与材料有盘式气动打磨机、带式气动打磨机、大力钳、锉刀、钢直尺、记号笔、车身外形修复机及其附件、钣金锤、抹布和棉纱手套等，如图 3–2–1 所示。

二、汽车车身钣金覆盖件的变形修复

1. 手工修复

车身钣金覆盖件变形的手工修复方法可分为正托法和偏托法两种。

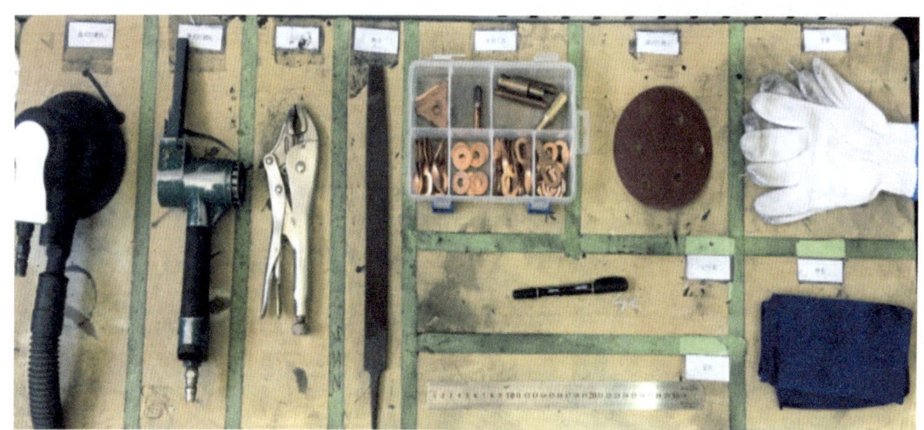

图 3-2-1 车身钣金覆盖件损伤变形修复的常用工具与材料

（1）正托法

正托法如图 3-2-2 所示，此方法适用于修理较轻的凹陷折损，使其恢复原来的形状。在敲击前，应观察、分析需要敲击的点，确定敲击顺序和敲击力度。此方法也可用于金属应力的释放（松弛金属）和金属表面的整平，它不仅能有效地对金属应力集中的区域进行应力释放，而且能将高于原金属表面的高点敲击至原来位置。此方法的重点是手锤与垫铁要配合准确，以确保每一次敲击的敲击点都能准确落在下面的垫铁上，操作人员两手要协调一致。

（2）偏托法

偏托法多用于敲击平坦的或低拱形的金属板，用此方法修理金属板件时，应将垫铁放在板件损伤的低处，用手锤敲击损伤的高处，即“垫低敲高”，如图 3-2-3 所示。

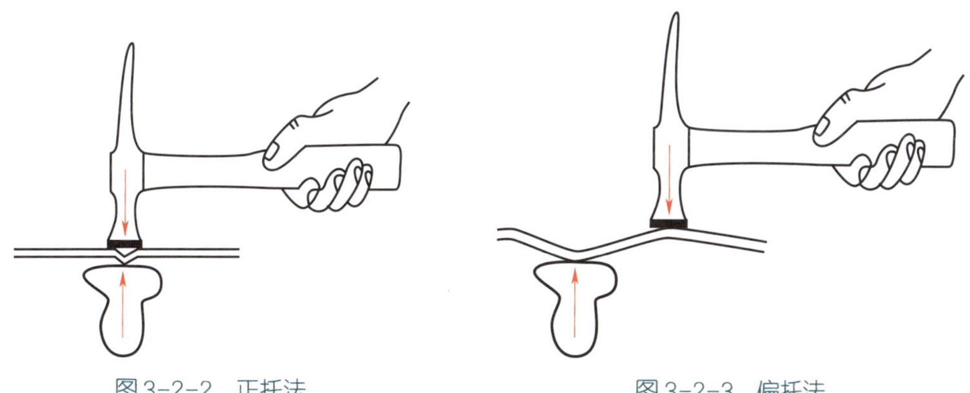

图 3-2-2 正托法　　图 3-2-3 偏托法

2. 用车身外形修复机修复

用车身外形修复机修复凹陷的钣金覆盖件要经过用惯性锤修理凹陷变形和表面的收缩处理两个基本步骤。

（1）用惯性锤修理凹陷变形

用惯性锤修理凹陷变形时要先确定需要被拉伸的点，判断好拉伸方向，顺着拉伸方向焊接三角拉片，选择车身外形修复机的点焊拉拔模式，把三角拉片焊接在板面上，并将惯性锤快速向后拉动，利用惯性锤的惯性使焊接处产生拉力，致使凹陷部位被拉出来，如图 3–2–4 所示。完成以上操作后，根据需要选择好焊接的位置和顺序，依次修复损伤区域，使其符合技术要求。此步骤很容易拉高损伤区域的金属表面，因而需要对金属表面进行收缩处理。

用惯性锤进行拉伸修理的过程中需要用钣金锤敲击配合。在拉伸时，应一只手用合适的力度拉住惯性锤，另一只手用钣金锤对被拉伸的点周围的拱起位置进行敲击，即“拉低敲高”，如图 3–2–5 所示。这样既可消除板件应力，也有助于修复凹陷部位，减少后续的收缩处理工作。

图 3–2–4　有序拉伸凹陷部位

图 3–2–5　“拉低敲高”

（2）表面的收缩处理

当板件损坏部位受到压缩后，它的金属晶粒相互远离，从而使板面变薄并存在一定程度的加工硬化现象。运用收缩处理的方法可使金属晶粒恢复到原有的形状和厚度，从而避免周围未受损伤的金属受到影响。在处理前，修理人员要判断损坏部位的金属是否受到压缩，如果存在压缩就须进行收缩处理。表面的收缩处理主要针对变形表面高于原有金属板件表面的情形，如图 3–2–6 所示，其修理质量经常会受到操作人员技术水平的影响。

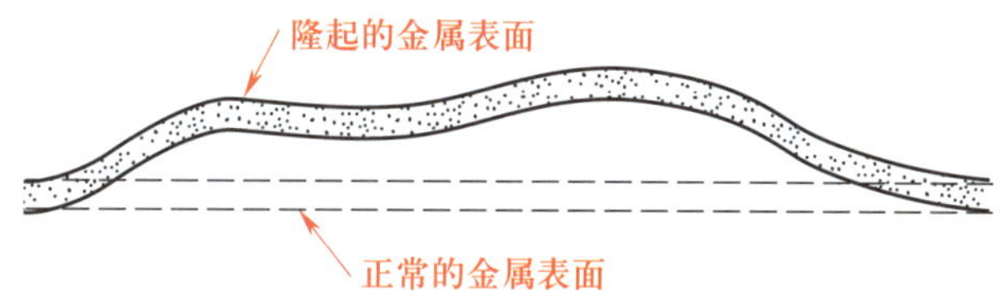

图 3-2-6 变形表面高于原有金属板件表面的情形

表面的收缩处理方法有两种。对于较轻的隆起变形，可用冷作敲击法进行收缩，冷作敲击法指用钣金锤与垫铁配合敲击对应部位，从而使损伤变形区域的金属恢复原状的方法。对于严重的隆起变形，则须加热收火处理。

电热法是利用电热对变形板件进行加热收缩操作的方法，此方法可以在车身外面直接进行操作，热影响小、收缩质量好、变形小且效率高，也可对高强度钢材料进行收缩操作，特别适合于面积较大的薄板膨胀变形的收缩强化。

电热法使用的主要工具是车身外形修复机（见图 3-2-7）配备的碳棒。碳棒既可以被用来进行大面积的收缩操作，也可以快速收缩隆起的金属板件。

电热法的工艺是：将碳棒安装在车身外形修复机的焊枪上，将搭铁连接到要修复的隆起板件上；调整车身外形修复机的电流参数（20 ~ 40 A）；按下车身外形修复机的启动开关，用碳棒在板件隆起区域画圈加热，如图 3-2-8 所示，加热后再用压缩空气迅速冷却被加热部位；根据专用测量尺的检测结果，对收缩未达到要求的部位再次进行收缩操作，直到隆起部位与周围板件高度一致为止。

图 3-2-7 车身外形修复机

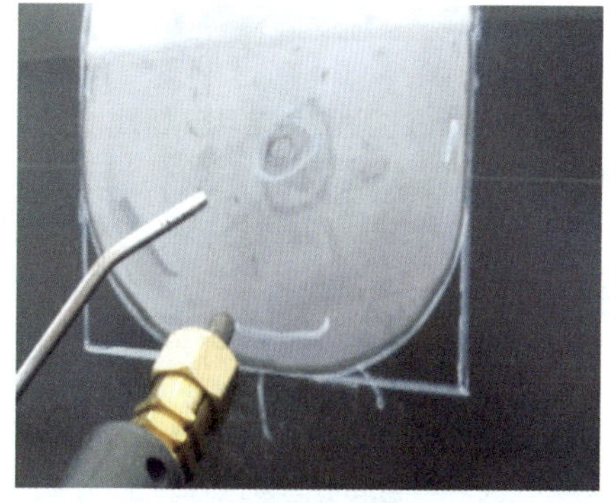
图 3-2-8 画圈加热

任务实施

本任务的内容为汽车车门蒙皮的变形修复，见表 3–2–1。

表 3–2–1　　汽车车门蒙皮的变形修复

操作内容	图片
1. 确定板件凹陷变形区域 **方法：** （1）确定损伤情况。右图车身线损伤共 12 cm，其上 8 cm，其下 4 cm，损伤经过车身线。损伤宽度为 4 cm，损伤深度为 11 mm （2）确定修理工艺。用手锤与垫铁配合敲击，用惯性锤拉拔，再进行收缩处理 **提示：** 修理工艺应根据板件具体的损伤情况来确定	
2. 板件凹陷修理施工前准备 **方法：** （1）准备好施工用安全防护用品、耗材和受损板件 （2）目测损伤情况，确定修理范围，制定修复顺序 **提示：** 安全防护用品指口罩、护目镜、帽子、耳罩、棉纱手套和安全鞋	
3. 使用板件凹陷修理专用测量尺检查 **方法：** （1）使用测量尺检查板件车身线及其上、下损伤板面的损伤情况 （2）检查间接损伤区域的范围 **提示：** 检查应仔细，特别是在检查由直接损伤引起的间接损伤时，要分清板件变形的类型	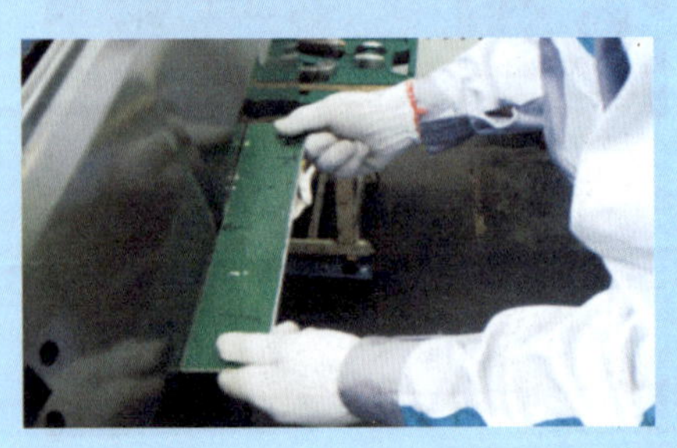

续表

操作内容	图片
4. 做出标记 **方法：** （1）使用记号笔在直接损伤区域和间接损伤区域用线或点做出标记，这有利于进行下一阶段的修理 （2）通过手感判断损伤区域 **提示：** 此时通过手感可以快速地判断损伤区域的高、低点，应并拢手指，手心朝向板件，由右至左、由上至下判断凹陷区域	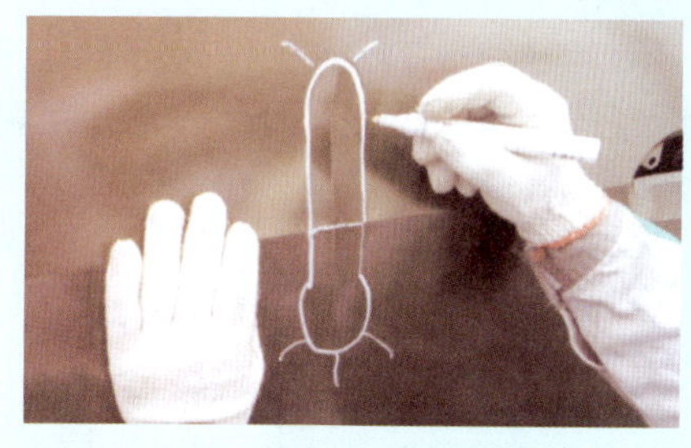
5. 粗修板件凹陷区域 **方法：** （1）用手锤与垫铁配合粗修凹陷区域，以“垫低敲高”为原则。在修理车身线以下部分时，先将压痕的两侧高点应力集中区的应力消除一部分，将垫铁垫在直接损伤处，敲击两侧高点 （2）当两侧高点随着手锤的敲击慢慢恢复后，直接损伤就会被顶出。 **提示：** 正确使用手锤，手锤在垫铁上敲击时应轻而慢；手锤不在垫铁上敲击时，应将低点顶出来，将高点敲下去。拿垫铁的手要向被垫区域施加推力	
6. 确定修理范围 **方法：** （1）使用记号笔和钢直尺以长轴 240 mm、短轴 160 mm，且四个角圆滑过渡为要求画线 （2）选用 P60 砂纸、使用盘式气动打磨机将修理区域的油漆打磨干净 （3）在打磨后，将板件吹、擦干净 **提示：** （1）盘式气动打磨机的转速高，应正确持握打磨机，安全操作 （2）磨、吹和擦是一个连贯的过程，不可缺漏	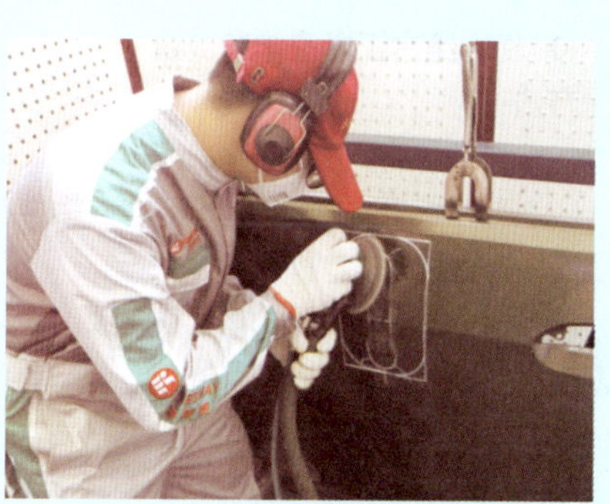

续表

操作内容	图片 
7. 检查车身线 **方法：** 用车身维修曲率尺检查车身线的高低，将尺子两端贴合车身线，两手抚平尺子，通过目测观察车身线的高低 **提示：** 在曲率尺的两端贴合车身线的同时，上侧限位板也要靠紧板件	
8. 调试车身外形修复机 **方法：** （1）打开车身外形修复机电源 （2）搭铁并形成电流回路 （3）安装介子拉片专用焊接头 （4）点击选择焊接模式，转动调节焊接电流与时间，试焊调整 **提示：** 焊接电流的数值应在 30 ~ 60 A 之间，焊接时间的数值应在 1 ~ 6 s 之间	
9. 焊接介子拉片 **方法：** 一手按动焊接开关，一手拿好介子拉片，将拉片焊接在板件的车身线上 **提示：** 在焊接时金属表面的油漆要打磨干净，介子拉片要贴紧金属、垂直于板件	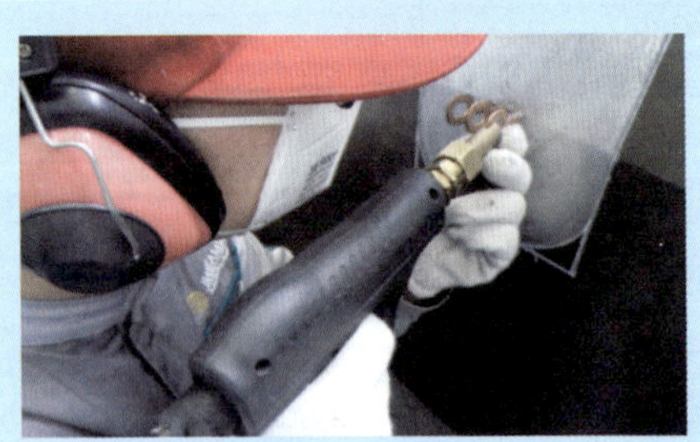
10. 使用组合工具拉伸车身线 **方法：** （1）将拉棒穿入介子拉片 （2）将组合工具通过支架支撑在板件的边缘，进行拉拔作业 （3）保持拉拔的同时，用手锤敲击板件以消除应力 **提示：** 拉伸的力度要循序渐进，不宜一次性拉伸到位，在保持拉伸时，手锤敲击的力度要轻，边敲边观察拉片焊接部位的颜色，当颜色发白时要放松拉伸	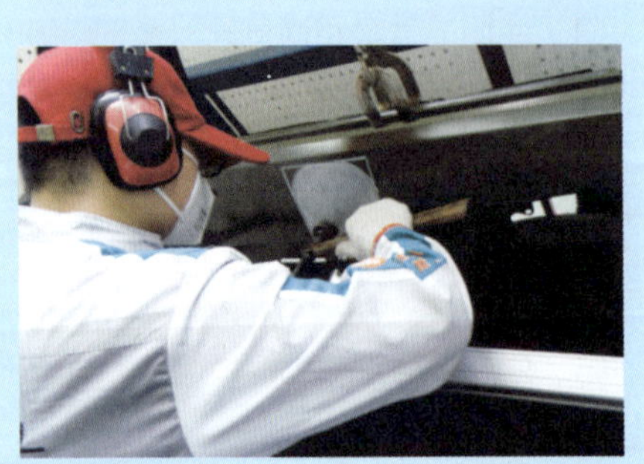

续表

操作内容	图片
11. 检查车身线 方法： 用车身维修曲率尺检查车身线的高低，将尺子两端贴合车身线，两手抚平尺子，通过目测观察车身线高低 提示： 在曲率尺的两端贴合车身线的同时，上侧限位板也要靠紧板件	
12. 精修板件凹陷区域 方法： （1）将三角拉片焊接在小区域的凹陷处，使用惯性锤进行拉拔精修 （2）拉拔过程中应“拉低敲高”，将小凹陷区域拉拔出来 （3）根据损伤情况释放板件应力	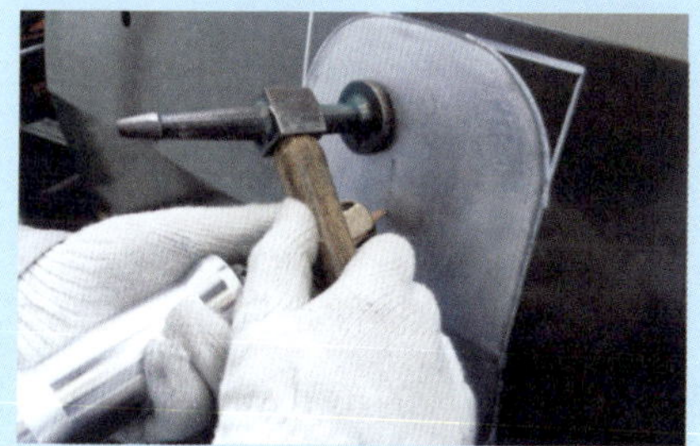
13. 打磨处理 方法： 使用带式气动打磨机打磨焊点 提示： 由于带式气动打磨机转速高，打磨同一焊点的时间不宜过长，打磨时下压的力不宜过大，应避免使打磨的裸金属变色	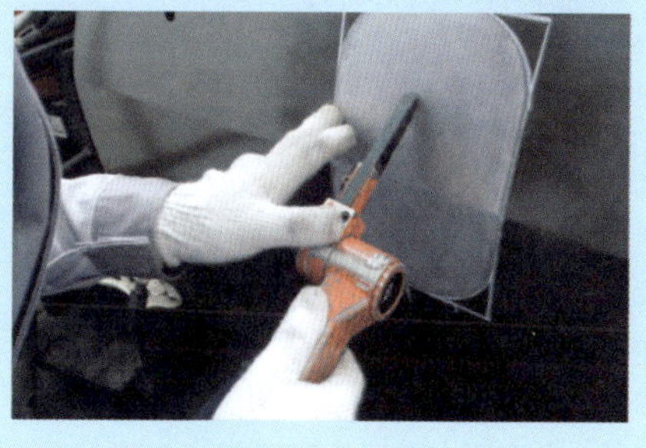

思考与练习

1. 简述电热法的工艺。
2. 汽车车身钣金覆盖件变形的手工修复方法有哪些？
3. 简述凹陷变形修复的步骤。

任务3　汽车车身结构件的更换

学习目标

1. 了解汽车车身结构件的组成。
2. 了解汽车车身结构件的特点与连接方式。
3. 掌握用于更换典型汽车车身结构件的工具与设备的使用方法。
4. 掌握典型汽车车身结构件的焊接工艺。

任务描述

汽车车身结构件是汽车上支撑车身重量、吸收撞击能量和道路冲击的零部件。一般情况下，损坏的车身结构件只能更换、不能修理，否则会使车身的强度和刚度下降，影响车辆的安全。

本任务讲述车身结构件的特点、连接方式和维修工艺，要求学生掌握车身结构件更换的相关知识和技能。

相关知识

一、汽车车身结构件概述

汽车车身构件主要由车身覆盖件和车身结构件组成。其中，车身结构件主要有前后围骨架、横梁、顶盖边梁、立柱、门窗框、前后围裙边梁、护轮板、地板和行李舱隔板等。主要的车身构件在车身上的位置如图3-3-1所示。

1. 立柱

轿车、吉普车等车型的侧面一般由前、中、后门框及门槛等构成，形成一个框架结构，用来固定车门、支撑车顶，以及固定车身蒙皮等。立柱是构成车身侧框架的钣金结构件，也是非常重要的车身支撑件。汽车车身立柱分为前立柱、中立柱和后立柱三种，如图 3-3-2 所示。

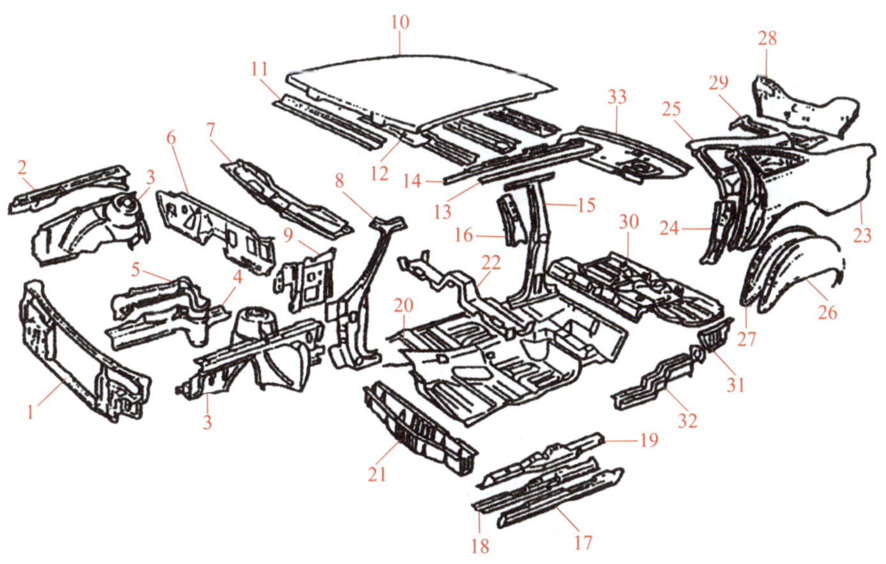

图 3-3-1　主要的车身构件在车身上的位置

1—散热器支架　2—前护轮板上板　3—前护轮板　4—前纵梁　5—前纵梁加强板　6—前围板　7—前罩板
8—前立柱外板　9—前立柱内板　10—顶盖外板　11—前风窗顶板　12—顶盖横梁　13—顶盖纵梁外板
14—顶盖纵梁内板　15—中立柱　16—中立柱加强板　17—门槛外板　18—门槛内板　19—门槛加强板
20—前地板　21—前横梁　22—地板横梁　23—后翼子板　24—后立柱　25—侧围内衬板　26—后护轮板
27—后护轮板内板　28—后围板　29—后横梁　30—后地板　31—地板构件　32—边梁　33—行李舱地板

图 3-3-2　汽车车身立柱

（1）前立柱

前立柱如图 3–3–3a 所示，其作用是作为乘客区框架梁的前部支承、固定前风窗玻璃，以及安装车门等。

（2）中立柱

中立柱如图 3–3–3b 所示，它为车顶盖提供中间支承，为前车门提供门锁接触面，又兼作后车门的铰链门柱。中柱被焊接在门槛护板、地板和顶盖边梁上。

（3）后立柱

后立柱一般由后上立柱和后下立柱焊接而成，如图 3–3–3c 所示，它为中间车门侧围框架梁提供后部支承。后上立柱兼作后风窗立柱，用于固定风窗玻璃。

a）

b）

c）

图 3–3–3 汽车的前立柱、中立柱和后立柱
a）前立柱 b）中立柱 c）后立柱

2. 地板

地板是客舱底部的主要结构，通常为一整块冲压成型的大钢板，如图 3–3–4 所示。地板是全车焊接的基础件，是与各大总成相连接的重要构件。它承受和传递了汽车重力、地面反作用力和牵引力等各种交变应力和冲击应力，因而对其自身强度要求很高。

二、汽车车身结构件的更换

用于更换车身结构件的常用工具和设备有二氧化碳气体保护焊焊机、电阻点焊焊机、气动切割锯、焊点去除钻和气动打磨机等，如图 3–3–5 所示。

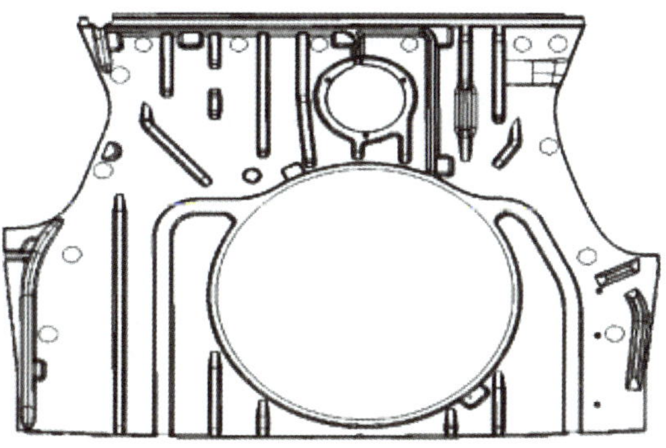

图 3-3-4　地板

图 3-3-5　更换车身结构件的常用工具和设备

a）二氧化碳气体保护焊焊机　b）电阻电焊焊机　c）焊点去除钻　d）气动打磨机

1. 前纵梁的更换

前纵梁采用电阻点焊的方式与车身相连，在更换前纵梁前应先确认电阻焊点的位置。有些焊点比较隐蔽，如减振器支座下部焊点（见图 3–3–6）、护轮板上板与减振器支座外部焊点（见图 3–3–7）和纵梁根部焊点（见图 3–3–8）。

前纵梁的更换步骤如下：

（1）找到前纵梁与车身相连的焊点，用焊点钻除器钻除焊点。纵梁内外侧的连接处往往都涂有密封胶和吸音材料，必须去除这些材料才能找到焊点。

（2）在悬架支座中心的前方截断下纵梁。纵梁内外侧要以错口的方式截断，两个切口均用于搭接。纵梁的截断处设有内部加强件，加强件的位置如图 3–3–9 所示。

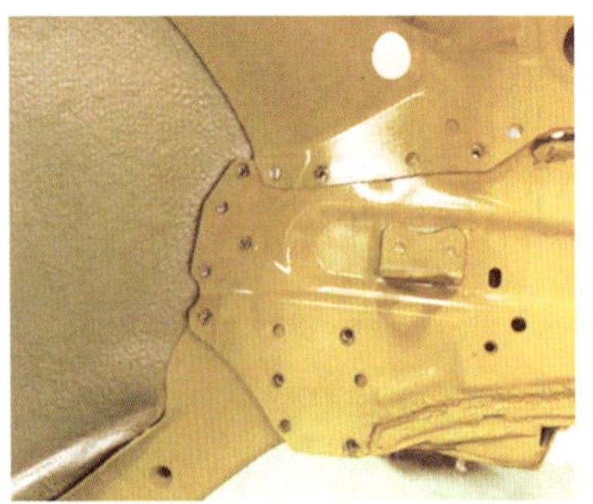

图 3-3-6　减振器支座下部焊点

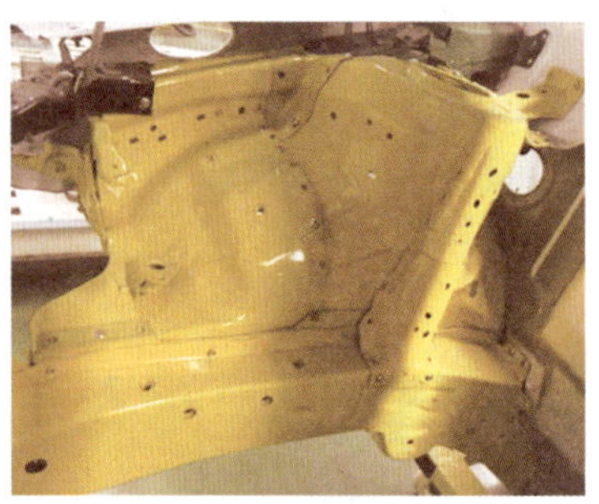

图 3-3-7　减振器支座外部焊点

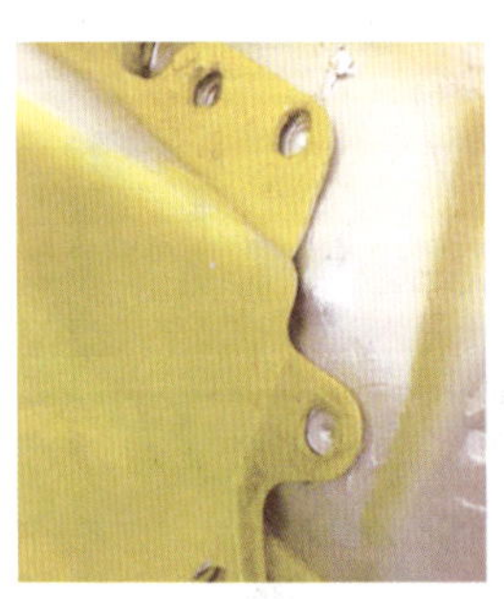

图 3-3-8　纵梁根部焊点

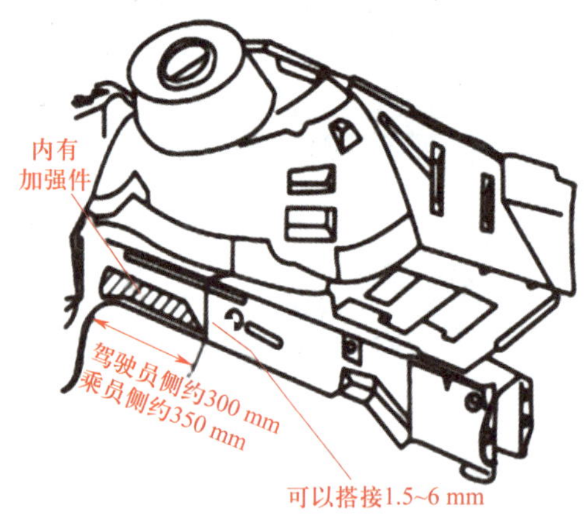

图 3-3-9　纵梁内部加强件的位置

（3）发动机一侧纵梁的截断位置应距前围约 305 mm，护轮板侧的截断位置应取在发动机侧切口后方 80 ~ 120 mm 处。应使用气动切割锯进行切割，切割长度要比更换长度多 1.5 ~ 6 mm，如图 3–3–10 所示。在内部加强件附近进行切割操作时必须特别小心，如果把内部加强件锯伤出小切口，必须把它焊好，否则会减小连接纵梁的强度。

（4）将护轮板延长板与纵梁延长板接合部的焊点去除，拆开护轮板延长板和纵梁延长板。注意应先把固定散热器支架和护轮板延长板的焊点钻除，然后小心地将护轮板延长板上抬，露出护轮板延长板连接纵梁的焊点。

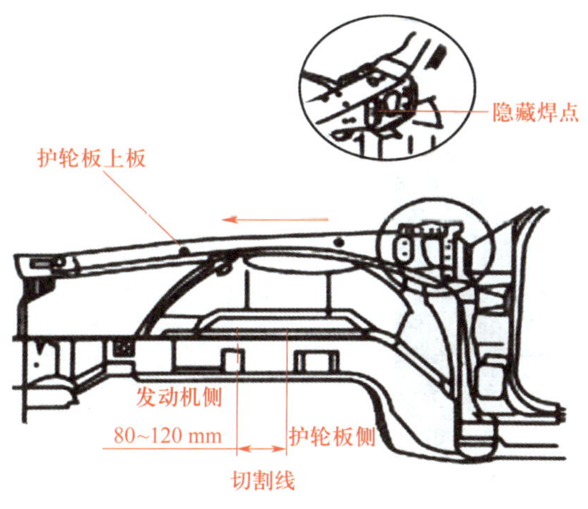

图 3-3-10　纵梁切割位置

（5）钻除所有必须去除的焊点，切割出对接错口，然后将损伤板件从车身上拆下来。

（6）为了保证搭接良好，应在车身原结构件伸出端的拐角处仔细做出开口。开口（见图 3-3-11）的长度不能超过 6 mm。

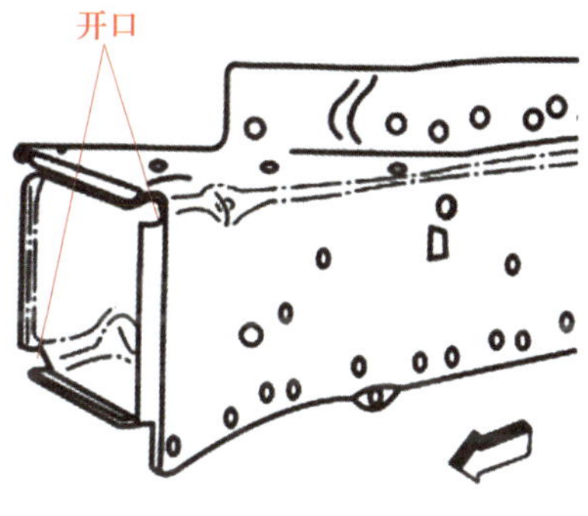

图 3-3-11　开口

（7）按照切割旧板件的方法切割出对接错口，对新板件总成进行检查和测量，必要时进行校正，以使其达到安装尺寸的要求。

（8）对所有的接合、翻边及焊接部位进行打磨，注意不要磨掉镀锌层。清理完磨屑后，在裸露的金属接合面上涂敷透焊底漆。

（9）将新板件夹紧在安装位置上，用测量设备对其进行检测，以确保其尺寸和位置准确，且所有尺寸在公差范围内。

（10）按照焊接规范进行焊接。塞焊应在原焊点上进行，所有对接的焊缝必须全部被焊到，不得留有间隙，并做好焊接后的焊缝磨光处理。

（11）对焊接部位进行防腐和密封处理。

2. 后纵梁的更换

大多数后纵梁都是槽式结构，如图 3-3-12 所示，在焊接后纵梁时，重叠区用塞焊，板件端面用连续焊，如图 3-3-13 所示。

图 3-3-12　槽式结构

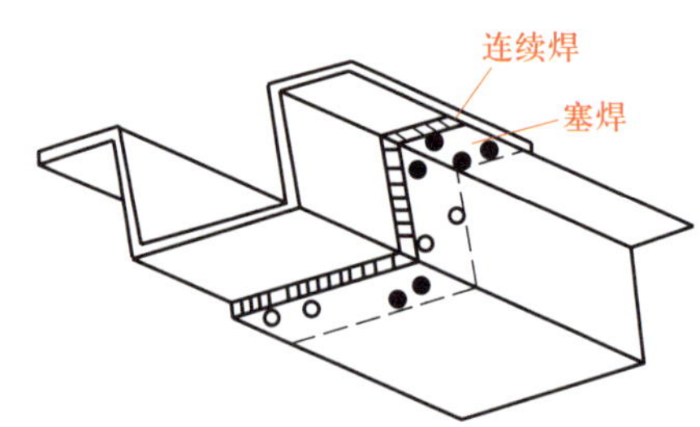

图 3-3-13　后纵梁的焊接方式

（1）损伤处的切割

根据后纵梁的损伤情况，认真确定切割位置。在行李舱地板和后纵梁上进行测量并标记切割线的位置。先从行李舱侧钻孔除去连接纵梁和地板的焊点，然后沿切割线进行直线切割。

（2）接合准备

1）在车身纵梁部分的接合重叠区钻 2～3 个塞焊孔。

2）用砂轮机打磨板件上的所有毛边。

3）把板件上的所有油漆、底涂层及焊缝保护层去掉，保留镀锌层，并涂敷透焊底漆。

4）利用切割下来的旧纵梁板件和多余的新板件材料进行试焊。

5）在车身的纵梁接合处装上新板件，使它们彼此重叠 25 mm 并夹紧。

6）通过测量定位检查各板件的配合情况。

（3）组焊

1）先塞焊重叠区，注意应交替焊接，以减小热量对板件的影响。

2）在行李舱侧塞焊地板和纵梁法兰。

3）沿重叠接合处进行连续焊，注意应分段焊接，打磨所有焊点和焊缝。

4）在焊接区域喷涂防锈漆，刷涂密封剂。

3. 前立柱的更换

前立柱的更换修理可以采用插入件对接或无插入件偏置对接的方法，如图 3-3-14 所示。

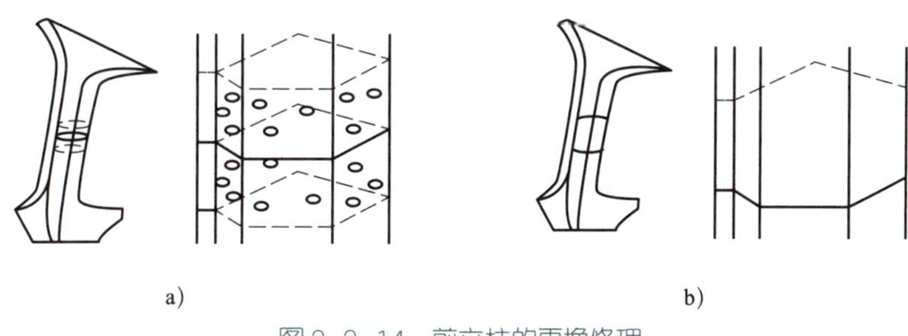

图 3-3-14　前立柱的更换修理

a）插入件对接　b）无插入件偏置对接

前立柱的更换步骤如下：

（1）前立柱分为两件结构和三件结构两种，其内部加强件一般在上端、下端或两端分散，但中间没有加强件，因而在中间位置进行切割较合理。利用切割夹具辅助定位及引导切割，以获得整齐的切口，如图 3-3-15 所示。钻除焊点，并拆下损坏的部件。

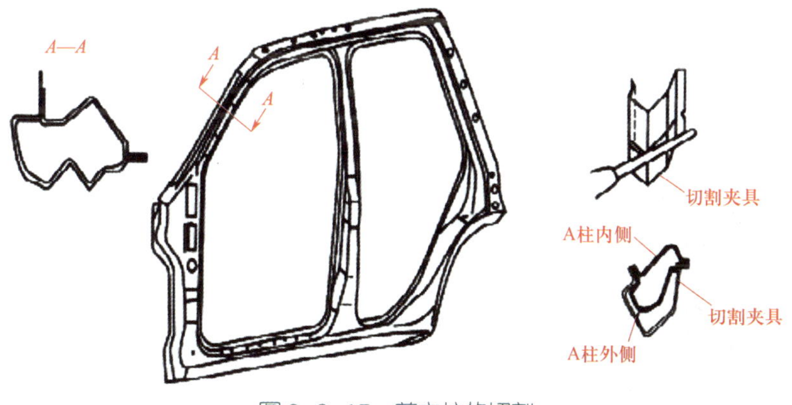

图 3-3-15　前立柱的切割

（2）按照车身前立柱切割部位，在新板件上的对应位置画线，并将其切割下来作为更换的新件。

（3）切割出长度为 100 ~ 150 mm 的立柱内插件。

（4）在新板件和车身旧板件上钻出塞焊孔。

（5）用钣金工具对板件进行修整，去除毛刺。

（6）调整焊机参数，进行试焊。

（7）组焊外板件。把新、旧两板件对接放好，并留出与板件厚度、尺寸大致一致的间隙，进行定位焊、塞焊和对接焊。

（8）用气动打磨机磨平焊点及焊缝的剩余金属物。

4. 行李舱地板的更换

行李舱地板的更换修理与客舱地板的维修基本相同，但因二者相连的车身结构件不同，其操作略有区别。行李舱地板的更换修理与后纵梁的更换修理密切相关，修理时行李舱地板应搭接在后悬架附近的横梁上，如图 3–3–16 所示。

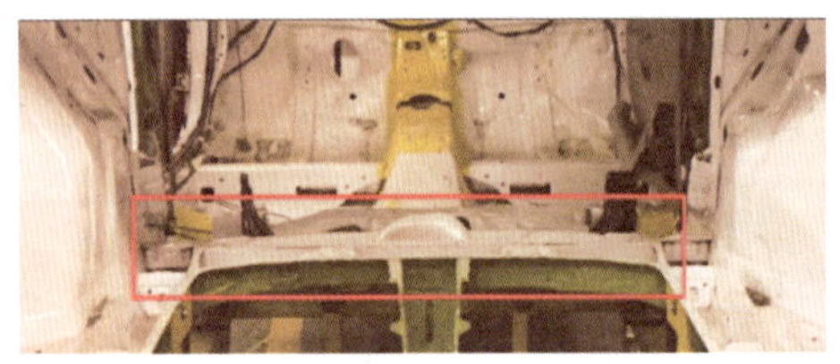
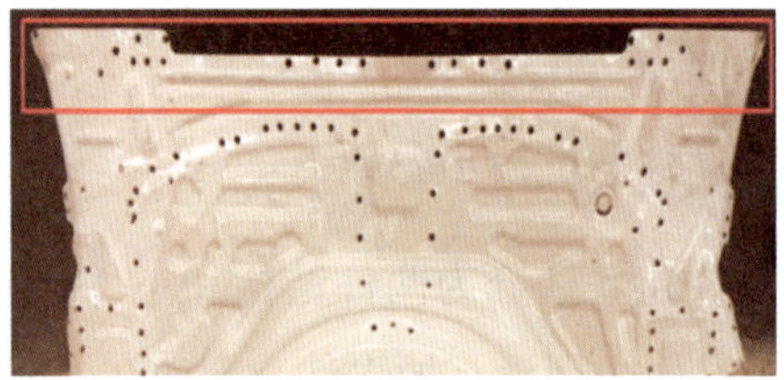

图 3–3–16　行李舱地板的更换修理

行李舱地板的更换步骤如下：

（1）钻除有关焊点，分离行李舱地板，如图 3–3–17 所示。

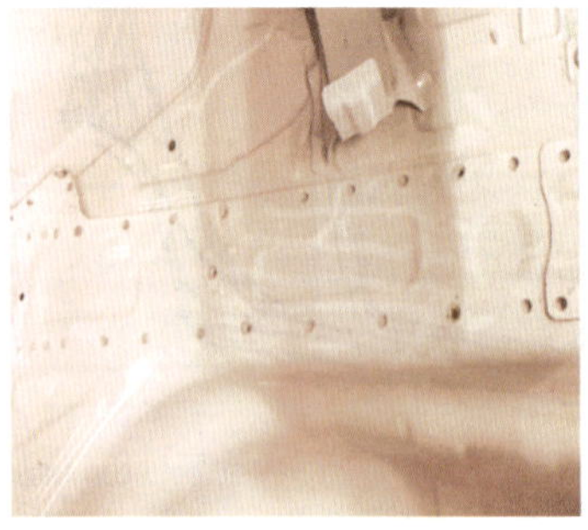

图 3–3–17　钻除焊点

（2）按照所切割的行李舱地板部分切割更换板。注意，更换板的边缘要比原有板多出 25 mm，除去板件上的毛刺，并钻好塞焊孔。

（3）去除装配板件以及焊接部位的油漆等，但要保留其镀锌层。

（4）把行李舱地板接合面搭接在横梁法兰上，调整后进行定位焊，两板件至少要重叠 25 mm。

（5）从行李舱地板上方开始进行塞焊，底部不需进行连续的重叠焊，因为横梁加强了板件底部的强度。但如果不是在横梁边缘位置进行的切割，下方的板件边缘仍必须进行搭接焊。

（6）用气动打磨机磨平所有焊点。

（7）在所有焊接位置进行焊缝保护处理。在接合面上方用软嵌条做嵌缝处理，在下方加上接缝密封胶，最后在修理表面喷涂防锈底漆和面漆。

任务实施

本任务的内容为汽车车身后侧围板的更换修理，见表 3-3-1。

表 3-3-1 汽车车身后侧围板的更换修理

操作内容	图片
1. **确认焊点位置，钻除分离焊点** **方法：** （1）仔细检查后侧围板的焊点固定位置 （2）用焊点去除钻分离焊点 **提示：** 针对位置的不同选择合适的工具与钻头	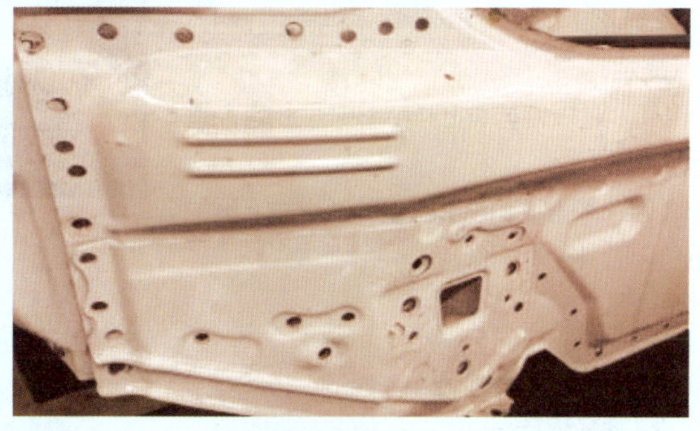
2. **切割分离板件** **方法：** 先确定切割位置，然后用气动切割锯切割分离后立柱 **提示：** 在切割前，应拆卸好其他部件，并将它们放在指定位置	

续表

操作内容	图片
3. 取下后侧围板 **方法：** （1）取下损伤板件 （2）处理钻切分离部位的毛刺及焊接部位的油漆等 **提示：** 切口位置的毛刺可以用锉刀进行修整，也可贴上纸胶带来防护	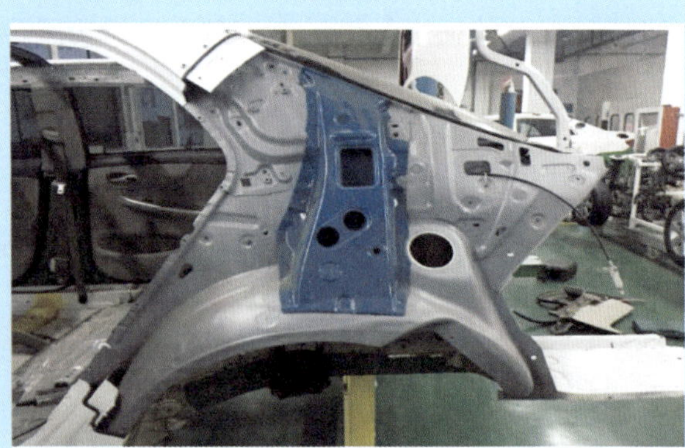
4. 安装新板件 **方法：** （1）用夹具固定新板件，保证板件的边缘匹配 （2）调节板件与车门和车身轮廓的间隙，使它们相互匹配，并使车身线高度吻合 （3）把行李舱门安装在正确的位置上 **提示：** （1）对板件表面的焊缝进行研磨，直到焊缝平滑 （2）清洁没有底漆的部位，涂抹车身密封胶，喷涂底漆	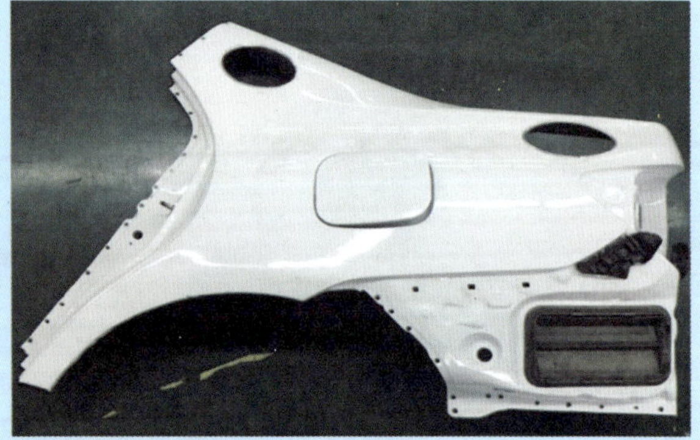
5. 修整板件 **方法：** （1）切割新板件的搭接位置 （2）在新板件上用不同记号标记是要进行塞焊还是点焊，并将使用点焊部位的底漆清除干净 **提示：** （1）根据塞焊部位板件厚度选择钻头来钻取塞焊孔 （2）对焊接部位进行防锈处理	

续表

操作内容	图片
6. 调整装配间隙 **方法：** 先调整板件与行李舱门的前后方向间隙，再调整左右方向间隙，最后调整二者的相对高度 **提示：** 在调整间隙后，各部分的间隙数据要符合说明书中的技术要求	
7. 焊接板件 **方法：** 在确定新板件的尺寸和位置后，将它焊接就位 **提示：** 要采用分段焊接的方式，以防产生热变形和应力	

思考与练习

1. 前纵梁更换修理的步骤及注意事项有哪些？
2. 后纵梁更换修理的步骤及注意事项有哪些？
3. 简述后侧围板的更换修理过程。

模块四

汽车车身变形的校正

任务1　汽车车身碰撞的分析与检查

学习目标

1. 了解汽车车身碰撞损伤的类型和基本特征。
2. 掌握影响汽车车身碰撞损伤的因素。
3. 掌握汽车车身碰撞损伤的检查方法。
4. 能正确分析和检查汽车车身的碰撞损伤。

任务描述

修理事故车时，首先要对汽车碰撞受损情况做出全面、准确的诊断，确认汽车的受损程度、受损范围及受损部件，再根据损伤程度制订修复计划。本任务要求学生提升汽车车身碰撞分析与检查的基本能力。

相关知识

一、汽车车身碰撞损伤的分析

1. 车身碰撞损伤的类型

（1）前部碰撞损伤

前部碰撞往往是由车身前部撞上另一辆车或其他物体引起的损坏，碰撞力的大小取决于车重、车速、撞击物以及撞击面积等的大小。如果碰撞较轻，会造成保险杠后移，从而使保险杠支架、散热器支架、前纵梁、前翼子板和发动机罩锁支架等发生弯曲变形。如果碰撞较严重，前翼子板将撞到前车门，发动机罩铰链将上弯碰到发动机罩，前纵梁褶皱将与前悬架横梁相碰。如果碰撞再增强，前翼子板裙边和前车身立柱将弯曲变形，前车门损坏，前纵梁褶皱加大，前悬架横梁弯曲，导致发动机与驾驶室之间的隔板和前地板弯曲变形。如果前部碰撞与车身轴线有一个夹角，还会发生侧向弯曲变形，严重时会导致前纵梁断裂。前部碰撞导致的车身纵梁弯曲、断裂的形态如图 4-1-1 所示。

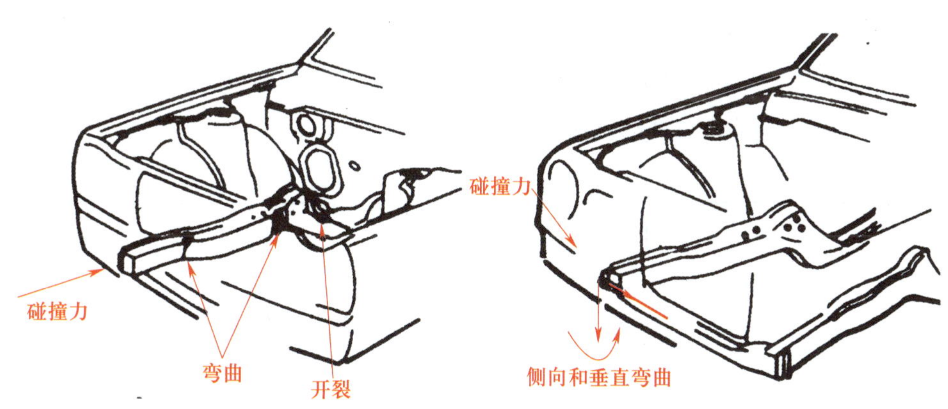

图 4-1-1　车身纵梁弯曲、断裂的形态

（2）后部碰撞损伤

后部碰撞是由倒车或被另一辆车追尾引起的碰撞。如果碰撞较轻，后保险杠、行李舱、后车身板和地板等会发生形变，车轮上方的后侧围板也可能鼓起。如果碰撞较重，后侧围板会上折到车顶，四门车辆的车身中立柱弯曲，车身上部部件和后部纵梁

也会发生形变。

（3）侧向碰撞损伤

侧向碰撞是指车身侧面受到的其他车辆或物体的碰撞。侧向碰撞会使车门、车身侧板、车身立柱甚至地板等发生不同程度的形变。如果前翼子板中部受到撞击，前轮将会后缩，碰撞力将通过前悬架横梁传递给两侧纵梁。如果碰撞力很大，悬架部件会被损坏，前轮位置将发生改变。侧向碰撞还会造成转向装置及其支座的损坏。汽车中部遭受碰撞的变形过程如图 4–1–2 所示。

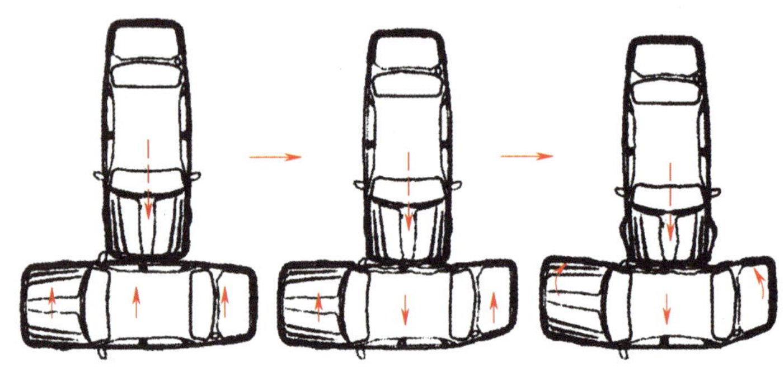

图 4–1–2　汽车中部遭受碰撞的变形过程

由于碰撞发生时驾驶员的第一反应是绕开障碍物，损伤一般发生在车身侧面，车身侧面也常常会产生划痕损伤。划痕损伤多数会以一定的形式和次序发生，严重时还会引起汽车前部、中部或后部的弯曲变形，如图 4–1–3 所示。

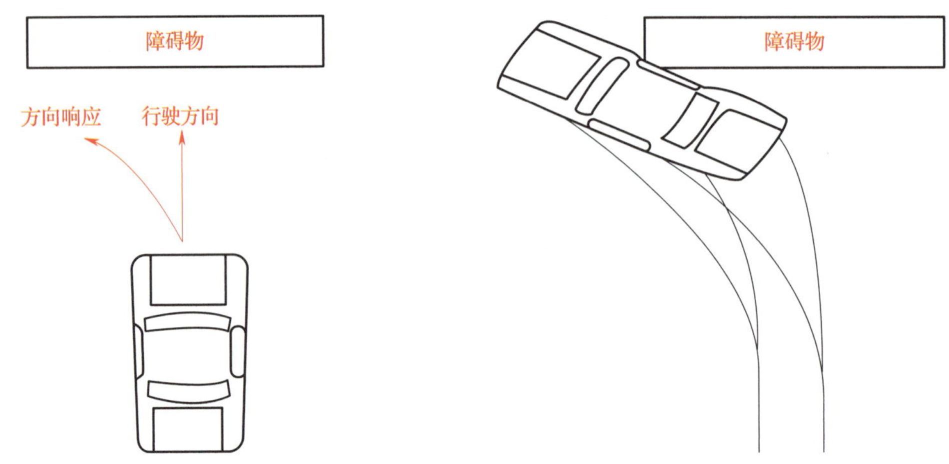

图 4–1–3　侧向碰撞损伤

（4）顶部碰撞损伤

顶部碰撞损伤是由高空落物或汽车翻滚引起的损伤，顶部碰撞不仅会损伤车顶板，还有可能损伤顶盖边梁、后侧围板和车窗。车辆翻滚不仅会使车身立柱和车顶板产生弯曲，有时还将造成车身前部或后部的损坏。

2. 影响车身碰撞损伤的因素

汽车碰撞产生的碰撞力大小及汽车的受损程度取决于事故发生时的状况。车身维修人员应当综合考虑被碰撞汽车的车身构造、车身尺寸和碰撞位置，以及碰撞时汽车行驶的速度、撞击物、汽车上的总承载质量等因素。

（1）碰撞位置

以前部碰撞为例，碰撞位置通常分为前部较高部位和前部下方两种。当碰撞位置在汽车前部较高部位（见图 4-1-4），将会引起车身和车顶的后移以及后部下沉；当碰撞位置在汽车前部下方（见图 4-1-5），惯性会使汽车后部向上变形，车顶上移，并在车门的前上方与顶盖外板之间形成一个裂口，顶盖外板也会产生凹陷变形。

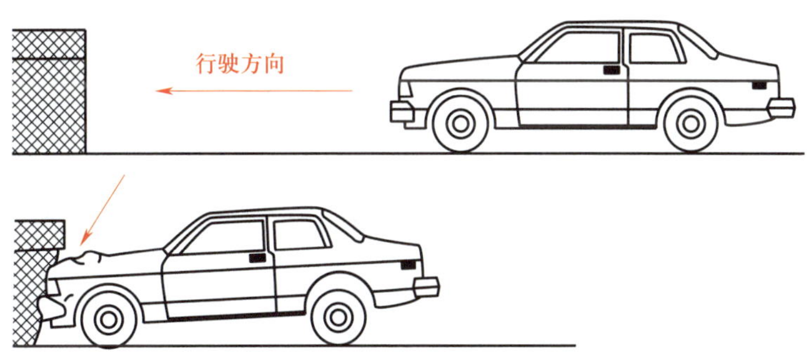

图 4-1-4　前部较高部位的碰撞

图 4-1-5　前部下方的碰撞

（2）碰撞物

车辆以一定的车速碰撞，被撞击的物体不同，车辆的损坏程度也有很大不同。碰撞墙壁时，碰撞面积较大，损坏程度较轻，如图 4–1–6 所示。撞击栏杆时，碰撞面积较小，损坏程度较严重，如图 4–1–7 所示。

图 4–1–6　碰撞墙壁的情形

图 4–1–7　撞击栏杆的情形

（3）行驶方向

横向行驶的汽车碰撞到纵向行驶汽车的侧面时，横向行驶的汽车除产生压缩变形外，还会被纵向行驶的汽车向前牵引，导致产生弯曲变形，纵向行驶汽车的中部也会产生弯曲变形。

（4）车辆类型

不同类型的车辆碰撞产生的形变也不同，在分析车辆的碰撞损伤时，要考虑车辆的类型和结构特点。

3. 碰撞损伤分析的注意事项

分析碰撞损伤时，要根据碰撞损伤的类型初步判断可能损伤的车身部件，分析导致车身变形的因素，尽可能多地了解事实真相，确定事故实际发生的过程，不仅要考虑直接碰撞带来的损伤，还要考虑二次碰撞带来的影响。

二、汽车车身碰撞的检查

1. 车身碰撞检查的基本步骤

（1）了解受损汽车车身结构的类型。

（2）目测确定碰撞的部位和撞击方向，并估算碰撞力的大小。

（3）检查可能存在的隐性损坏，确定损坏是否限制在车身范围内，是否还包含功能部件的损坏，如车轮、空调、悬架和发动机等的损坏。

（4）沿碰撞能量的传递路线检查部件的损坏情况，直至不再找出任何新的损坏痕迹。

（5）测量主要受损部件的技术尺寸参数，通过将标准尺寸与实际测量尺寸相比较，检查、确定部件变形量的大小，以便确定修理方案。

2. 车身碰撞损伤的检查

（1）车身碰撞损伤检查的部位

在大多数情况下，通过目测就能看出碰撞部位结构损坏的迹象。可从碰撞的位置估计车身所受力的大小及方向，判断碰撞是如何扩散并造成损坏的。车身上容易识别的损坏变形部位如图 4–1–8 所示。

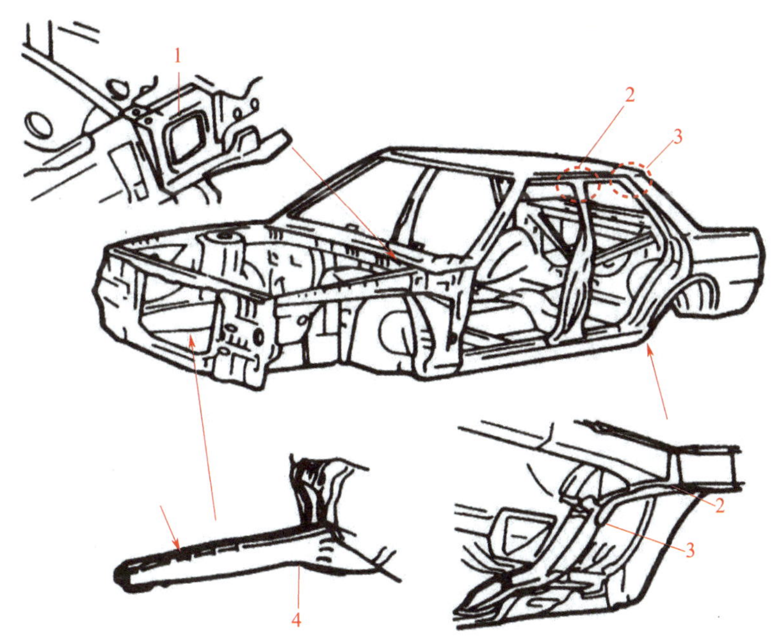

图 4–1–8 车身上容易识别的损坏变形部位

1—部件截面 2—部件之间的连接点 3—棱角或边缘 4—受到弯曲、扭转或断裂损伤的部件

在目测检查时，要检查板件连接部位的车身加固材料（如加固件、盖板、加强筋和连接板）上的缝隙和各板件的连接焊点等部位是否发生形变，车身侧面构件的损坏程度可以从其凹面上的凹痕或扭结的形式来判断。

（2）车身碰撞损伤检查的程序

1）检查车身部件的间隙和配合情况。翼子板、发动机罩、车门、行李舱门和车灯等的配合间隙都有一定的尺寸要求，可以通过观察和测量它们的间隙来判断车身发生了哪些形变。例如，车门是以铰链的形式安装在车身立柱上的，可以通过开、关门及观察门的准直来判断车身立柱是否受到损伤，如图 4–1–9 所示。

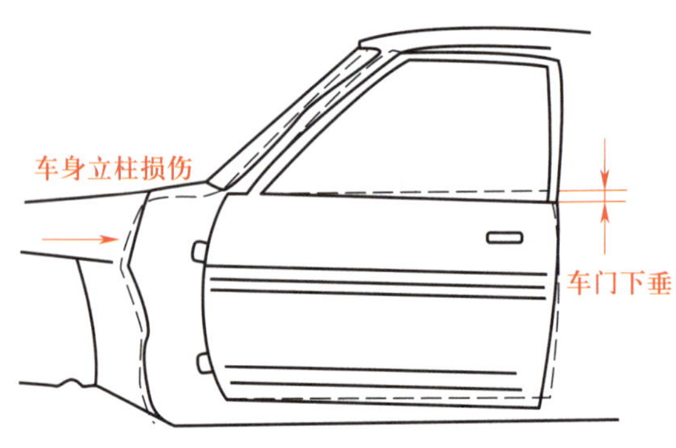

图 4–1–9 车身立柱损伤的检查

在汽车后部碰撞的事故中，了解损伤的最重要方法是检查后车门与顶盖外板的间隙及水平方向上的差异；另一个较好的方法是将汽车左侧部件与右侧部件的间隙进行比较。

2）检查汽车惯性损坏。当汽车受到碰撞后，一些沉重部件（如发动机）的惯性会转化成巨大的作用力，使部件因向相反方向移动而受到冲击，产生二次损伤，因而需对车身固定件、周围部件及钢板进行全面检查。由于乘员具有惯性，转向盘、转向支柱、仪表板和座椅靠背等容易受到损坏。行李舱中的行李也可能引起行李舱地板、行李舱门和后围上盖板的损坏。

任务实施

本任务的内容为典型车身碰撞损伤的分析与检查，见表 4–1–1。

表 4-1-1 典型车身碰撞损伤的分析与检查

操作内容	图片
1. 左右弯曲变形 **方法：** （1）检查被撞梁的内侧以及未被撞梁的外侧是否有褶皱 （2）检查车门的长边上有无裂缝，短边上有无褶皱 （3）检查车身与车顶是否发生错位 **提示：** 左右弯曲变形与整体式车身的增宽变形类似	中心线 前部左右弯曲变形 中部左右弯曲变形 碰撞力 后部左右弯曲变形 碰撞力
2. 上下弯曲变形 **方法：** （1）检查车身外壳表面是否比正常位置低，在结构上是否有后倾现象 （2）检查翼子板与车门的缝隙是否出现了顶部窄、下部宽等现象 （3）检查车门是否有下垂现象，判断车架是否上下变形 **提示：** 有些碰撞损伤无法目测，只能通过测量判断	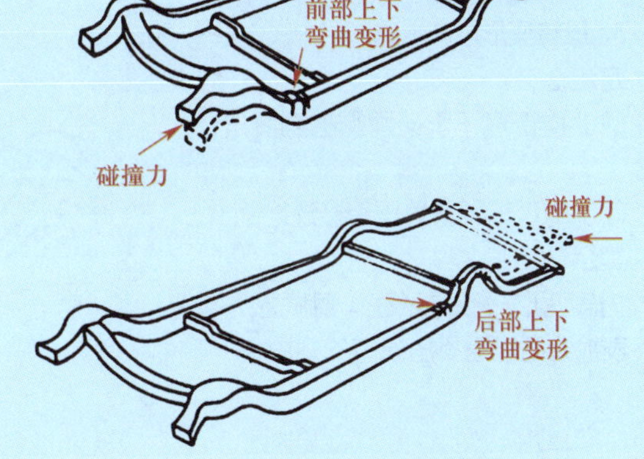
3. 断裂变形 **方法：** （1）检查发动机罩是否前移、后车窗是否后移 （2）检查挡板、车身和车架的拐角处是否出现褶皱 （3）检查保险杠是否有垂直位移	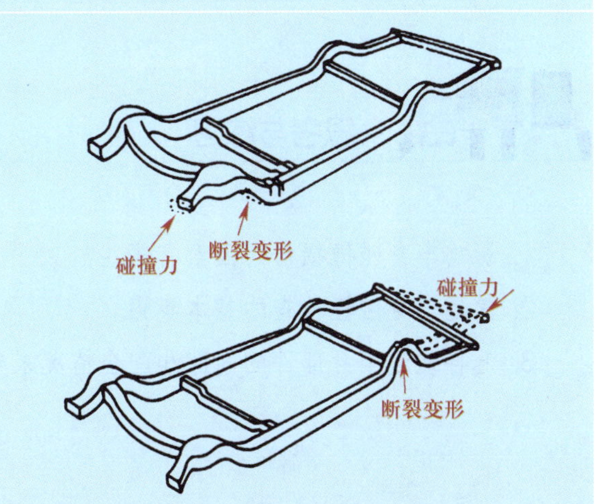

续表

操作内容	图片
4. 菱形变形 方法： （1）检查发动机罩、行李舱门是否发生错位 （2）检查护轮板的相互垂直板件或接头的顶端是否出现褶皱 （3）检查乘客区及行李舱地板是否出现褶皱 提示： 菱形变形附加有弯曲及断裂组合损伤，这在整体式车身上不会出现	碰撞力 菱形变形 菱形变形 碰撞力
5. 扭转变形 方法： （1）检查汽车车架两侧的高度是否一致 （2）检查车架各角是否接近地面 提示： 扭转变形一般隐藏在车身底层，单从外表检查可能看不出损伤的迹象	扭转变形

思考与练习

1. 影响车身碰撞损伤的因素有哪些？
2. 简述车身碰撞检查的基本步骤。
3. 怎样通过车身部件的间隙和配合情况来判断车身的碰撞损伤？

任务 2　汽车车身变形的测量与校正

学习目标

1. 了解汽车车身变形测量的基本要求。
2. 了解汽车车身变形校正的注意事项。
3. 掌握汽车车身变形测量的方法。
4. 掌握汽车车身变形校正的方法。
5. 能使用机械式车身测量方法测量汽车车身的变形。
6. 能使用校正平台对整体变形的汽车车身进行拉伸校正。

任务描述

严重变形的汽车的钣金修理要经过损伤分析与评估、零部件拆卸和车身整体拉伸校正等一系列过程。其中，车身整体的测量与拉伸校正是车身维修中最为重要的一环。本任务要求学生掌握汽车车身变形测量与校正的相关知识和技能。

相关知识

一、汽车车身变形的测量

车身变形的测量是指对车身所有主要加工控制点的尺寸进行测量，然后将测量的实际数据与车辆生产商提供的标准尺寸数据作比较，从而确定车身整体变形量的过程。

1. 车身变形测量的基本要求

（1）车身前部尺寸的测量

在车身前部受损后，必须对发动机罩及前端部件进行修复或更换，在修复或装配的过程中都需要进行测量检验。车身前部的尺寸可以使用轨道式量规和卷尺来测量，选择的测量点必须符合车身维修手册中的规定。使用轨道式量规进行测量的最佳位置为悬架及机械装置上的测量点。典型车身前部尺寸的测量如图 4-2-1 所示。

图 4-2-1　典型车身前部尺寸的测量

（2）车身侧面尺寸的测量

车身侧面的损伤可以通过车门开关时的状态或检验车门与车门框周边间隙的均匀程度来判断。利用车身的左右对称性进行对角线测量，可检测出车身侧面和车门框的变形情况。注意在检测汽车两侧受损或扭转的情况时，不能使用对角线测量法，因为这样测量不出这两条对角线间的差异。车身侧面尺寸的测量如图 4-2-2 所示。

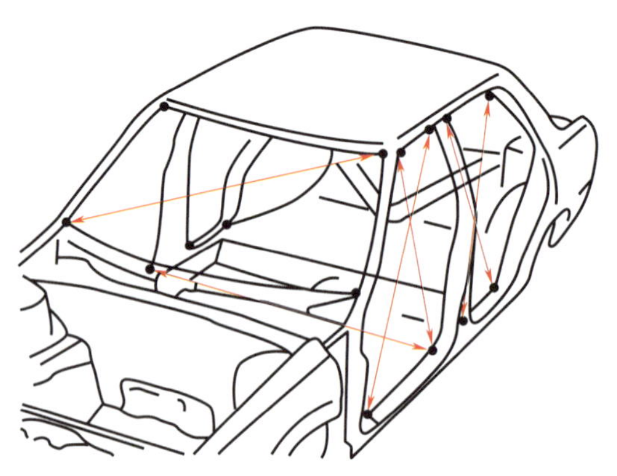

图 4-2-2　车身侧面尺寸的测量

（3）车身后部尺寸的测量

车身后部发生碰撞的变形情况可通过行李舱门开关时的状况来检测。为了确定车身是否损坏及漏水，必须对如图 4-2-3 所示的测量点部位进行精确测量。另外，后部地板上的褶皱通常也都由后部元件的扭弯引起，因此，测量车身后部尺寸时要结合车身底部的尺寸，从而为维修工作提供有效的数值依据。

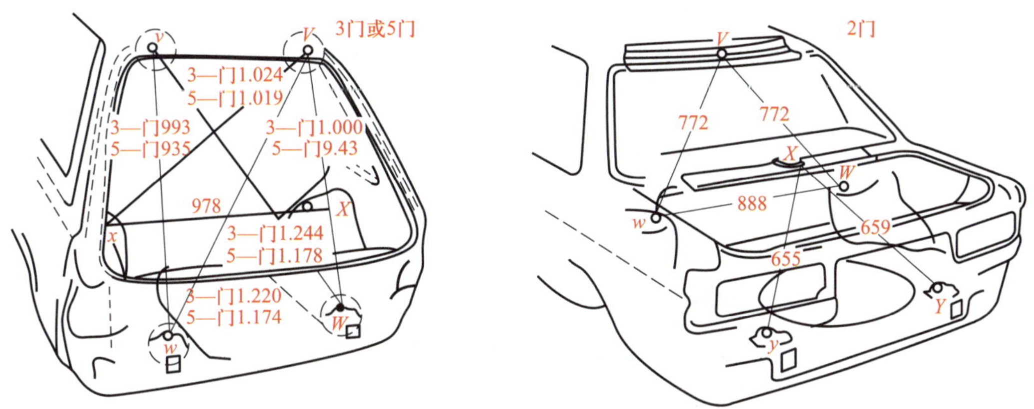

图 4-2-3 车身后部尺寸的测量

2. 车身变形测量的基准

使用钢直尺测量数据时，要有一个零点作为测量尺寸的起点。同样，在车身测量时也必须先找到其长度、宽度和高度的零点，即测量的基准。

（1）基准面

基准面是一个假想的平整表面，如图 4-2-4 所示，它与车身底板平行并保持固定的距离，汽车所有的高度尺寸数据都是结合基准面测得的。

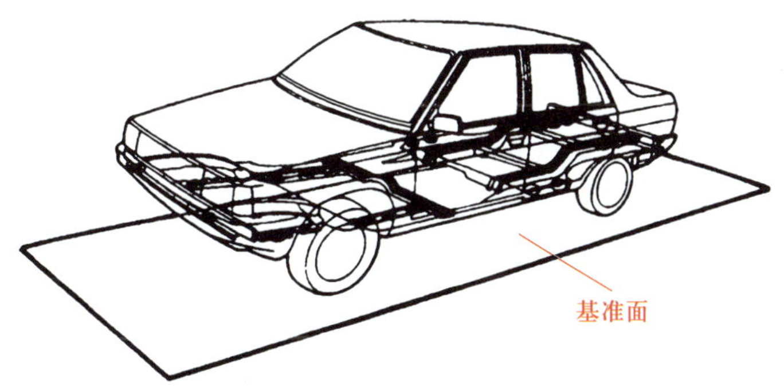

图 4-2-4 基准面

由于基准面是一个假想表面，其基准高度可相应地增加或减小，以使测量时读数更方便。因此，在实际测量过程中，只要找到一个与基准面平行的平面，把它作为测量的基准面，则读取高度数值时只需将所有测量值分别与基准值相减即可。

（2）中心面

中心面如图 4–2–5 所示，它将汽车分成左右对称的两大部分，是三维测量的宽度基准。对称汽车的所有宽度尺寸都是以中心面为基准测得的。大部分汽车是左右对称的，即汽车右侧尺寸与左侧对应点的尺寸是完全相等的。

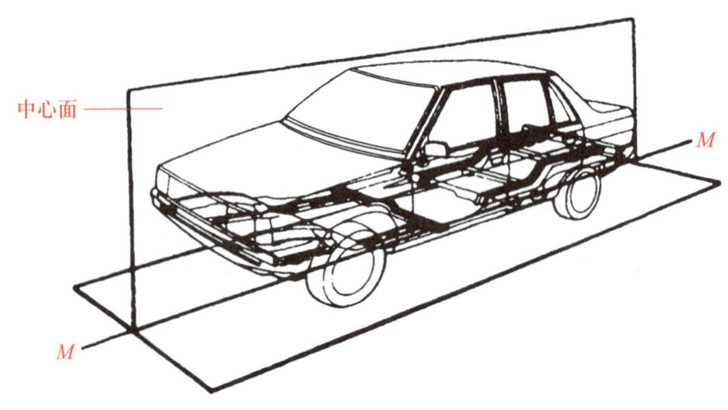

图 4-2-5　中心面

如果汽车不对称，那么其左侧和右侧测量出的尺寸就不同了。因此，在校正不对称的车身部件时，要参考车身原有数据图来不断进行测量和校正。

（3）零平面

为了正确分析汽车的损伤情况，可将汽车看作一个矩形结构并将其分成前部、中部和后部三部分，横截三部分的基准面称为零平面，如图 4–2–6 所示，它在汽车设计中经常被使用。零平面可以看作观测车身结构对中情况的基础，所有的测量及对中观测数据都与零平面有关。在实际测量中，零平面也称零点，是长度尺寸数据的基准。

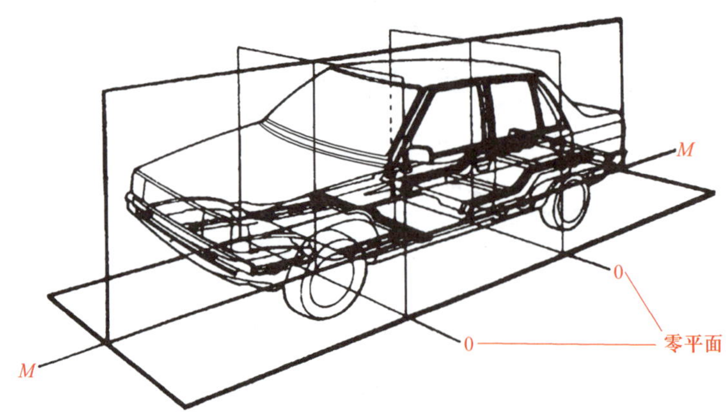

图 4-2-6　零平面

3. 车身变形测量的方法

（1）机械式车身测量

1）常规的车身测量。车身维修人员常用的基本测量工具有钢直尺和卷尺两种，这两种测量工具可被用于测量两个测量孔之间的距离。对卷尺的前端进行加工，会使测量结果更为准确，如图 4-2-7 所示。它们的缺点是如果两个测量点之间有障碍，将会使测量不准确，这时就需要使用轨道式量规进行测量。

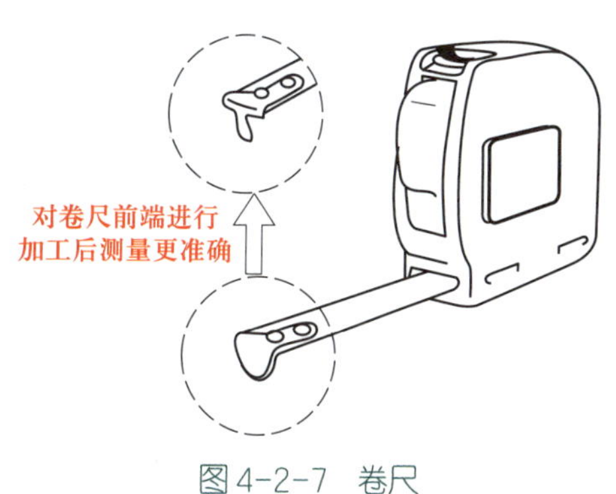

图 4-2-7　卷尺

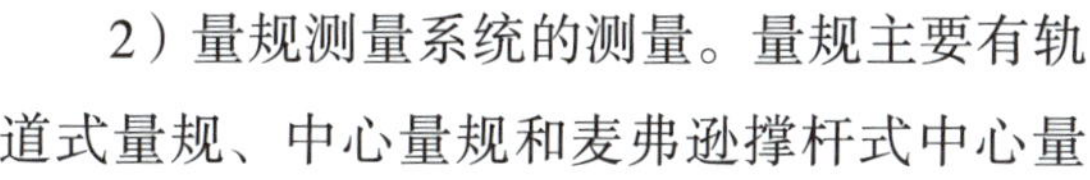

2）量规测量系统的测量。量规主要有轨道式量规、中心量规和麦弗逊撑杆式中心量规等，它们既可以单独使用，也可以相互配合使用。轨道式量规多用于测量孔对孔之间的距离，中心量规被用来检验部件之间是否发生了错位，麦弗逊撑杆式中心量规可以测量麦弗逊悬架支座（减振器支座）是否发生了错位。

在车身上，大多数控制点实际上都是孔或洞，而测量尺寸所指的一般是一点中心至另一点中心的距离。用轨道式量规对控制点进行测量时（见图 4-2-8），一般测量孔的直径比轨道式量规的锥头要小，测量头的锥头就起到自定心的作用。如果测量孔的直径大于轨道式量规锥头的直径（见图 4-2-9），为了使轨道式量规测量精确，在两测量孔的直径相同的情况下，就需要使用同缘测量法（见图 4-2-10），这是因为两个测量孔中心之间的距离等于两个测量孔同侧边缘之间的距离。如果两个测量孔直径不相同，甚至不属于同一类型，则要测出这些孔中心之间的距离，就要先测出两孔的内缘间距，再测得两孔的外缘间距，然后将两次测量的结果相加再除以 2，即可得出孔中心之间的距离。

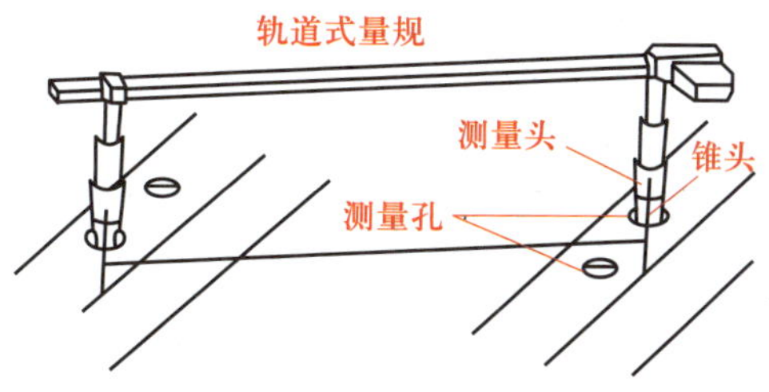

图 4-2-8　用轨道式量规测量点对点距离

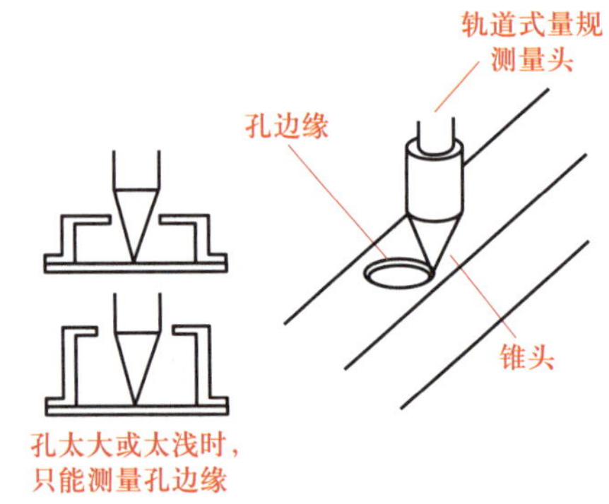

图 4-2-9　测量孔的直径大于轨道式量规锥头的直径

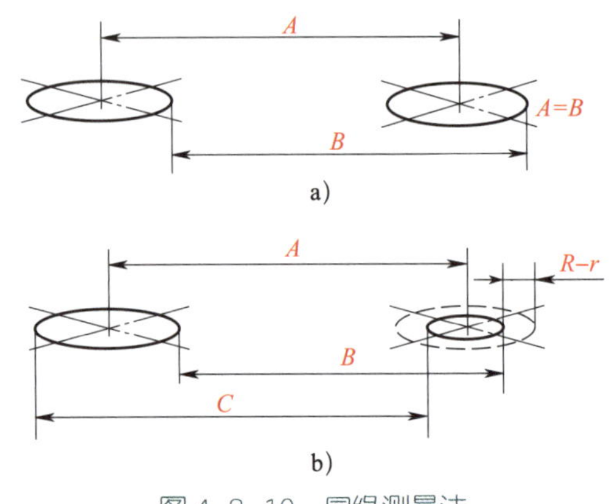

图 4-2-10　同缘测量法

a）当孔直径相等时　b）当孔直径不等时

中心量规中最常用的是自定心量规，如图 4-2-11 所示。在汽车上安装自定心量规时可以选择不同的位置，在量规上装有两个由里向外滑动的横臂，横臂可将量规安装在汽车的不同测量孔上。当量规悬挂在车身上时，每一个横臂都平行于量规所附着的车身结构。

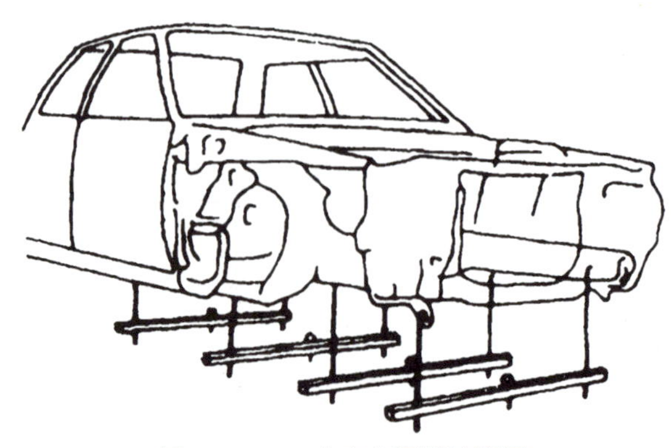

图 4-2-11　自定心量规的测量

麦弗逊撑杆式中心量规一般安装在减振器支座上，有一根上横梁和一根下横梁，下横梁上有一个中心销，上横梁上有两个测量指针，如图 4-2-12 所示。它可以检测出减振器支座或车身上部部件相对于中心面和基准面的不对中情况。

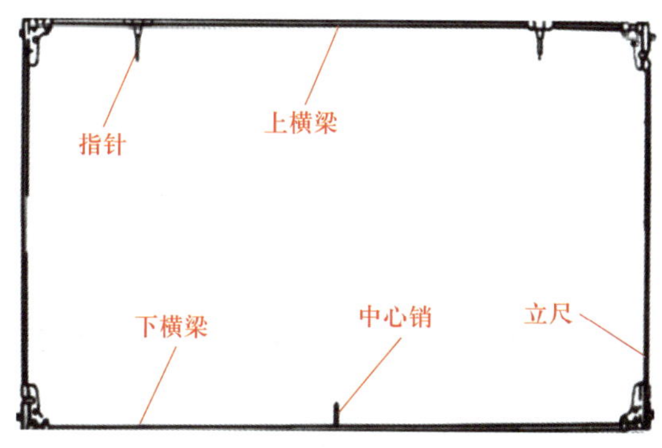

图 4-2-12 麦弗逊撑杆式中心量规

3）机械式通用测量系统的测量。机械式通用测量系统不仅能够同时测量所有基准点，而且能使一部分测量更容易、更精确。在测量时，只需将通用测量系统围绕车辆移动，就能检查车辆上的所有基准点并确定每个基准点的位置。米桥式通用测量系统如图 4-2-13 所示。

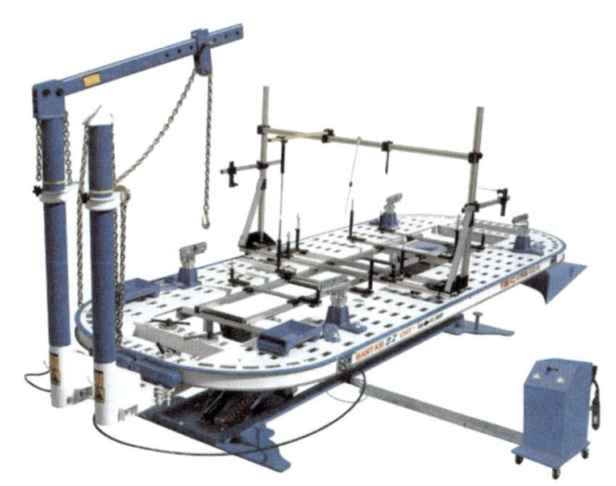

图 4-2-13 米桥式通用测量系统

在测量前，要拆下可以拆卸的损伤部件。如果车辆损伤严重，则要先对车辆的基础部件进行粗略的校正，将中部基准点的尺寸恢复到规定的范围内。有些机械部件无须被拆除，对这些部件进行必要的支撑保护即可。

在测量时，首先应建立起车辆和测量系统的基准，在测量桥或测量架上安装好横尺，并将测量头安装到横尺上，测量受损车辆上基准点的数据。在找好基准点后，利用安装在测量架上的测量头测量车身上其他各个测量点的数据。通过测量、对比数据的变化可判定车身部件是否已经发生了变形、校正工作是否准确或新更换的车身部件定位是否正确。

（2）电子式车身测量系统

电子式车身测量系统是使用计算机和传感器测量车身结构损伤情况的设备，目前应用最广泛的全自动电子测量系统是超声波测量系统，如图 4–2–14 所示，它的测量精度可以达到 ±1 mm，可瞬时测量，操作方便、高效。

图 4–2–14　超声波测量系统

超声波测量系统主要由超声波发射器、超声波接收器、控制柜（包括计算机，也称主机）及各种测量头组成。

在测量前应将超声波接收器（测量铝梁）连接到计算机上，并把测量铝梁平放在校正平台上，注意测量铝梁要与车底保持一定的距离；将超声波发射器与测量头、加长杆一起安装在测量基准点上，使发射器的发射孔朝向测量铝梁，再将发射器上的电缆连接在测量铝梁上。在计算机上输入发射器的编号，确认参考点，测量系统就会自动进行测量。

二、汽车车身变形的校正

1. 车身变形校正的注意事项

碰撞修复计划的制订是建立在对事故车车身进行精确测量和损伤分析的基础上的，这部分工作做得越详细，车身修复计划就越完善。因此，在变形校正前，应拆去车上妨碍校正的部件，并注意整体式车身损坏的扩散边缘以及一些不易注意的地方。在做损伤分析时，要结合碰撞的具体情况做出正确的评估。

2. 车身变形校正的方法

（1）变形校正的基本方法

车身变形校正是利用力的合成、分解和平移的原理，通过向与变形相反的方向设计牵拉顺序来拉伸变形的车身，并根据金属材料的弹性适度地“矫枉过正”，适当过度拉伸的方法。变形校正的拉伸分为单向拉伸和多向拉伸两种方式。

1）单向拉伸。在进行单向拉伸时，首先根据碰撞力的方向找到施加拉伸力的方向，然后将撞击点沿这个方向拉伸，如图 4–2–15 所示。

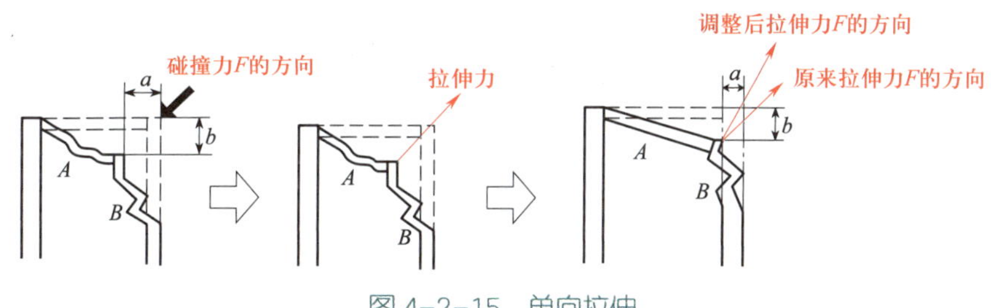

图 4–2–15 单向拉伸

2）多向拉伸。当车身发生严重变形时，碰撞力的作用是非常复杂的，车身的受力状态多为空间力系，车身变形的情形也是多样的，这时仅仅依靠单向拉伸则维修效果会很差。在这种情况下，应采用多向拉伸的方法，以提高拉伸效率和拉伸校正质量。在进行多向拉伸时，必须找到多向力。

拉伸校正要把钣金件的尺寸拉伸至超过规定的长度，等拉伸力被释放后钣金件会由于弹性回归到标准尺寸。但拉伸绝对不能超过规定尺寸太多，否则拉伸力被释放后，拉伸量将超过标准数据。拉伸过度的唯一补救方法是更换新部件。为了有效避免拉伸过度，可采用拉伸 – 保持的方法，如图 4–2–16 所示，保持时应用手锤敲击拉伸部位以释放应力。

（2）拉伸校正的基本原则

拉伸校正要遵循“后进先出，先里后外”的原则。“后进先出”即在整车维修或者某个钣金件损伤的拉伸修理时先修理间接损伤，再修理直接损伤；“先里后外”即先修理车身中间段，再修理前后段。在整车的拉伸校正中，应先修理长度方向上的变形，再修理宽度方向上的变形，最后修理高度方向上的变形，由车底逐渐过渡到车顶。

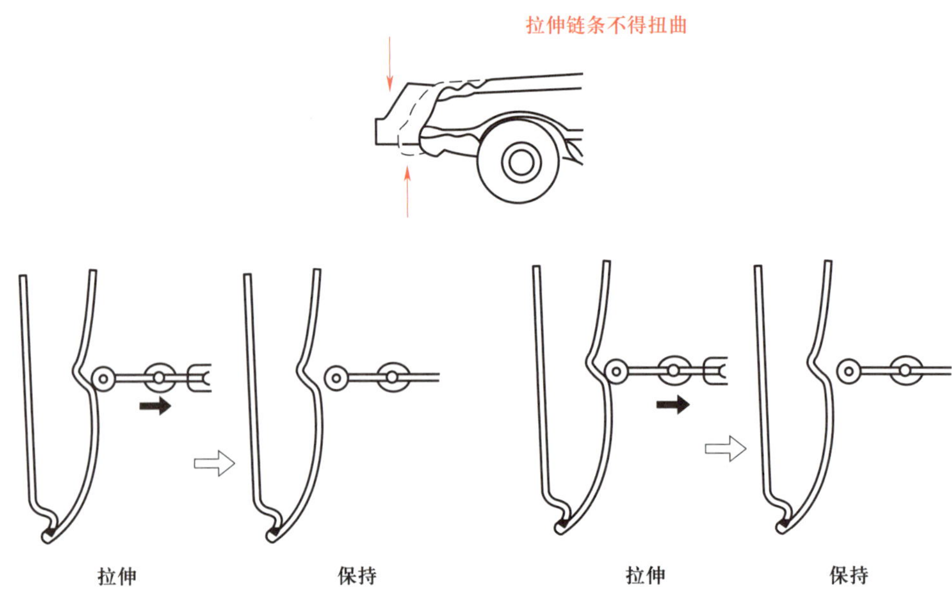

图 4-2-16 拉伸 - 保持的方法

3. 校正平台的操作注意事项

（1）不使用校正平台时，拉伸塔柱应固定在平台上，如图 4–2–17 所示。

（2）拉伸前，应检查夹具的固定是否牢固，平台上的主夹钳是否将车身夹紧，以及主夹钳与平台的连接螺栓是否拧紧，如图 4–2–18 所示。

图 4-2-17 拉伸塔柱的固定

图 4-2-18 夹具检查

（3）拉伸前，要注意车身是否需要辅助固定、在什么位置增加固定等，以防车身在拉伸过程中移动，造成二次损伤。

（4）拉伸时，要使用保险铁丝固定链条、拉伸尼龙带和纵梁。

（5）拉伸时，必须松开链条导向环的手轮，以防其断裂，还要防止链条飞出。

（6）拉伸时，操作人员应站在塔柱的侧面，不能与链条处于同一直线上。

（7）塔柱只能被推动，不能被拉动。

（8）在塔柱施力前，应清理链条上所有的扭转或缠绕部分，保证链条呈一条直线，如图 4–2–19 所示。

（9）要使用厂家推荐的链条和夹具。

（10）工作时，应戴上护目镜和硬质安全帽等防护用品。

图 4–2–19　呈一条直线的链条

任务实施

本任务的内容为车身正面碰撞的测量与校正，见表 4–2–1。

表 4–2–1　　车身正面碰撞的测量与校正

<table>
<tr><th>操作内容</th><th>图片</th></tr>
<tr><td>1. 车身变形测量
方法：
（1）选择基准点与参考点
（2）测量汽车车身前部、后部的测量点
提示：
基准点一般选择在车身中部</td><td>y a b z
y a b z</td></tr>
<tr><td>2. 分析数据
方法：
由得出的数据判定汽车前部车身左侧测量点向右变形 8 mm
提示：
拉伸方向应为左侧</td><td>另一侧
<table><tr><td>y [右]</td><td>长度</td><td>宽度</td><td>高度</td></tr><tr><td>标准数据</td><td>873</td><td>465</td><td>255</td></tr><tr><td>测量值</td><td>874</td><td>468</td><td>255</td></tr><tr><td>差值</td><td>← 1</td><td>3</td><td>0</td></tr></table>选择点的数据表显示
<table><tr><td>y [左]</td><td>长度</td><td>宽度</td><td>高度</td></tr><tr><td>标准数据</td><td>873</td><td>465</td><td>255</td></tr><tr><td>测量值</td><td>875</td><td>457</td><td>257</td></tr><tr><td>差值</td><td>← 2</td><td>-8</td><td>2</td></tr></table></td></tr>
</table>

续表

操作内容	图片
3. 选用拉伸工具 **方法：** （1）选取拉伸尼龙带 （2）选取保险铁丝 （3）选取快速连接钩	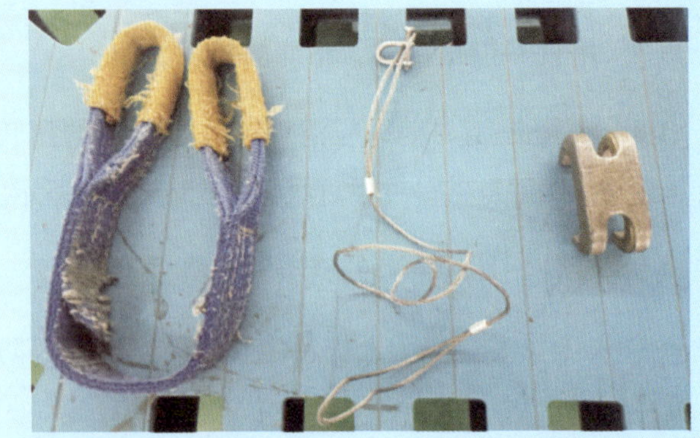
4. 安装拉伸工具 **方法：** （1）将拉伸尼龙带绕过左侧前纵梁 （2）用拉伸链条钩紧拉伸尼龙带 （3）将保险铁丝穿过纵梁、拉伸尼龙带和拉伸链条以进行安全防护 **提示：** 切勿使拉伸尼龙带的长度大于保险铁丝的长度，因为拉伸力主要依靠尼龙带，而不是保险铁丝	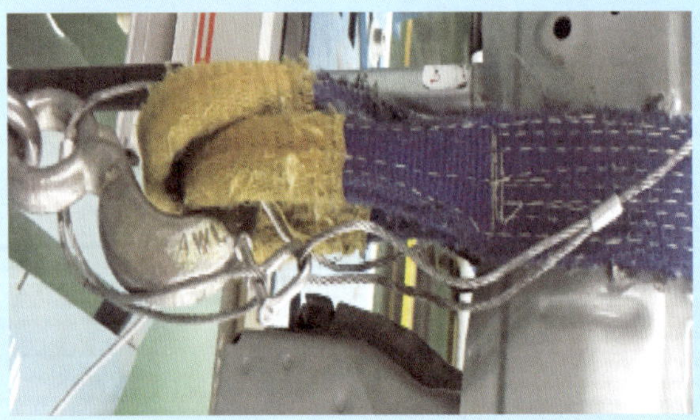
5. 使用快速连接钩 **方法：** （1）快速收紧链条 （2）清理链条上的扭转和缠绕	 
6. 塔柱拉伸 **方法：** 控制油泵，使其将液压油打入液压塔柱内 **提示：** 注意油泵是否漏油，小心地滑	

续表

操作内容	图片
7. **调整导向环** **方法：** 把导向环降到与纵梁相同的高度，拧紧导向环固定螺栓，打开液压塔柱开关 **提示：** 注意链条不能扭曲或打结	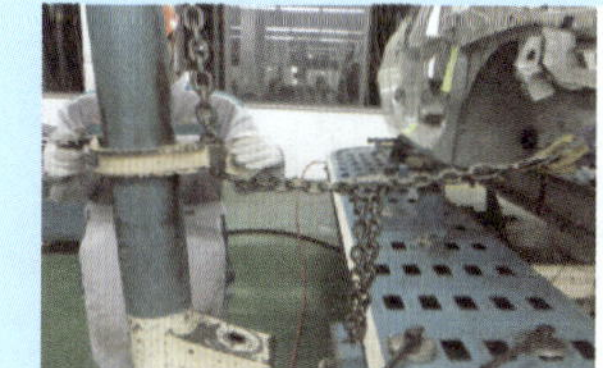 
8. **取下控制开关** **方法：** 使用控制开关控制塔柱的上升与下降，其间，通过导向环改变链条拉伸力的方向 **提示：** 将控制开关放置在计算机旁，以便边观测边操作	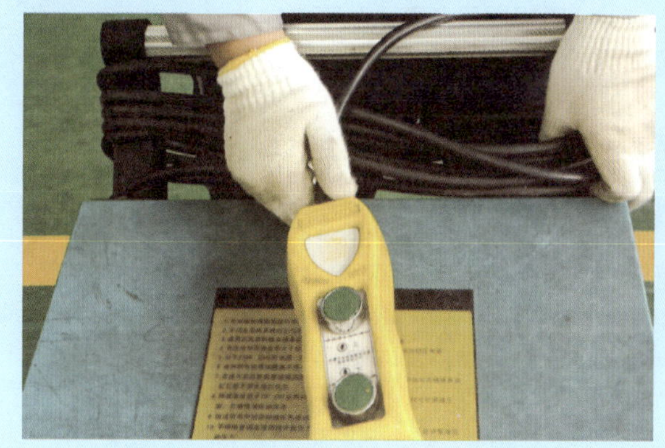
9. **拉伸离塔柱近的一侧梁** **方法：** 松开导向环固定螺栓 **提示：** 在链条受力并呈一条直线时松开导向环固定螺栓	

续表

操作内容	图片
10. 监控数据 **方法：** （1）在塔柱拉伸时，按下控制开关的上升按钮 1～2 s 后松开，等待 3～5 s，给系统足够的测量时间，使数据测量更准确 （2）记录链条收紧时的数据 （3）卸去拉力，记录链条放松后的数据 **提示：** （1）计算机显示“停止”字样时应停下，不做任何操作 （2）按下上升按钮的时间越长，液压塔柱上升得越高，数据变化越大 （3）在小数据的拉伸中，非常容易产生拉伸过度的问题，其原因就是没控制好塔柱上升的高度，即没能掌握上升按钮按下的时间 （4）反弹余量应设置在第一个被拉伸的梁上	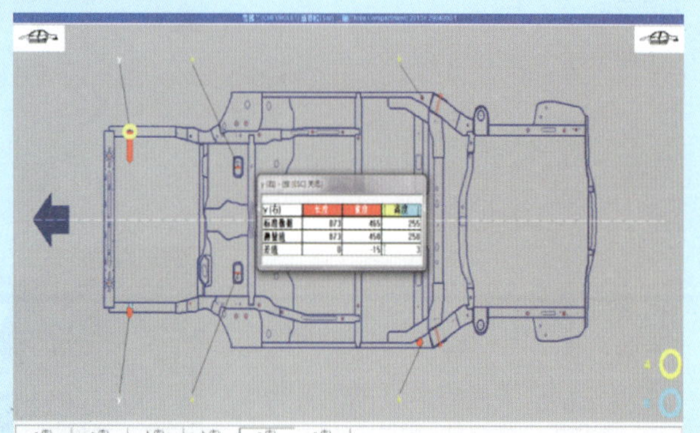
11. 拉伸离塔柱远的一侧梁 **方法：** 用同样的方法拉伸该侧梁 **提示：** （1）使用同一个塔柱。在安装拉伸工具时需要注意避免链条在移动中碰到超声波发射器 （2）将导向环调整到位，防止链条勾到离塔柱近的纵梁	

续表

操作内容	图片
12. 清理场地 **方法：** 清洁平台及使用的工具，清扫地面 **提示：** 按照4S店的要求做好清理工作	

思考与练习

1. 怎样有效避免拉伸校正时的拉伸过度？
2. 校正平台有哪些操作注意事项？
3. 简述车身变形校正的注意事项。

模块五

汽车涂装维修设备与材料的使用

任务1　汽车涂装维修设备的使用

学习目标

1. 了解汽车涂装维修设备的种类和作用。
2. 熟悉汽车涂装维修设备的结构组成。
3. 熟悉汽车涂装维修设备的使用方法。
4. 能正确使用汽车涂装维修设备。

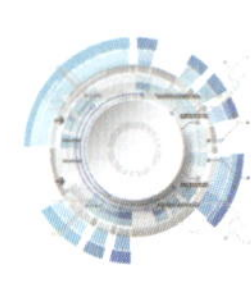

任务描述

良好的汽车涂装维修设备是实施汽车涂装维修的必要条件，也是车身涂装质量的重要保证。本任务系统地介绍了汽车涂装维修设备的种类、作用、结构组成和使用方法，要求学生掌握汽车涂装维修设备的使用及其相关技能。

相关知识

汽车涂装维修设备按照涂装维修的施工工艺可分为压缩空气供给系统、打磨设备、喷涂设备、干燥设备和调漆设备五类。

一、压缩空气供给系统

1. 压缩空气供给系统的作用

压缩空气供给系统的作用是产生稳定的压缩空气气流，并将压缩空气输送到相应的作业位置，驱动喷涂设备和各种气动工具高效、稳定地工作。

2. 压缩空气供给系统的组成

压缩空气供给系统一般由空气压缩机、储气罐、空气干燥器、油水分离器、气体输送管路及各种辅助元件组成。典型压缩空气供给系统的组成如图 5-1-1 所示。

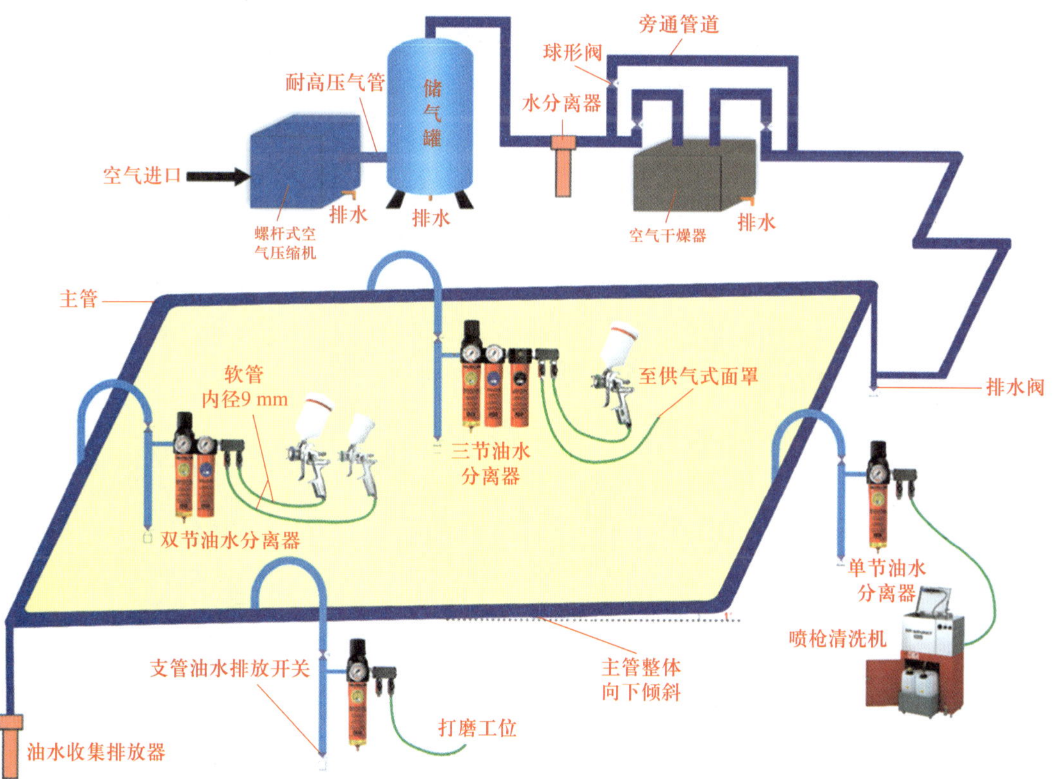

图 5-1-1 典型压缩空气供给系统的组成

（1）空气压缩机

空气压缩机是一种以电动机为动力，将空气压缩成高压空气的机械。汽车涂装维修车间经常使用的空气压缩机有螺杆式和活塞式两种，如图 5-1-2 所示。

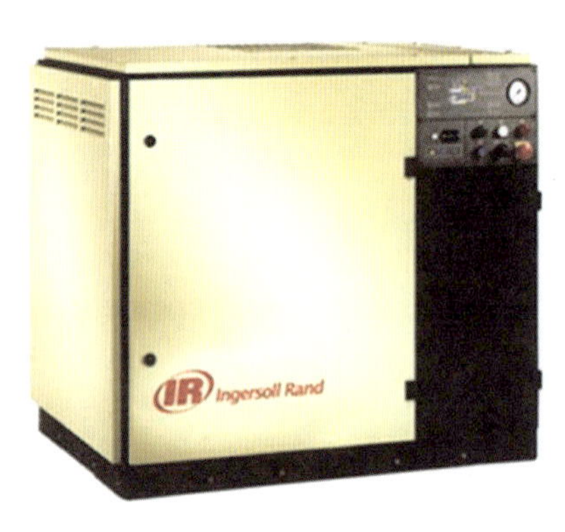

a）

b）

图 5-1-2　空气压缩机
a）螺杆式　b）活塞式

空气压缩机应尽可能安置在通风、清洁和干燥的地方，且与墙体和其他障碍物保持 30 cm 以上的距离，以便于空气的流通和机体的散热。

（2）储气罐

储气罐的作用是把空气压缩机产生的高压气体储存起来。储气罐罐壁上安装有压力表、进气口、出气口、安全阀和排污阀，如图 5-1-3 所示。压力表用于显示储气罐内的压力。安全阀的作用是防止储气罐因压力过大而爆炸，当压力超过规定值时，安全阀自动排气，从而使储气罐内的最高压力不超过规定值。排污阀安装在储气罐的下部，用于定期排除储气罐内的污物。排污阀与安全阀不可安装在一起，否则一旦排污孔堵塞，安全阀也将不起作用，从而引发危险。

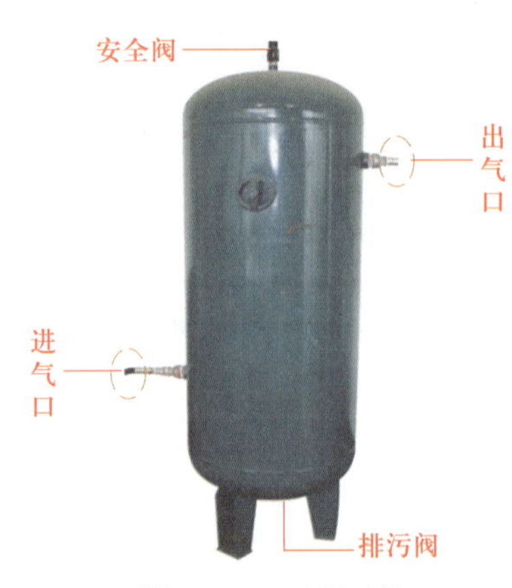

图 5-1-3　储气罐

（3）空气干燥器

常见的空气干燥器有化学式、除湿式和冷冻式三种。其中，冷冻式空气干燥器即冷冻干燥机（见图 5-1-4）主要用于降低压缩空气的温度，它既可以吸收气流的热量，又可以清除气流中的杂质、油和水。若空气干燥器没有将空气中的油、水清除干净，就会在喷漆时造成“鱼眼”“气泡”等涂膜缺陷。

（4）油水分离器

油水分离器的作用是把压缩空气中的油和水分过滤掉，使输出的空气干燥、洁净。常见的油水分离器有单节式、双节式和三节式三种。单节油水分离器过滤的空气被应用于打磨、喷枪清洗工位，双节油水分离器过滤的空气被应用于涂料毒性不高的喷涂工位，三节油水分离器过滤的空气被应用于喷涂质量和涂料毒性高的喷涂工位。常用的三节油水分离器如图 5-1-5 所示。

图 5-1-4 冷冻干燥机

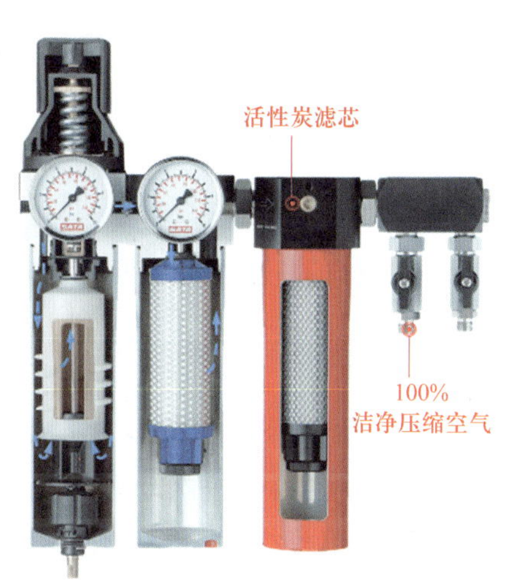

图 5-1-5 三节油水分离器

（5）气体输送管路

压缩空气的输送系统由管路组成，气体输送管路整体应具备一定的倾斜度，以便管路中凝结水的流出。管路由硬管和软管组成，固定工位所需的气体一般先被硬管输送到固定位置，再由软管接到气动设备上。硬管一般是钢管或 PVC 管，空气软管（见图 5-1-6）是织物覆盖的橡胶软管，多数空气软管的表面呈蓝色。同一管径的管路越长，空气通过的气压降就越大，在选择空气软管时，首先要考虑空气软管的直径大小。

（6）快速接头和插头

快速接头和插头（见图 5-1-7）的主要作用是方便气动工具从气体输送管路中接取气源。常见的快速接头和插头按标准可分为亚式和欧式两种。快速接头和插头使用方便，极大地提高了工作效率。

图 5-1-6　空气软管

图 5-1-7　快速接头和插头

二、打磨设备

汽车涂装维修的打磨设备主要有无尘干磨系统和漆面抛光设备两种。

1. 无尘干磨系统

无尘干磨系统是利用气动或电动工具进行打磨，同时将打磨下来的灰尘吸入集尘袋的一系列装置的总称。按照动力提供方式的不同，无尘干磨系统分为气动无尘干磨系统和电动无尘干磨系统两种；按照车间的布置方式，无尘干磨系统分为有固定工位的悬臂式无尘干磨系统（见图 5-1-8）和无固定工位的移动式无尘干磨系统两种，其中气动移动式无尘干磨系统在汽车维修行业应用最为广泛。

（1）无尘干磨系统的组成

无尘干磨系统主要由真空吸尘器、伺服系统、打磨机、吸尘软管和干磨砂纸等组成，常见的无尘干磨系统如图 5-1-9 所示。

1）真空吸尘器与伺服系统。真空吸尘器是无尘干磨系统的集尘中心，主要用于收集打磨下来的粉尘。真空吸尘器上设有打磨和吸尘模式的开关，当开关旋至打磨模式时，系统提供打磨动力，同时处于吸尘状态；当开关旋至吸尘模式时，系统只能单纯地进行吸尘操作。伺服系统由气压表、油水分离器、自动润滑储油杯和压缩空气快速接头等组成，具有调节打磨机的工作气压、进一步净化压缩空气和自动润滑真空吸尘器电动机的功能。

图 5-1-8 悬臂式无尘干磨系统

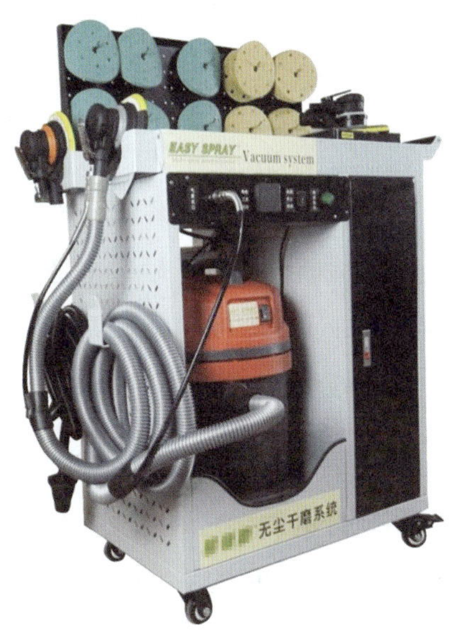

图 5-1-9 常见的无尘干磨系统

2）打磨机。打磨机按照驱动方式不同可分为气动打磨机和电动打磨机，按照托盘形状的不同可分为盘式打磨机和板式打磨机，按照砂纸运动方式的不同又可分为单作用打磨机、双作用打磨机和轨道式打磨机。汽车涂装维修中主要使用气动打磨机。

①气动单作用打磨机。气动单作用打磨机的打磨托盘绕一固定点转动，砂纸只做单一圆周运动，如图 5–1–10 所示。这种打磨机转矩大，主要用于消除钣金焊点和除旧漆作业。

②气动双作用打磨机。气动双作用打磨机的打磨托盘本身以小圆圈振动，同时又绕自己的中心转动，如图 5–1–11 所示，它又被称为偏心距打磨机。偏心距越大，打

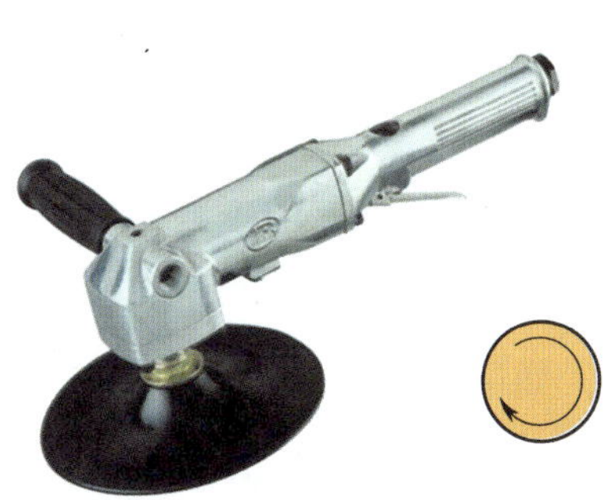

图 5-1-10 气动单作用打磨机

图 5-1-11 气动双作用打磨机

磨机的磨削力越强。一般偏心距为 3 mm 的打磨机用于打磨漆面，偏心距为 5 mm 的打磨机用于打磨羽状边，偏心距为 7 mm 的打磨机用于粗磨原子灰和除旧漆。双作用打磨机有硬质和软质两种打磨托盘，在打磨漆面时一般用软质打磨托盘，有时还须加装海绵保护垫。

③气动轨道式打磨机。气动轨道式打磨机砂垫的外形呈矩形，以便于在工件表面上沿直线轨迹移动，砂垫本身以小圆圈振动，如图 5–1–12 所示。该类打磨机适用于平面作业，主要用于原子灰的磨平工作，在操作时可以根据工件的表面情况使用各种尺寸的砂垫，以提高工作效率。

3）手刨。手刨是一种手工打磨工具，它本身没有动力机构，是借助手的推力来实现打磨的，它通过吸尘软管与真空吸尘器相连，以便把打磨下来的灰尘直接吸入集尘袋。常用的手刨有 70 mm × 420 mm、70 mm × 198 mm 和 70 mm × 120 mm 三种规格，如图 5–1–13 所示。手刨质量小、外形小巧、操控方便，是打磨原子灰的理想工具。

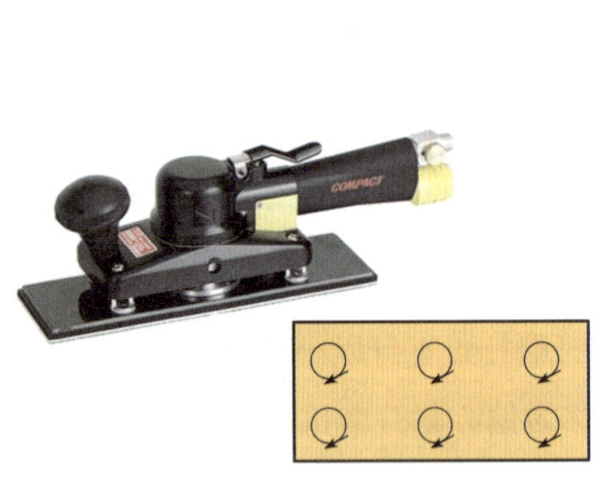

图 5–1–12　气动轨道式打磨机

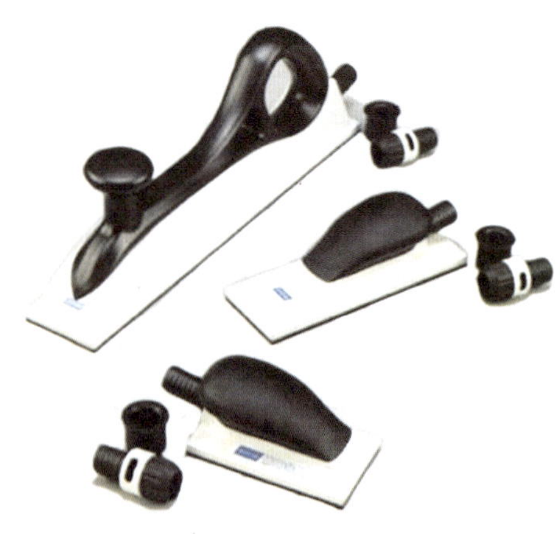
图 5–1–13　手刨

（2）打磨机的使用方法

1）旧涂层的打磨方法。在使用无尘干磨系统清除旧涂层的过程中，当打磨机从左向右移动时，打磨机叶轮左上方的 1/4 处应对准加工表面；当打磨机从右向左移动时，叶轮右上方的 1/4 处应对准加工表面，如图 5–1–14 所示。打磨较小的凹面时，应增大打磨机托盘与工件表面之间的角度，适当提起打磨机，如图 5–1–15 所示。

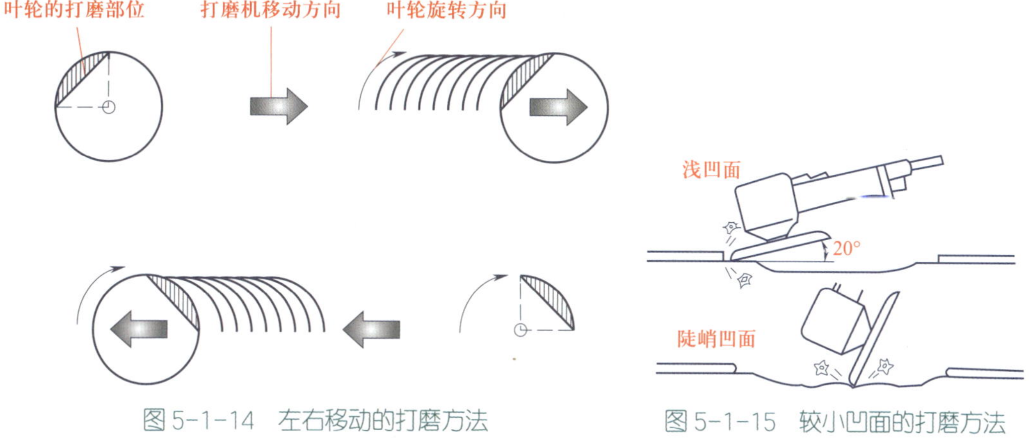

图 5-1-14 左右移动的打磨方法　　图 5-1-15 较小凹面的打磨方法

2）羽状边的打磨方法。打磨羽状边是为了制作出一个较宽的平滑边缘，从而使施涂的各涂层过渡平缓，并增加涂膜破损边缘的附着力。在打磨时，先将打磨机托盘轻压在裸金属与旧涤膜的交界处，启动打磨机，并沿交界边缘移动。前后推拉打磨机来打磨羽状边的方法是错误的，这样不仅不能消除交界处的台阶，而且会使裸金属的区域越来越大。两种羽状边打磨方法的比较如图 5-1-16 所示。

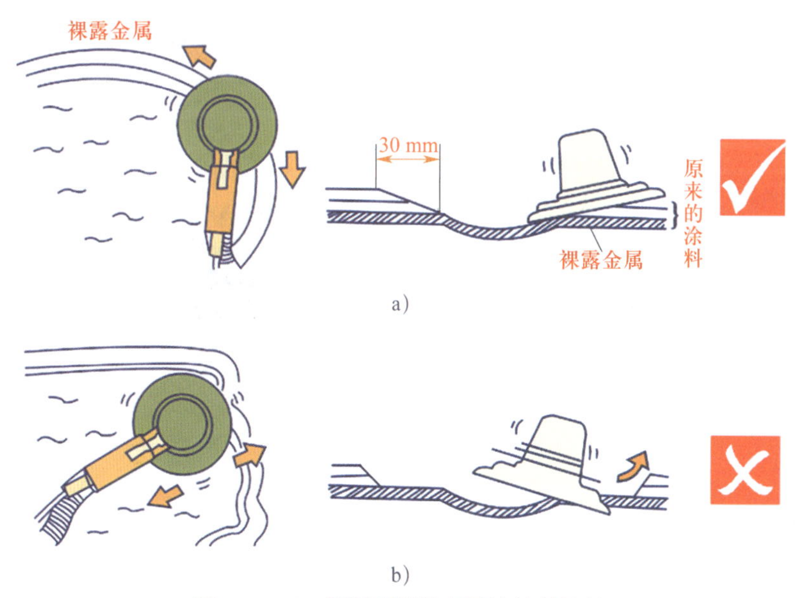

图 5-1-16 两种羽状边打磨方法的比较

a）正确的方法　b）错误的方法

3）平整漆面的打磨方法。打磨大面积的平整漆面时，应握紧打磨机，将打磨机托盘与漆面的夹角保持在 5° ~ 10° 并均衡用力并适度向下施压，左右移动打磨机，要使前后两道砂痕的面积重叠 50%~60%，这样有利于磨平整个漆面，避免产生很深的划痕，也不会遗漏需要打磨的部位。平整漆面的打磨方法如图 5–1–17 所示。

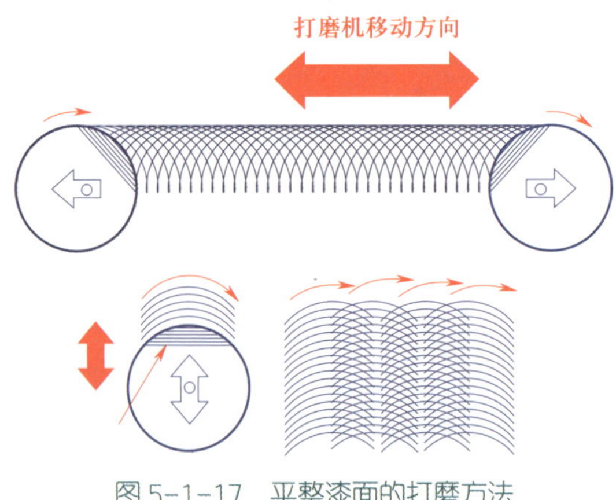

图 5–1–17　平整漆面的打磨方法

2. 漆面抛光设备

漆面抛光的主要设备是抛光机。抛光机是利用抛光垫对已完成喷涂的外涂层进行加工的设备，它分为电动机驱动和压缩空气驱动两种形式，如图 5–1–18 所示。由于电动机驱动型抛光机转矩大，能保证在有负载的情况下稳定旋转，所以电动抛光机比气动抛光机应用更为普遍。

a)　　b)

图 5–1–18　两种形式的抛光机

a）电动抛光机　b）气动抛光机

抛光机的主要附件是抛光垫。抛光垫按其与抛光机连接方式不同可分为螺母式、螺栓式及吸盘式；根据材料不同可分为毛巾式、毛绒式和海绵式，如图 5–1–19 所示。毛巾式抛光垫的研磨效力最高，一般与中、粗颗粒的抛光剂配套使用；海绵式抛光垫留下的抛光痕迹最小，常用于精细抛光；毛绒式抛光垫的研磨效力居于前二者之间。

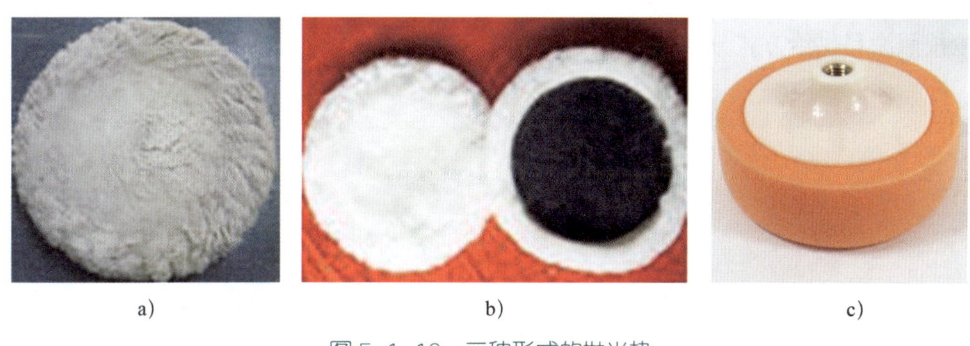

a)　　b)　　c)

图 5-1-19 三种形式的抛光垫

a）毛巾式抛光垫 b）毛绒式抛光垫 c）海绵式抛光垫

三、喷涂设备

1. 空气喷枪的作用与结构

（1）空气喷枪的作用

空气喷枪是汽车涂装维修的关键设备之一，它利用压缩空气的压力使液体涂料雾化，形成雾状喷射流，从而将涂料喷涂到被涂物表面上，形成厚薄均匀、具有光泽的涂膜。

（2）空气喷枪的结构

空气喷枪主要由气帽、喷嘴、针阀、扳机、空气阀、调节旋钮和手柄等组成，空气喷枪的结构如图 5-1-20 所示。

气帽使由压缩空气气流吸上来的油漆雾化并形成一定形状。喷嘴与顶针配合控制喷涂量，并把液流从喷枪中导向气流。喷枪实际喷出的涂料量由顶针的开度大小决定。扳机与空气阀相配合，控制空气和涂料的流量。当扳机扣到一半时，空气阀打开，压缩空气高速喷出，并在喷嘴前形成负压；继续扣下扳机，喷嘴打开，涂料喷出。喷涂气压调节旋钮用于调节涂料喷涂时的气流压力，涂料流量调节旋钮用于控制液体涂料的流量，喷幅调节旋钮用于控制喷雾形状。

2. 空气喷枪的类型与选用

（1）空气喷枪的类型

根据涂料供给方式的不同，喷枪可分为虹吸式喷枪、重力式喷枪和压送式喷枪三种类型。虹吸式喷枪主要用于喷涂黏度较小的涂料，它被广泛应用于汽车修补涂装、家具涂装、建筑装潢行业，以及批量较小的产品涂装中；重力式喷枪用于喷涂较稠的涂料，如喷涂中涂底漆、油灰等车身涂料；压送式喷枪则用于大面积的喷涂。将空气喷枪按照涂料供给方式分类如图 5-1-21 所示。

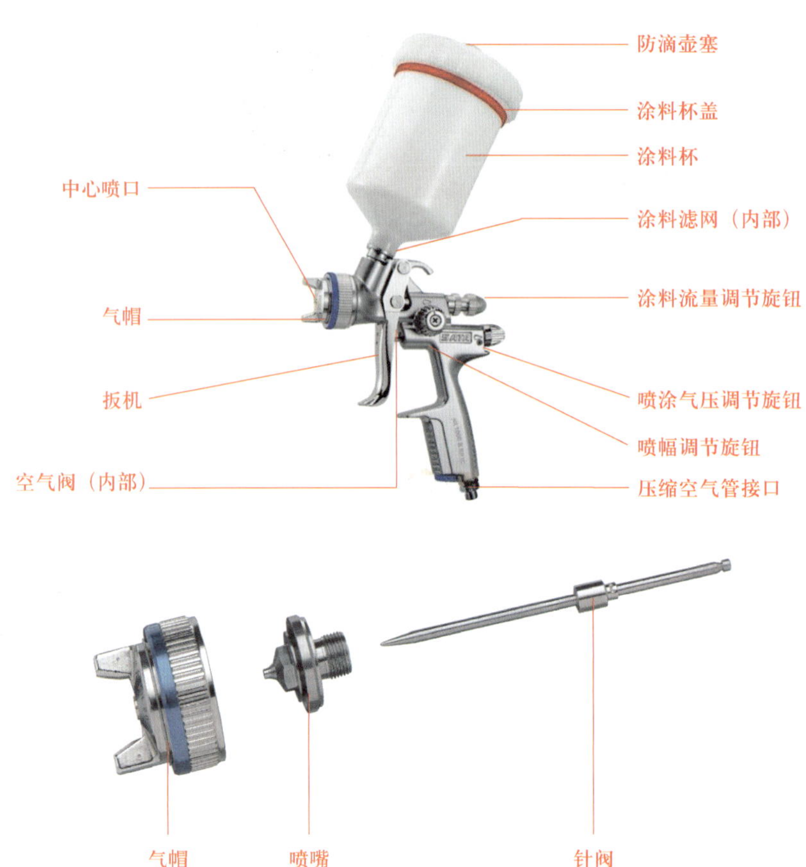

图 5-1-20　空气喷枪的结构

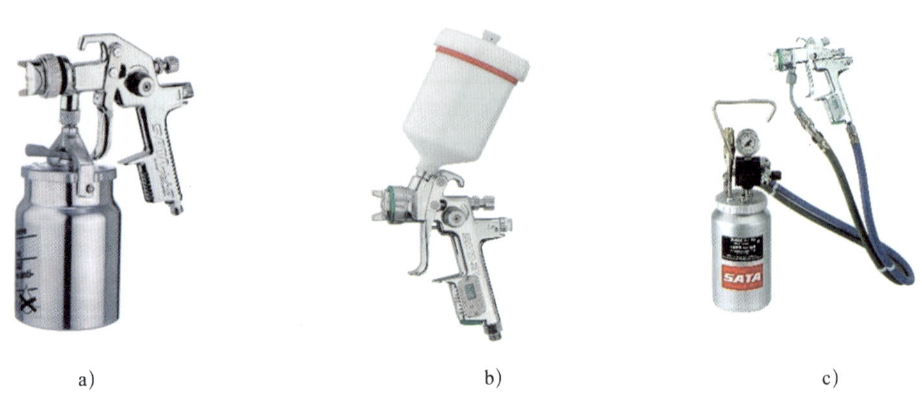

图 5-1-21　将空气喷枪按照涂料供给方式分类

a）虹吸式喷枪　b）重力式喷枪　c）压送式喷枪

根据用途的不同，喷枪可分为底漆用喷枪、面漆用喷枪和小修补用喷枪等。底漆用喷枪是专门用于底漆和中涂底漆涂层喷涂的喷枪；面漆用喷枪主要用于色漆和清漆层的喷涂；小修补用喷枪是专门用于小面积修补的小喷枪，目前被广泛应用于汽车修理厂和汽车美容店等场所。将空气喷枪按照用途分类如图 5–1–22 所示。

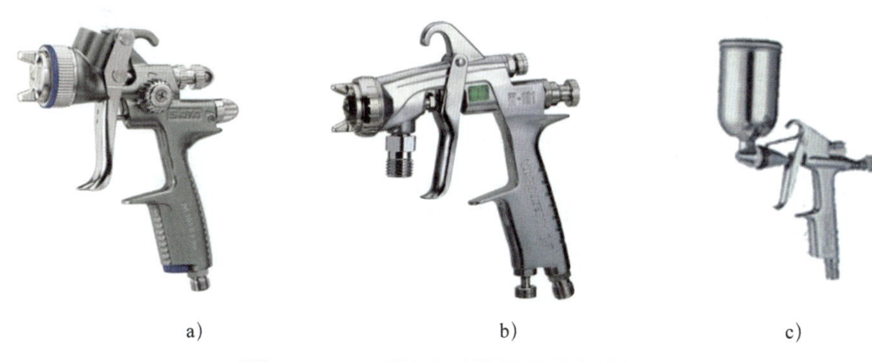

a)　　b)　　c)

图 5-1-22　将空气喷枪按照用途分类

a）底漆用喷枪　b）面漆用喷枪　c）小修补用喷枪

根据喷涂气压不同，喷枪可分为传统高气压喷枪、环保型高流量低气压（HVLP）喷枪和低流量中气压（RP）喷枪三种。传统高气压喷枪工作气压高、空气流速快、雾化效果好、喷涂质量高，但其涂料反弹率高、涂料利用率低、环境污染大，现正被其他先进喷枪逐渐取代；环保型高流量低气压喷枪工作气压低、非常安静、涂料反弹率小、涂料利用率在 65% 以上，但其喷涂速度较慢、工作效率相对较低；低流量中气压喷枪将传统高气压喷枪工作速度快、喷涂质量高的优点与环保型高流量低气压喷枪经济性好、传递效率高的优点完美地结合起来，是一款高性能的喷枪。将空气喷枪按照喷涂气压分类如图 5–1–23 所示。

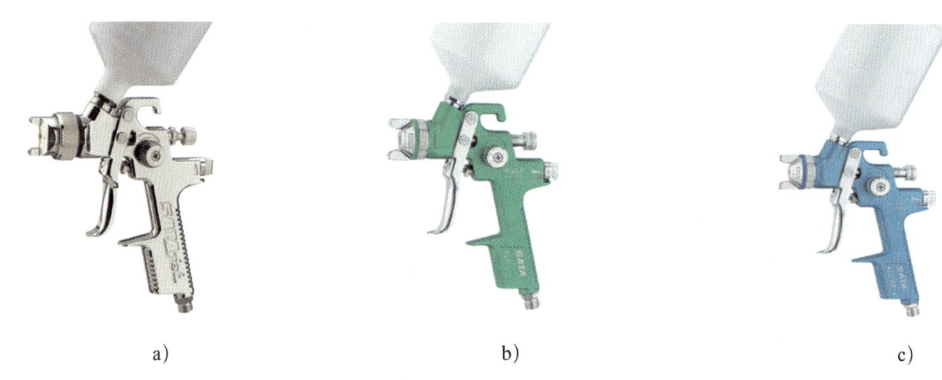

a)　　b)　　c)

图 5-1-23　将空气喷枪按照喷涂气压分类

a）传统高气压喷枪　b）环保型高流量低气压喷枪　c）低流量中气压喷枪

（2）空气喷枪的选用

喷枪的种类繁多，要正确地选用。总的来说，整车喷涂多选用压送式喷枪或虹吸式喷枪，整板喷涂或小面积喷涂多选用重力式喷枪，点修补或做驳口则多选用小修补用喷枪，面漆喷涂应选用面漆用喷枪，底漆喷涂应选用底漆用喷枪。除了选取喷枪的类型外，还要根据喷涂涂料和喷涂要求不同选择不同的喷枪口径。各种喷枪口径及其应用见表 5–1–1。

表 5–1–1　各种喷枪口径及其应用

喷枪类型	喷枪口径 /mm	应用
重力式喷枪和虹吸式喷枪	1.2	纯色漆和清漆喷涂
	1.3	银粉漆和珍珠漆喷涂
	1.4	清漆喷涂最佳
	1.6	底漆和中涂底漆喷涂
	1.8	
	2.0	原子灰喷涂
小修补用喷枪	0.3	设计工作
	0.5	设计和喷涂
	0.8	纯色漆、底色漆和清漆喷涂
	1.0	
	1.1	水性漆喷涂
压送式喷枪	0.8	面漆喷涂
	1.1	

四、干燥设备

1. 烤漆房

烤漆房是汽车涂装维修的重要设备，它为面漆涂装提供了一个清洁、安全和照明良好的封闭环境，使喷涂过程中产生的污染物得到控制和治理。

现代汽车涂装维修行业常用低温烤漆房，简称烤漆房。低温烤漆房大多为单室喷烤漆房，即可以在其中进行喷涂施工，待涂膜表面晾干后，再实施烘烤工序。常见的低温烤漆房如图 5–1–24 所示。

图 5-1-24 低温烤漆房

烤漆房主要由墙体、换气系统、过滤系统、加热装置、照明装置、控制装置和废气处理装置等组成。烤漆房的整体结构如图 5-1-25 所示。

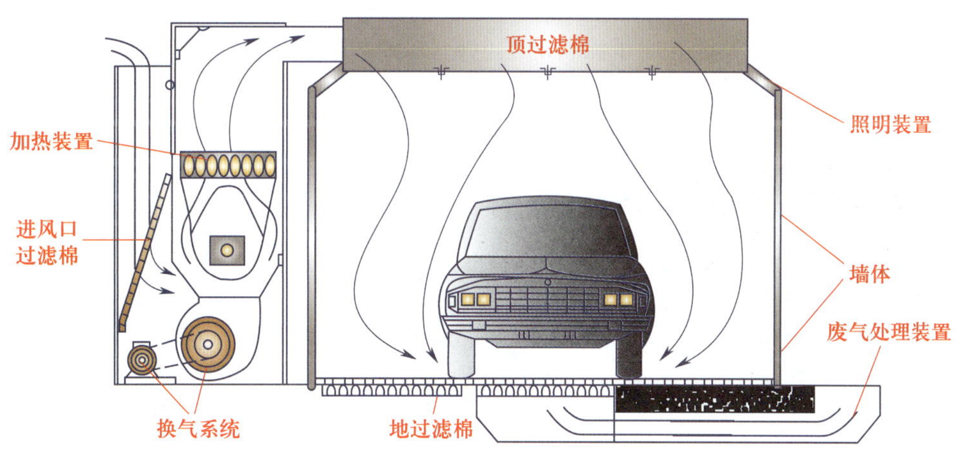

图 5-1-25 烤漆房的整体结构

2. 红外线烤灯

红外线烤灯是一种辐射式干燥设备，它被用于车身涂膜的局部干燥。电加热式远红外线烤灯（见图 5-1-26）由烤灯、支架和控制面板三部分组成，烤灯内有作为辐射热源的灯丝、石英管外罩和定向反射屏。红外线烤灯具有输出功率大、烘干速度快、加热范围容易控制、高效、节能和性价比高等优点，在低温烘烤作业中被广泛使用。汽车局部涂装维修大多使用红外线烤灯。

五、调漆工具与设备

1. 调色工具与设备

（1）调色工具

调色的基本工具有调漆杯、调漆尺和试板等。

调漆杯分为 0.2 L、0.3 L、0.5 L、1 L 和 2 L 等不同的容量；根据杯子硬度不同又分为硬质调漆杯和软质调漆杯。调漆杯一般由塑料制成，具有质量轻、耐酸碱、耐高温和无毒无味等特点。

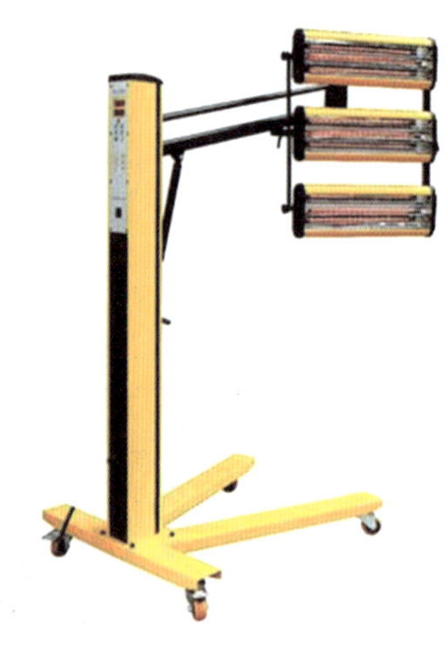
图 5–1–26　电加热式远红外线烤灯

调漆尺是一种由金属或塑料制成的尺子，它上面没有刻度，被用来搅拌涂料和比较涂料颜色。在调色过程中，经常用调漆比例尺来代替调漆尺，调漆比例尺的各边有由不同颜色蚀刻上的不同比例的刻度。

试板是用于比色的调色工具。在调色过程中，将调配的色漆喷在试板上，待涂膜干燥后将其与标准颜色进行比较，即可找出颜色的差异。试板的材质和工艺等同于色漆涂膜的基底，这极大地方便了涂料的颜色比较，提高了调色的准确程度。调色的基本工具如图 5–1–27 所示。

a）

b）

c）

图 5–1–27　调色的基本工具
a）调漆杯　b）调漆尺　c）试板

（2）调色设备

调色的常用设备有电子秤、调漆机、比色灯箱和烘箱等。

电子秤又称配色天平，是一种称量涂料、帮助计算适当的涂料混合配比的精确的称量工具。电子秤由托盘、电子显示器和集成电路板等组成。

调漆机又称色母搅拌架，是用来存放和搅拌色母的调色设备，由电动机、存放架和搅拌爪等组成。调漆机有 32、38、59 和 108 等多种规格。

比色灯箱又称目视比色箱、对色灯箱，是在光线不好的情况下模拟自然光环境的调色设备。比色灯箱内通常装有 D65、TL84、CWF、UV、U30、F、TL83、HOR 和 U35 中的几种光源。

烘箱是一种用于强制烘干零件或试验样板的设备。按照用途不同，烘箱可分为大型油漆烘箱和小型样板烘箱两种。烘箱内有热风循环系统，可强制通风，使烘箱内温度均匀一致；烘箱温度控制仪表为数字智能显示表，配有 999.99 h 的时间控制器，并与报警装置相连接，从而使烘箱操作简便、快捷和有效。调色的常用设备如图 5-1-28 所示。

a) b) c) d)

图 5-1-28 调色的常用设备

a）电子秤 b）调漆机 c）比色灯箱 d）烘箱

2. 涂料配制工具与设备

涂料配制工具与设备主要有涂料杯、调漆比例尺、黏度计和过滤网等。

涂料杯必须干净无异物，其外形必须是圆柱形，否则会对涂料的配制比例产生影响。有的涂料杯上印有比例刻度，若按照比例刻度配制涂料则不受涂料杯形状的限制。由聚丙烯制造的一次性涂料杯在实际生产中应用最为广泛。

调漆比例尺简称比例尺，是一种由金属或塑料制成的尺子，上面带有刻度。比例尺根据用途不同，分为 1K 比例尺和 2K 比例尺。2K 比例尺上有三列刻度，从左侧起第一列指示涂料的加入量，第二列指示固化剂的加入量，第三列指示稀释剂的加入量。

黏度计是用于检验涂料配制黏度是否符合施工要求的工具，在汽车涂装维修中使用的黏度计有福特杯黏度计、涂-4 杯黏度计、扎恩杯黏度计和 DIN-4 杯黏度计四种。黏度计的工作原理是以一定数量的涂料通过一定直径的小孔流出的总时间来衡量涂料的黏度，所以涂料黏度的计量单位为秒（s）。我国主要采用涂-4 杯黏度计来测量配制涂料的黏度。涂料配制的常用工具和设备如图 5-1-29 所示。

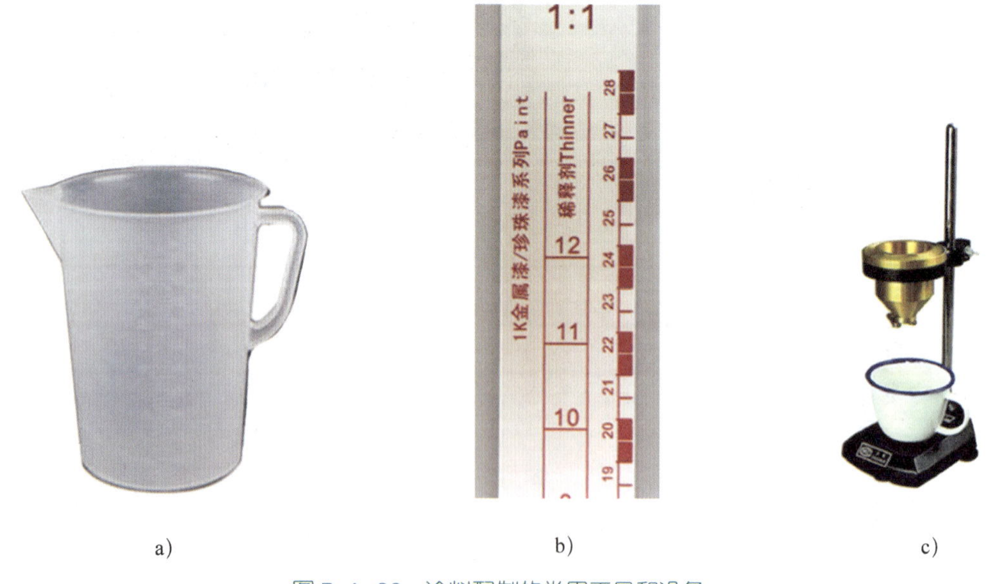

a)　　b)　　c)

图 5-1-29　涂料配制的常用工具和设备

a）涂料杯　b）调漆比例尺　c）黏度计

任务实施

一、无尘干磨系统的使用

本任务的内容为无尘干磨系统的使用，见表 5-1-2。

表 5-1-2　　无尘干磨系统的使用

操作内容	图片 
1. 组装无尘干磨系统 **（1）接上电源和压缩空气软管** **方法：** 1）确认真空吸尘器的开关处于关闭状态，将电源线插头接上电源 2）将压缩空气软管接到伺服系统的进气口 **提示：** 接好电源和压缩空气软管后，观察真空吸尘器有无异常、压缩空气有无泄漏	
（2）接上吸尘软管 **方法：** 1）插上与吸尘软管配套的空气软管 2）装上吸尘三通接头 3）装上吸尘软管接头 4）将吸尘软管接头插入吸尘三通接头 **提示：** 装空气软管和吸尘软管接头时要保证连接可靠，接头处无泄漏	
（3）接上气动打磨机 **方法：** 1）将空气软管的快速插头插在气动打磨机的接头上 2）将吸尘软管装到打磨机上 **提示：** 在装吸尘软管前，要检查软管有无破损、是否自然伸展。注意吸尘软管不能被折曲，不能被挤压	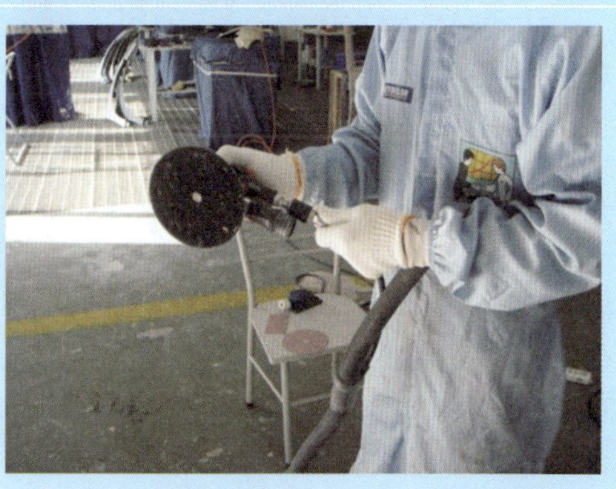

续表

操作内容	图片 
（4）装好干磨砂纸 **方法：** 1）根据打磨的要求选择对应型号的干磨砂纸 2）将干磨砂纸粘扣在打磨机的托盘上 **提示：** 粘扣砂纸时，必须将砂纸的孔眼与打磨机托盘上的孔眼完全对齐；砂纸的大小要与打磨机托盘的大小一致，砂纸要完全盖住打磨机托盘，不能使托盘直接接触打磨表面	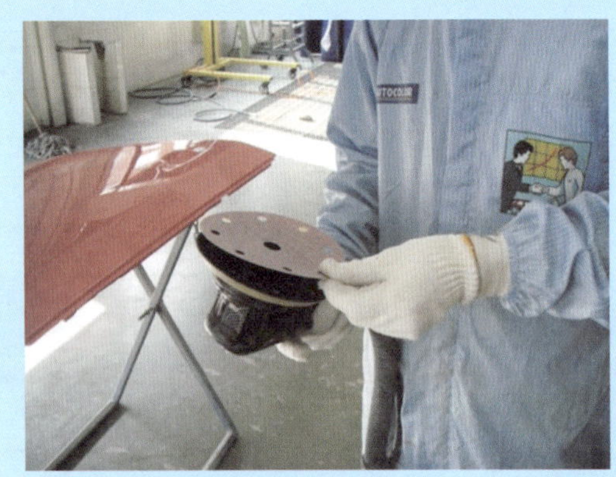
2. 试机与调整 **方法：** （1）将真空吸尘器上的开关旋至打磨挡 （2）拿起打磨机，按下打磨机的开关，观察打磨头的运转是否平稳，真空吸尘器的运作是否正常 （3）根据打磨机转速调整手柄旁的指示内容，左右扳动手柄，以调节转速的大小，直至打磨机的转速符合要求 **提示：** 不同类型的打磨机，其转速的调整方法也不一样，要根据具体要求进行适当调整	
3. 用盘式打磨机进行打磨 **（1）将打磨机放在打磨位置** **方法：** 1）在打磨机停机的状态下，将打磨机轻放在板件的待打磨位置 2）使打磨机的托盘平面与板件平面成15°～20°的夹角 **提示：** 在不同的打磨工序中，打磨机的托盘平面与板件平面之间的夹角也不同，在打磨时要根据具体要求来确定夹角大小	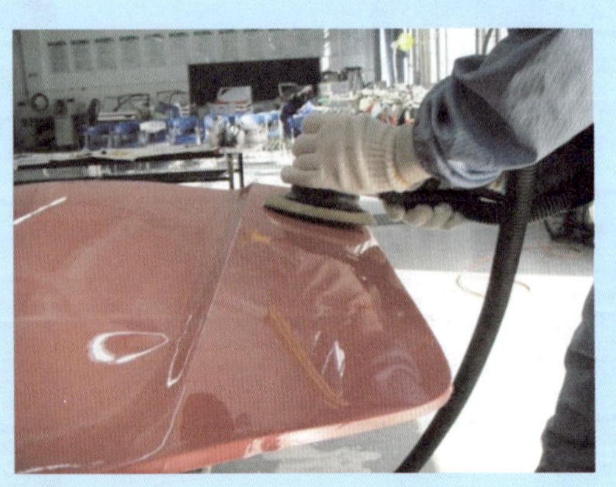

续表

操作内容	图片
（2）启动打磨机 **方法：** 按下打磨机开关，使打磨机开始打磨 **提示：** 不能先启动打磨机后接触打磨面。在打磨时向下压的力不能过大，否则会使打磨机运转不平稳甚至停止转动，影响打磨效果	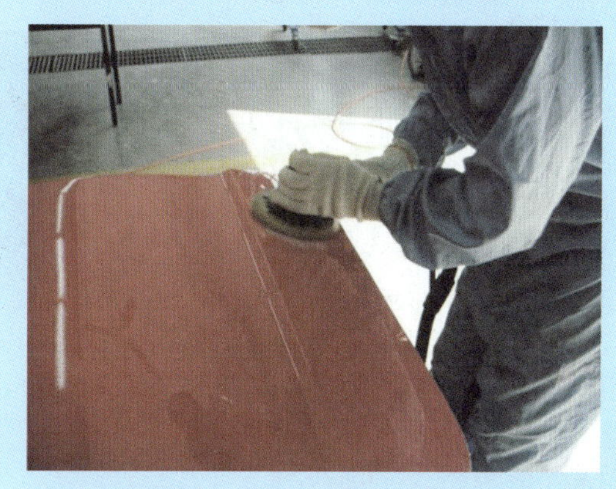
（3）移动打磨机 **方法：** 沿待打磨的边缘移动打磨机。在大平面采用直线移动的方式，在小面积采用圆弧曲线移动的方式 **提示：** 对于气动盘式打磨机来说，其砂纸打磨效率最高的部位是距离砂纸边缘10～20 mm处的砂孔位置。不能采用前后推拉的方式移动打磨机	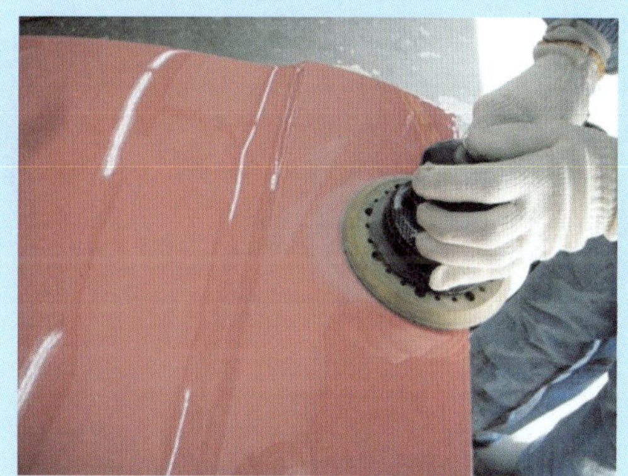
4. 用手刨进行打磨 **（1）打磨前准备** **方法：** 1）将不带空气软管的吸尘软管接到真空吸尘器上 2）将手刨接到吸尘软管上 3）选取大小合适、符合打磨要求的方形砂纸，将砂纸粘扣到手刨上 4）向左转动真空吸尘器旋钮至“吸尘”挡，启动真空吸尘器	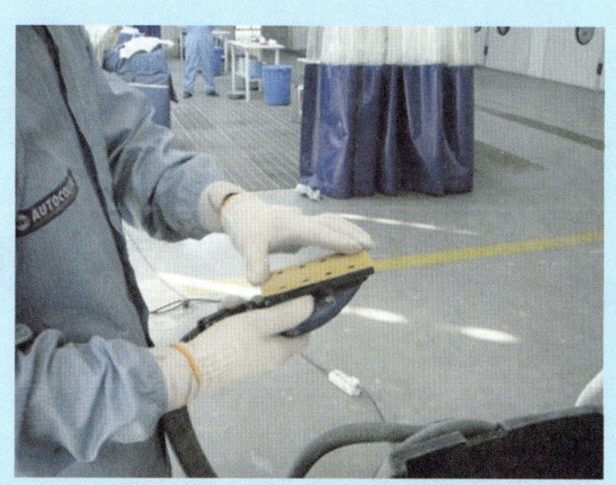

续表

操作内容	图片
（2）打磨 **方法：** 1）将粘扣有砂纸的手刨平行压在打磨面上 2）用均匀的压力在打磨面上来回移动手刨，实施打磨 **提示：** 1）在打磨时手刨与打磨面要始终保持平行 2）要使用交叉打磨的方法进行打磨，以免留下很深的打磨痕迹	
5. 停机 **方法：** 在打磨结束后，断开打磨机开关，将真空吸尘器上的旋钮转到停机挡，无尘干磨系统停止工作 **提示：** 在打磨过程中，要反复检查打磨质量是否符合要求，确认不需再打磨后方可停机，以免频繁、多次启动无尘干磨系统	
6. 整理 **方法：** （1）停机后，用除尘枪吹除砂纸及打磨设备上的灰尘 （2）拆下干磨砂纸 （3）拆下打磨设备，将打磨设备妥善安置 （4）将吸尘软管绕成圈，挂在真空吸尘器上 （5）拆除无尘干磨系统的电源和气源，清洁无尘干磨系统	

二、认知空气喷枪的使用注意事项

本任务的内容为认知空气喷枪的使用注意事项，见表 5-1-3。

表 5-1-3　　认知空气喷枪的使用注意事项

操作内容	图片 
1. 喷枪与被涂表面的角度 **方法：** 喷枪的喷射流与被涂表面应始终保持互相垂直，绝不可让手腕或手肘做弧形摆动 **提示：** 为了始终保持喷枪的喷射流与被涂表面的垂直关系，在喷涂时喷枪的位置要随板件形状走势的变化而变化	
2. 喷枪与被涂表面的距离 **方法：** （1）环保型喷枪的喷涂距离为 13 ~ 17 cm，其最佳喷涂距离为 15 cm （2）传统高气压喷枪的喷涂距离为 18 ~ 25 cm，其最佳喷涂距离为 20 cm **提示：** （1）不同喷枪的喷涂距离不同，在喷涂时要根据所用喷枪的类型和喷涂要求来选择喷涂距离 （2）在喷涂时要保证喷涂距离一致，不能忽近忽远	
3. 喷枪的移动速度 **方法：** （1）喷枪的移动速度一般在 300 ~ 600 mm/s 的范围内 （2）若喷涂要求、涂料的施工黏度或喷涂距离发生变化，喷枪的移动速度也要随之发生变化 **提示：** 喷枪的移动速度要均匀，以获得最佳的涂膜质量为准，不能忽快忽慢	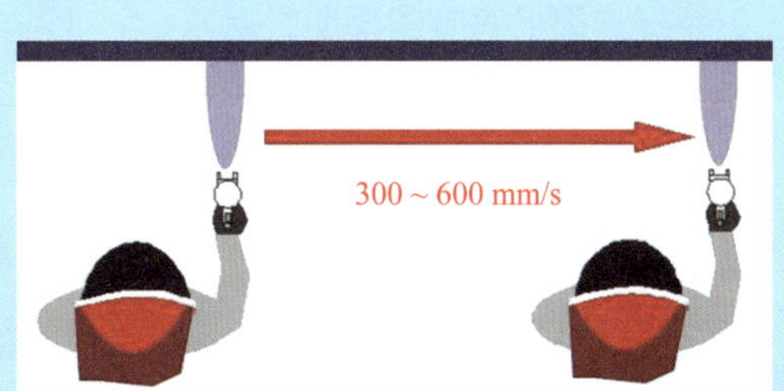

续表

操作内容	图片
4. 喷涂的喷幅重叠 **方法：** 在喷涂时，后一枪的喷幅应在前一枪的喷幅上重叠 1/2～2/3 的宽度，以确保喷涂涂层均匀、流平性好 **提示：** （1）喷幅重叠应宽度一致，不能忽宽忽窄 （2）喷幅重叠若小于其宽度的 40%，就不能形成质量良好的涂膜	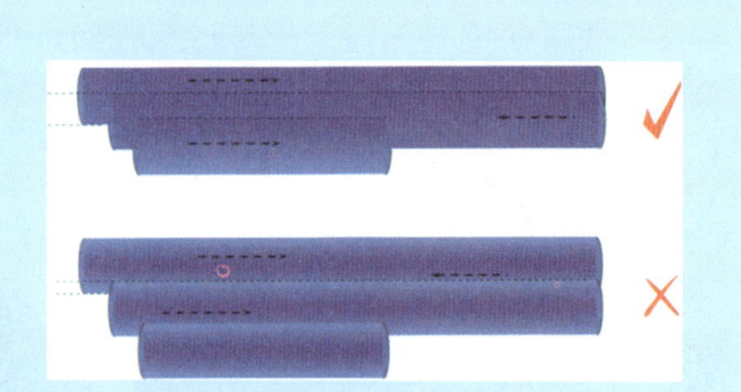
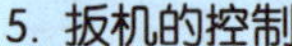 **5. 扳机的控制** **方法：** （1）在喷枪移动状态下才能扣动扳机，即在每次喷涂开始时扣动扳机，终了时松开扳机 （2）喷涂从遮盖纸开始，先扣下扳机的一半，仅放出空气；当走到喷涂表面的边缘时，再完全扣下扳机，喷出涂料；当走到另一头时，松开扳机的一半，涂料停止流出；若需反向喷涂，则再向前移动几厘米，然后重复上述操作步骤 **提示：** 在喷涂过程中要完全扣下扳机，手指不能忽松忽紧	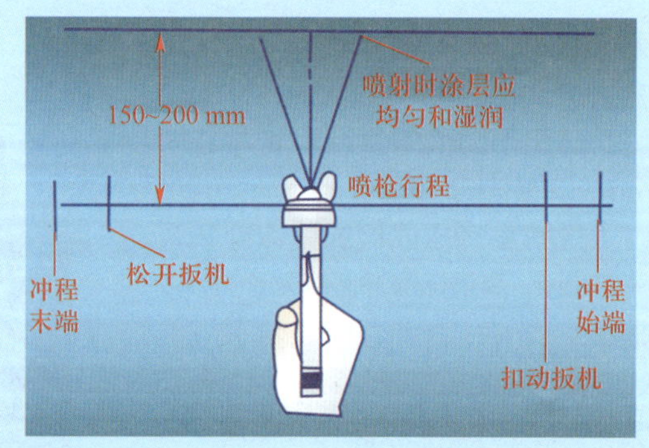
6. 两次喷涂之间的搭接 **方法：** （1）手提式喷枪有效的移动距离为 500～1 000 mm，如果需喷涂表面的长度大于 1 000 mm，则须分段喷涂 （2）两段喷涂之间的重叠区长度一般为 100 mm，在重叠区进行操作时，要注意扣动扳机的时机和程度 **提示：** 在搭接区域容易出现双涂层的“厚湿边缘”，控制不好则容易产生“流挂”	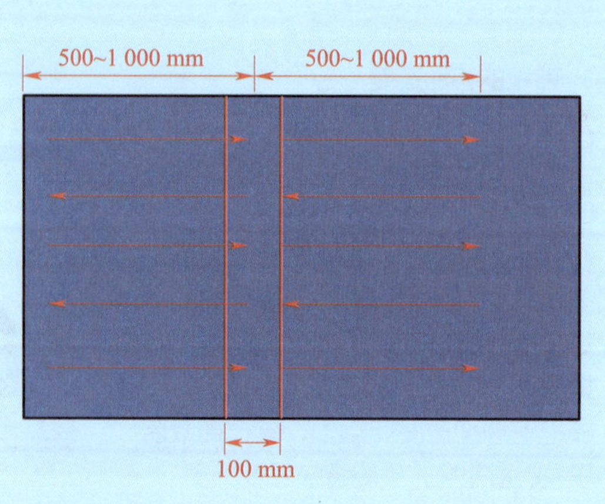

三、红外线烤灯的使用

本任务的内容为红外线烤灯的使用，见表 5-1-4。

表 5-1-4 红外线烤灯的使用

操作内容	图片
1. 将红外线烤灯对准需要烘烤的板面 **方法：** （1）移动红外线烤灯至车身板件附近，调整好位置 （2）初步调整红外线烤灯的高度和与车身板件之间的距离	
2. 接通红外线烤灯的电源 **方法：** （1）将红外线烤灯的电缆接入电源 （2）打开红外线烤灯上的电源开关	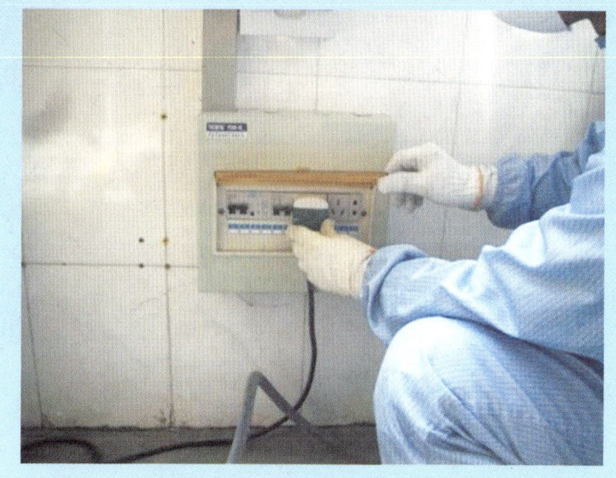
3. 调整烘烤距离 **方法：** 观察红外线烤灯背面的烘烤距离指示灯，若绿色指示灯亮，则不需要调整烘烤距离；若黄色指示灯亮，则要增大或减小烘烤距离	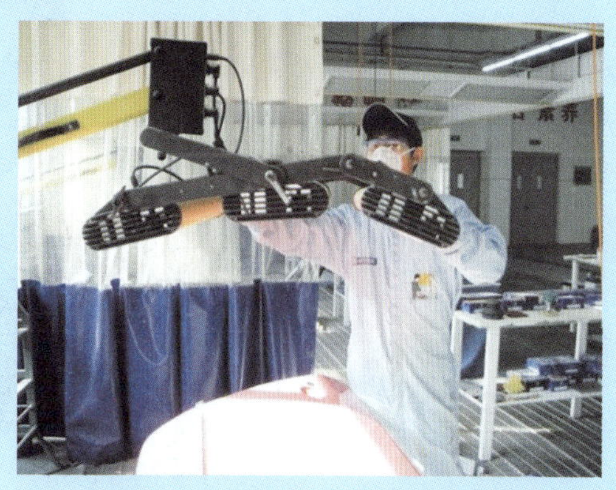

续表

操作内容	图片
4. 开始烘烤 **方法：** （1）按下控制面板上的绿色按钮，红外线烤灯的三根灯管同时亮 （2）按下灯管选择按钮的上方按钮，1 号灯熄灭；按下中间按钮，2 号灯熄灭；按下下方按钮，3 号灯熄灭	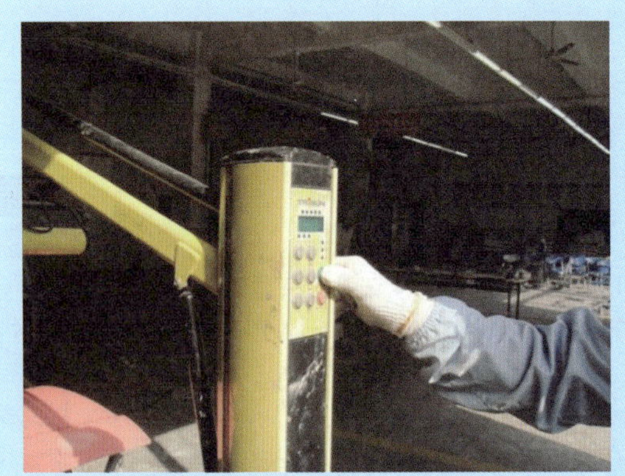
5. 选择烘烤模式 **方法：** （1）按下控制面板上的对应按钮，红外线烤灯进入闪烁烘干模式，液晶屏显示烘烤时间为 5 min；再按一下按钮，烤灯进入直接烘烤模式，液晶屏显示烘烤时间为 10 min （2）也可以通过按下右上角的烘烤模式按钮，在闪干模式和烘干模式之间切换	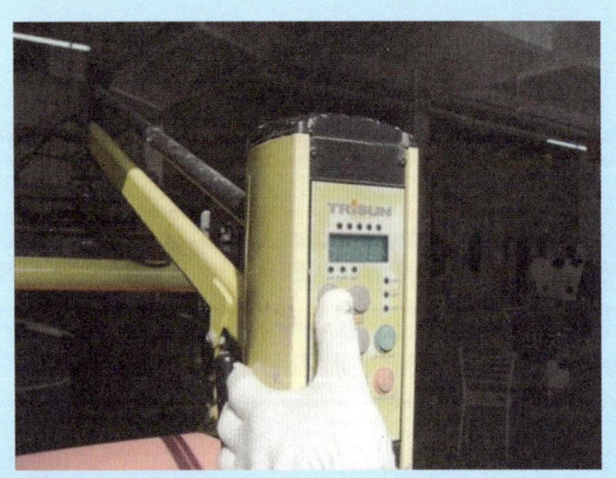
6. 根据烘烤需要调整烘烤时间 **方法：** 直接烘烤状态的最短持续时间为 5 min，如果需要加时几分钟，则按“+1 min”按钮，每按一次增加 1 min；若需要加时几十分钟，则按“+10 min”按钮，每按一次增加 10 min	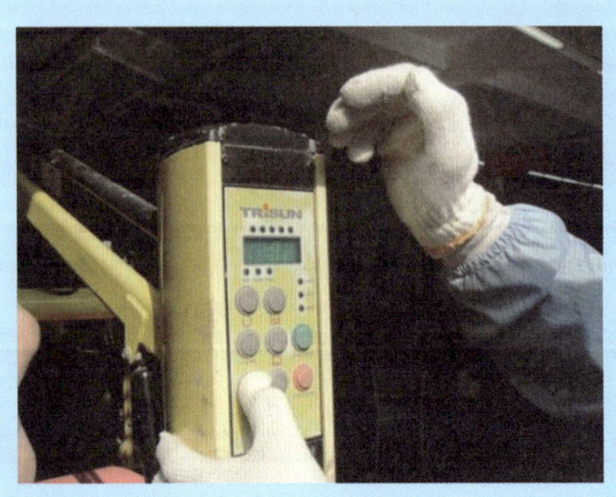

续表

操作内容	图片
7. 关闭红外线烤灯 **方法：** （1）烘烤到达设定的时间后，红外线烤灯自动熄灭；若不到设定的时间但需要结束烘烤，则按下面板上的红色按钮，烤灯停止工作 （2）在红外线烤灯停止工作后，关掉电源总开关，拔下烤灯电缆线，调整烤灯的位置，将其移出工作区	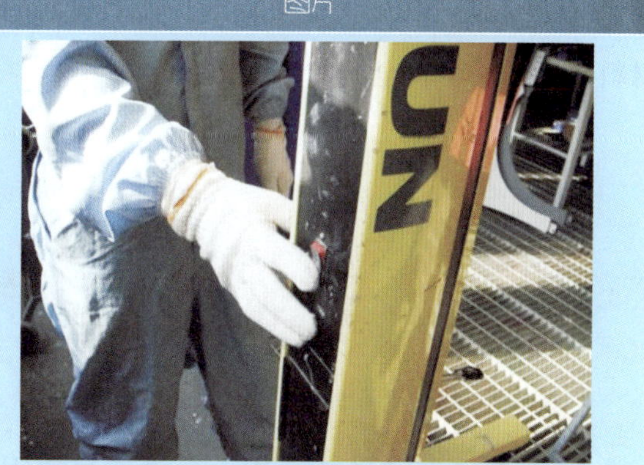

思考与练习

1. 汽车涂装维修的常用设备有哪些？各自有什么作用？
2. 无尘干磨系统有哪几种类型？分别用于哪些场合？
3. 在汽车涂装维修中烤漆房有哪些作用？

任务 2　汽车涂装材料的认知

学习目标

1. 了解汽车涂料的性能要求与分类。
2. 熟悉汽车涂装维修常用涂料。
3. 熟悉汽车涂装维修常用辅助材料。
4. 能根据汽车涂装维修工序正确选择涂料。
5. 能正确选择和使用汽车涂装维修耗材。

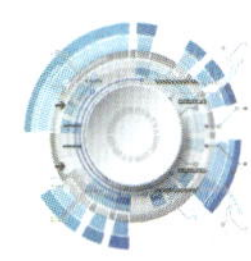

任务描述

汽车涂装材料是汽车涂装维修的物质基础，因此，正确选择和合理使用汽车涂装材料是汽车涂装从业人员的基本技能。本任务系统地介绍了汽车涂料的性能要求、分类、基本组成，以及汽车涂装维修辅助材料的种类和使用场合，为学生学习汽车涂装材料提供了一个较全面的认知体系。

相关知识

一、汽车涂料

1. 汽车涂料的性能要求、分类与基本组成

（1）汽车涂料的性能要求

汽车涂料是指涂布在车身表面，能够形成具有保护、装饰或其他特殊功能的固态涂膜的涂装材料。为了适应汽车的使用场景，汽车涂料应满足一定的性能要求。

1）极好的耐候性。汽车涂料应适应各种气候条件，车身涂层的使用寿命接近汽车的使用寿命，在严酷的风吹、日晒和雨水侵蚀的情况下，汽车涂料应做到保光、保色性好，形成的涂层不会出现开裂、脱落、粉化、起泡或锈蚀等现象。

2）极好的防腐性。车身涂层要能耐汽油、机油和公路用沥青等的影响，也能耐肥皂、清洗剂、鸟或昆虫的排泄物和酸雨等的腐蚀，在被这些物质侵蚀一段时间后不会出现软化、变色、失光、溶解或产生斑印等现象。

3）极好的机械强度。车身涂层应适应汽车行驶过程中的石击或振动，坚韧、耐磨、耐崩裂性和抗划伤性好。

4）极好的配套性。汽车涂装维修属于手工涂装作业，为了适应不同的汽车涂装工艺，车身涂层间的结合力应强，不能出现咬底、渗色或开裂等现象，做到施工方便、适应性强。

5）极高的装饰性。汽车涂料应色泽鲜艳、品种多样，车身涂层应外观丰满、鲜映性好，并具有很高的装饰效果。

6）较好的环保性。汽车涂料用量大、使用范围广，应在发展中逐步实现低公害化和无公害化，便于进行“三废”处理。

（2）汽车涂料的分类

1）根据涂装对象不同，汽车涂料可分为新车制造用涂料（原厂涂料）和旧车维修用涂料（修补涂料）。新车制造涂装应在汽车涂装生产线的控温环境下进行，原厂涂料大多选用高温烘干型涂料。旧车维修涂装多采用手工作业，为保护车身塑料附件不被破坏，车身涂膜的干燥应采用自干或低温烘烤（低温烘烤的温度不超过 60 ℃）的方式。车身修补涂料一般选用自干型涂料，常见的车身修补涂料有溶剂挥发型涂料和双组分涂料。

2）按涂装工艺及在涂层中的作用不同，汽车涂料可分为汽车用底漆、汽车用中间涂料、汽车用面漆和汽车用特种涂料四种。

（3）汽车涂料的基本组成

汽车涂料大多为树脂涂料，它由树脂、颜料、溶剂和添加剂四部分组成，如图 5–2–1 所示。

1）树脂。树脂是涂料最基本的组成物质，其外观呈透明状（见图 5–2–2）。多数树脂可溶于有机溶剂，而难溶于水或不溶于水。树脂是涂料的主要成膜物质，对涂料的性能（如表面性能、耐候性能和施工性能等）起着决定性的作用。树脂可分为天然树脂和合成树脂。现代汽车涂料大多将合成树脂作为基料。

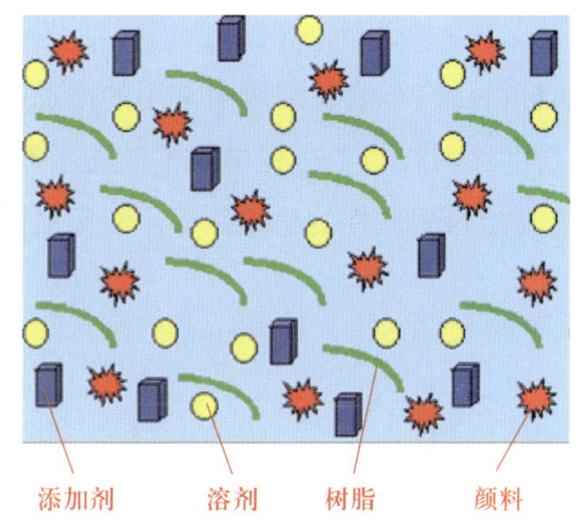

图 5–2–1 汽车涂料的基本组成

图 5–2–2 树脂

2）颜料。颜料是白色或有色的固体粉末，它不溶于水及有机溶剂，是不挥发的成膜物质之一。颜料的作用是赋予颜色、遮盖基底、改善涂料性能、增强装饰及保护效果。

根据功能不同，颜料可分为着色颜料（见图 5-2-3）、体质颜料、防锈颜料和特种颜料等。着色颜料是指在底漆或面漆中提供颜色的部分；体质颜料又称填充颜料，一般是来源于矿物质的无机物，其作用是改进涂料的物理性能、力学性能并降低成本；防锈颜料（见图 5-2-4）是在涂料中使用的具有防锈蚀的特殊功能的颜料；特种颜料是使涂料具有特殊装饰效果的颜料，常见的特种颜料有铝粉、珠光颜料和干涉珍珠粉等。

图 5-2-3　着色颜料

图 5-2-4　防锈颜料

3）溶剂。溶剂的主要作用是溶解和稀释树脂，除此之外，溶剂还能调整涂料的干燥特性，提高涂膜的表面平整度等。按照作用不同，溶剂可分为真溶剂、助溶剂和稀释剂三类。真溶剂是起溶解树脂作用的溶剂；助溶剂是起提高真溶剂溶解能力作用的溶剂；稀释剂（见图 5-2-5）对特定的树脂不会起到溶解的作用，但可以减少溶剂和产品的消耗，它的作用是稀释树脂和分散颜料。

4）添加剂。添加剂是调整涂料性能的辅助材料。汽车涂装维修中常用的添加剂有帮助涂料稳定、防止涂料沉淀的防沉降剂，帮助涂料在施工过程中流平的流平剂，缩短涂料干燥时间的催干剂（见图 5-2-6）和提高涂料耐候性的稳定剂等。在涂料配

图 5-2-5　稀释剂

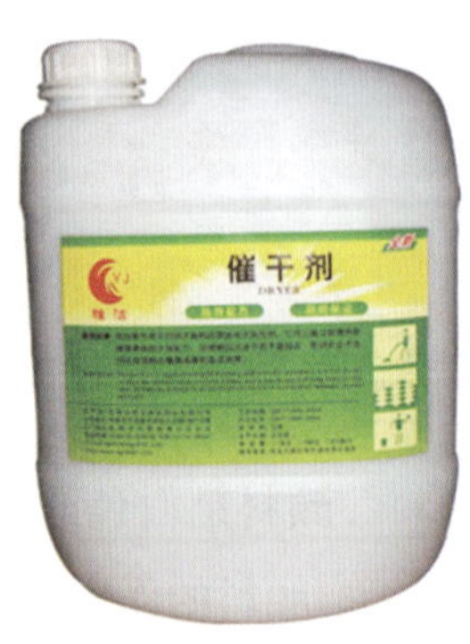

图 5-2-6　催干剂

方中一般包含多种添加剂，以使涂料的储存稳定性、施工性及涂膜性能有机地结合起来，满足汽车涂装维修对涂料使用性能的需求。

2. 汽车涂装维修常用涂料

汽车涂装一般采用多涂层体系，汽车底涂层涂料涂装于汽车底材的表面，起到防止车身底材腐蚀的作用；汽车中间涂层涂料涂布于汽车底涂层与面涂层之间，以增强车身涂膜的丰满度和抗石击性能；汽车面涂层涂料是车身涂层的外衣，其主要功能是确保车身涂层的装饰性，提高车身涂层的耐候性和抗划伤性。

（1）汽车用底漆

汽车用底漆是直接涂布在经过表面处理的工件底材表面的第一道漆，它是整个车身涂层的基础。底漆的作用是防止金属表面氧化腐蚀，增强金属表面与中间涂层或面涂层之间的附着力。底漆要具有很强的防锈能力和附着能力，并与上层涂料有很好的配套性，这样才不会发生“咬底”“脱皮”等现象。

汽车底涂层一般由侵蚀底漆层和隔绝底漆层两个涂层组成。在汽车涂装工艺中，往往先在完全脱脂的裸金属表面涂布侵蚀底漆，然后再在侵蚀底漆层上涂装隔绝底漆，侵蚀底漆的主要代表是磷化底漆。

在汽车制造中，常将阴极电泳涂料用作隔绝底漆，在汽车维修中，则将醇酸底漆、硝基底漆、环氧底漆和丙烯酸底漆用作隔绝底漆，其中，环氧底漆是物理隔绝防腐底漆的代表，它具有坚硬耐久的涂膜、极强的黏结力和附着力，以及良好的韧性和优良的耐化学性，涂膜可被烘干也可自干，主要用于汽车基层表面的打底防锈，以提高涂层质量，在现代汽车涂装维修中应用最广。环氧底漆使用胺类作为固化剂，胺类对人体特别是皮肤有一定的刺激性，因此在使用时要加以注意。

（2）汽车用中间涂料

汽车用中间涂料是涂布于底涂层和面涂层之间的涂料。中间涂料涂装在汽车底涂层之上，应具有良好的配套性，与底漆、面漆结合良好，硬度配套适中，不被面漆的溶剂咬起；并具有良好的填平性，可改善被涂工件表面和底涂层的平整度，为面涂层创造良好的基底，以提高面涂层的鲜映性和丰满度；还具有良好的打磨性，在湿打磨后可得到平整、光滑的表面；也具有良好的抗石击性，能抵抗行驶过程中的砂石撞击。汽车涂装常用的中间涂料有通用底漆、原子灰、中涂底漆和表面封闭底漆四种。

1）通用底漆。通用底漆可直接涂布在车身金属底材表面，它具有底漆的功能，又具有一定的填平能力。在电泳涂装法未投产之前，通用底漆在国外汽车工业中被普遍应用，现已被中涂底漆替代。

2）原子灰。原子灰（见图 5-2-7）俗称腻子，是一种专门用于填平车身底材凹陷、恢复车身板件原来形状的膏糊状涂料。原子灰含有大量的体质颜料，刮涂在底涂层上。刮涂原子灰被用于提高表面的平整度，而平整的表面应尽量不刮或少刮原子灰。

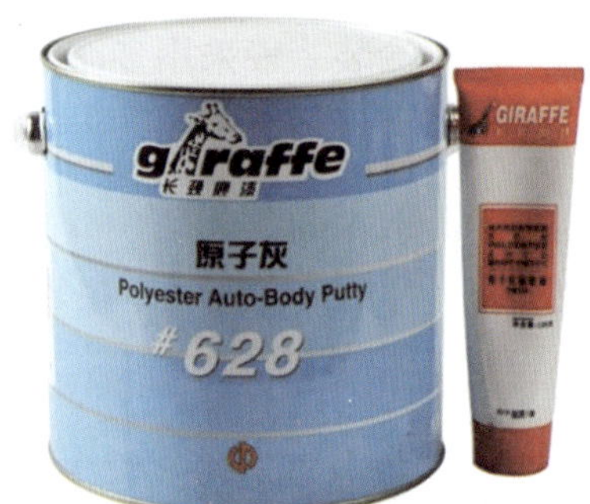

图 5-2-7　原子灰

3）中涂底漆。中涂底漆的作用介于底漆和原子灰之间，它对被涂工件表面的微小缺陷有一定的填平作用，其体质颜料比底漆多、比原子灰少，常见的中涂底漆颜色有灰色和白色两种。

4）表面封闭底漆。表面封闭底漆是喷涂面漆前的最后一道中间漆，它的漆基一般由底漆、面漆所用的树脂配成，涂膜光亮或半哑光。表面封闭底漆一般仅用于装饰性要求较高的涂装修补，可以用喷一道面漆来代替表面封闭底漆，也可以将同一体系的底漆和面漆按一定比例调配后作为表面封闭底漆的代用品。

（3）汽车用面漆

汽车用面漆是汽车多涂层体系中最后涂装的涂料，它直接影响汽车的装饰性、耐候性和耐腐蚀性。因此，面漆不但要有色彩鲜艳的涂膜、光亮丰满的优良装饰性，还要具有耐候、耐水、耐油、耐磨和耐化学腐蚀等良好的保护性。

面漆按漆基不同可分为硝基磁漆、醇酸树脂漆、过氯乙烯漆、氨基醇酸烘漆、丙烯酸漆和聚氨基甲酸酯漆等。

1）硝基磁漆。硝基磁漆（见图 5-2-8）属于一般装饰性面漆。硝基磁漆的主要特点是干燥速度快、能抛光、装饰性好、易施工和易修补，缺点是耐候性和耐温变性差、固体含量低、溶剂消耗大、涂膜薄和火灾危险性大。

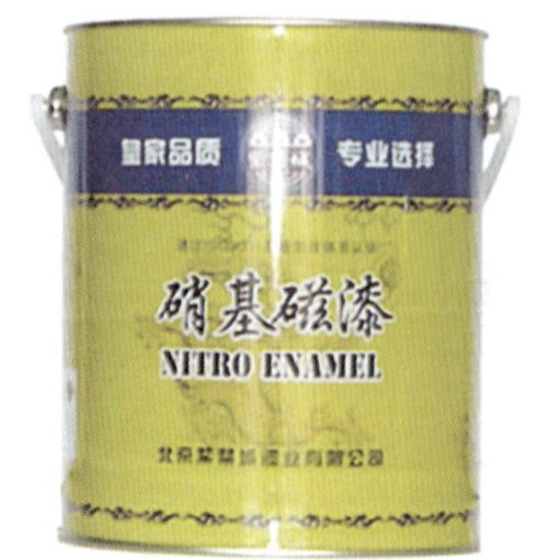

图 5-2-8　硝基磁漆

2）醇酸树脂漆。醇酸树脂漆属于一般装饰性面漆，由于醇酸树脂漆的装饰性和耐水性差，在湿热的气候条件下易起泡和施工性能较差等原因，其现已被氨基醇酸烘漆取代，仅在重型汽车上和在无烘干条件时使用。

3）过氯乙烯漆。过氯乙烯漆属于一般装饰性面漆。过氯乙烯漆的耐候性略优于硝基磁漆，耐潮湿性优于醇酸树脂漆，也具有快干的特点，但较硝基磁漆的干燥速度慢。

4）氨基醇酸烘漆。氨基醇酸烘漆属于高装饰性面漆，为热固性涂料。汽车用氨基面漆均属于三聚氰胺－醇酸树脂体系，根据氨基树脂和醇酸树脂的比例不同，可将氨基醇酸烘漆分为高氨基树脂涂料、中氨基树脂涂料和低氨基树脂涂料。

5）丙烯酸漆。丙烯酸漆属于高装饰性面漆。丙烯酸树脂已被广泛用于制造汽车面漆，它具有良好的耐候性、耐化学药品性、耐热性、耐寒性和耐温变性，并具有优秀的力学性能和抛光性能，由其制造的浅色色漆色泽鲜艳。

6）聚氨基甲酸酯漆。聚氨基甲酸酯漆属于高装饰性面漆，具有良好的耐化学药品性、耐水性、物理力学性能和耐热性等，其涂膜光泽度高、耐候性好、可在常温下固化，且保光和保色性好。

（4）汽车用特种涂料

1）焊缝密封胶和车底涂料（PVC 涂料）。PVC 涂料也称聚氯乙烯涂料，它具有良好的耐腐蚀性、耐磨性、密封性、黏结性和隔音性等，在汽车制造业中应用广泛。

PVC 涂料主要分为焊缝密封胶和车底涂料两种，两者的主要成分相同，焊缝密封胶在涂层的硬度、伸缩率、抗剪强度和抗拉强度等方面的性能比较高，而车底涂料则具有抗石击性好、易于高压喷涂，且施工黏度低的性能。

2）粉末涂料。粉末涂料是固态粉末状的新型涂料（见图 5-2-9），其在 20 世纪 50—60 年代被开发并获得工业应用。随着化学工业的进步，粉末涂料的品种不断丰富，由热塑性的粉末涂料发展到热固性的粉末涂料。

3）汽车塑料件用涂料。汽车塑料件涂装的目的是提高其外表装饰性，消除塑料表面缺陷和改善塑料表面性能。但因塑料的品种、材质和硬度不一，除 SMC、PA 和 PBT 等品种外，一般塑料都不耐高温，且涂膜附着性能差，这增加了塑料涂装的难度。如今汽车涂料公司已经开发出塑料件用漆系列，形成了塑料件用涂料，如图 5-2-10 所示。

图 5-2-9　粉末涂料

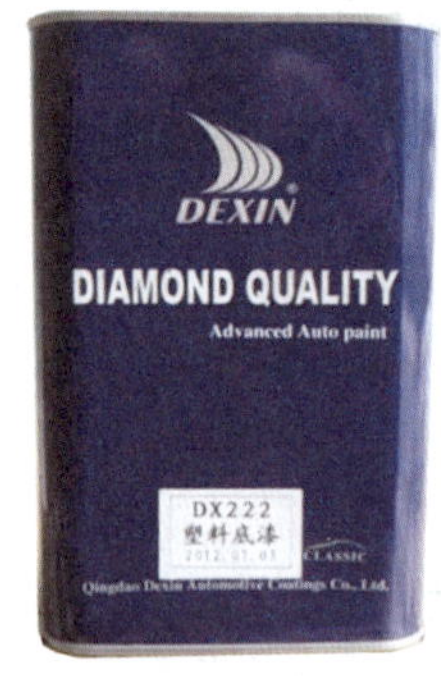

图 5-2-10　汽车塑料件用涂料

4）减振消声涂料。减振消声涂料是汽车车身涂装中不可缺少的一种材料，其主要作用是抗振和隔热。汽车涂装中常用的减振消声涂料的种类、特点及应用见表 5-2-1。

表 5-2-1　　常用的减振消声涂料的种类、特点及应用

种类	基本组成	特点	应用
54-11 丙烯酸减振消声涂料	热固性丙烯酸树脂、环氧树脂、填料、发泡剂和防火剂等	黑色、减振消声、耐水性好、可刷涂也可喷涂，可烘干	汽车车门、翼子板、发动机罩、顶盖及地板
54-12 减振消声阻尼涂料	热固性丙烯酸树脂、环氧树脂、发泡剂和防火剂等	黑色浆状、附着力优良、抗冲击性好、耐水性好	汽车车身涂装
80-1 减振消声阻尼涂料	丙烯酸酯共聚体、环氧树脂、填料、发泡剂和防火剂等	附着力强、抗冲击性好、耐水性好，可烘干	汽车车身涂装

二、汽车涂装辅助材料

1. 汽车涂装维修常用的辅助涂料

（1）底材处理辅助涂料

汽车底材处理是对车身底材进行的除锈、除旧漆、脱脂、防腐和恢复原来形状等一系列涂装工作的总称，汽车底材处理常用的辅助涂料有脱漆剂、除锈水、除油剂、防腐材料和金属表面调整剂等。

1）脱漆剂。车身表面预处理常用的脱漆剂（见图 5-2-11）分为有机溶剂脱漆剂和碱液脱漆剂两种。碱液脱漆剂的工作原理是利用碱液对涂层的强烈腐蚀作用，使涂

层松软膨胀，以达到清除旧漆的目的。碱液对皮肤有强烈的腐蚀作用，使用者要注意个人防护。

2）除锈水。汽车涂装中使用的除锈水通常是磷酸和有机溶剂的混合物，它利用酸与铁锈会发生化学反应的原理，使铁锈被转化成其他物质，并溶解在酸液中。酸还能与底材反应产生氢气，从而使车身表面的铁锈机械脱落。除锈水只能用在裸铁板上，不能用在镀锌铁板上。

在使用除锈水时，将一份除锈水和两份水混合，用聚乙烯或橡胶器皿盛装，并用长柄刷子将混合物均匀涂抹于金属表面。在坑洼的金属表面上，应先用钢丝球或打磨布进行少许打磨，再涂上除锈水，不等表面干燥，马上用清洁水清洗表面并擦拭干净。在钢材表面进行完除锈处理后，应马上进行下一步的涂装，否则钢材表面会再次生锈。

3）除油剂。被涂表面如存在油污，会阻隔涂料与被涂表面的接触，甚至油污会混合到涂料中，既影响涂层的附着力，又影响涂膜的防锈能力和使用寿命。汽车涂装常用的除油剂（见图 5-2-12）分为有机除油剂、化学除油剂和表面活性剂三种。

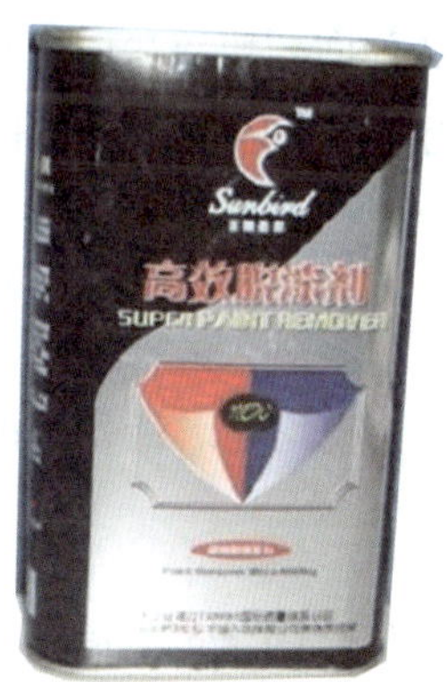

图 5-2-11 脱漆剂

图 5-2-12 除油剂

有机除油剂的除油原理是有机溶剂对油脂的溶解作用。化学除油剂中的碱性除油剂是借助碱及碱性盐等化学药品的作用除去底材表面的油污的化学制剂，在使用碱性除油剂时，应根据金属底材质地的不同，相应地控制碱性除油剂的 pH 值。表面活性剂用于清除与碱性物质不起反应的矿物油，它利用乳化剂能吸附在油与水不浸润界面上的特性，使本来互不相溶的有机溶剂和水形成稳定的乳浊液，以达到除油的目的。

4）防腐材料。车身防腐常用的材料有防腐膏和防锈剂。

防腐膏是由蜡基或石油基制成的化合物，它可以涂抹于涂层表面、车架下面和车身板件的内侧面，使车身表面完全密封、免受腐蚀。此类材料还能渗入到车身的各连接部位和表面裂缝中，形成一层柔性保护膜。

防锈剂（见图 5–2–13）通常用于不宜使用防腐膏覆盖的地方（如箱型横断面和结构焊接件的背部）。

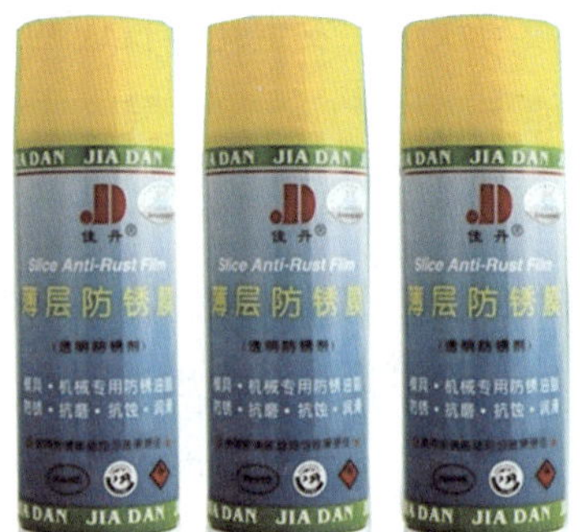

图 5–2–13　防锈剂

5）金属表面调整剂。金属表面调整剂通常由聚磷酸钠、氟钛酸钾和磷酸氢二钠等组成，适用于钢铁、铝和锌等金属磷化前的活化处理。

（2）涂料喷涂辅助涂料

涂料喷涂辅助涂料有稀释剂、固化剂、接口水和添加剂等，是保证汽车喷涂质量的重要材料。

1）稀释剂。稀释剂在汽车涂装工作中是非常重要的辅助材料。根据施工条件和施工对象不同，稀释剂分为快干稀释剂、标准稀释剂、慢干稀释剂和超慢干稀释剂四种类型。快干稀释剂适用于在 18 ℃以下的环境中或修补面积比较小时稀释面漆，以避免产生流挂并加快漆面干燥速度；标准稀释剂一般用于在 18 ~ 25 ℃的环境下稀释面漆；慢干稀释剂适用于 25 ~ 35 ℃的环境；当环境温度高于 35 ℃或湿度高于 70% 时，则需要使用超慢干稀释剂，这有利于涂膜的流平和新涂层接口部位的融合。

稀释剂的主要作用是调节涂料的黏度，以保证涂膜均匀。稀释剂的用量必须按照涂料的标准配比来确定。

2）固化剂。双组分涂料必须加入固化剂才能固化，固化剂的固化原理是固化剂与合成树脂发生反应形成涂膜，如图 5–2–14 所示。

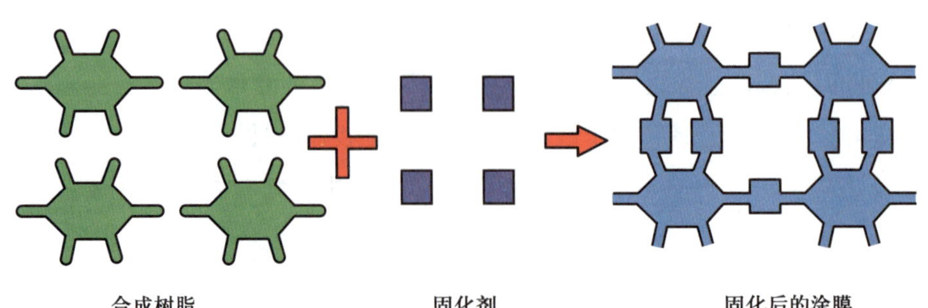

图 5–2–14　固化剂的固化原理

不同种类的涂料所使用的固化剂也不同。固化剂必须按照涂料的要求配套使用，切不可任意添加，如聚酯树脂类涂料应使用过氧化物固化剂；环氧树脂类涂料应使用氨基化合物固化剂；丙烯酸类和聚胺酯类双组分涂料应使用含有异氰酸酯的固化剂。

固化剂的添加量同稀释剂一样，都有其固定的比例，添加得过多或过少，都会造成涂膜缺陷。固化剂也具有稀释涂料的作用，但不可当作稀释剂使用。

3）接口水。接口水是一种强力的溶剂。局部修补漆面时，在新漆与旧漆的接口位置易出现较为粗糙的油滴，使修补的界线变明显，在很大程度上影响汽车的美观性。为了消除汽车漆面的修补痕迹，可在接口处喷涂接口水，溶解接口处粗糙的油滴，使新旧油漆溶为一体，如此一来修补的效果就更为完美。

接口水不用混合即可使用。在完成漆面修补后，应立即在接口位置薄喷一遍接口水，隔 15 s 后再喷一遍，就可以达到良好的效果。

4）添加剂。在进行涂料喷涂时，往往需要向涂料中加入一些添加剂，以提高和改善涂膜的性能，并使涂料更适应喷涂环境。例如，为保证喷涂质量，有时要加入稳定剂来消除因颜料沉淀而造成的色差；为防止涂膜出现白雾，在硝基漆中加入化白水；为加快醇酸树脂型涂料的干燥速度，加入催干剂；为防止出现鱼眼等缺陷，加入流平剂（又称走珠水）等。这些添加剂中有些是在喷涂之前就要加入并搅拌均匀的，如催干剂，有些则是在喷涂过程中出现了问题才需要加入的，如化白水和走珠水等。

2. 汽车涂装维修的其他辅助耗材

（1）打磨材料

打磨材料用于除旧漆、平整涂层、消除涂膜表面颗粒和脏点，以及涂膜表面的抛光等汽车涂装作业。常见的汽车涂装用打磨材料有砂纸、三维打磨材料和抛光剂等。

1）砂纸。根据作业方式不同，汽车涂装用砂纸分为干磨砂纸和水磨砂纸两类。

干磨砂纸的磨料是高性能氧化铝，其被树脂黏结在特殊底材上，干磨砂纸的背面有快速母粘扣，能紧扣打磨机的托盘。干磨砂纸一般是片状带孔砂纸，其形状分为圆形和方形两种，如图 5–2–15 所示。砂纸的背面印有砂纸的规格，如 80 号砂纸的规格为“P80”。干磨砂纸有 P40 ~ P4000 多种规格，其中 P40 ~ P500 用于处理汽车涂装底材（见图 5–2–16），P600 ~ P1500 则用于清除漆面的颗粒、橘皮和脏点。

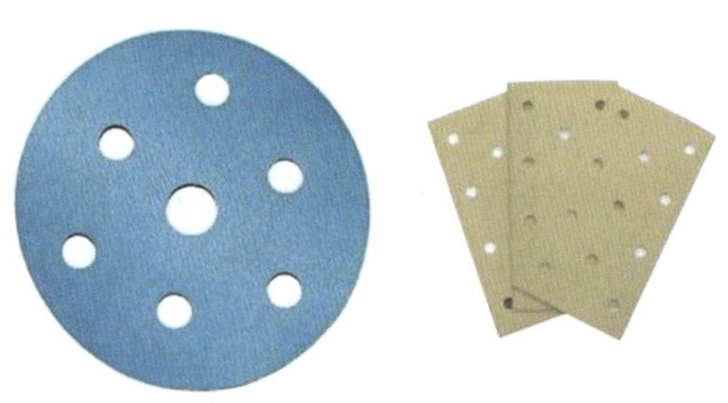

图 5-2-15　干磨砂纸

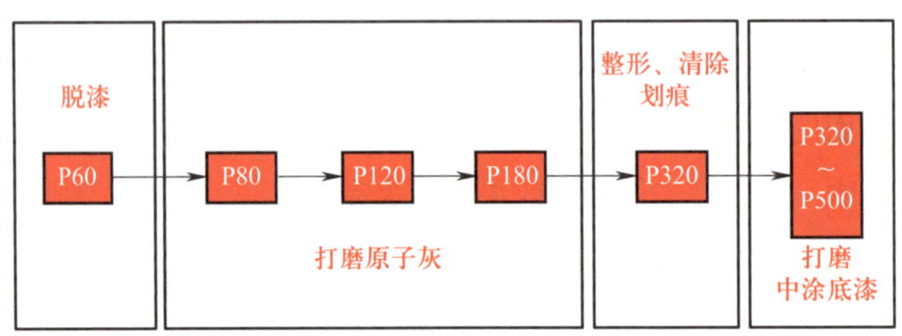

图 5-2-16　汽车涂装底材处理用干磨砂纸

水磨砂纸（见图 5-2-17）是汽车修理厂常用的砂纸之一，其规格通常为 23 cm × 28 cm。水磨砂纸有 P40 ~ P2000 多种规格，一般 P40 ~ P800 的水磨砂纸用于车身底材处理，P800 ~ P2000 用于漆面打磨。在使用前应充分浸泡水磨砂纸，这样可以使砂纸的柔韧性增加，避免因折叠砂纸引起脆裂，特别是在寒冷的冬天，还应用温水浸泡砂纸。

2）三维打磨材料。三维打磨材料是研磨颗粒附着在三维纤维或海绵上而形成的打磨材料，这种材料有非常好的柔韧性，适用于打磨外形复杂或特殊材料的表面。菜瓜布（见图 5-2-18）就是一种三维打磨材料，主要用于喷涂前的表面粗化和去除涂膜

图 5-2-17　水磨砂纸

图 5-2-18　菜瓜布

的细小缺陷。常见的菜瓜布有绿色、红色和灰色三种，绿色菜瓜布相当于 P320 砂纸，红色菜瓜布相当于 P360 砂纸，粗灰色菜瓜布相当于 P800 ~ P1200 砂纸，灰色菜瓜布相当于 P1500 ~ P2000 砂纸。

3）抛光剂。在喷涂完面漆后，为了消除涂膜表面的缺陷，如脏点颗粒、虚漆和较大的橘皮等，要用抛光剂进行局部抛光修饰。抛光剂的主要成分为水溶性蜡（也有油性蜡）和研磨颗粒，按研磨颗粒粗细程度的不同，抛光剂可分为粗蜡、中粗蜡和细蜡三种。

粗蜡也称研磨蜡，其特点为对细砂纸打磨的痕迹有良好的研磨作用，粗蜡可以对经过细砂纸（P1000 ~ P1500 干磨砂纸或 P2000 水磨砂纸）打磨的部位进行更加细致的研磨，以消除砂纸痕迹，使涂膜表面光亮，它也可以对良好的失光旧漆层进行抛光美容。细蜡主要用于高档汽车的最终抛光处理，以及一般微小擦痕和划痕的抛光美容工作，其上光作用要优于其研磨作用。

（2）遮盖材料

遮盖是使用胶带或纸盖住不需要涂装处理的表面的一种保护方法，可在打磨、喷漆或抛光时保护不需要处理的相邻表面。汽车涂装常用的遮盖材料有遮盖纸、遮盖膜、覆盖罩和遮盖胶带等。

1）遮盖纸。汽车涂装所用的遮盖纸（见图 5-2-19）表面没有灰尘，而且可以抵抗涂料、溶剂的渗透。遮盖纸有各种不同的种类、厚度和尺寸，如防止溶剂穿透的厚纸、有铝箔衬里的耐热纸等，可供不同的修饰及施涂工作使用。

2）遮盖膜。遮盖膜（见图 5-2-20）是很薄的聚乙烯材料，一般比遮盖纸宽，因此，它特别适用于遮盖工作表面周围的其他大表面，以防喷涂外溢。

图 5-2-19 遮盖纸

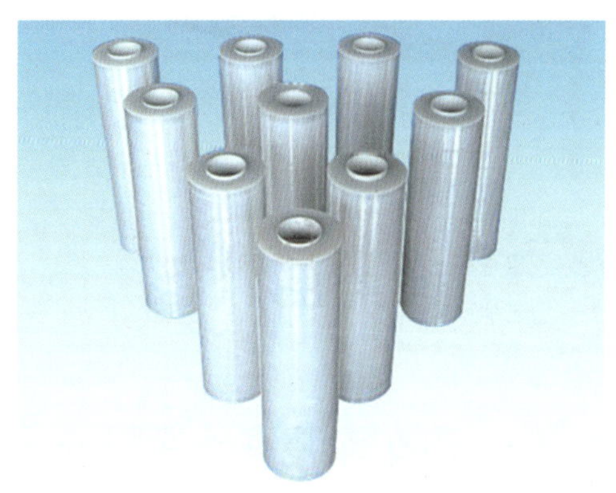

图 5-2-20 遮盖膜

3）覆盖罩。覆盖罩可以罩住整部汽车或车身的某个部件，仅暴露需要涂装的部分。覆盖罩是根据通用车身的大小或部件的尺寸来制作的，这些覆盖罩可以被反复使用。在涂装时，覆盖罩可以直接遮盖非喷涂区域，以节省遮盖工序的操作时间。汽车车轮的覆盖罩如图 5–2–21 所示。

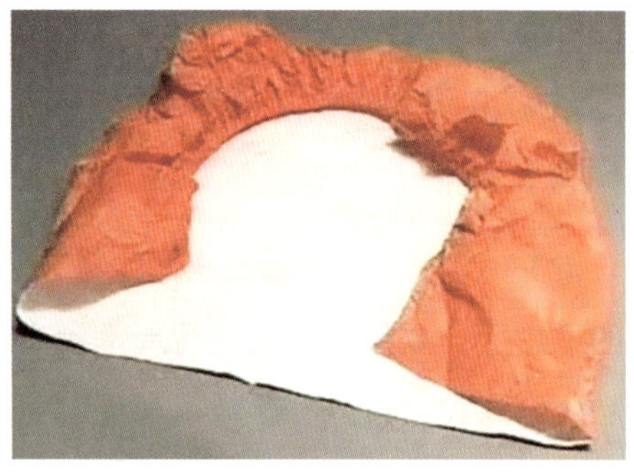
图 5–2–21　汽车车轮的覆盖罩

4）遮盖胶带。汽车用遮盖胶带必须具备抗热和抗溶剂性能，在剥落胶带时其黏合胶不能黏附在车身表面。汽车涂装使用的遮盖胶带有普通遮盖胶带和缝隙遮盖胶带两种。

普通遮盖胶带（见图 5–2–22）按照胶带底材的不同可分为纸质胶带和塑料质胶带。普通遮盖胶带由不黏剂、背衬、胶带底层涂料和胶黏剂组成。

缝隙遮盖胶带（见图 5–2–23）用于遮盖发动机罩、车门和后行李舱门等零件与周围板件之间的缝隙，以防漆雾通过缝隙进入车内，污染车内环境。缝隙遮盖胶带还简化了缝隙区域的遮盖形式，防止了喷涂台阶的产生。

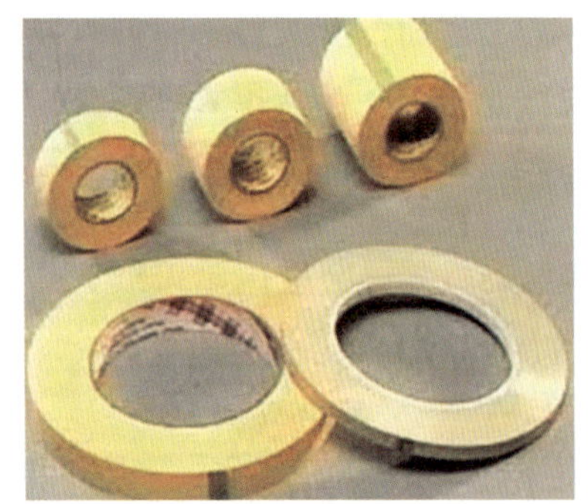
图 5–2–22　普通遮盖胶带

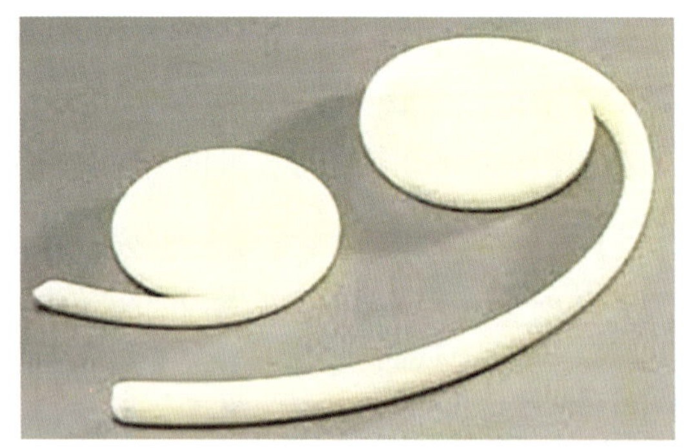
图 5–2–23　缝隙遮盖胶带

任务实施

一、汽车涂装维修涂料的认知

对照表 5–2–2 中的图片，认知汽车涂装维修各工序所使用的涂料。

表 5-2-2　　涂装维修涂料的认知

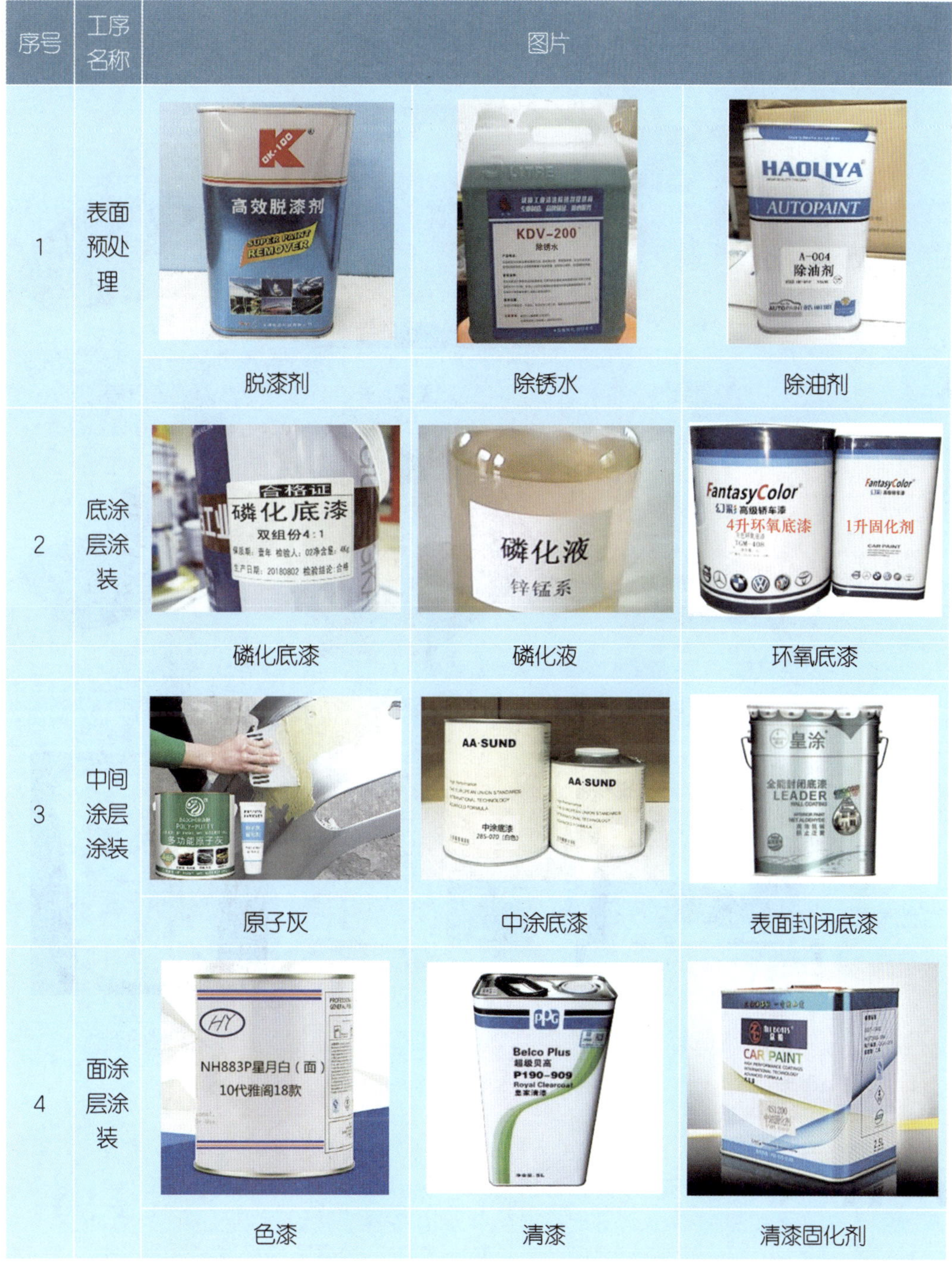

序号	工序名称	图片		
1	表面预处理	脱漆剂	除锈水	除油剂
2	底涂层涂装	磷化底漆	磷化液	环氧底漆
3	中间涂层涂装	原子灰	中涂底漆	表面封闭底漆
4	面涂层涂装	色漆	清漆	清漆固化剂

二、汽车涂装维修耗材的认知

对照表 5-2-3 中的图片，认知汽车涂装维修常用耗材。

表 5-2-3　　涂装维修耗材的认知

序号	名称	图片		
1	遮盖材料	 遮盖纸	 遮盖膜	 遮盖胶带
2	打磨材料	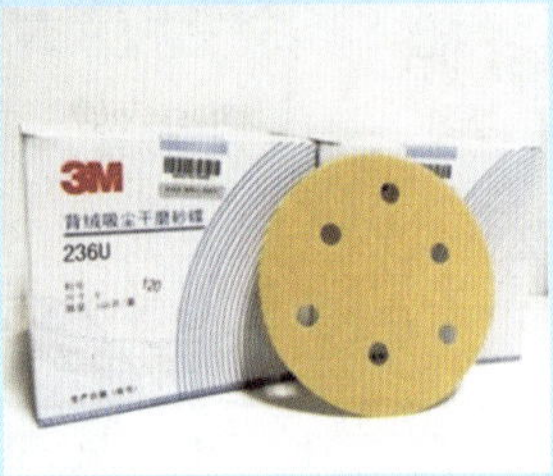 干磨砂纸	 水磨砂纸	 菜瓜布
3	其他材料	 除油纸	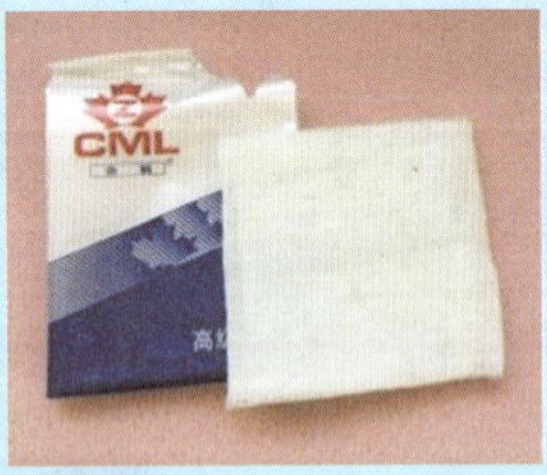 粘尘布	 一次性涂料杯

思考与练习

1. 汽车涂料主要由哪几部分组成？各自有什么作用？
2. 汽车涂料应具备哪些性能要求？
3. 简述汽车涂装维修要用到的砂纸类型及其使用场合。

任务 3 汽车涂料的调配

学习目标

1. 了解颜色的产生原理和影响因素。
2. 了解汽车涂料的基本类型。
3. 熟悉汽车涂料的调色方法。
4. 熟悉汽车涂料的配制方法。
5. 能正确进行汽车涂料的配方调色。
6. 能正确配制适合喷涂的汽车涂料。

任务描述

汽车涂料的调配包括汽车涂料调色和汽车涂料配制两个方面的内容。汽车涂料调色是指将几种基本颜色涂料按照一定比例混合，调配出与待修补车身颜色基本一致的涂料的过程；汽车涂料配制是指在黏度高的原厂涂料或完成调色的涂料中加入添加剂和稀释剂，配制出符合喷涂要求的涂料的过程。

汽车涂料的调配是汽车涂装维修中必不可少的生产工序。本任务要求学生掌握汽车涂料调色和配制的基本方法，能正确调配汽车涂料的颜色和配制待喷涂的涂料。

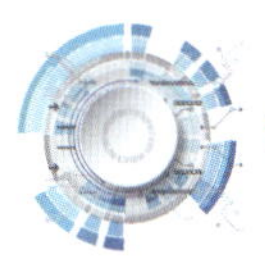

相关知识

一、汽车涂料调色

1. 颜色的基础知识

（1）物体颜色的产生

颜色是光作用于人的视觉系统所产生的一系列复杂生理和心理反应的综合结果。物体颜色的产生过程是光线照射在物体上，经过物体对光的吸收、反射或透射之后作用于人的眼睛，再由人眼中的视觉神经将信息传递给大脑，最后由大脑判断得出物体的颜色。物体颜色的产生必须具备光线、物体和视觉器官三个要素，物体颜色产生的三大要素之间的关系如图 5–3–1 所示。

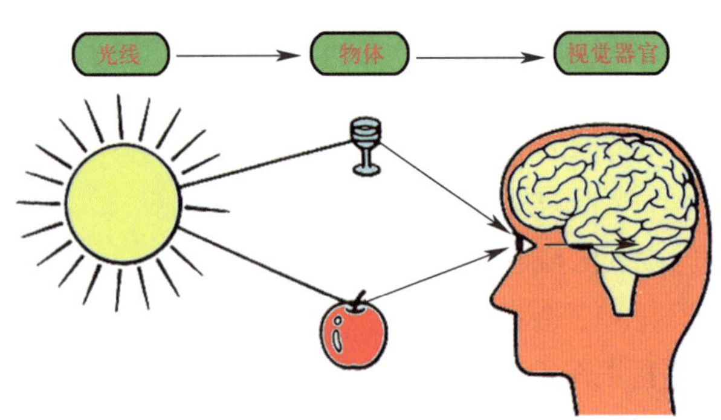

图 5–3–1 物体颜色产生的三大要素

物体对光线有吸收、反射和折射作用，物体只反射（或折射）属于自身颜色特性的光，其他颜色的光均被物体吸收了。物体如果反射了太阳光中全部单色光的 75% 以上，就呈现白色；物体如果只反射太阳光中全部单色光的 10% 以下，其余的单色光被其吸收，就呈现黑色；物体如果表面反射率在 10% ~ 75% 之间，其有选择地反射一部分单色光，其余的单色光被其吸收，那么就呈现反射光的颜色。若物体能透射全部太阳光，那它就是无色透明体，如汽车的风窗玻璃；若物体能透射一种或几种单色光，那它就是彩色透明体，如彩色镜片；若物体反射（或折射）的各种单色光在其表面产生干涉，物体就呈现斑斓色，如贝壳上的花纹、蝴蝶翅膀等。

物体的颜色可分为无彩色和有彩色两大类。无彩色指白色、黑色和各种深浅不同的灰色，它们可以排成一个系列，由白色渐渐过渡到浅灰、中灰，再到深灰，最后到黑色，这被称为白黑系列。有彩色是指除白黑系列外的各种颜色。

（2）颜色的基本属性

虽然颜色的种类很多，但它们都有三个共同点，即颜色三属性。颜色三属性分别是色调、明度和彩度。无论什么颜色，都可以用这三种属性来定性、定量地描述。颜色三属性可以用仪器来测定，也可以通过目测来比较评定，它是颜色分类和说明颜色变化规律的最简练、最易被接受的方法。

1）色调。色调又称色相，即颜色的相貌，是颜色的最基本特征，也是颜色彼此区分的最明显特征。太阳光光谱分解出的七种单色光在视觉上就表现为七种不同的视觉感受，这七种不同的视觉感受分别为红、橙、黄、绿、青、蓝和紫，即七种不同的色调，每一种色调表示一个特定波长范围内的色光，给人以特定的色彩感受。

为了表示颜色的色调，人们将红、橙、黄、绿、蓝和紫六种色调均匀地分布在一个水平放置的圆环上，每一个色调区域所分布的不是单一的色调，而是从左边相邻区域色调逐渐过渡到该区域纯正色调，再从该区域纯正色调逐渐过渡到右边相邻区域色调的过程中的所有色调，即整个区域是一个渐变的色调区域。将六种渐变色调区域分布在水平放置的圆环上形成的图形称为色环图，如图 5-3-2 所示。颜色色调的变化只能有两种偏向，即偏向在色环上与其相邻的两个主要色调，例如，蓝色可以偏绿和偏紫，红色可以偏紫和偏橙，黄色可以偏橙和偏绿。

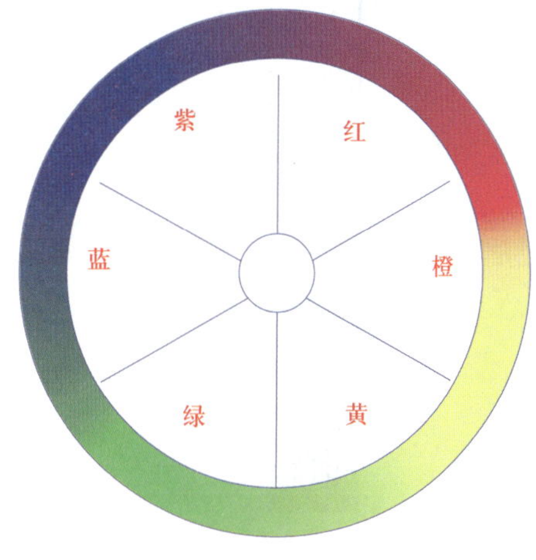

图 5-3-2　色环图

2）明度。明度也称亮度，颜色的明度是人眼所感受到的色彩明暗程度。人眼对明暗的改变很敏感，反射光的很小变化人眼也能感觉出来。

各种颜色明度的高低取决于人眼所感受的辐射能量。由于物体反射（或透射）光的量不同，物体之间就会产生明度强弱的差异，明度的大小可用反射率（或透射率）来表示。相同颜色物体表面的反射率越高，它的明度就越高，或者说在各个颜色的物体中，越接近白色的物体明度越大，越接近黑色的物体明度越小。明度不仅是一个物理学的计量单位，还是一个心理的量度。不同的颜色即使反射率相同，明度也各不相同。黄色、橙黄和黄绿等颜色的明度最高，橙色比红色的明度高，蓝色与青色的明度要低一些，人对不同颜色明度的感觉排序见表 5-3-1。

表 5-3-1　人对不同颜色明度的感觉排序

<table>
<tr><td>白</td><td>黄</td><td>黄橙</td><td>黄绿</td><td>绿</td><td>红橙</td><td>青绿</td><td>红</td><td>蓝</td><td>暗红</td><td>蓝紫</td><td>紫</td><td>黑</td></tr>
<tr><td>白</td><td colspan="3">淡灰</td><td colspan="3">浅灰</td><td colspan="2">中灰</td><td colspan="4">暗灰</td></tr>
</table>

人们经常将明度标示在一条垂直的坐标轴上，坐标轴底部为黑色，顶部为白色，形成一条从白到灰再到黑的过渡带（见图 5-3-3），物体颜色越接近白色其明度越高，越接近黑色其明度越低。在颜色中加入白色可以提高混合颜色的明度，混入黑色可以

降低混合颜色的明度。

同一种色调可以有不同的明度，例如，同一种绿色可以被分为明绿、淡绿、暗绿和墨绿等，如图 5–3–4 所示，这种颜色明暗差异可使画面具有立体感。

图 5–3–3　明度

图 5–3–4　不同明度的绿色

3）彩度。彩度又称纯度或饱和度，是指反射或透射光线接近光谱色的程度。

颜色的彩度与物体的表面结构有关。如果物体表面粗糙，光线的漫反射作用将使物体颜色的彩度降低；如果物体表面光滑，物体颜色的彩度就较高。同样，色漆湿的时候其颜料颗粒之间的空隙被溶剂填满，使其表面变得光滑，减少了漫反射的影响，所以其颜色的彩度高；待色漆干燥后溶剂蒸发，色漆颜料颗粒显露出来，且色漆表面变得粗糙，色漆就变得灰暗，其颜色的彩度就降低了。

同一种色调可以有不同的彩度，人们为了表示某一色调的鲜艳程度，通常将彩度的变化设置在色环圆心向圆周辐射的半径上，圆心处的色调为无彩色（黑、白、灰），彩度最低，被定为零，圆周的彩度最高，圆心到圆周的同一色调彩度从低到高逐渐过渡，如图 5–3–5 所示。在光谱色中，不同单色光的彩度也不相同，其中红色的彩度最高，青绿色的彩度最低，主要色调的明度和彩度见表 5–3–2。

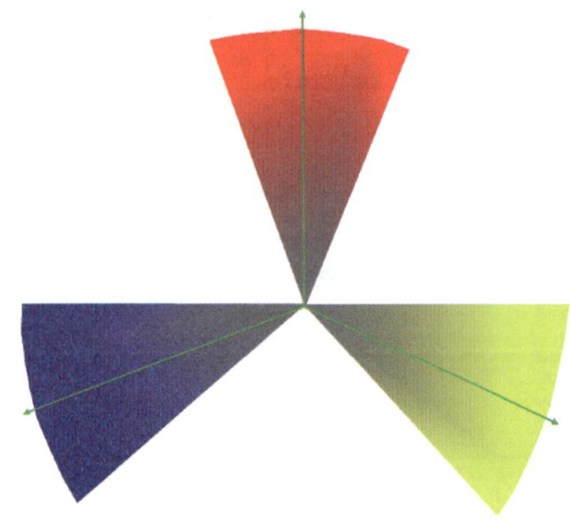

图 5–3–5　彩度的过渡

表 5-3-2 主要色调的明度和彩度

色调	红	橙	黄	黄绿	绿	青绿	青	青紫	紫	紫红
明度	4	6	8	7	5	5	4	3	4	4
彩度	14	12	12	10	8	6	8	12	12	12

注：在表格中，数值大的色调明度和彩度更高。

对于合成颜色来说，由于其加入了其他颜色，颜色的彩度随之降低，也就是说合成颜色的彩度都低于单色。加入的不同颜色越多，混合颜色的彩度就越低，也就显得越混浊。

（3）颜色的影响因素

物体在太阳光的照射下呈现出的颜色叫做物体的固有色，物体的固有色是不变的。但是若照明条件与观察环境发生了变化，物体所呈现的颜色就不同了。物体的颜色会因光源、物体和周围环境等的变化而变化。

1）光源的影响。若光源中光谱的成分发生变化，而变化后形成的单色光又恰好是被照射物体可吸收的颜色，此时就不会显示出被照射物体的固有色。如同一部红色汽车，其在钠光灯下显示的颜色与在日光灯下显示的颜色差别很大，如图 5-3-6 所示。

在钠光灯下

在日光灯下

图 5-3-6 不同灯光下同一车身的颜色比较

2）物体大小、距离和自身表面状态的影响。在观察时距离物体过远或过近都不能准确地得出物体的固有色。一大一小的两个物体放在一起时，大物体的反光面大，会影响小物体的颜色。表面结构致密和光滑的物体，对光的反射能力强，颜色就鲜艳，同时也容易因产生镜面反射而失去固有色；表面粗糙物体的固有色表现较强，而且不易受环境色干扰。

3）环境色的影响。物体在不同颜色的环境中，会因周边环境的颜色反射到物体表面而使物体颜色发生变化，特别是表面光滑的物体和颜色较淡的物体，其颜色变化尤为显著。如在无彩色的环境下，看到的物体颜色就是真实的，但在彩色环境下物体的颜色就会发生变化，如图 5–3–7 所示。

图 5–3–7　物体在彩色环境下颜色的变化

（4）颜色的比较方法

颜色的比较就是把试样的颜色与目标颜色放在一起，用肉眼观察它们颜色是否相同的方法。在进行视觉比色时，不同的观察者、观察方法、光源种类、周围环境和试样大小等都会影响颜色比较的结果。

在比色时，试板与目标颜色应放得尽可能近，两者之间不能留有间隙，如图 5–3–8 所示。观察色板时需要做到正面观察和侧面观察相结合。正面观察是指视线以 90° 角度正视色板，观察面色调；侧面观察是指目光斜视色板，以视线与色板成 45° 或 110° 侧角来观察（见图 5–3–9），此方法主要用于观察底色调。视觉比色必须确保从正面和侧面两个角度观察目标颜色与试板，以便从色调、明度和彩度三个方面分辨颜色，找出差异。

色板的观察距离要根据被观察物体的大小而定，对于较小的物体，一般保持 1 m 左右的距离；对于较大的物体，一般保持 3 ~ 5 m 的距离。在颜色比较过程中应交替观察、比较试板和标准板，不要长时间地凝视一处，否则容易产生错觉。观察完鲜艳的颜色后，不能立即观察较为暗淡的颜色。

在分析试板与目标颜色的差异时，素色漆通常从色调、明度和彩度三个方面来进行分析，金属漆除分析颜色三属性外，还要分析涂膜正面和侧面的亮暗程度，以及金属颗粒的种类和大小。

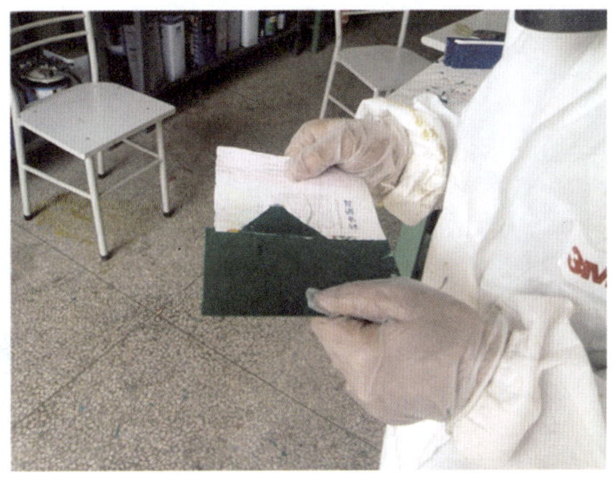

图 5-3-8　试板与目标颜色的比较

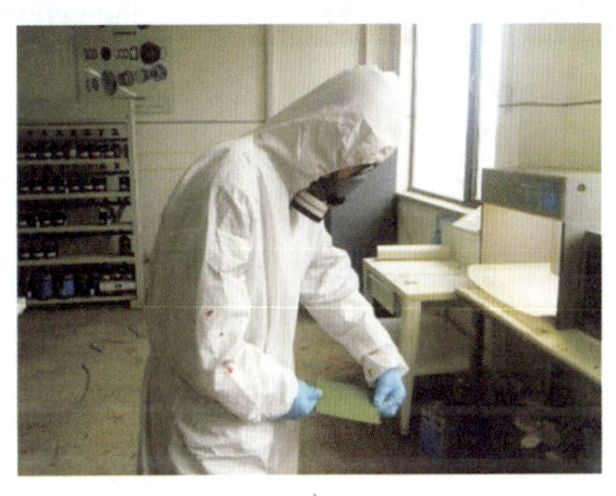

a）

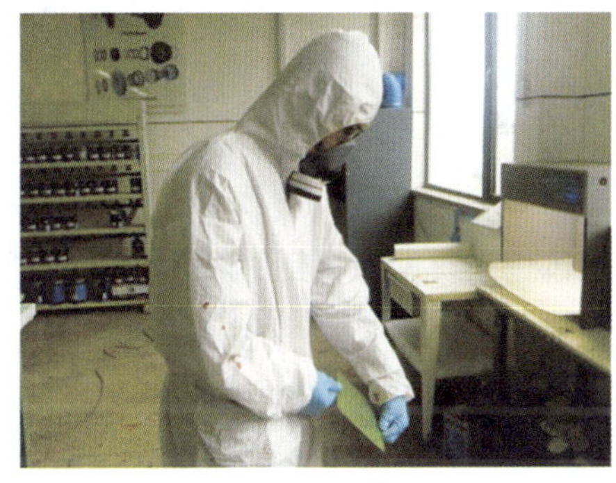

b）

图 5-3-9　色板的观察方法

a）正面观察　b）侧面观察

2. 涂料的颜色调配

（1）颜色调配的基本规律

1）三原色、间色和复色。颜色的名目繁多、千变万化，但有三种颜色是最基本的，它们可以调配出各种颜色，但用其他任何颜色却调配不出这三种颜色，这三种颜色称为三原色。红、黄和蓝为物体的三原色，如图 5–3–10 所示，又称第一色。在涂料颜色调配时经常用到物体的三原色。

每两种原色可以调出一种间色，如红色 + 黄色 = 橙色，蓝色 + 黄色 = 绿色，红色 + 蓝色 = 紫色，如图 5–3–11 所示。在调配时如果某种原色的色漆含量多，则混合成的颜色就接近该原色。如红色与黄色进行调配时，红多黄少会得到橙红色，红少黄多则得到橙黄色；蓝色与红色相调配时，蓝多红少会得到青莲色，红多蓝少则得到紫红色；

蓝色与黄色相调配时，蓝多黄少会得到湖蓝（蓝绿）色，黄多蓝少则得到湖绿（黄绿）色。

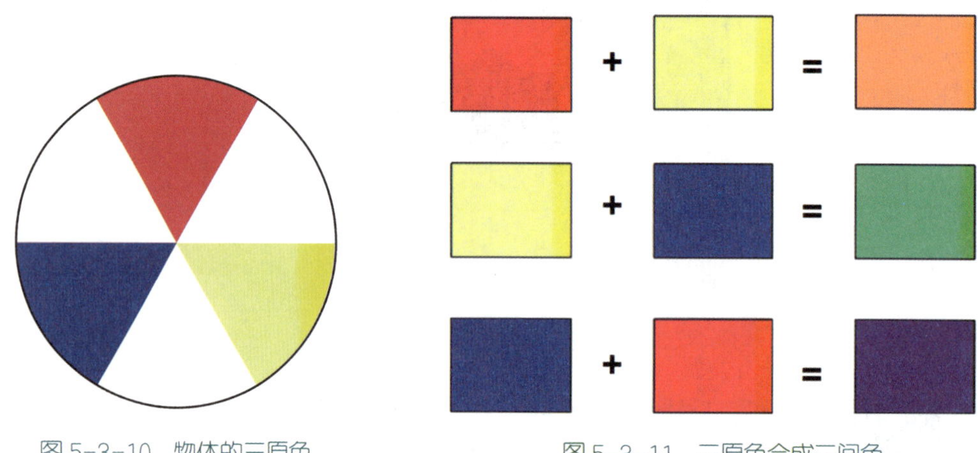

图 5-3-10　物体的三原色　　图 5-3-11　三原色合成三间色

间色与间色或间色与原色混合所得的颜色称为复色。复色是由红、黄、蓝三种基本颜色相互拼配而得到的颜色。黑色可以看作是复色的一个特例，是三原色等量相加得到的颜色，如图 5-3-12 所示。

2）消色。黑色和白色属于无彩色，在调色时加入黑色或白色可明显降低颜色的彩度，使原颜色的色调减弱、改变甚至消失，如向紫色中加入等量的黑色，则颜色的紫色色调就会完全消失而变为黑色。因此，白色和黑色称为消色。

在三原色和复色中加入一定量的白色，可调配出粉红、浅红、浅蓝、浅天蓝、淡蓝、浅黄、奶黄和芽黄等深浅不一的多种颜色；加入一定量的黑色，则可调配出棕色、灰色、褐色和墨绿等明度和色调不同的多种颜色。黑色和白色以不同的比例混合可得出不同的灰色。在颜色调配的过程中合理地使用消色，可以对颜色的色调和明度起到校正和调节的作用。

3）互补色。在色环图上位置相对的颜色互为补充，这两种颜色称为互补色（见图 5-3-13），如红色补充蓝绿色、黄色补充蓝紫色等。当两种互补颜色混合时，这两种颜色便相互抵消，从而形成灰色。在调色时应尽量避免使用互补色，但有时为了抵消某个太强的颜色，降低其彩度，可以加入该颜色的互补色。加入互补色可以快速降低颜色的彩度，但不能添加过量，否则会使混合色过于混浊而导致调色失败。

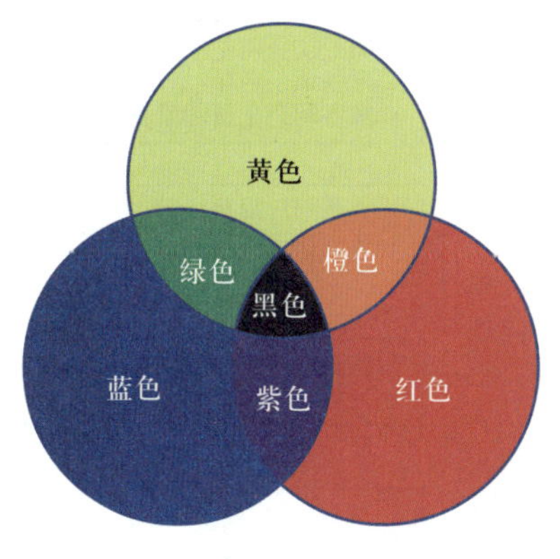

图 5-3-12 三原色等量相加得到黑色

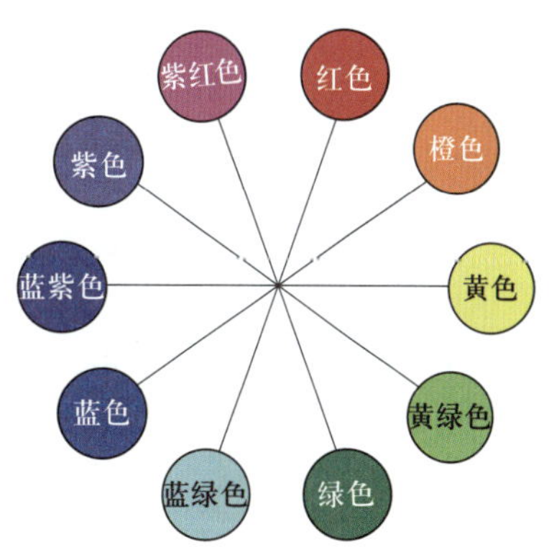

图 5-3-13 互补色

（2）颜色调配的色母

用于颜色调配的色母分为红、橙、黄、绿、蓝、紫、白和黑八类基本颜色，将这些颜色按照调色的基本规律进行拼配，就可以得到所需的颜色。色母拼配的颜色变化见表 5-3-3。

表 5-3-3 色母拼配的颜色变化

混合色 各色 \ 各色	红色	橙色	黄色	绿色	蓝色	紫色	白色	黑色
红色	/	橙 / 红色	橙色	棕色	紫色	浅棕色	樱桃红色	棕色
橙色	红 / 橙色	/	黄 / 橙色	棕色	棕色	棕色	樱桃红色	棕色
黄色	橙色	橙 / 黄色	/	绿 / 黄色	绿色	绿色	浅黄色	绿色
绿色	棕色	棕色	黄 / 绿色	/	蓝绿色	棕色	浅绿色	深绿色
蓝色	紫色	棕色	绿色	蓝绿色	/	紫 / 蓝色	浅蓝色	深蓝色
紫色	浅棕色	棕色	绿色	棕色	蓝 / 紫色	/	浅紫色	深紫色

（3）配方调色

汽车制造厂或涂料商为了汽车涂装维修调色的方便，为每一种新车颜色及其差异色提供了颜色配方。汽车涂装维修人员按照车身的颜色配方，将修补面漆色母混合至与车身颜色一致或相近的过程叫做配方调色。常规配方调色的基本流程如图 5-3-14 所示。

图 5-3-14　常规配方调色的基本流程

1）调色前准备。进入调漆间前应穿戴好防护用具，以确保身体不受有机溶剂侵蚀。进行调色作业时应穿戴的防护用具有工作帽、护目镜、滤筒式呼吸保护器、防静电工作服、乳胶手套和工作鞋，调色作业的安全防护如图 5–3–15 所示。

根据车身原涂层面漆的颜色和类型选用色母，并根据涂膜的损伤面积确定色母用量；检查色母的质量，确保色母无结皮或变质等情况；打开调漆机开关（见图 5–3–16），让调漆机运转，确保色母搅拌均匀。

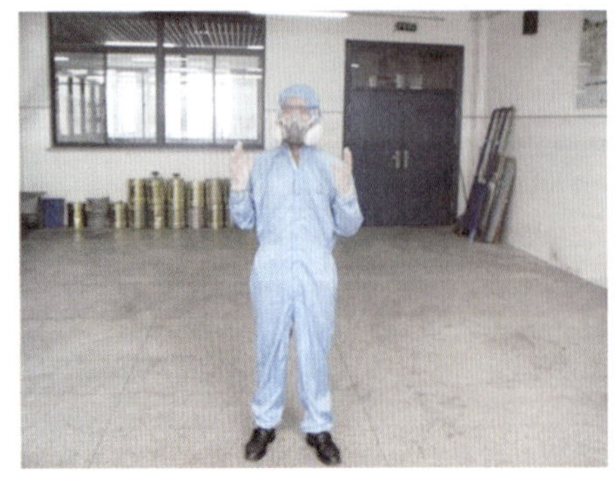
图 5-3-15　调色作业的安全防护

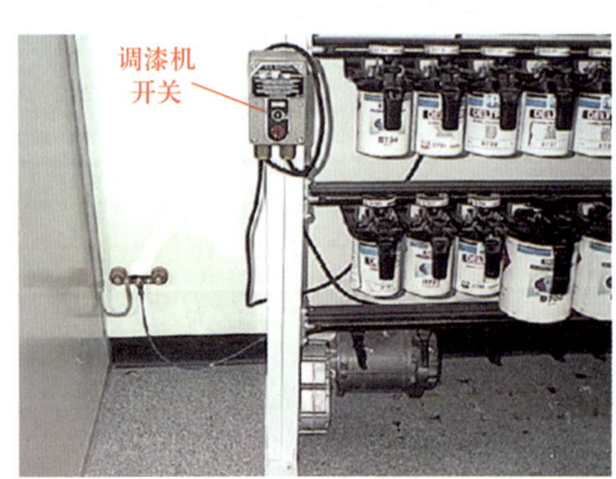

图 5-3-16　调漆机

面漆调色需要准备的工具和设备有调色电脑、色卡、施涂试杆、调漆杯、烘箱、比色灯箱、电子秤和调漆尺等，如图 5–3–17 所示。在准备好调色工具和设备之后，需要用干净的除尘布清洁其表面，并校准电子秤。

调色电脑

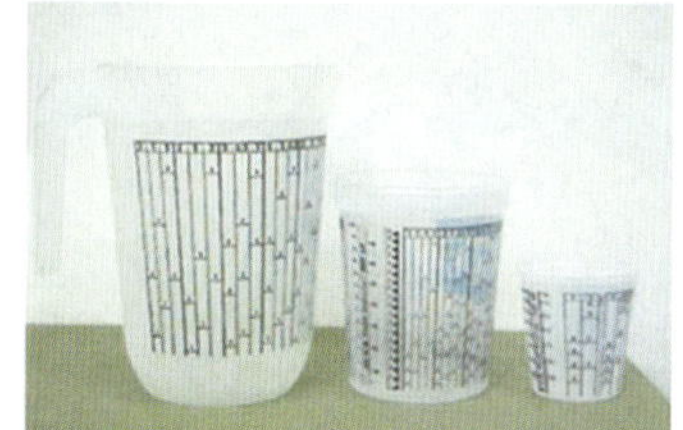

调漆杯

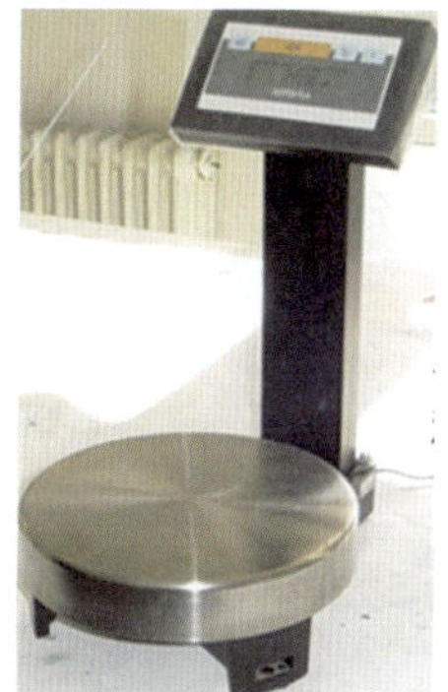

电子秤

色卡

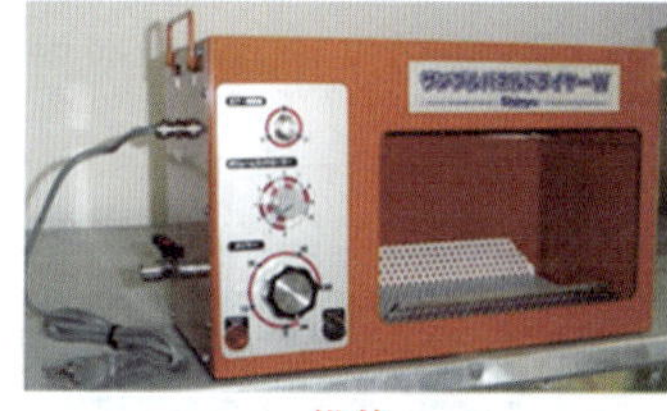

烘箱

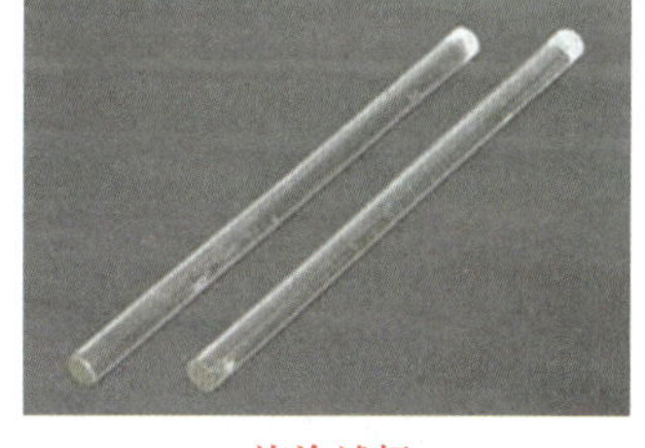

施涂试杆

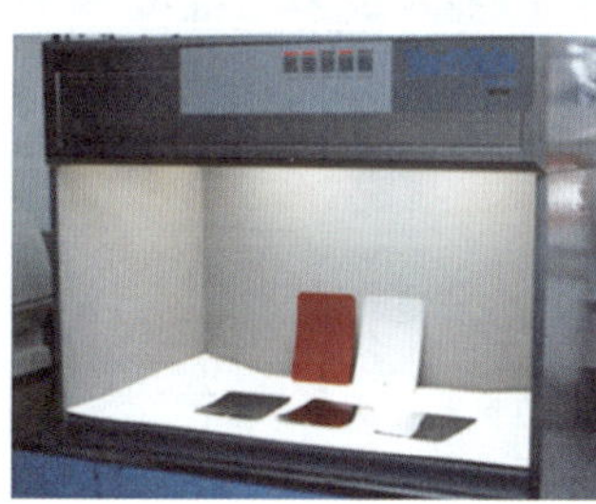

比色灯箱

调漆尺

图 5–3–17 面漆调色需要准备的工具和设备

2）查找颜色代码。在修补原厂涂膜破损的区域时，应通过查找原厂颜色代码和颜色配方来进行调色。大部分汽车车身铭牌上都印有颜色代码（见图 5–3–18），铭牌所在位置因车厂及型号的不同而有所差异。部分汽车颜色代码铭牌的位置如图 5–3–19 所示，不同品牌汽车的颜色代码铭牌在车身上的位置可参考表 5–3–4。

图 5–3–18 颜色代码

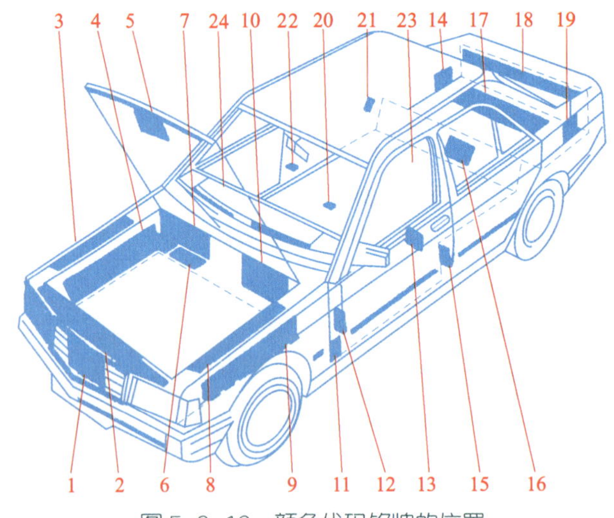

图 5-3-19　颜色代码铭牌的位置

表 5-3-4　不同品牌的颜色代码铭牌在车身上的位置

品牌名称	颜色代码铭牌位置	品牌名称	颜色代码铭牌位置	品牌名称	颜色代码铭牌位置
奥迪	14、17、18	马自达	7、10、15	依维柯	5
宝马	2、3、4、7、8	奔驰	2、3、8、10、12、15、24	美洲豹	2、4、5、15
克莱斯勒	2、4、5、8、9、10	三菱	2、3、4、5、7、8、10、15	起亚	15
雪铁龙	2、3、4、7、8、10	莫斯科人	14	拉达	4、5、8、17、18、19、21
大宇	2	日产	2、4、7、10	迷你	22
大发	2、7、10、20、22	欧宝	2、3、4、7、8、10	凌志	3、7、10、15
法拉利	5、18	标致	2、3、8	莲花	3、8
菲亚特	4、5、14、18	雷诺	3、7、8、10、15	斯柯达	8、10、17
福特	15	劳斯莱斯	3、5	丰田	3、4、7、8、10、11、12、15、17、23
伏尔加	18	罗浮	2、3、5、7、10	大众	1、2、3、7、8、14、17、18、19

续表

品牌名称	颜色代码铭牌位置	品牌名称	颜色代码铭牌位置	品牌名称	颜色代码铭牌位置
通用	2、7、10、15	萨伯	3、8、10、15、17	沃尔沃	2、3、7、8、10、11、12、15
本田	15、22	土星	19	伏克斯	2、6、8、9、10
现代	2、7、10、12	西特	3、8、17、18	波尔舍	2、7、8、10、12、15
五十铃	2、7、10、15、16	铃木	7、10、11、13、14、18、20	玛莎拉蒂	5

当在车身上查找不到颜色信息时，可以通过汽车使用说明书或汽车涂料供应商提供的颜色资料来查找颜色代码。有些待修补车辆会存在颜色信息不全的问题，如车身改过色或铭牌上没有颜色编号等，这时可以将涂料商提供的色卡与待修补部位周围涂膜的颜色进行比较（见图 5–3–20），以挑选出最接近的颜色，找到对应的颜色代码。

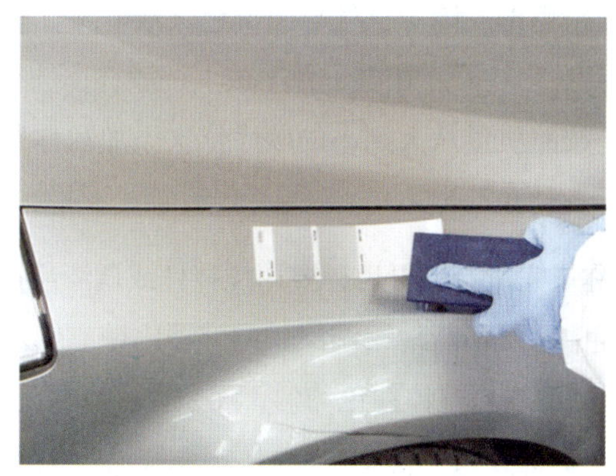

图 5–3–20 将色卡与待修补部位周围的涂膜颜色进行比较

3）查找颜色配方。在电脑桌面上通过双击快捷方式打开调色软件，输入原厂或色卡上的颜色代码，找到颜色配方。输入需调配面漆的总量，软件中就会显示涂料总量、各色母的型号，以及添加色母的绝对量和累加量等信息，如图 5–3–21 所示。

由于网络的日益普及，许多国际知名涂料公司纷纷推出“网上配方系统”，以求把准确、详细的配方在最短时间内告知客户，第一时间了解客户的困难，并给予指导和帮助。

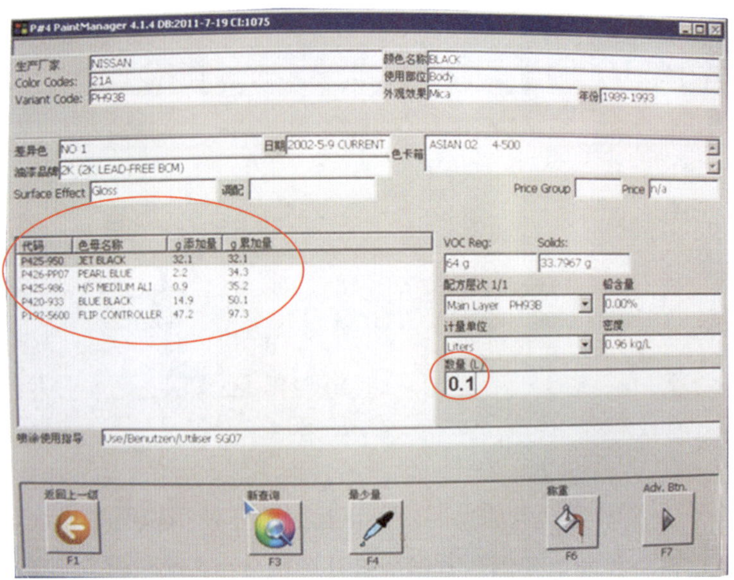

图 5-3-21　颜色配方的信息

4）称量色母。找到颜色配方后，记下各色母的编号和需要添加的量，按照色母编号在调漆机上选取色母。在选取时要认真确认色母的编号和颜色，确保其与配方中所列的色母一致，如果选错色母，则会直接导致调色失败。在称量色母前，应将电子秤清零，电子秤的显示应为“0.0 g”。在电子秤上放上调漆杯，选择清零去皮功能，然后根据各色母的绝对量，按照质量从大到小的顺序依次添加和称量色母，在添加每种色母前，电子秤必须进行一次清零去皮。

5）搅拌混匀。在称量完所有色母后，要用搅拌杆或调漆尺把调漆杯内混合的色母搅拌均匀，在搅拌过程中，要不断地用调漆尺刮容器内壁，以使内壁上的色母与其他色母充分混合。搅匀后的涂料应整体颜色均匀、无杂色。

6）制作比色试板。在素色漆调色中可以用刮涂法和喷涂法制作比色试板；而金属漆和水性漆比色试板的制作只能采用喷涂法，因为刮涂出来的金属漆或水性漆颜色不能反映涂膜真实的颜色。在刮涂或喷涂好比色试板后，应将试板静置 5 ~ 10 min，待试板上涂料中的溶剂挥发后，将其放入烘箱烘烤至干燥。

7）颜色比较。把烘干的试板拿出烘箱，并与待修补目标的颜色从色调、明度和彩度三方面进行比较，如图 5-3-22 所示。若比色试板上涂膜的颜色与待修补目标的颜色基本一致，则调色完成；若比色试板上涂膜的颜色与待修补目标的颜色有差异，则需要再进行手工微调。

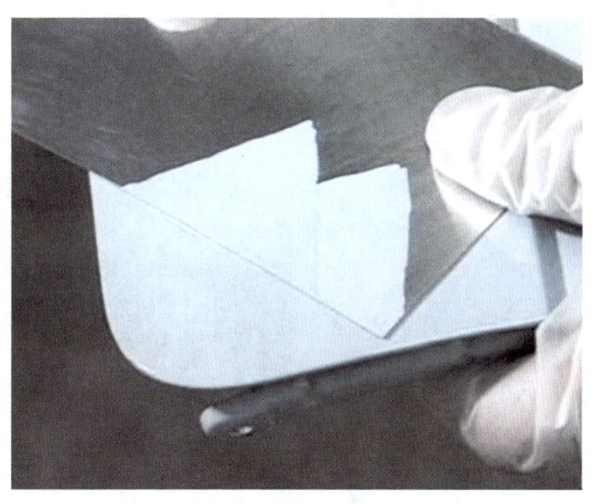

图 5-3-22 颜色比较

二、汽车涂料配制

经过调色或出自原厂的汽车涂料黏度较高，不便于喷涂雾化，难以形成均匀、光滑的涂膜。为了保证涂料的喷涂质量，在涂料喷涂前必须对涂料进行适当的添加和稀释处理。按照涂料产品说明书的要求，向涂料中加入添加剂和稀释剂，以将涂料配制至适于喷涂的工艺称为涂料的配制。在配制涂料时需要了解涂料的基本类型、涂料的配制比例和涂料的喷涂黏度等知识。

1. 涂料的基本类型

汽车涂料按照组成成分不同，可分为单组分（1K 型）涂料和双组分（2K 型）涂料。

单组分涂料依靠溶剂的挥发固化成膜，在配制时只需要加入稀释剂将其稀释到适合喷涂的黏度即可。在汽车修补漆涂料系列中，单组分涂料有素色漆、银粉漆和珍珠漆三种，如图 5-3-23 所示。

a）

b）

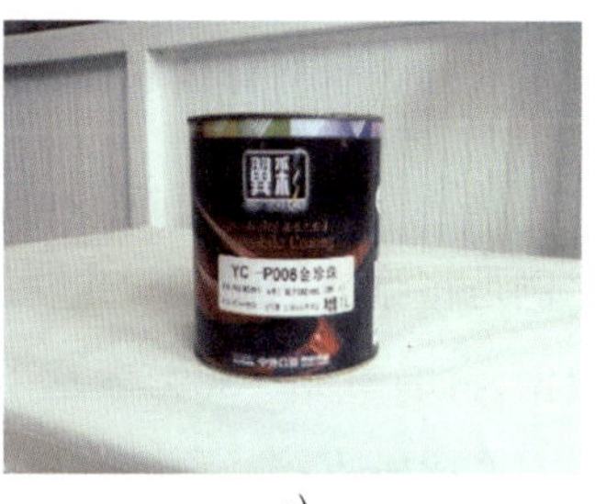

c）

图 5-3-23 单组分涂料

a）单组分素色漆 b）单组分银粉漆 c）单组分珍珠漆

双组分涂料由甲组分涂料和乙组分固化剂组成（见图 5–3–24），在配制时应按一定比例先向涂料中加入固化剂，然后再加入稀释剂并混合。

图 5–3–24　双组分涂料

单组分色漆一般被用作色漆层，在喷涂干燥后必须再喷涂罩光清漆，单组分色漆喷涂的一般程序为“色漆 + 稀释剂”直接施工，无须加固化剂。双组分修补漆在喷涂后无须加喷罩光清漆，但在喷涂时应先按“色漆 + 固化剂 + 稀释剂”进行配制后再施工。

2. 涂料的配制比例

涂料的配制比例对于单组分涂料来说是指涂料和稀释剂的配比比例，对于双组分涂料来说是涂料、固化剂和稀释剂的配比比例。涂料配制比例分为质量比和体积比两种，在没有特别说明的情况下，说明书中列出的涂料配制比例都是指体积比。

单组分涂料的配制比例由两个数据组成（如 100∶50），第一个数据表示涂料的体积数，第二个数据表示稀释剂的体积数；而双组分涂料的配制比例由三个数据组成（如 4∶1∶1），第一个数据表示涂料的体积数，第二个数据表示固化剂的体积数，第三个数据表示稀释剂的体积数。

在实际生产中，涂料的配制比例分为百分比例、份数比例和混合比例三种。百分比例是将涂料的体积设定为“100”，固化剂和稀释剂则按与涂料对应的比例设定体积数值，如“100∶50”表示 100 份的单组分涂料用 50 份的稀释剂稀释。份数比例的表达方式比较直接，如配制比例“4∶1∶1”是指 4 份双组分涂料中需要加入 1 份固化剂和 1 份稀释剂来进行配制。混合比例由份数比例和百分数组成，如 PPG 公司 P421 系列单工序金属涂料的配制比例为“2∶1∶5～15%”（见图 5–3–25），其含义是在 2 份双组分金属涂料中加入 1 份固化剂，然后加入占涂料和固化剂总体积的 5% ~ 15% 的稀释剂来进行稀释。

3. 涂料的喷涂黏度

黏度是衡量汽车涂料稀稠程度的物理量，在测量涂料黏度时，一般使用流出法，即用黏度计来测定黏度大小。黏度计测定的黏度是涂料的运动黏度，通常以一定量的涂料从黏度计中流出的时间（s）来表示。

图标	内容	
	P421 系列2K单工序金属涂料	2份
	P210-538 938 939	1份
	P850-1491 1492 1493 1494	5%~15%

图 5-3-25 PPG 公司 P421 系列单工序金属涂料的配制比例

世界各国所使用的黏度计各有不同，我国主要使用涂 -4 杯黏度计和 ISO-4 杯黏度计，美国使用福特杯黏度计，德国使用 DIN-4 杯黏度计，如图 5-3-26 所示。每种型号的黏度计都有其最佳的测量范围，如涂 -4 杯黏度计规定的测量范围为 20 ~ 100 s。在测量汽车涂料的黏度范围时，一般选用涂 -4 杯、DIN-4 杯和 ISO-4 杯等黏度计。

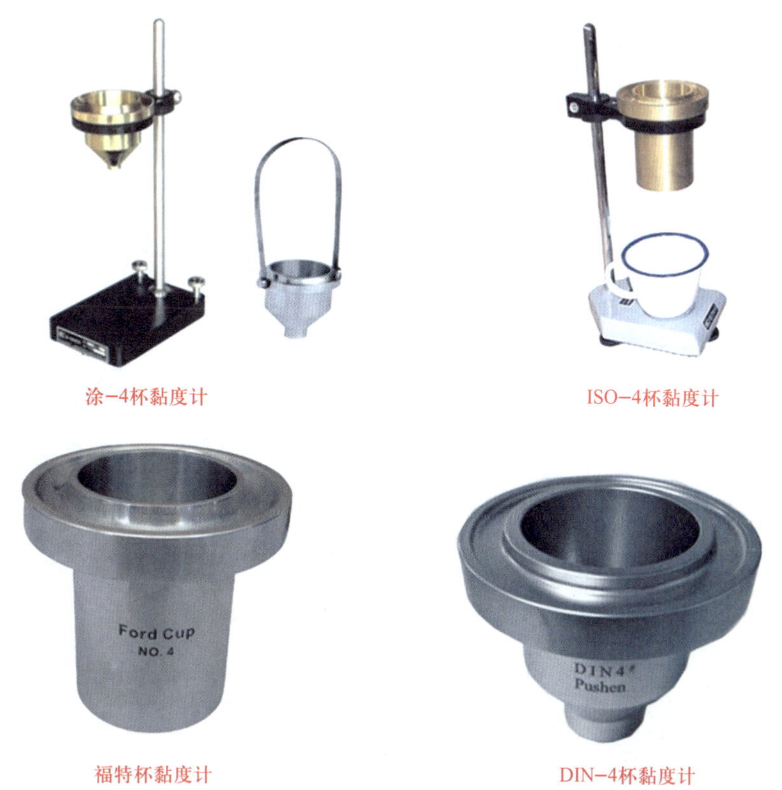

图 5-3-26 世界各国所使用的黏度计

为了便于运输和储存，汽车涂料通常保有较高的黏度值，此黏度被称为涂料的原始黏度或供货黏度；而在喷涂施工时，需要用稀释剂将汽车涂料调整至较低的黏度，以适应喷枪喷涂的需要，这时的黏度称为涂料的施工黏度。各种汽车修补涂料原始黏度与施工黏度的对照见表 5–3–5。

表 5–3–5　各种汽车修补涂料原始黏度与施工黏度的对照（DIN–4 杯黏度，23 ℃）

汽车涂料	原始黏度 /s	施工黏度 /s
罩光清漆	45 ~ 50	27 ~ 28
金属底色漆	24 ~ 26	22 ~ 24
中涂底漆	80 ~ 85	22 ~ 24

任务实施

一、素色漆的配方调色

本任务的内容为素色漆的配方调色，见表 5–3–6。

表 5–3–6　素色漆的配方调色

操作内容	图片
1. 调色前准备 **方法：** （1）穿戴好工作帽、护目镜、滤筒式呼吸保护器、防静电工作服和乳胶手套等防护用品 （2）检查色母的质量，打开调漆机开关，使其搅拌色母达 15 min 以上 （3）准备并清洁调色工具和设备 **提示：** 在有排风设备的调漆间应打开排风系统，以确保涂料挥发时产生的有机溶剂蒸气能被及时排出	

续表

操作内容	图片
2. 查找颜色代码 **(1)在车身上查找颜色代码** **方法:** 1)根据车身颜色代码铭牌位置对照图在车身上查找标有颜色代码的铭牌 2)在铭牌上找到颜色代码,并记录颜色代码及其相关信息 **提示:** 当车身上找不到颜色信息时,可查找汽车使用说明书或涂料供应商提供的颜色资料	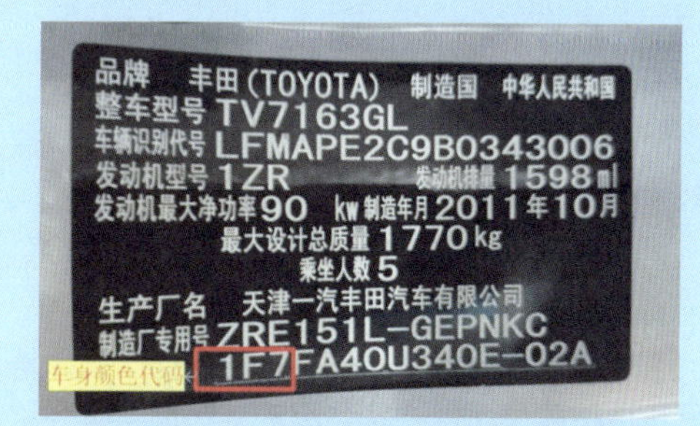
(2)用色卡比对确定车身颜色代码 **方法:** 1)打磨并清洁待修补区域及其周边,使涂膜露出本来的颜色 2)根据待修补车辆的品牌,从颜色资料箱中选择色卡组 3)从色卡组中选取色卡,并与待修补区域周围涂膜的颜色作比较,找出颜色最为接近的色卡,记下色卡下方的颜色代码 **提示:** 对于不能确定车辆品牌的车身板件,直接从颜色资料箱中找出油漆类型相同、颜色最为接近的色卡即可	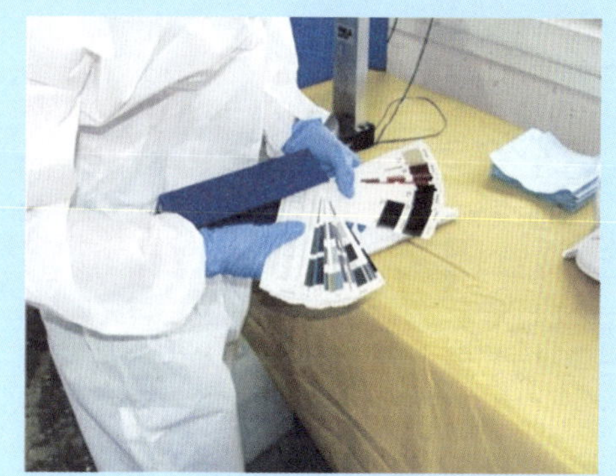
3. 查找颜色配方 **(1)输入颜色代码** **方法:** 1)打开电脑上的调色软件,单击"代码"进入"按原厂色号进行查询"界面 2)输入查找到的颜色代码,点击"确认",界面显示该颜色代码的不同地区和不同生产商等方面的信息 3)选择相应地区和生产商,点击"确认",界面显示该颜色的配方 **提示:** 如果要显示差异色,可在软件界面点击"差异色或其他油漆系统"按钮,即可出现更多差异色	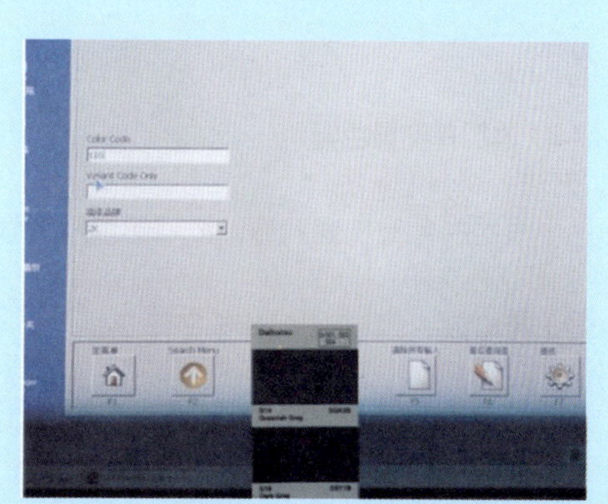

续表

操作内容	图片
（2）输入涂料总量，打印配方 **方法：** 1）在涂料总量的选择框中输入需要调配涂料的体积，即可显示各色母的累加量 2）点击“打印”，即可直接打印配方 **提示：** 在输入所需调配涂料的体积后，可以选择是显示体积还是质量的颜色配方，在现实中经常选用质量配方	
4. 称量色母 **（1）准备调色所需的色母，校准电子秤** **方法：** 1）根据颜色配方上的色母编号，从调漆机上选取色母 2）打开电子秤开关，观察液晶屏，电子秤在清零后应显示“0.0 g” 3）在电子秤上放上调漆杯，选择清零去皮功能 **提示：** 在选取色母时一定要核对色母的编号和颜色是否正确，若选错色母，则会导致调色失败	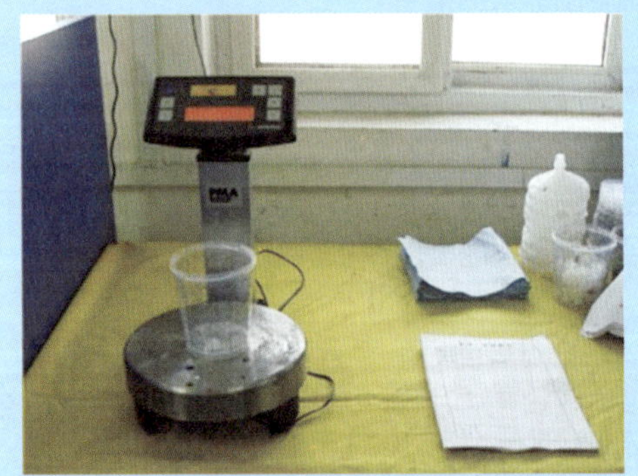
（2）添加并称量色母 **方法：** 1）根据各色母的绝对量，按照质量从大到小的顺序依次加入色母 2）每加完一个色母必须将电子秤清零 **提示：** 应将电子秤置于无振动且气流稳定的环境中，以确保称量准确；色母应从杯子的中央加入，不能粘在杯壁上	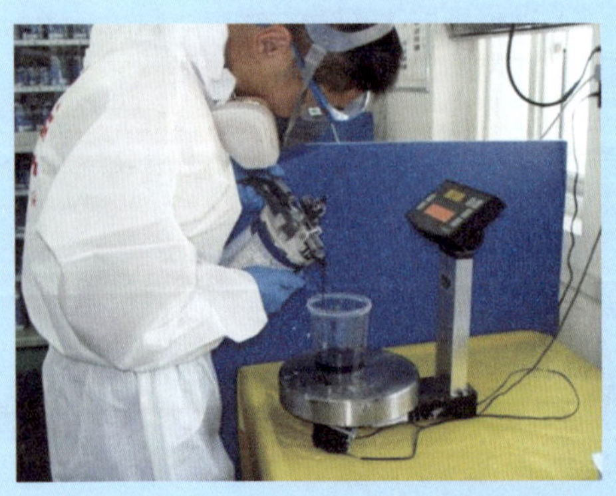

续表

操作内容	图片
5. **搅拌混匀** **方法：** （1）将调漆尺从杯壁旁伸入涂料，并从四周向中间轻轻搅拌，直到涂料的颜色均匀为止 （2）在搅拌过程中，应用调漆尺刮下杯壁上黏附的涂料，并继续搅拌至涂料整体颜色均匀为止 **提示：** 绝对量小的色母一定不能黏附在调漆尺或杯壁上，否则会影响调色的准确性	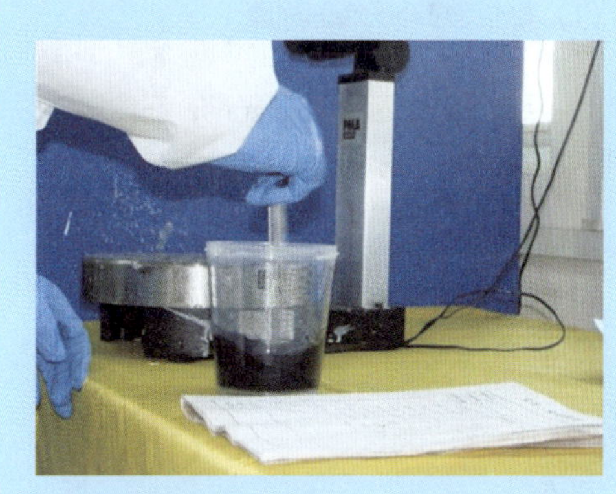
6. **制作比色试板** **（1）刮涂比色试板** **方法：** 1）用施涂试杆蘸上涂料，在比色试板上进行刮涂 2）应刮涂出一个边长不小于 30 mm 的等边三角形 **提示：** 刮涂的涂膜要整体厚薄均匀、表面光滑，涂膜厚度要保证能完全盖住底板	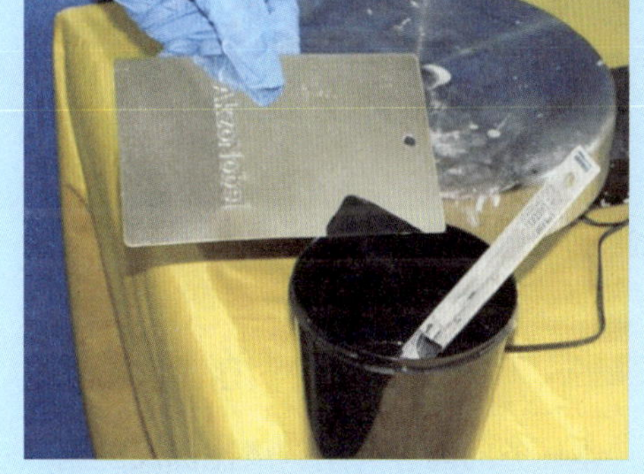
（2）干燥比色试板 **方法：** 1）将试板静置 5 ~ 10 min，使试板上涂料中的溶剂完全挥发 2）将试板放入烘箱中烘烤，使刮涂的涂膜干燥 **提示：** 如果将刮涂好的试板不经静置就直接放入烘箱中烘烤，涂膜表面就会产生小孔，从而影响比色效果	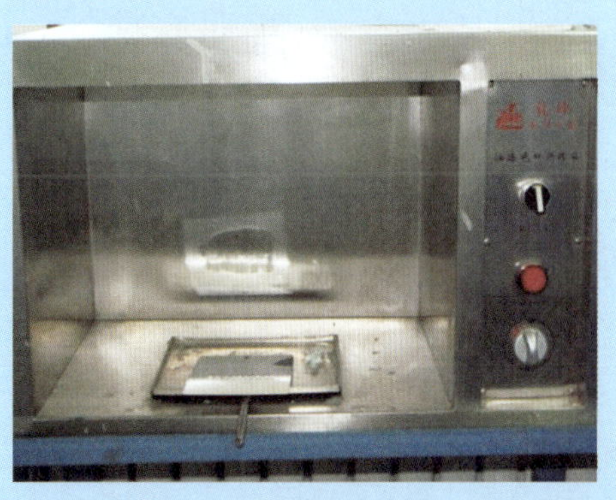

续表

操作内容	图片
7. 颜色比较 **（1）清洁待修补区域的涂膜** **方法：** 1）用法兰绒布蘸上细抛光剂，在待修补区域周围进行打磨 2）用干净的毛巾擦除抛光剂和打磨碎屑，使车身涂膜露出本来的颜色 **提示：** 不能用砂纸或粗蜡打磨原涂膜，否则会产生划痕，影响比色效果	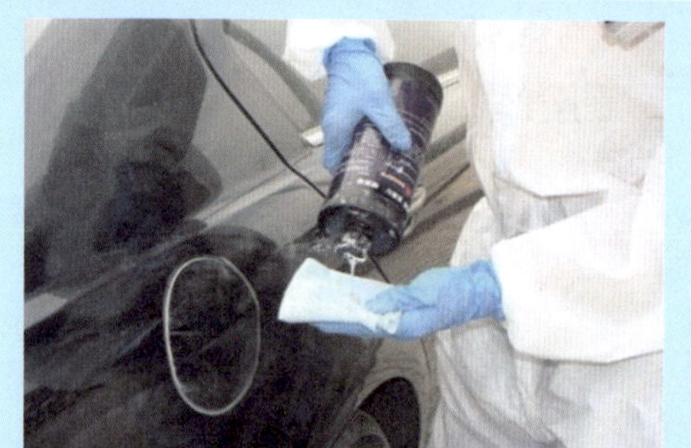
（2）比较颜色差异 **方法：** 1）将试板放在待修补区域的涂膜上，从色调、明度和彩度三个方面进行颜色的比较 2）分析颜色差异。当看不出颜色差异或颜色差异很小时，可以喷涂试板，再次进行比较，当颜色基本一致时完成调色；当颜色差异较大时，则需要进行颜色的手工微调工序 **提示：** 颜色比较要在适宜的比色环境下进行，并从试板的正面和侧面进行反复观察	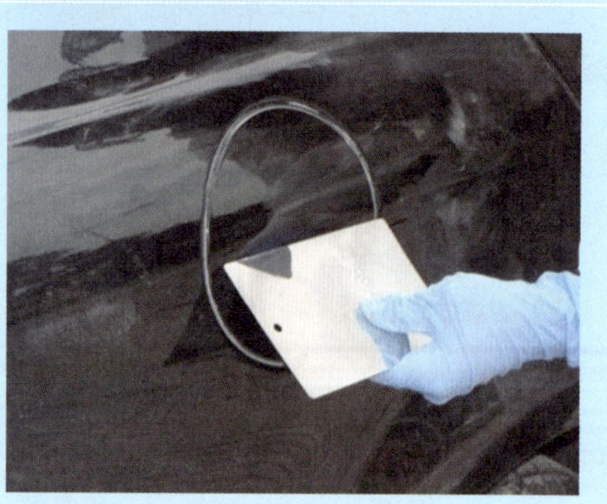

二、双组分涂料的配制

本任务的内容为用调漆比例尺配制 200 mL 的双组分素色漆，配制比例为 2∶1∶0.5，见表 5–3–7。

表 5–3–7　　双组分涂料的配制

操作内容	图片
1. 面漆配制前准备 **方法：** （1）做好安全防护工作 （2）准备好作业场地 （3）准备好面漆配制所需的涂料 （4）准备好面漆配制所需的工具和设备 **提示：** 准备配制工具时要选用 2∶1∶0.5 的调漆比例尺	

续表

操作内容	图片
2. 加入素色漆 **方法：** （1）将 2：1：0.5 的调漆比例尺靠在直筒型调漆杯的杯壁上，并用手指固定 （2）缓慢地向杯中加入素色漆，直至漆面高度与比例尺上最左边第一列的“B”齐平 **提示：** 直筒型调漆杯应选用 1 000 mL 规格的专用调漆杯，当漆面高度为“A”时，其体积为 100 mL；当漆面高度为“B”时，其体积为 200 mL	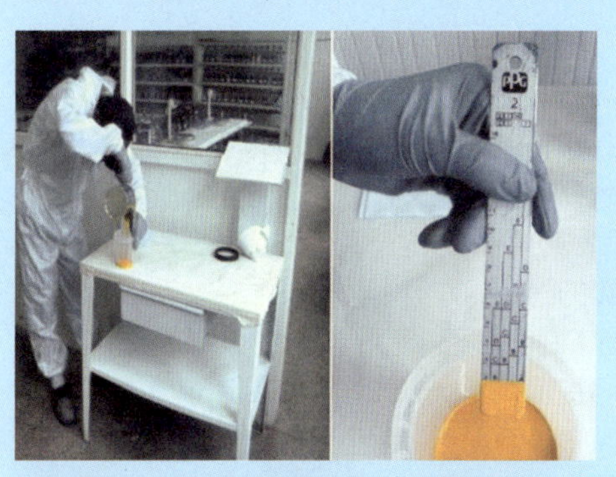
3. 加入固化剂 **方法：** （1）缓慢地向杯中加入配套的固化剂 （2）当液面上升到比例尺第二列的“B”位置时，停止添加 **提示：** 要严格按照配比的比例加入固化剂，固化剂偏多或偏少都会影响面漆的成膜质量	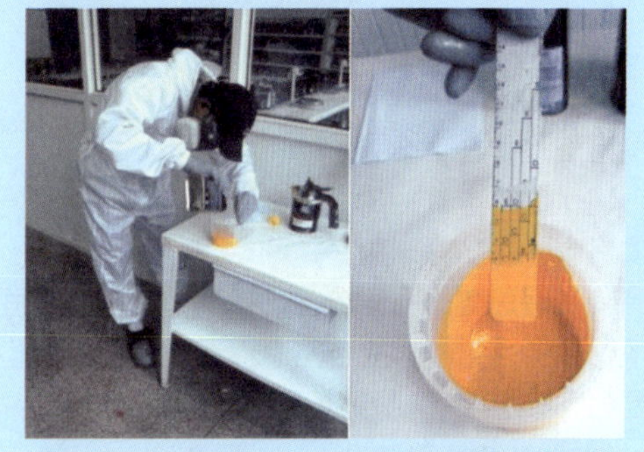
4. 加入稀释剂 **方法：** （1）按照配制比例向杯中缓慢加入稀释剂 （2）当液面上升到比例尺第三列的“B”位置时，停止添加 **提示：** 此比例尺上的第三列和第四列分别表示添加 0.5 份稀释剂和 1 份稀释剂，在配制时要根据环境温度和具体要求选择稀释比例	
5. 搅拌涂料 **方法：** （1）添加完成后，用调漆尺充分搅拌涂料 （2）待涂料混合均匀后，停止搅拌 **提示：** 搅拌的动作不要过于剧烈，以免产生气泡	

续表

操作内容	图片
6. 检查涂料的黏度 **方法：** （1）搅匀涂料后，通过调漆尺上涂料的流束情况检查涂料的黏度 （2）当涂料的流束粗细合适，从流束变成流滴的时间约为 5 s 时，根据经验可以判断出该涂料的黏度已符合要求 **提示：** 一般情况下，双组分素色漆的喷涂黏度比单组分普通金属漆的喷涂黏度大	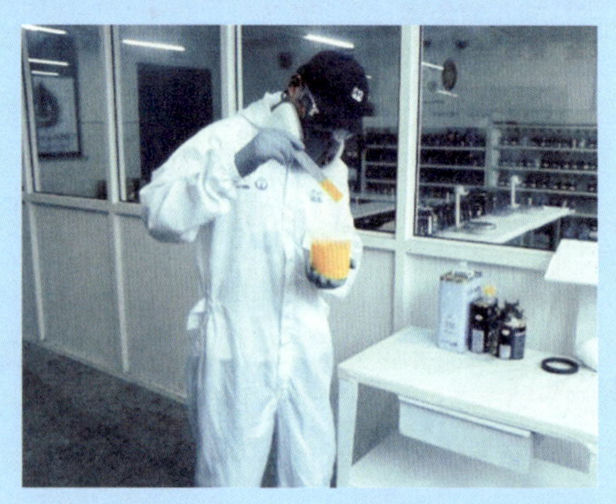
7. 过滤涂料 **方法：** （1）选用 160 目的专用涂料过滤网对配制好的涂料进行过滤 （2）将过滤网直接放在喷枪的枪壶上，将面漆涂料倒入滤网，待全部涂料通过滤网流入枪壶后，取下滤网，旋好枪壶盖 **提示：** 过滤的目的是除去涂料中大的颗粒和杂质，防止喷枪堵塞，提高面漆的喷涂质量	

思考与练习

1. 物体的颜色是怎样产生的？
2. 颜色调配有哪些基本规律？
3. 什么是配方调色？

模块六

汽车涂装维修工艺

任务1　汽车涂装施工前的准备

学习目标

1. 熟悉汽车涂装维修的常用工艺。
2. 掌握汽车车身涂膜损伤的评估方法。
3. 掌握汽车涂装维修工艺的选择方法。
4. 掌握汽车车身原涂膜涂料类型的鉴别方法。
5. 能正确选用汽车车身修补涂料并合理估计涂料的用量。

任务描述

汽车涂装施工前的准备是合理规划汽车涂装维修工作的基本工序，是保证涂装维修质量和节约生产成本的重要步骤。本任务要求学生能够正确评估汽车车身涂膜损伤，合理选择汽车涂装维修工艺和所需涂料，为汽车涂装维修工作的实施做好准备。

相关知识

汽车涂装施工前的准备主要包含车身表面的清洁、车身涂膜损伤的评估、涂装维修工艺的选择和车身修补涂料的选择等内容。

一、车身表面的清洁

1. 全车清洗

虽然进行涂装施工的可能只是车身的某一板件或板件的某一部分，但仍需彻底清洗整车上的灰尘、污垢和其他异物。在汽车车门、行李舱、发动机罩，以及轮胎挡泥板的边缘和缝隙等处积存着大量的灰尘和污垢，如图 6–1–1 所示，如不将它们清除干净，则有可能使新喷涂的涂膜沾上污点。

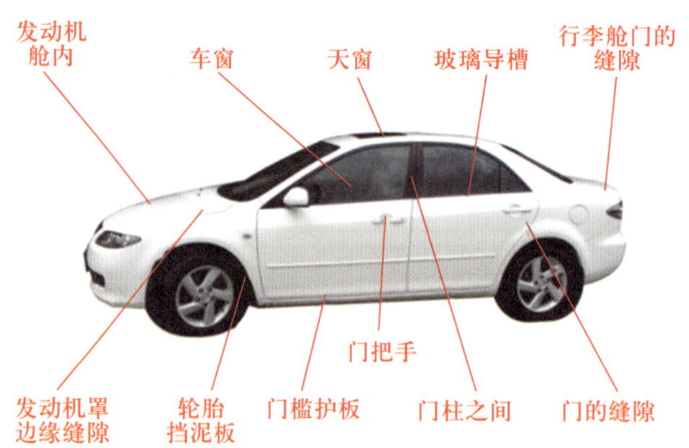

图 6–1–1　车身上灰尘和污垢堆积的部位

全车清洗的一般方法是先用自来水冲洗，然后用车辆清洗剂清洗，最后用清水冲刷干净。清洗车身表面一般使用专用的车辆清洗剂，车辆清洗剂具有超强的去污能力。车身表面清洁常用的工具和设备有洗车机、洗车刷和洗车海绵等。常用的汽车清洁工具、材料和设备如图 6–1–2 所示。

2. 车身待修补区域的清洁

清洁车身待修补区域的目的是除去车身表面的油脂、污垢、石蜡和抛光剂，以提高涂膜的附着力，预防涂装缺陷的产生。应使用有机溶剂对车身进行清洗，并用干净的擦布蘸上清洗剂擦洗待修补区域及其周边，以溶解车身表面的油脂和抛光剂，然后

洗车机

洗车刷

洗车海绵

车辆清洗剂

图 6-1-2　常用的汽车清洁工具、材料和设备

用另一块干净的擦布擦干，如图 6–1–3 所示。若需清洗大量的抛光剂，还要在擦干工序后用 P500 或 P600 砂纸打磨车身表面对应区域，并再次重复上面的清洁工作。

二、车身涂膜损伤的评估

正确评估车身涂膜的损伤程度是选择汽车涂装维修工艺的前提，也是保证涂装质量的关键因素之一。只有在对车身涂膜的损伤程度进行正确的评估后，才能确定维修范围，从而确定各道工序的处理范围，以及过渡区域、需遮盖保护的部位和需拆卸的零件等，为后续工序的顺利实施奠定基础。常用的评估车身涂膜损伤程度的方法有目测评估法、触摸评估法和直尺评估法。

1. 目测评估法

目测评估法（见图 6–1–4）是指根据光照射板件的反射情况来评估板件的损伤程度及受影响面积大小的方法。目测评估时，要不断改变观察角度，以发现微小的变形。目测评估不能在强光下进行，因为强光会影响人的观察结果。

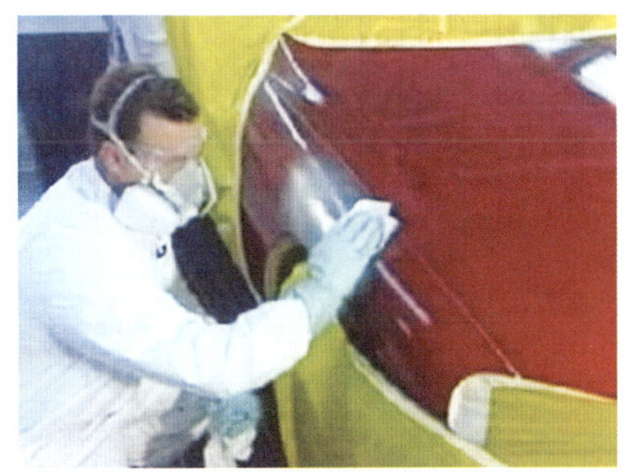

图 6-1-3　车身待修补区域的清洁

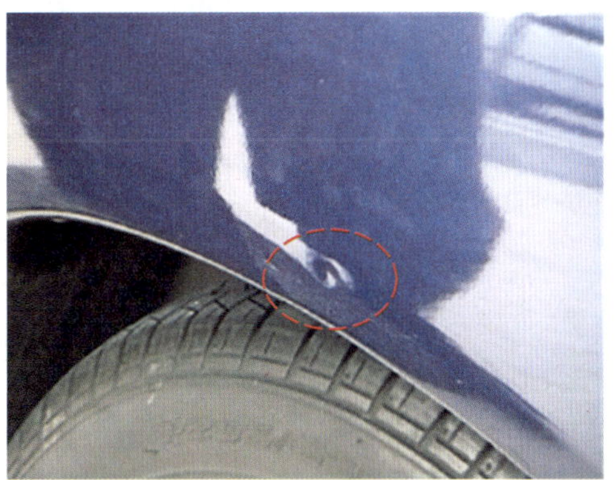

图 6-1-4　目测评估法

2. 触摸评估法

使用触摸评估法评估车身涂膜的损伤程度时，应戴上棉质薄手套，从各个方向触摸受损的区域，如图 6–1–5 所示。触摸时不要施加任何压力，应将注意力集中在手掌的感觉上。为了准确地找到受损区域的不平整部分，手的移动范围要大，要包括没被损伤的区域，而不是只触摸损伤的区域。此外，在有些损伤区域可更换手的移动方向，以便更容易地感受损伤。

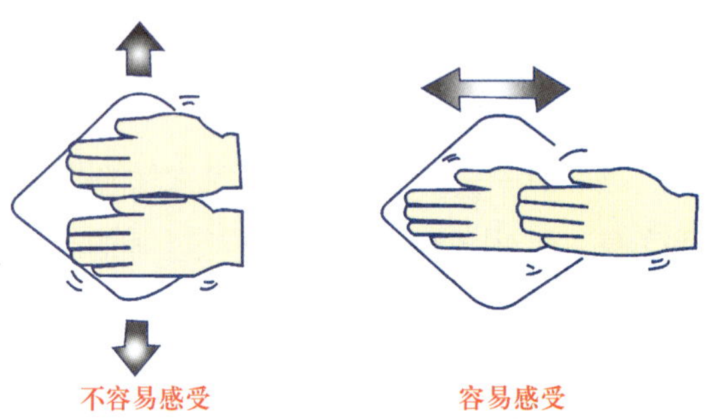

图 6–1–5　用触摸评估法评估车身涂膜的损伤程度

3. 直尺评估法

直尺评估法是指将一把直尺放在车身与损伤区域对称的没有被损伤的区域上，检查车身与直尺的间隙（见图 6–1–6），然后将直尺放在被损伤的车身板件上检查间隙，通过对比，评估受损的车身板件变形量大小的方法。

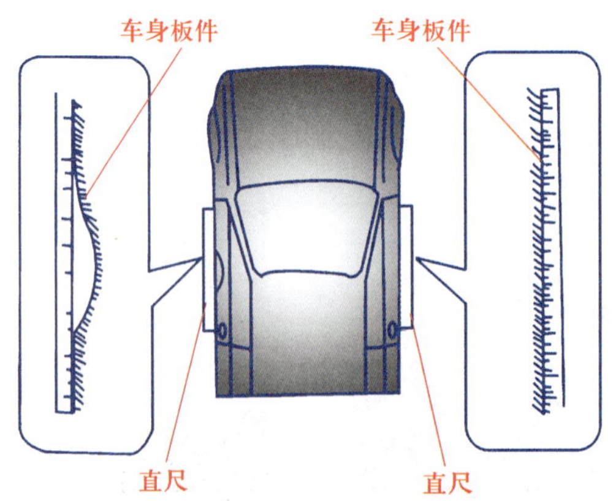

图 6–1–6　用直尺评估法评估车身涂膜的损伤程度

在使用直尺评估法时，若受损板件有凸出部分，将影响评估的结果，此时可用冲子或鹤嘴锤将凸起的区域敲平或使其稍稍低于正常表面，如图 6–1–7 所示。

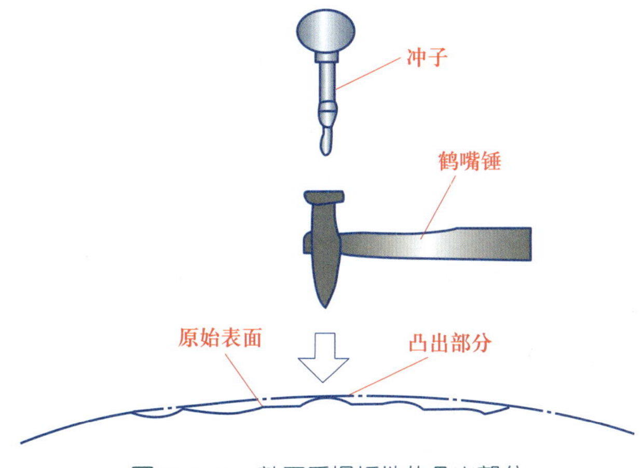

图 6-1-7 敲平受损板件的凸出部分

通过评估，可确定车身涂膜损伤的面积、损伤影响的范围、板件凹陷的深度，以及需要修补的颜色，这为下一步涂装维修工艺的选择提供了直接依据。

三、涂装维修工艺的选择

1. 常用车身涂装维修工艺

由于涂膜损坏的不确定性，涂装维修工艺也各不相同，必须根据涂层的损坏状态和现场的具体条件选择不同的涂装维修工艺。车身涂装维修工艺按照修补面积的大小可分为点修补、局部部件修补和整车喷涂。点修补适用于车身某个部位由于小的划伤需要进行微小局部喷涂的情况，其划伤面积一般在 10 cm^2 之内；局部部件修补适用于车身部件损伤经钣金修复后，对车身局部部件进行大面积涂装维修后，或将损坏部件更换为新件后进行涂装处理的情况；整车喷涂适用于面漆经多年使用，涂膜老化，以及汽车大修后需要整车翻新的情况。车身涂装维修工艺按照涂膜损伤程度不同又分为从底材到面漆的修补和面漆的翻新两种。从底材到面漆的修补工艺如图 6-1-8 所示。

其他从底材到面漆的汽车涂装工艺也与上述局部涂装修补工艺类似；在面漆翻新时，通常涂膜没有破损，板件表面也没有出现凹陷，可以省略底涂层涂装和原子灰刮涂工序；大客车和货车对涂装要求不高，在涂装时通常会省略中涂底漆的喷涂和打磨工序。

2. 车身修补涂装工艺的选择

在选择车身修补涂装工艺时一般会综合考虑涂膜的损伤部位、涂膜的损伤情况、颜色的匹配要求和车身底材的特性等方面。

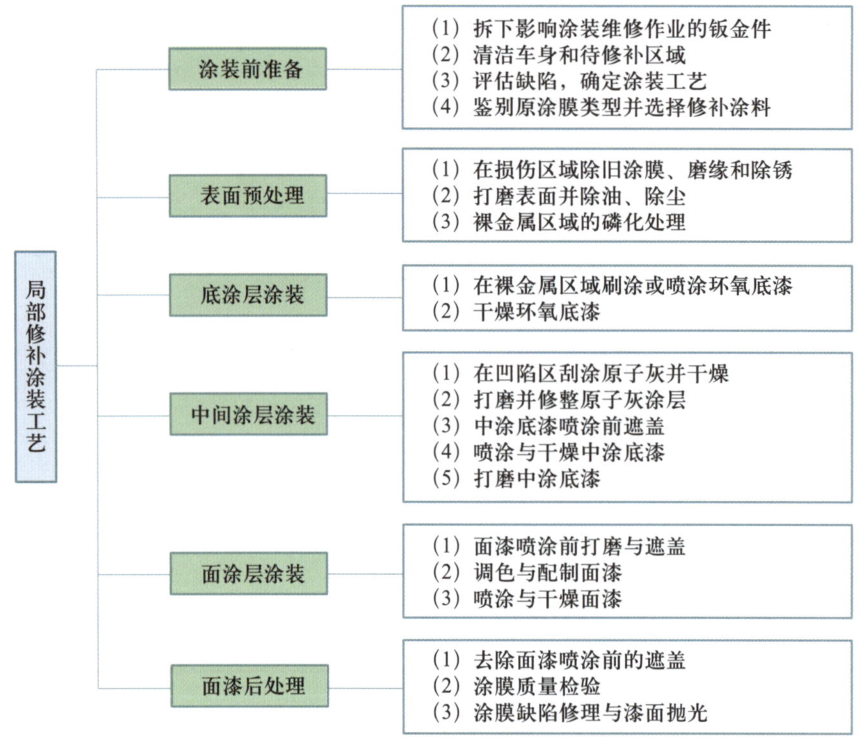

图 6-1-8　从底材到面漆的修补工艺

（1）根据涂膜的损伤部位选择修补涂装工艺

根据视觉上的显眼程度，一般将车身划分为 A、B、C、D 四个区域，如图 6-1-9 所示。A 区最为显眼，不宜采用点修补工艺，通常要进行整板修补涂装；B 区的显眼程度次于 A 区，在涂膜损伤范围小于 10 cm^2 的情况下可以采用点修补工艺，其他情况下只能进行整板修补涂装；C 区的视觉效果不太明显，可进行各种颜色的局部修补涂装；D 区是看不见的区域，各种修补涂装工艺均能适用。

（2）根据涂膜的损伤情况选择修补涂装工艺

1）根据涂膜的受损面积选择修补涂装工艺。一般情况下，若涂膜的损伤范围在 10 cm^2 内或小凹坑的直径在 2.5 cm 内，应采用点修补工艺；若损坏不止一处，但它们互相临近且总体覆盖面积不大，也可采用点修补工艺。若板面中间和边缘有损坏或板面的两侧有损坏，一般采用底色漆过渡喷涂、清漆整板喷涂的修补工艺。若在一块钣金件上涂膜的损伤面积较大，应采用整板喷涂工艺。若涂膜大面积损伤或多处损伤，且局部修补不能解决此状况，一般都采用整车喷涂工艺。

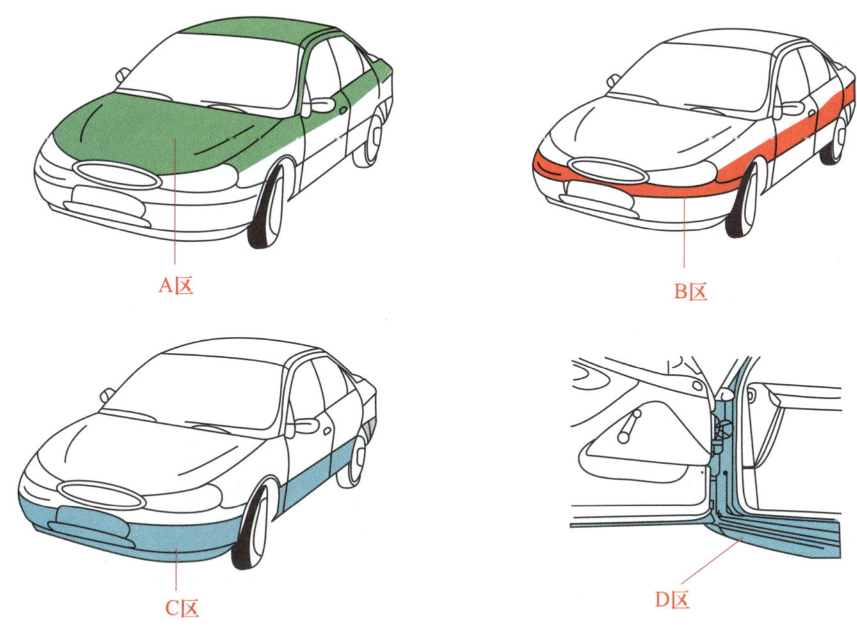

图 6-1-9 车身的四个区域

2）根据涂膜的受损程度选择修补涂装工艺。若车身板件没有凹陷，涂膜伤至色漆层，一般采用面漆重涂工艺；若板件凹陷或涂膜伤至车身底材，则采用从底材到面漆的修补涂装工艺。

（3）根据颜色的匹配要求选择修补涂装工艺

所有底色漆的颜色都可以成功地做出过渡，但有些颜色在较大的维修面积上才能做到无痕修补。当底色漆为浅色时，若待修补区域在板面中间部位，不可在小范围内采用点修补工艺；若待修补区域位于板面的边缘，则可以采用点修补工艺。半暗或较深颜色的底色漆以及双工序珍珠漆的涂膜在大多数场合中都可以采用点修补工艺。

（4）根据车身底材的特性选择修补涂装工艺

不同底材的涂装工艺有很大差别，例如，钢铁材料的涂装一般包括表面预处理（除锈、脱脂、除旧涂膜和刮灰等）、底涂层涂装和面涂层涂装等工艺；铝材的表面附着力小，必须经过脱脂、蚀洗、酸洗和粗化处理，才能进行底涂层、中间涂层和面涂层涂装等工艺；镀锌板必须在经过钝化和磷化处理后才能涂装；硬质塑料表面一般不用喷涂底漆，但聚丙烯（PP）、聚对苯二甲酸丁二酯（PBT）、聚甲醛（POM）和聚碳酸酯（PC）等材料则需要使用专用塑料底漆来增强面漆的附着力。

四、车身原涂膜的鉴别与车身修补涂料的选用

1. 车身原涂膜的鉴别

（1）判断车身是否经过修补的方法

鉴别车身涂膜是否经过修补的方法有打磨法和测量涂膜厚度法。

打磨法是指在涂膜受损的区域内选一小块漆面进行打磨，直至露出金属为止，然后通过观察涂膜的结构来进行确认的方法，如图 6–1–10 所示。

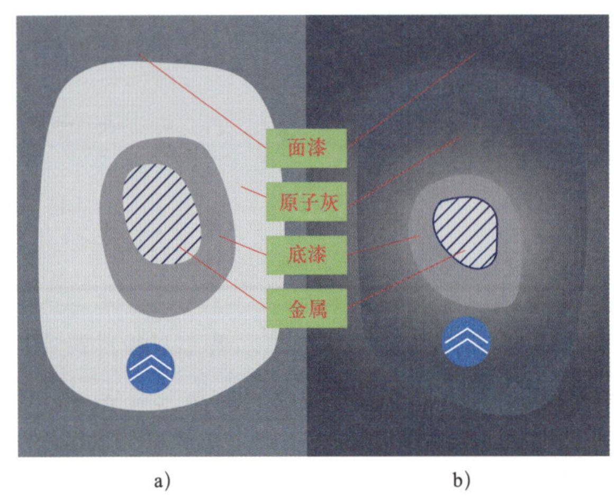

图 6–1–10　采用打磨法鉴别车身涂膜是否经过修补

a）面漆单一均衡，未曾喷涂过　b）面漆明显分层，或与原车不一样，两层面漆层呈现不同颜色，曾重新喷涂过

测量涂膜厚度法是指利用电磁测量仪或机械厚度测量仪对涂膜厚度进行测量的方法，如果测得的涂膜厚度大于新车的标准厚度，则表明车身被重新喷涂过。

（2）车身原涂膜涂料类型的鉴别方法

对于未重涂过的车身涂膜，可通过查找车身颜色代码的方法来确定其涂料类型。对于已修补过的车身涂膜，可以用打磨法、溶剂擦拭法、加热判定法、硬度测定法和电脑检测仪法来进行鉴别。

1）打磨法。用细砂纸或粗蜡打磨漆面，根据具体情况判断原涂膜的涂料类型，见表 6–1–1。

表 6-1-1 用打磨法判断原涂膜的涂料类型

打磨时的现象	原涂膜的涂料类型
砂纸或抛光布上没有原涂膜面漆的颜色	双工序涂料（色漆 + 清漆）
砂纸或抛光布上粘有原涂膜面漆的颜色	单工序涂料
出现一种聚丙烯特有的光泽	聚丙烯型涂料
涂膜粗糙，经粗蜡摩擦后产生一种类似抛光的效果	抛光型涂料
用砂纸打磨漆面，漆层有弹性且砂纸黏滞	未完全固化的烘烤型涂料

2）溶剂擦拭法。用一块在清漆溶剂中浸泡过的白色抹布摩擦旧涂膜，如果涂膜被溶解并在抹布上留下涂料痕迹，就表明上次喷涂所用的是挥发干燥型涂料；如果涂膜不溶解，则为烘干型或双组分型涂料；丙烯酸聚氨酯型涂膜不像挥发干燥型涂料那样容易溶解，但清漆溶剂会使该涂膜失去光泽。

3）加热判定法。用 P800 ~ P1000 砂纸对涂膜表面进行湿打磨，在降低涂膜的光泽后用红外线烤灯对其进行加热，如果涂膜表面重新恢复光泽（见图 6-1-11），就表明所用涂料为树脂磁漆，反之，则为清漆。

图 6-1-11 加热后涂膜表面重新恢复光泽

4）硬度测定法。不同的涂料形成的涂膜具有不同的硬度，双组分型和烘干型涂料干燥后形成的涂膜硬度高，挥发干燥型涂料形成的涂膜硬度低。

5）电脑检测仪法。利用电脑的调色软件可直接获得原车面漆的有关资料，这是目前涂装维修行业中最为便捷的方法，只需将原车车身的加油口盖拿来，就能利用仪器准确无误地判断面漆的类型。

2. 车身修补涂料的选用

（1）选择车身修补涂料的一般原则

1）所选涂料必须与被喷涂板件的材质相适应。在喷涂金属板件时，一般应选用具有较强防锈能力及良好附着力的涂料。在喷涂非金属底材（如木材、塑料、橡胶和玻璃等）时，则应根据具体材质选择合适的涂料。

2）所选涂料必须与其使用时的环境相适应。对于在南方湿热地区使用的车辆，应选用抗湿热、耐盐雾及抗霉菌性良好的涂料。对于在寒冷北方地区使用的车辆，则应选用具有良好耐寒性的涂料。此外，选择汽车用涂料时还应考虑其装饰性、耐磨性、耐候性、耐腐蚀性、耐水性、保光保色性及机械强度等。

3）所选涂料应满足涂层间的适应性要求。底层、中间层及面层涂料的类型、品种及所用稀释剂应尽量保持一致，各层涂料的干燥机理应相同。在选择涂料时应遵循底强上弱的原则，以防产生“咬底”现象，各层涂料之间应有较强的结合力。

4）所选涂料必须与施工条件相适应。各种涂料所适用的涂装方法、涂装设备及涂装技术要求不同，在选择涂料时必须考虑其施工条件，如在没有高温烘干设备时不能选用各种烘干型涂料。

（2）选择修补面漆的要求与步骤

面漆性能的好坏主要取决于其自身质量的好坏，也与其配套底漆的性能、配套性和施工工艺有较大关系。因此，合理选择面漆是一项非常重要的工作，如果面漆选择不当，不仅会给施工带来困难，影响产品质量，还会造成材料的浪费。

1）选择面漆的基本要求。选择的面漆应具有一定的装饰性和保护性，既要符合不同档次汽车的外观要求，又要与车辆的使用环境要求相适应，还应与底漆有良好的配套性，既能保证良好的附着性，又能保证无“咬底”现象；其类型与原涂层面漆的类型应尽可能保持一致；应有利于降低成本，适应施工场所的施工条件，方便施工；应尽可能无毒、无公害，保护环境和工人的身体健康。

2）选择面漆的基本步骤。在选择车身修补面漆时可以按照下列步骤来进行。

第一步：考虑修补面漆与原车面漆的匹配性。修补面漆应与原车面漆性能相同并与原车的表面颜色相近。原车面漆类型的鉴别和修补面漆的调色是涂装维修的关键技术，如果选用的面漆与原车面漆的性能不同或者调配的面漆颜色与原涂层颜色差异太大，将直接导致涂装维修的失败。

第二步：考虑修补面漆的施工性能。修补面漆要能在 60 ~ 80 ℃烘烤成膜，并适用于手工涂装，其修补的涂层要有良好的抛光性、较好的重涂性和修补性。

第三步：考虑修补面漆的外观特性。修补面漆应色彩鲜艳、光泽醒目、色差小、丰满度及鲜映性好。

第四步：考虑修补涂层的硬度、抗崩裂性、耐化学品性、耐候性、抗老化性、耐湿热性和防腐蚀性等。

（3）修补面漆的用量估计

在涂装前，应对所需面漆的用量进行估算，一是为成本核算提供依据；二是为涂装过程准备好所需的材料。

1）影响面漆消耗量的因素。影响面漆消耗量的因素有涂料的特性、涂装方法、被涂物的材质和形状、操作熟练程度，以及施工条件等。

涂料的遮盖力不同，其消耗量也不同。颜色越浅，涂料的遮盖力就越差，涂料的消耗量也就越大。

涂装方法不同，涂料的利用率也不同，涂料的消耗量也就不同。如果使用普通空气喷枪进行喷涂，由于涂料被严重分散，其利用率只有 20%～40%，涂料的消耗量相对较大；反之，若使用环保型空气喷枪进行喷涂，涂料的消耗量就相对较小。

不同车身底材对涂料的吸收率不同，涂料的消耗量也不同。例如，在木质表面涂装就比在金属表面涂装的涂料消耗量大。板件表面的粗糙度和形状对涂料消耗量的影响也很大。表面越粗糙，形状越复杂，涂料的消耗量越大。

涂装维修以手工作业为主，涂料消耗量的大小与操作者的熟练程度有很大关系。若操作不熟练，不仅会使涂料的消耗量变大，而且容易出现涂层缺陷，甚至需要返工，造成浪费。

施工条件指施工时的环境温度、湿度、空气洁净度、风速和照明度等。风速直接影响涂料的飞散程度，风速越大，涂料的消耗量就越大。若存在其他影响涂层质量的条件，导致涂层出现严重的缺陷，则必须重新施工，这也会造成涂料的浪费。

2）估计面漆用量的方法。估计面漆用量的方法有计算法和参考标准法。

计算法是涂料生产商测定单位面积的涂料消耗量时所使用的方法，在实际的涂装维修中很少用到。

参考标准是涂料生产商为自己生产的每一种涂料制定的消耗定额标准，其对车身某一板件所需的实际涂料用量也有具体的规定。常见整板修补面漆的参考用量见表 6–1–2。涂装维修人员只需要将待修补的板件与参考标准对照，就可以得出涂料的用量。在实际生产中涂料的用量经常以体积为单位，涂料的最小用量为 0.1 L。

表 6-1-2　　常见整板修补面漆的参考用量 /L

部件＼面漆	单工序素色漆	双工序素色漆		双工序普通金属漆		三工序珍珠漆		
		底色漆	清漆	底色漆	清漆	底色漆	珍珠漆	清漆
翼子板	0.3	0.2	0.2	0.3	0.3	0.2	0.2	0.3
车门	0.4	0.3	0.3	0.3	0.3	0.3	0.3	0.3
发动机罩	0.8	0.6	0.6	0.6	0.6	0.6	0.6	0.6
行李舱门	0.6	0.4	0.4	0.5	0.5	0.3	0.3	0.5
车顶	0.5	0.4	0.4	0.4	0.4	0.4	0.4	0.4
保险杠	0.5	0.3	0.3	0.4	0.3	0.3	0.3	0.3

为了充分估计施工中的不确定因素对涂料消耗量的影响，在确定涂料消耗量时还必须留有一定的余量，所以最终的涂料消耗量一般会在参考用量的基础上再增加 10% ~ 20%。

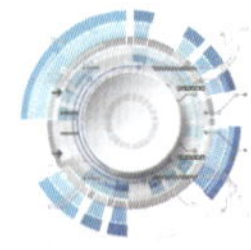

任务实施

一、车身表面的清洁

本任务的内容为车身表面的清洁，见表 6-1-3。

表 6-1-3　　车身表面的清洁

操作内容	图片 
1. 全车清洗 **（1）湿润车身** **方法：** 1）关好车窗、车门和行李舱门，以防水进入车体内部 2）将高压水枪的压力调到 4 MPa，冲洗车身，淋湿车表，使灰尘和污物得到浸润，以减少车身表面的划伤 **提示：** 应将高压水枪保持枪口斜向下的状态进行冲洗，冲洗车身每个部分的时间应控制在 5 ~ 7 s，不宜过长	

续表

操作内容	图片
（2）配制清洗剂 **方法：** 按照溶剂与水 1∶100 的比例配制清洗剂 **提示：** 最好用温水来配制清洗剂，清洗效果会比较好	
（3）擦洗车身 **方法：** 将洗车海绵沾上清洗剂来擦洗车身，擦洗的顺序是车顶→车身前部→车身右侧→车身后部→车身左侧 **提示：** 在擦洗时不能用力过大，以防车身上残留的沙粒划伤漆面	
（4）冲洗车身 **方法：** 按照擦洗的顺序用扇面形水流冲洗全车，将清洗剂泡沫冲洗干净 **提示：** 主要冲洗车身的上半部分，车身下半部分的泡沫会被水流带走	

续表

<table>
<tr><th>操作内容</th><th>图片</th></tr>
<tr><td>（5）擦干车身
方法：
先用半湿的毛巾将整个车身擦拭一遍，再用干毛巾擦拭全车
提示：
尽可能将车身缝隙、沟槽和凹陷部位的水擦干净</td><td></td></tr>
<tr><td>（6）吹干车身
方法：
用吹尘枪吹除门缝、密封条、装饰条和门把手等处的水分，确保车身干净、整洁
提示：
在吹除缝隙里的水分时，吹尘枪应斜向对准缝隙并朝一个方向移动，否则难以吹净水分</td><td></td></tr>
<tr><td>2. 车身待修补区域的清洁
方法：
（1）拿两块除油纸，并在其中一块上倒上适量的除油剂，使其充分湿润
（2）用湿润的除油纸在待清洁的表面上擦拭
（3）趁车身表面的除油剂未干，用另一块干净的除油纸将除油剂擦干
提示：
若须清洗硅酮类物质，则应在以上清洁基础上用 P600 砂纸打磨车身表面，然后再次除油</td><td></td></tr>
</table>

二、汽车涂装维修工艺的选择

本任务的内容为汽车涂装维修工艺的选择，见表 6–1–4。

表 6–1–4　　涂装维修工艺的选择

操作内容	图片
1. 前保险杠轻微擦伤 **分析：** （1）损伤部位位于车身的 C 区，可以采用局部修补涂装工艺 （2）损伤面积为 23 cm×6 cm，大于 10 cm²，应采用局部修补涂装工艺 （3）板件没有凹陷，涂膜损伤至色漆层，采用面漆重涂工艺 （4）车身颜色为银白色，但损伤在 C 区，可以做修补 **结论：** 采用局部面漆修补涂装工艺。用色漆从保险杠左侧边缘修补至保险杠正前面，用清漆从保险杠左侧边缘喷涂至号牌的左边缘，做驳口	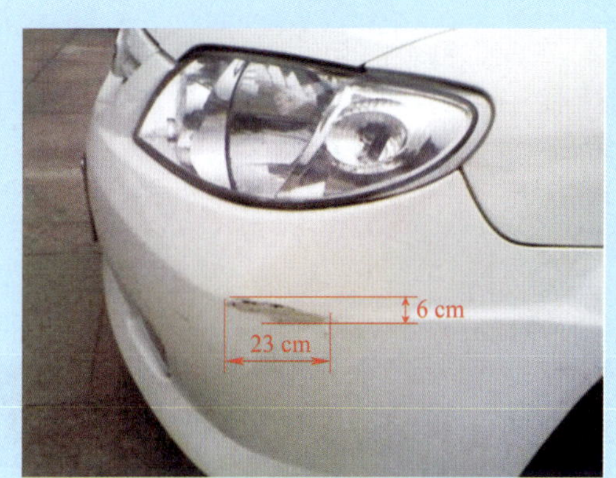
2. 后翼子板石击损伤 **分析：** （1）损伤部位位于车身的 C 区，可以采用局部修补涂装工艺 （2）损伤面积小于 10 cm²，可采用点修补涂装工艺 （3）板件有小凹陷，直径小于 2.5 cm，应采用从底材到面漆的点修补涂装工艺 （4）车身颜色为深蓝色，可以做修补 **结论：** 采用从底材到面漆的点修补涂装工艺	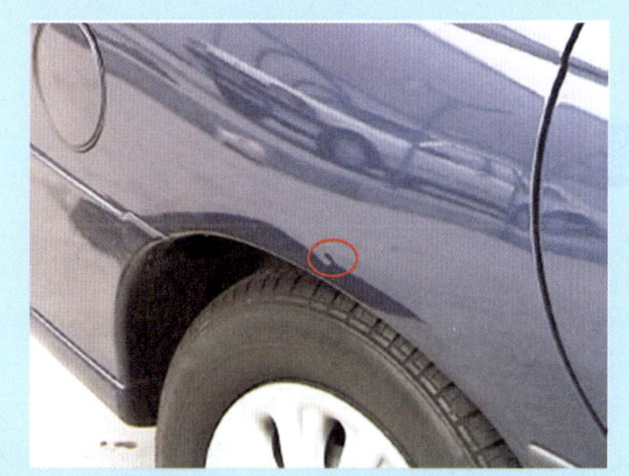

续表

操作内容	图片
3. 车门涂膜大面积损伤、锈蚀 **方法：** （1）损伤部位横跨车身的 B 区和 C 区 （2）损伤面积占整块门板的 2/3 以上，采用整板喷涂工艺 （3）板件有凹陷，涂膜损伤至底材且产生锈蚀，采用从底材到面漆的重涂工艺 （4）车身原涂料为浅色银粉漆，但在 B 区不适合做点修补 **结论：** 采用从底材到面漆重涂的局部修补涂装工艺	
4. 整车涂膜褪色和粉化 **方法：** 全车漆面褪色和粉化，车身板件没有凹陷或锈蚀，适宜采用整车面漆翻新工艺 **结论：** 采用面漆翻新的整车喷涂工艺	

思考与练习

1. 如何对涂膜的损伤程度进行评估？
2. 如何选择汽车涂装维修工艺？
3. 简述选择车身修补涂料的一般原则。

任务 2　汽车车身底材表面的处理

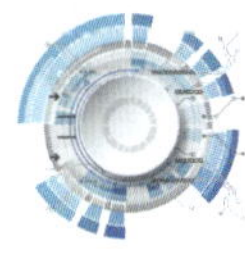

学习目标

1. 了解汽车车身底材表面处理的内容。
2. 掌握表面预处理工艺。
3. 掌握底涂层涂装工艺。
4. 掌握原子灰涂层涂装工艺。
5. 掌握中涂底漆涂层涂装工艺。
6. 能进行汽车车身底材表面的处理。

任务描述

汽车车身底材表面处理的目的是为面漆的喷涂提供良好的基底，其处理质量的好坏直接影响涂装的整体质量，在实际生产中涂装技术人员会高度重视本阶段工作。本任务要求学生通过学习相关知识与技能，提升处理汽车车身底材表面的能力。

相关知识

汽车车身底材表面的处理是汽车涂装维修作业中操作技能要求高、施工时间长的主体项目，包括表面预处理、底涂层涂装、原子灰涂层涂装和中涂底漆涂层涂装四部分内容。

一、表面预处理

表面预处理是汽车涂装维修工艺的第一步，表面预处理质量的好坏将直接影响涂层的质量。表面预处理可使底材无锈、无油和无其他污物，并且具有一定的粗糙度，以使涂料能够牢固地黏附在车身底材上。表面预处理具有保证涂层质量、增强底材的附着力、提高涂膜的耐腐蚀性和改进涂层外观的作用。

根据底材不同，表面预处理可分为旧涂层表面的预处理、裸金属表面的预处理和塑料表面的预处理三种。

1. 旧涂层表面的预处理

旧涂层表面可能是基本完好的，只需稍加整理就可重新喷漆；也可能存在裂纹和锈蚀等缺陷，处理起来就比较复杂。

（1）良好旧涂层的表面预处理

若旧涂层表面状况良好，涂层稳定，而且新喷涂层与旧涂层之间不会产生化学反应，则其表面预处理的工艺是：清洗→脱脂→用 P1000 水磨砂纸湿磨至表面失光→除水→除尘→脱脂除油。

（2）粉化、龟裂、锈蚀和大面积破损涂层的表面预处理

如果旧涂层出现粉化、龟裂和锈蚀等情况，则应将旧涂层全部清除，并按照规范重新进行喷涂。常用的清除旧涂层的方法有打磨、喷砂和化学除漆三种。

1）打磨。在面积较小的平坦部位，可用打磨机清除原有旧涂层。其处理步骤是：用 P40 砂纸磨去旧涂层，露出金属→用 P60 砂纸打磨，消除 P40 砂纸造成的划痕→用气动双作用打磨机配合 P100 砂纸进行打磨，清除金属表面的划痕→按照裸金属表面的预处理方法进行处理。

2）喷砂。喷砂法适用于所有类型的车身结构。经过喷砂处理、清洁和干燥后的表面适合被重新喷涂。

3）化学除漆。化学除漆通常使用脱漆剂，此方法适用于清除大面积涂层。在涂抹脱漆剂之前，要将不需要脱漆的部位遮盖起来，以确保脱漆剂不会进入这些部位。

（3）碰擦破损涂层的表面预处理

对于因碰擦而破损的涂层，一般应采用碰擦破损区域除旧漆、边缘打磨羽状边的方法进行处理。具体的处理步骤是：清洁表面→用 P60 砂纸配合气动单作用打磨机在破损区域及其影响区域除旧漆→除尘、除油→用 P120 砂纸配合气动双作用打磨机打磨羽状边→打磨表面除尘、除油。可以手工打磨羽状边，也可采用打磨机打磨。此处的打磨机一般指气动双作用盘式打磨机，配以硬质打磨盘，其打磨气压一般为 600 ~ 700 kPa。

在打磨羽状边时，应将打磨机置于需要打磨的部位，略微提起打磨机的一端，用手掌轻轻压下气动开关，让打磨机沿着需打磨区域的边缘做圆弧移动，羽状边的打磨如图 6–2–1 所示。打磨羽状边的目的是消除裸金属与涂层之间的台阶，并消除打磨表面粗糙的划痕和不整齐的形状，使新、旧涂层的交接处平滑过渡，如图 6–2–2 所示。

图 6–2–1　羽状边的打磨

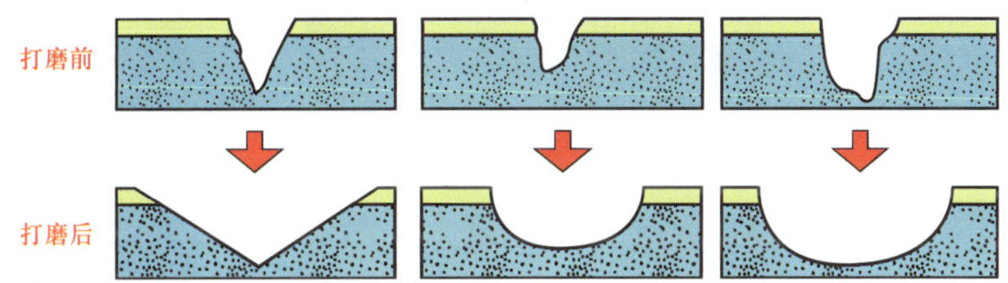

图 6–2–2　打磨羽状边处理后的最终形状

2. 裸金属表面的预处理

常见的车身金属底材有钢铁底材、镀锌板底材和铝合金底材，不同底材的表面预处理工艺不尽相同。三种不同金属底材的表面预处理工艺如图 6–2–3 所示。

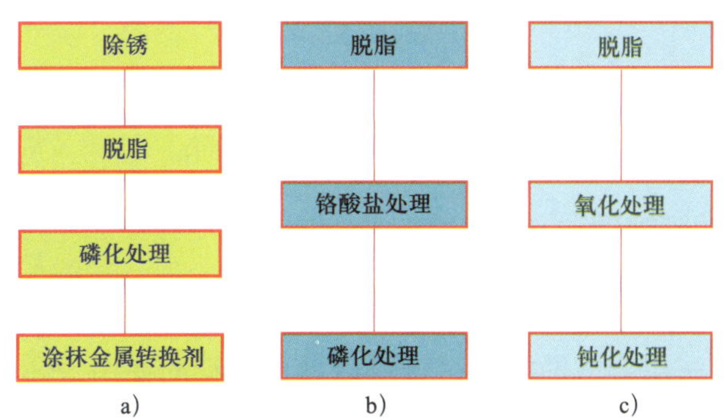

图 6–2–3　裸金属表面预处理工艺

a）钢材表面预处理　b）镀锌板表面预处理　c）铝材表面预处理

裸金属表面常用的预处理方法有除锈、脱脂和化学处理等，典型的裸金属表面预处理方法见表 6–2–1。

表 6–2–1　典型的裸金属表面预处理方法

名称	处理方法
除锈	（1）打磨除锈。用气动双作用打磨机配合 P80 ~ P120 干磨砂纸进行打磨，将钢铁底材表面打磨到完全裸露出白亮的新金属层为止，然后用压缩空气吹除打磨下来的锈渣和铁屑 （2）化学除锈。在钢铁底材表面涂抹酸液，使铁锈与酸发生化学反应并溶于酸液中，然后用清水或苏打水清洗底材表面，除去铁锈和酸液
脱脂	用一块干净抹布蘸上脱脂除蜡剂，在底材上进行擦洗，每次擦洗的面积为 0.2 ~ 0.3 m^2，趁底材表面还湿润时，用另一块干净抹布将脱脂除蜡剂擦干，以有效清除油污和蜡质
磷化处理	将磷化底漆和磷化液按照 4∶1 的比例混合，静置 30 min 后，用刷涂或喷涂的方法将混合液涂于金属表面，趁表面还湿润时，用干净的抹布将混合液擦干
转换剂处理	将适量的金属转换剂倒入容器中，用刷子或喷雾器将其涂抹在金属表面上，干燥 2 ~ 5 min，再用清水冲洗，并用干净抹布擦干金属表面，以增强其耐腐蚀能力
铬酸盐处理	将含铬的酸性溶液涂在镀锌板上，处理 1 min 左右，即可生成一层黄色或橄榄色的无机铬酸盐膜
氧化处理	将铝合金底材置于含碳酸钠和铬酸盐等的碱性溶液内，在高温下处理 5 ~ 20 min，使表面生成一层氧化膜
钝化处理	将铬酸等酸性溶液涂敷于金属底材上，干燥 2 ~ 5 min，再用清水冲洗、擦干。酸蚀产物将形成一层致密的薄膜，紧密覆盖在金属表面上，进一步提高金属的耐腐蚀能力

多数汽车制造厂提供的零部件在出厂前已经涂上了底漆，若要更换此类零部件，则不必再对其进行特殊处理，可直接喷涂中涂底漆或面漆。

3. 塑料表面的预处理

尽管塑料制品不会生锈，易于着色，本身就具有抗腐蚀能力和装饰性能，但若在塑料制品上加涂一层合适的涂层，就可以延长塑料的使用寿命，提高塑料件的各项性能。塑料表面的预处理包括脱脂处理、化学处理、退火处理和静电除尘等工艺，如图 6–2–4 所示。

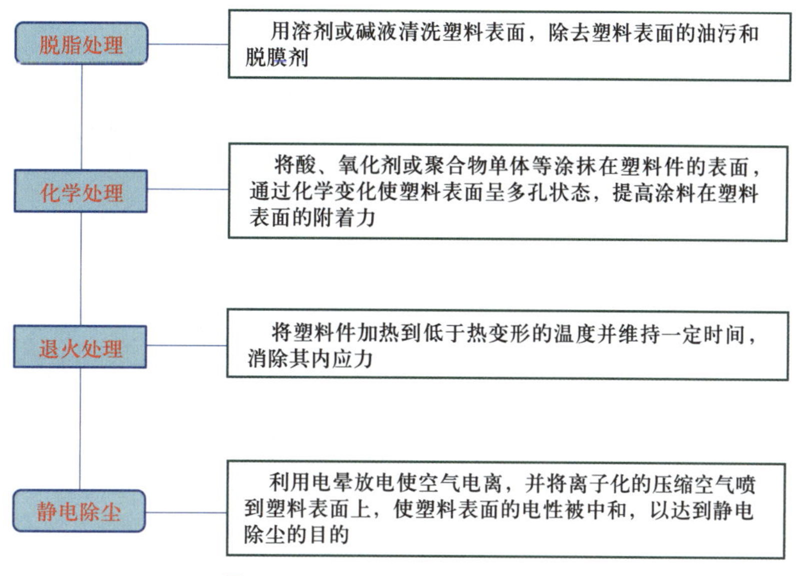

图 6-2-4 塑料表面的预处理工艺

二、底涂层涂装

底涂层涂装工艺中的底漆施涂可以采用喷涂和刷涂的施工方法，一般情况下，大面积的施工采用喷涂的方法，中小面积的施工采用刷涂的方法。

底涂层涂装一般分为底漆喷涂前准备、喷涂底漆、干燥底漆和打磨底漆四个步骤，如图 6-2-5 所示。

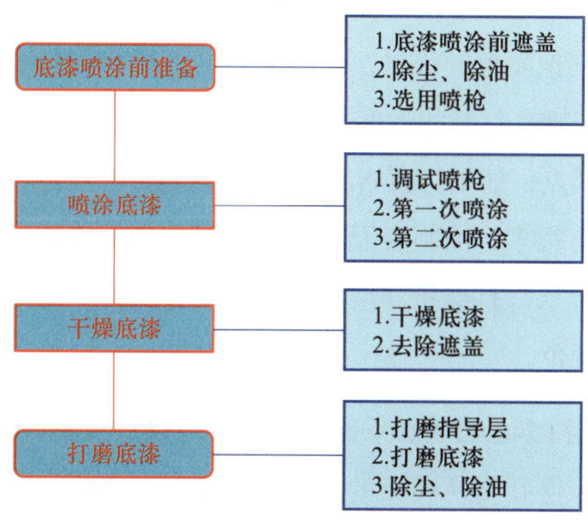

图 6-2-5 底涂层涂装

1. 底漆喷涂前准备

在底漆喷涂之前，要先遮盖非喷涂区域（根据具体情况操作，单个板件整体喷底漆时不需要遮盖），然后清洁除油。在喷涂侵蚀底漆（如磷化底漆）或其他黏度较低的隔绝底漆时，一般选用 1.3 ~ 1.5 mm 口径的重力式底漆喷枪或者 1.5 ~ 1.7 mm 口径的吸力式底漆喷枪。在喷涂黏度高的隔绝底漆（如环氧底漆）时，应选用 1.7 ~ 1.9 mm 口径的底漆喷枪。

2. 喷涂底漆

底漆一般须分两次进行喷涂，每次喷涂都应采用薄喷的方法，中间时间间隔 5 ~ 10 min。底漆层的厚度可根据情况进行调节，一般情况下，如果底漆层上还要喷涂中间涂层，则可将底漆层喷涂得薄一些，只要能够达到防腐和提高黏附能力的目的即可；如果在底漆层上直接进行面漆的喷涂，则需要将底漆层喷涂得厚一些，总的涂膜厚度以不超过 50 μm 为宜。

3. 干燥底漆

在常温下干燥底漆一般需要 45 ~ 60 min。烘烤干燥须先将底漆涂膜静置 5 ~ 10 min，再将其放在 60 ~ 75℃的环境下烘烤 30 min 即可。干燥结束后，应趁底漆涂膜未冷却时去除遮盖。

4. 打磨底漆

底漆在干燥后要进行适当的打磨，为下一步喷涂工作做好准备。为了更好地判断打磨程度，一般使用“打磨指导层”作为辅助。打磨指导层指在需要打磨的涂层上薄薄地喷涂或擦涂一层其他颜色的涂料，使打磨到的区域与未打磨的区域在颜色上显示一定的差异，以有利于观察打磨的程度（打磨指导层被磨掉的地方为涂层表面的高点，未被磨掉的地方即为低点，如果打磨指导层全部被打磨掉，则打磨区域很平整）。可用作打磨指导层的材料有很多，涂膜表面一般用单组分硝基漆作打磨指导层，原子灰表面则用炭粉作打磨指导层。打磨指导层的颜色以反差大一些为好，应尽量使用黑、灰和白等容易被遮盖的颜色。

底漆的打磨应选用 P240 ~ P360 干磨砂纸，并与打磨机配合使用，或用 P600 水磨砂纸湿磨。在打磨时，必须将所喷涂的底漆打磨平整、光滑，并打磨出羽状边。应尽量避免将底漆磨穿，否则需要重新进行喷涂。打磨完成后，应对整个板面进行除尘和除油处理。在打磨旧涂层后，如果没有露出金属底材或只露出小部分金属，可以不喷涂底漆，直接施涂原子灰或喷涂中涂底漆；如果打磨旧涂层后有大面积金属底材露出，则可只对裸露的金属部位喷涂底漆，而不必全面喷涂。

在喷涂塑料件时需要使用专用的塑料底漆。其施涂方法是用专用塑料清洁剂清洁塑料件表面，然后喷涂 1 ~ 2 遍塑料底漆，在塑料底漆未干燥时直接喷涂中涂底漆或面漆，这样塑料件表面的黏附效果会更好，但如果需要刮涂原子灰等，则必须等塑料底漆完全干燥才行。

现代汽车涂装维修大多使用免磨底漆，免磨底漆干燥后不经打磨就可以进行下一工序的施工，为涂装维修节省了大量的时间，提高了工作效率。

三、原子灰涂层涂装

1. 原子灰的刮涂

原子灰的刮涂包括确定待刮涂面积、清洁待刮涂板件、拌和原子灰和刮涂原子灰四个步骤，原子灰的刮涂工艺如图 6-2-6 所示。

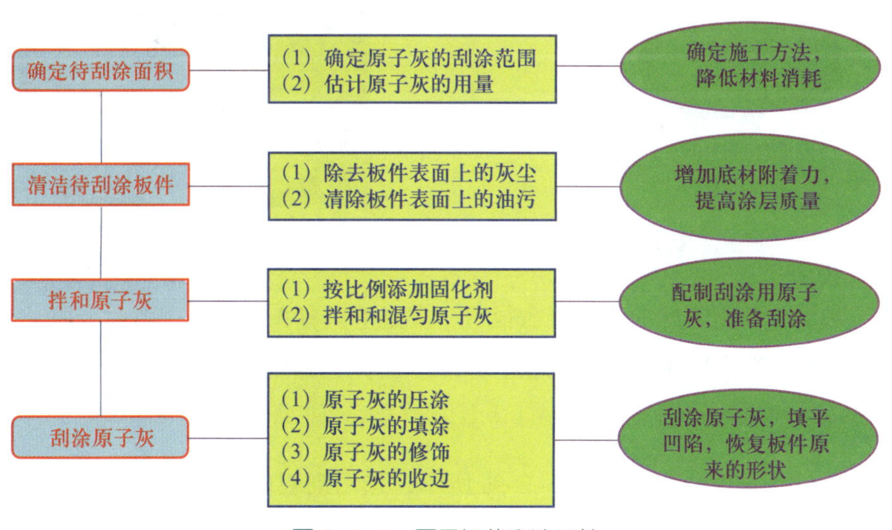

图 6-2-6 原子灰的刮涂工艺

（1）确定待刮涂面积

为了确定原子灰的用量和施工方法，应对原子灰覆盖的范围进行估计。原子灰覆盖的范围一般要超出裸金属边缘 10 ~ 20 mm，刮涂在旧涂膜的羽状边上，如图 6-2-7 所示。刮涂不能超出此范围，否则会增加不必要的施工面积。

（2）清洁待刮涂板件

清洁包括除尘和除油两个步骤。即先用吹尘枪吹除板件表面的灰尘，再用除油剂清除板件表面的油脂、硅和酮等污物。

（3）拌和原子灰

车身修补用原子灰大多为双组分型。在混合前，先用搅拌杆将桶内原子灰的树脂和填充颜料搅拌均匀，然后用手指挤捏固化剂的外包装，使固化剂的成分混匀。在拌和时，将适量的原子灰基料放在混合板上，并按规定的混合比例添加一定量的固化剂（见图 6–2–8），再用刮板或铲刀进行拌和。原子灰与固化剂一般是以 100：1 ~ 100：3 的比例混合，若固化剂过多，干燥后原子灰涂层就会开裂；如果固化剂过少，就难以使原子灰固化干燥。在原子灰与固化剂混合时，固化剂的添加量有一定的范围，且可以随气温的变化适当调整，其具体数值应以产品说明书中的规定为准。

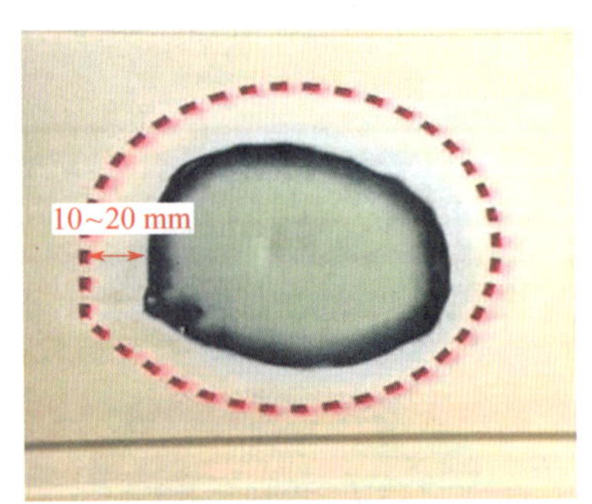

图 6–2–7　原子灰覆盖的范围

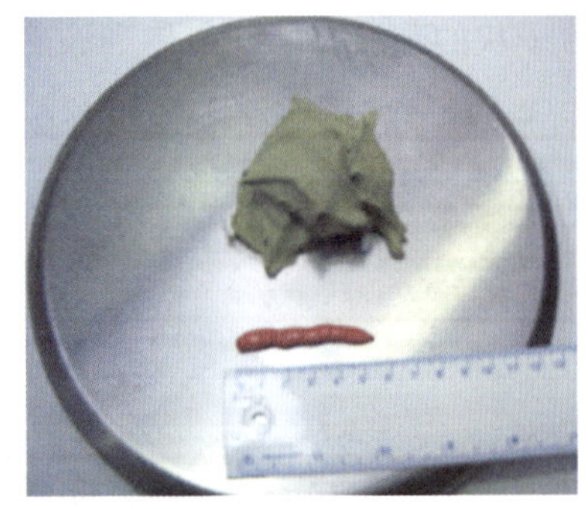
图 6–2–8　取适量的原子灰基料和固化剂

原子灰混合固化剂后的活化寿命很短，常温下只有 5 ~ 7 min。因此，原子灰的拌和动作要熟练，整个拌和时间不能超过 1 min，否则会缩短原子灰的使用寿命。原子灰的拌和方法如图 6–2–9 所示。

在拌和原子灰时，材料如图 6–2–9a 所示，先用刮板的尖端舀起固化剂，并将其均匀散布在原子灰基料的整个表面，轻轻提起刮板端头，再将它压入原子灰下面（见图 6–2–9b）；然后将刮板向混合板的左侧提起，在刮板舀起大约 1/3 的原子灰后，以刮板右边为支点，将刮板翻转（见图 6–2–9c）；再使刮板基本上与混合板持平，并将它向下压，在混合板上刮削（见图 6–2–9d）；稍稍提起刮板端头，将混合好的原子灰全部舀起并翻面，注意翻转的方向要与图 6–2–9c 中的翻转方向相反（见图 6–2–9e）；重复一次图 6–2–9d 的操作，然后重复图 6–2–9b 到图 6–2–9e 的操作，直到原子灰充分混合为止。

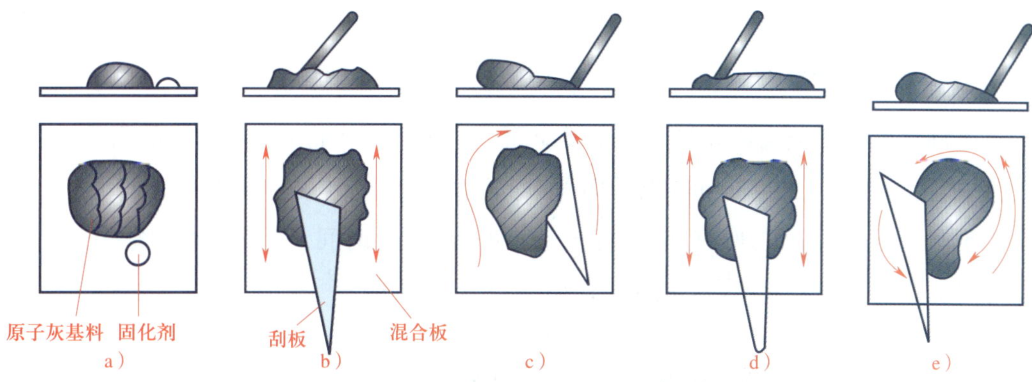

图 6-2-9 原子灰的拌和方法

（4）刮涂原子灰

原子灰的刮涂可以分为原子灰压涂、填涂、修饰和收边四步。在原子灰压涂时，用刮板将原子灰在金属表面薄薄地压抹一层，操作时刮板与表面成 45° ~ 70° 夹角，应在刮板上施加一定的压力，以使原子灰被挤压到金属表面的细小孔眼中，提高原子灰与金属表面的附着力；在原子灰填涂时，刮板的倾斜角为 35° ~ 45°，应逐渐用原子灰填满待修补的凹坑，填涂时要注意原子灰中不能混入空气，否则会产生气孔或开裂；在原子灰修饰时，刮板与涂面成 35° 夹角，应用刮板轻轻刮平修补表面；在原子灰收边时，将刮板的一个尖角置于原子灰涂面以外，另一个尖角稍稍抬起，刮板与涂面成 35° 夹角，将刮板沿原子灰边缘收刮一圈，使原子灰边缘变得很薄，以便形成原子灰的羽状边。刮涂原子灰的步骤如图 6-2-10 所示。

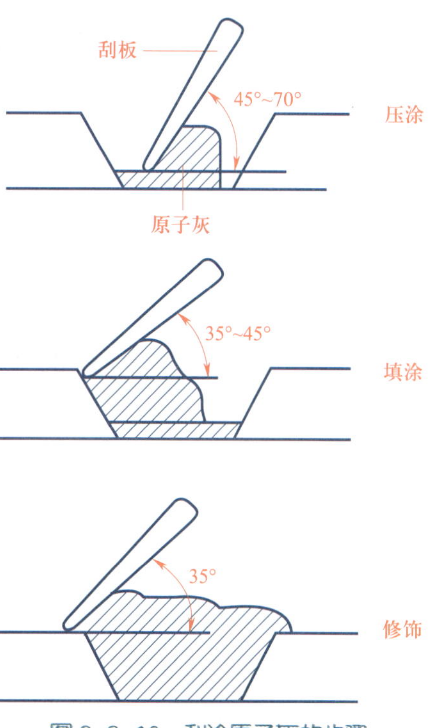

图 6-2-10 刮涂原子灰的步骤

在刮涂原子灰时，一般选用硬质刮具来填平凹坑，刮涂时应以高处为准，若有特别高的部位，应用鹤嘴锤将其敲平，以减少原子灰涂层的厚度，方便施工。刮涂方向横、竖均可，以有利于填平凹坑为准，对于板件表面轮廓线处的刮涂，要注意轮廓线的造型和平直性，为后面刮涂各层原子灰的操作打下良好的基础。刮涂第一层原子灰时只求平整不求光滑，刮涂车身板件较大凹坑时只求初步平整。

2. 原子灰的干燥

新施涂的原子灰会因其自身发生反应而产生热量，从而加速其自身的固化反应，一般在施涂原子灰 20 ~ 30 min 以后即可对其进行打磨。但在气温低或湿度大的情况下，原子灰干燥固化的速度就会减慢。为了缩短其固化时间，现实生产中常采用红外线烤灯加热的方法来干燥原子灰涂层，如图 6–2–11 所示。

图 6-2-11　用红外线烤灯干燥原子灰涂层

在使用红外线烤灯烘烤原子灰时，原子灰的表面温度要控制在 50 ℃以下，以防原子灰分离或龟裂。一般情况下，有红外线烤灯加热，原子灰涂层只需要 5 ~ 7 min 就能完全干燥。

原子灰涂层薄的地方往往比厚的地方发热少，因此薄涂层比厚涂层干燥的时间长，如图 6–2–12 所示。若要确定原子灰涂层是否完全干燥，只需用指甲在涂层的边缘划一下，如果出现坚硬的白色划痕，就表明整个原子灰涂层已经干透，可以进行打磨了。

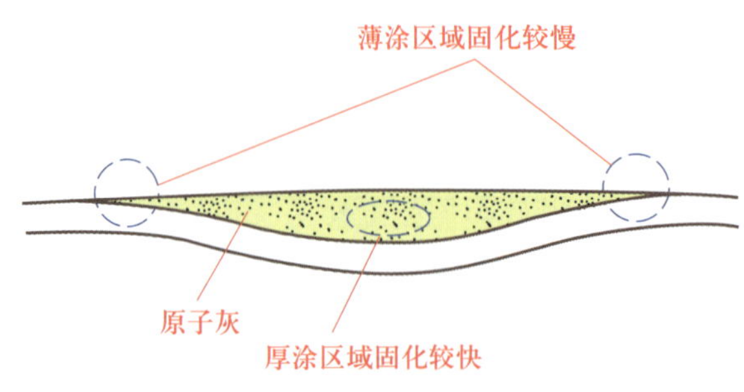

图 6-2-12　不同区域原子灰涂层的干燥情况

3. 原子灰涂层的修整

原子灰涂层的修整是指通过打磨、补涂和收光等方法恢复车身板件的形状，提高原子灰涂层表面质量的涂装方法。原子灰涂层的修整工艺如图 6–2–13 所示。

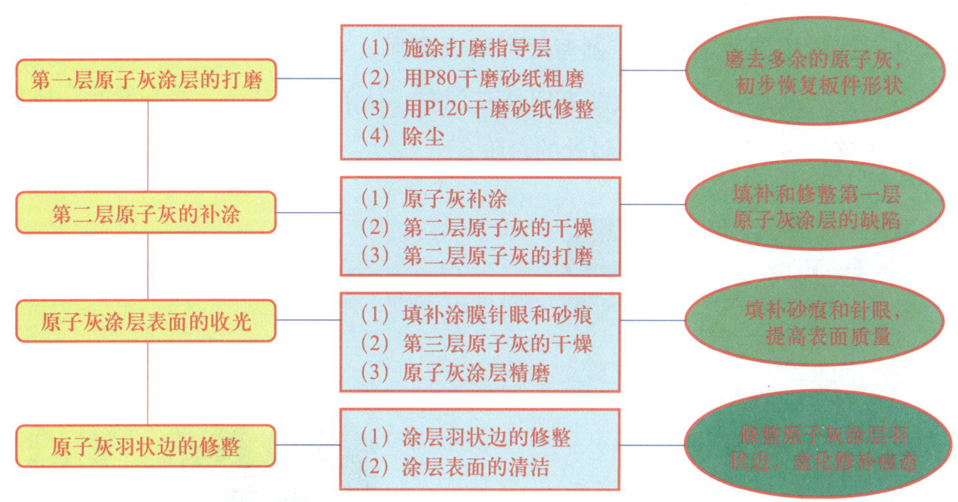

图 6–2–13 原子灰涂层的修整工艺

(1) 第一层原子灰涂层的打磨

第一层原子灰涂层的打磨可以分为降低涂层高度和修整涂层表面平整度两个阶段。首先应降低涂层高度，在涂层表面涂上一层碳粉作为打磨指导层，选用 P80 干磨砂纸，手工打磨或机械打磨原子灰涂层（见图 6–2–14），从而形成初步的打磨平面，再选用 P120 干磨砂纸打磨以降低涂层高度，当涂层高度降低到略高于板件平面时，停止打磨。而后修整涂层表面平整度，使用旧的 P120 干磨砂纸或 P180 干磨砂纸修整整个原子灰表面，消除前一阶段干磨砂纸的打磨痕迹，再打磨原子灰涂层的羽状边，初步恢复车身板件原来的形状。

图 6–2–14 机械打磨原子灰涂层

对第一层原子灰涂层的打磨只求平整、不求光滑。应顺着车身流线方向来回打磨，打磨动作要平稳，用力要均匀，当底材的最高点露出后，要用手反复触摸检查表面的平整度（见图 6–2–15），以防打磨过度而再次出现凹坑。

（2）第二层原子灰的补涂

第二层原子灰补涂的目的是填平第一层原子灰没有完全填平的小凹坑，以及填平第一次打磨时打磨过度的部位，并消除 P120 干磨砂纸的打磨痕迹。第二层原子灰应稍微稀一些，其刮涂厚度应比第一层薄，刮涂面积要略大于第一层。在车身大平面补涂原子灰时应选用硬质刮具，在圆弯处可用橡胶刮具（见图 6–2–16）。刮涂还是以填平低凹处为主。满刮时要顺着流线方向从右到左、从上到下刮涂。在刮涂时，应尽可能将原子灰拉长一些，以减少接口处的台阶。

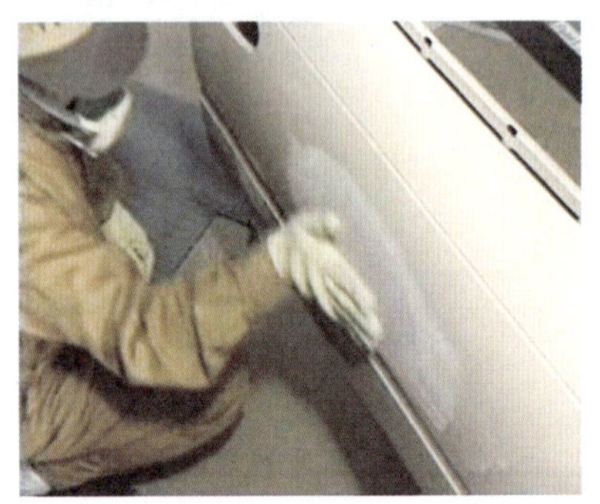
图 6–2–15　检查原子灰涂层表面的平整度

图 6–2–16　圆弯处用橡胶刮具

第二层原子灰涂层的干燥要彻底，在打磨时应选用 P180 干磨砂纸，打磨方向以车身流线的水平方向为主，垂直和斜交方向为辅；打磨过程中要不断检查表面的平整度，注意不要磨穿原子灰涂层；羽状边要平滑，不能出现齿形边缘；打磨后的涂层要平整，无明显低凹和台阶（见图 6–2–17），弧形面造型应与原车一致，轮廓线应清晰、平直。

（3）原子灰涂层表面的收光

原子灰涂层表面收光的作用是填补第二层原子灰表面的细小凹坑和砂眼，消除 P180 干磨砂纸的打磨痕迹，进一步提高原子灰表面的光滑度。涂层表面收光用原子灰要比第二层再稀一些，并加入少许漆料，原子灰不能调制得太松散，要有一定的韧性。在刮涂时，手的压力要与软质橡胶刮具的弹性相配合，使刮涂的原子灰涂层光滑。在打磨时应选用 P240 干磨砂纸（见图 6–2–18），以手工打磨为宜，打磨方向以车身流线方向为主，一般不以垂直方向或斜交方向打磨。

打磨后的原子灰涂层上应无凹坑或砂眼，边缘无接口，外表形状恢复原样，且整体表面光滑无缺陷。若发现气孔或小伤痕，应再次修补（气孔和伤痕的修补方法见 6–2–19），否则会对后续工作产生不好的影响。

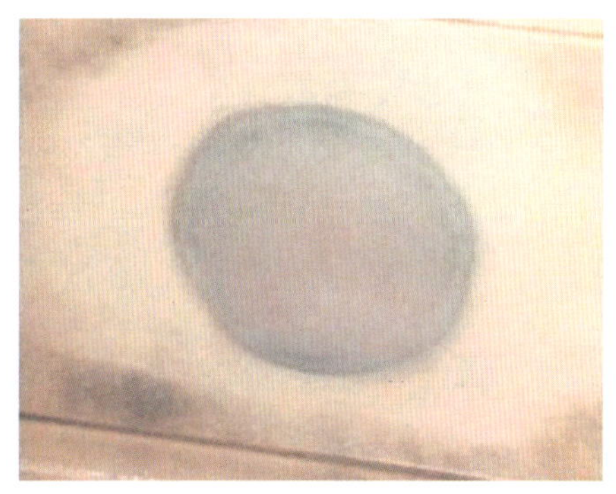
图 6-2-17　第二次打磨后的表面质量

图 6-2-18　打磨第三层时选用的砂纸

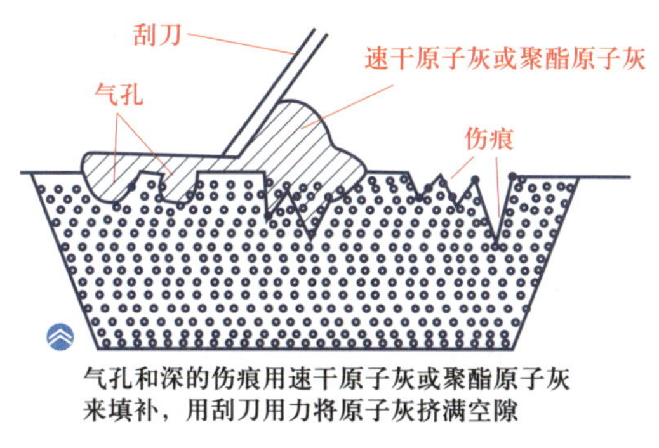

图 6-2-19　气孔和伤痕的修补方法

（4）原子灰羽状边的修整

将 P240 或 P320 干磨砂纸与偏心距为 5 mm 的气动双作用盘式打磨机相配合，轻轻打磨原子灰涂层边缘，进一步虚化原子灰涂层的羽状边，并确保边缘无接口。在打磨后使用菜瓜布清洁整个表面，然后用吹尘枪吹除表面的灰尘，并用除油剂清除原子灰涂层周围的油污，注意不要把除油剂涂在原子灰上。

四、中涂底漆涂层涂装

1. 中涂底漆的喷涂

中涂底漆的喷涂工艺包括待涂表面的准备、喷涂前的遮盖、中涂底漆的准备、中涂底漆的喷涂和中涂底漆的干燥 5 个步骤，如图 6-2-20 所示。

（1）待涂表面的准备

中涂底漆喷涂前打磨的目的是增加打磨表面的附着力，打磨的面积应大于原子灰区域的面积，打磨范围一般也应超出原子灰边缘 100 mm，如图 6-2-21 所示。在打磨

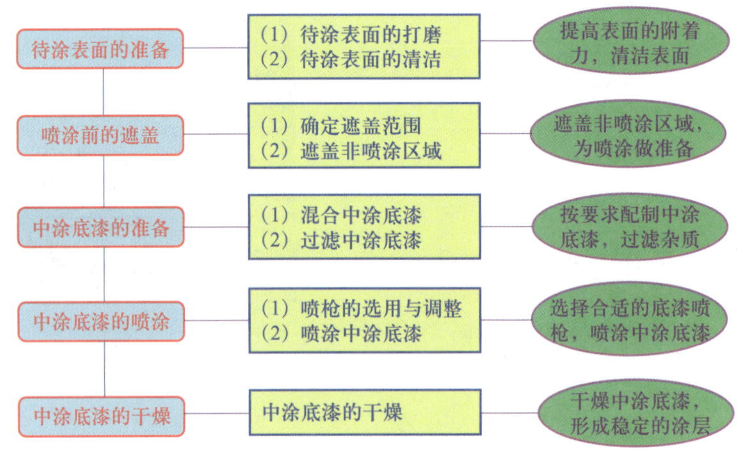

图 6-2-20　中涂底漆的喷涂工艺

时，应将一片 P320 砂纸装到双作用盘式打磨机上，打磨待喷涂的表面，不能用打磨机的地方，要用 P600 砂纸进行手工打磨，最终使整个待涂表面失去光泽。在打磨后，用吹尘枪吹除待涂表面的灰尘，然后在原子灰涂层周围的旧涂层上进行脱脂处理。

（2）喷涂前的遮盖

为了防止中涂底漆喷涂到不需要涂装的表面，在喷涂前必须进行喷涂前的遮盖。遮盖应以打磨的边缘为边界，只露出经过打磨处理的待涂表面，其余部分则全部遮盖。要用反向遮盖的方法粘贴遮盖纸（见图 6-2-22），以避免产生喷涂台阶。

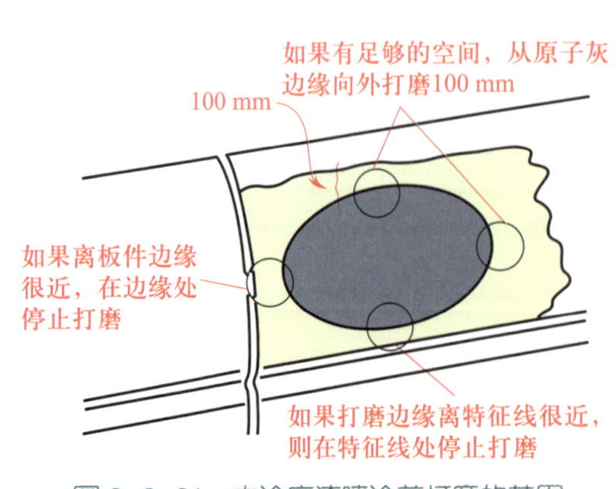

图 6-2-21　中涂底漆喷涂前打磨的范围

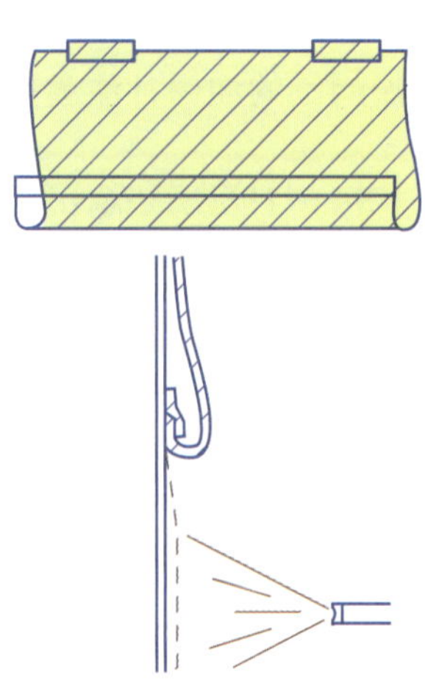
图 6-2-22　反向遮盖

（3）中涂底漆的准备

选用合适的中涂底漆，确定中涂底漆的用量，按照产品说明书规定的混合比例混合中涂底漆（见图 6–2–23）。在混合时要充分搅拌混合液，在混合后要检查涂料的黏度。一般情况下，硝基类中涂底漆的混合黏度为 16 ~ 20 s，丙烯酸类中涂底漆的混合黏度为 13 ~ 15 s，聚氨酯类中涂底漆的混合黏度为 15 ~ 18 s。在混合好中涂底漆后，要对其进行过滤。

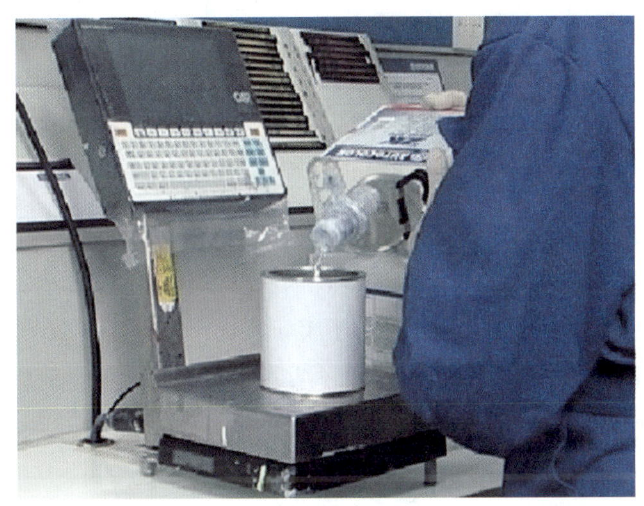

图 6–2–23 中涂底漆的混合

（4）中涂底漆的喷涂

选用口径为 1.3 mm 的重力式喷枪或口径为 1.5 ~ 1.8 mm 的虹吸式喷枪，并根据喷涂面积和喷涂要求调整好喷涂气压、喷幅和出漆量，在原子灰涂层表面喷涂中涂底漆。在喷涂时，先在修补涂膜边缘的交接部位薄薄地喷涂，使旧涂膜与原子灰的交界面溶接。待表面稍干后，对整个原子灰表面薄薄地喷涂，在喷涂后应形成平整、光滑的表面。选取适当的时间间隔，分几次薄薄地喷涂中涂底漆，一般要喷涂 3 ~ 4 次，中涂底漆的喷涂方法如图 6–2–24 所示。由于聚氨酯类中涂底漆形成的涂膜较厚，喷涂 2 次就能达到要求。

中涂底漆的喷涂面积应比修补原子灰的面积大，而且要达到一定的要求。喷涂第二遍时的喷涂面积要比第一遍时大，第三遍时要比第二遍时大，逐渐加大喷涂面积，如图 6–2–25 所示。如果原子灰表面有明显砂眼，则要喷涂足够分量的中涂底漆，以便盖住砂眼，但不能有流挂。

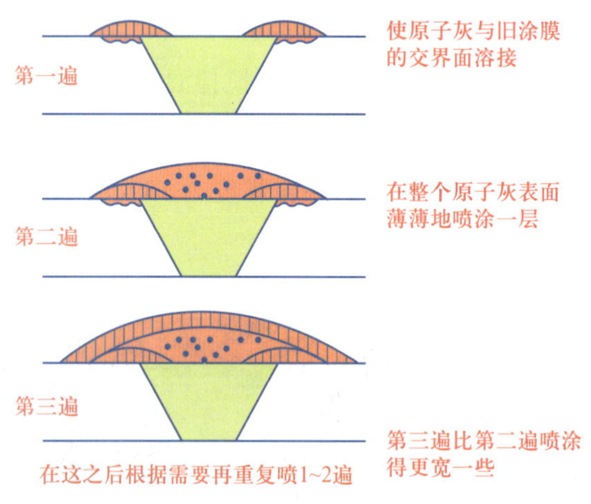

图 6-2-24　中涂底漆的喷涂方法

如果喷涂表面有几处相邻的原子灰修补块，可先在每个修补块上分别预喷 2 遍中涂底漆，再整体喷涂 2 ~ 3 遍，以将涂层连成一大块，如图 6-2-26 所示。这样处理可以取得良好的喷涂效果，但在这种情况下不宜一次喷涂得过厚，而应取适当的时间间隔，分几次进行喷涂。

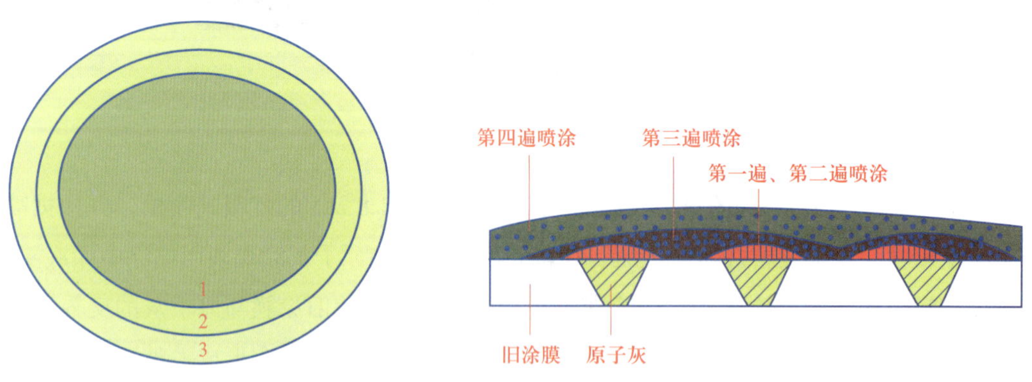

图 6-2-25　每次喷涂中涂底漆的范围　　图 6-2-26　多块原子灰相邻时的喷涂方法

（5）中涂底漆的干燥

中涂底漆喷涂后一定要充分干燥才能进行打磨，如果干燥不充分，不仅打磨时涂料会填满砂纸，使作业难以进行，而且在喷涂面漆之后，往往会出现涂膜缺陷。中涂底漆可以自然干燥也可以强制干燥（见图 6-2-27），一般采用红外线烤灯或热风加热器来进行强制干燥。在强制干燥时，先将喷涂好的涂膜静置干燥几分钟，然后逐渐将涂膜加热到 60 ℃左右。如果旧涂膜有起皱现象，则加热到 50 ℃左右为宜。在 60 ℃的条件下，硝基类中涂底漆烘烤 10 ~ 15 min 就能完全干燥，聚氨酯类中涂底漆的干燥时间为 20 ~ 30 min，合成树脂类中涂底漆的干燥时间在 20 min 以上。

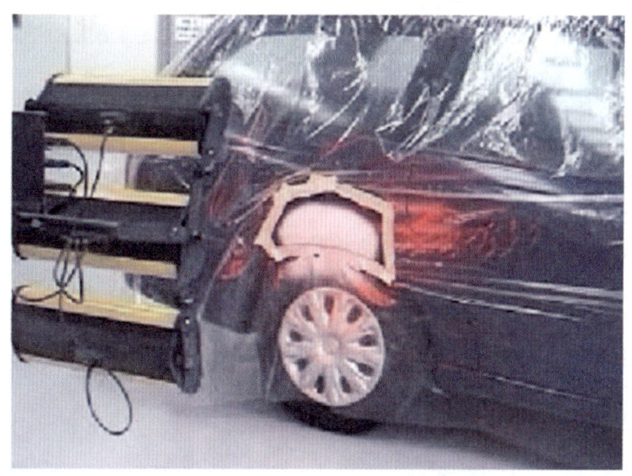

图 6-2-27　中涂底漆的强制干燥

2. 中涂底漆涂层的修整

中涂底漆涂层的修整是一项非常细致的工作，修整的好坏直接影响面涂层外观质量的好坏。中涂底漆涂层的修整包括砂眼的填补、中涂底漆涂层的打磨和面漆喷涂前的打磨等内容，如图 6-2-28 所示。

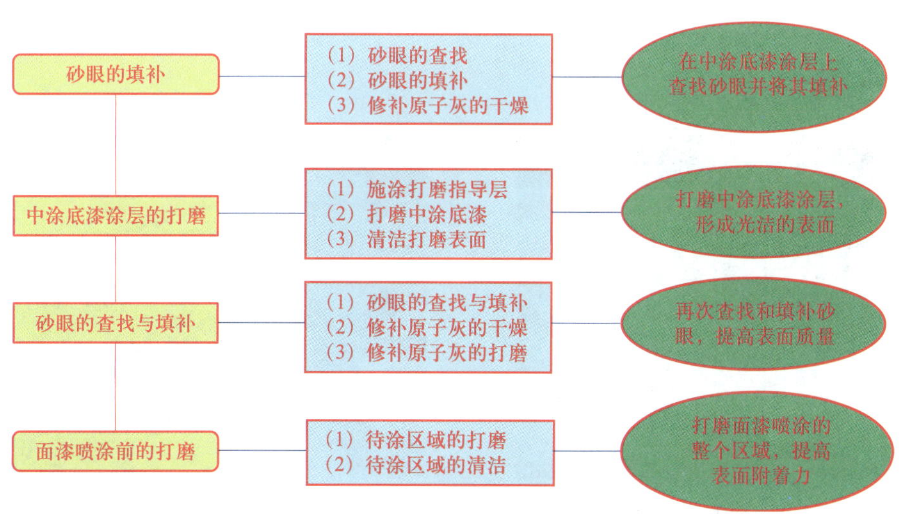

图 6-2-28　中涂底漆涂层修整工艺

（1）砂眼的填补

待中涂底漆涂层干燥后，应首先仔细确认涂层表面上有无砂眼、打磨痕迹及其他缺陷。若发现这些缺陷，应使用修补原子灰进行刮涂修补，刮涂修补过的表面如图 6–2–29 所示。传统的修补原子灰是硝基原子灰，硝基原子灰具有干燥速度快和施工方便等优点，但容易使中涂底漆和面漆产生“咬底”现象，影响涂装质量。

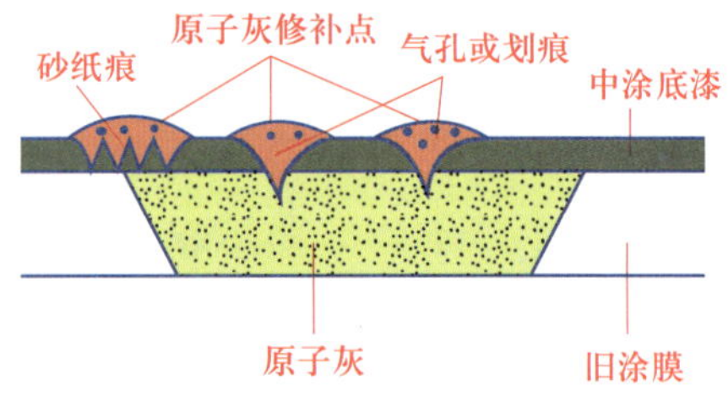

图 6–2–29　刮涂修补过的表面

为了避免硝基原子灰带来的涂膜缺陷，现在大多数 4S 店使用合金原子灰来填补中涂底漆涂层的缺陷。在填补涂面缺陷时，应采用橡胶刮板或塑料刮板，薄薄地刮涂（见图 6–2–30），切忌一次刮涂过厚。若一次刮涂不够，则应等待 5 min 左右再进行第二次刮涂。在刮涂时，要顺着砂眼部位快速刮涂 1 ~ 2 个来回，不能刮涂过多次，否则会使修补原子灰表面粗糙，还易产生原子灰疤痕。在刮平填实砂眼后，应立即随手收净四周的残渣。最后，应用红外线烤灯干燥修补原子灰，在 60 ℃的条件下烘烤修补原子灰 5 ~ 10 min 就能使其完全干燥。

（2）中涂底漆涂层的打磨

在打磨中涂底漆涂层前，应在干燥的中涂底漆和修补原子灰表面擦涂一层碳粉作为打磨指导层（见图 6–2–31），以便于在打磨后的表面上观察砂眼和磨痕等缺陷。如果要用颜色对比度大的涂料作为打磨指导层，则需要在完成中涂底漆的喷涂后直接喷涂打磨指导层。

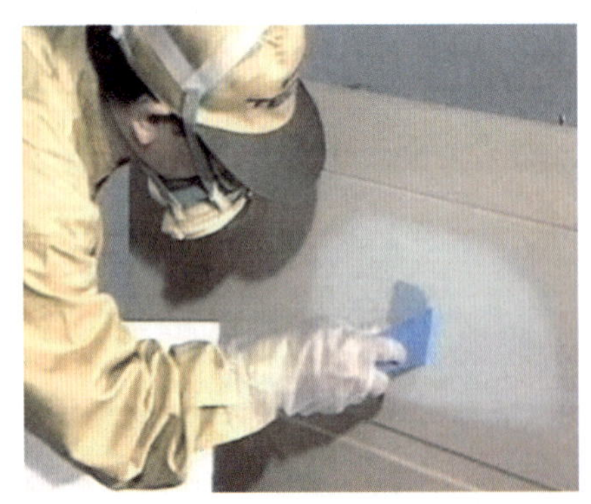
图 6–2–30　修补原子灰的刮涂

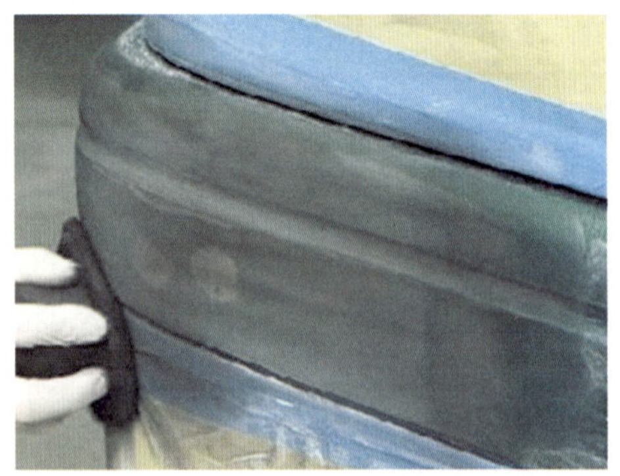
图 6–2–31　擦涂碳粉作为打磨指导层

中涂底漆涂层的打磨一般以手工打磨为主，分为干磨（见图 6–2–32）和湿磨两种打磨方法。在打磨时，应先打磨板件的大平面，当大平面基本达到要求后，再用砂纸或菜瓜布手工打磨板件的边缘和不易被打磨到的部位。中涂底漆涂层的表面在经过打磨后应非常光滑，不能有砂痕或小凹坑。

打磨结束后，应用吹尘枪吹除中涂底漆涂层表面的灰尘（见图 6–2–33），如果是湿打磨，则用吹尘枪吹干涂膜表面、板件边缘和沟缝里的水分。

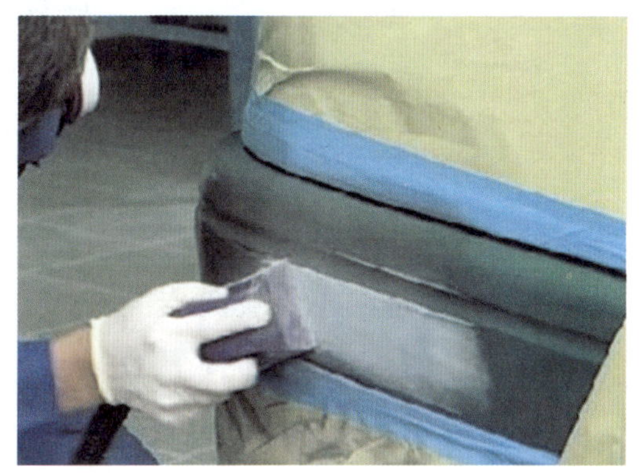

图 6-2-32 手工干磨

图 6-2-33 用吹尘枪吹除中涂底漆涂层表面的灰尘

（3）砂眼的查找与填补

打磨结束后，在中涂底漆涂层表面平整处的碳粉被磨去，只留下砂眼和小凹坑内的碳粉没被打磨到，碳粉存在的地方就是缺陷的位置。如果不施涂打磨指导层，因涂层表面光滑，有些细小的砂眼就不易被发现（见图 6–2–34），故应边填补砂眼边用手触摸涂层表面，如遇影响手感的细小缺陷，要立即将其刮平、刮净。

在结束砂眼的查找与填补工作后要及时干燥修补原子灰，待修补原子灰完全干燥后，用 P320 ~ P500 干磨砂纸或 P800 ~ P1000 水磨砂纸对其进行打磨，直至表面光洁没有缺陷为止。

（4）面漆喷涂前的打磨

面漆喷涂前打磨的目的是清除待涂表面的污物、制造旧涂膜表面的微小磨痕和提高待涂表面对面漆的附着力。

待中涂底漆涂层的打磨完成后，用 P800 ~ P1000 水磨砂纸对整个待涂表面进行打磨，如图 6–2–35 所示，从而使整个待涂表面失去光泽，以提高面漆的附着力。

图 6-2-34 查找砂眼

图 6-2-35 面漆喷涂前的打磨

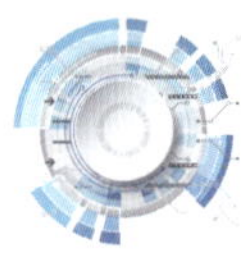

任务实施

一、旧涂膜损伤的处理

本任务的内容为旧涂膜损伤的处理，见表 6-2-2。

表 6-2-2 旧涂膜损伤的处理

操作内容	图片
1. 在碰擦破损区域内除旧漆 **方法：** （1）用记号笔画出涂层因碰擦而破损区域的范围 （2）选用偏心距为 5 mm 的气动双作用打磨机和 P60 干磨砂纸 （3）将破损区域内的旧涂层清除，直至裸金属表面完全露出后再停止打磨 **提示：** 选用偏心距为 5 mm 的气动双作用打磨机是为了操作方便，在打磨羽状边时也可用同一打磨机	

续表

操作内容	图片
2. 羽状边的打磨与修整 （1）除尘、除油 方法： 1）吹除板件表面的灰尘，然后用干净的抹布将整个板件擦拭一遍 2）穿戴防毒面具和防溶剂手套 3）将除油纸蘸上除油剂，在裸金属表面上涂抹，在除油剂未干前用干净的除油纸将其擦干 提示： 此处的除尘和除油只需在羽状边打磨区域内进行，不必大面积进行	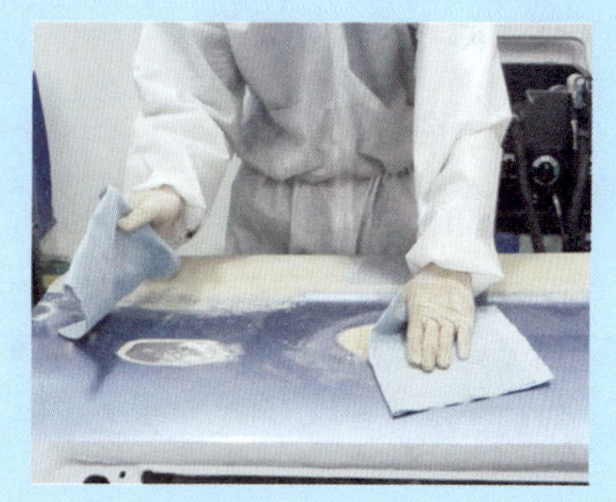
（2）打磨羽状边 方法： 1）将 P120 干磨砂纸装到上述打磨机上 2）调整打磨机转速至合适的范围 3）将打磨机托盘轻压在裸金属与旧涂膜的交界处，并成 10°～15°夹角 4）按下打磨机开关，沿交界处的轮廓线移动打磨机 提示： 不可用前后推拉的方式移动打磨机，否则就不能打磨出平缓过渡的斜坡	
（3）修整羽状边 方法： 1）在打磨过程中，用手反复触摸打磨表面，检查有无台阶，过渡是否平缓 2）若出现台阶，要用打磨机将其反复修整，直到羽状边基本均衡一致为止 3）修整结束后停止打磨，取下砂纸，清除打磨机上的灰尘 提示： 羽状边的宽度以能彻底消除涂膜破损边缘的台阶为准，旧涂膜越厚，羽状边需打磨得越宽	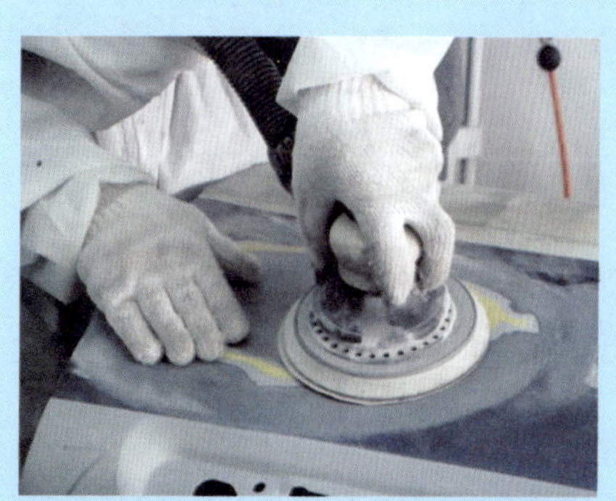

续表

操作内容	图片
（4）再次除尘、除油 **方法：** 1）吹除板件表面的灰尘，然后用干净的抹布将整个板件擦拭一遍 2）穿戴防毒面具和防溶剂手套 3）将除油纸蘸上除油剂，在打磨区域表面上涂抹，在除油剂未干前用干净的除油纸将其擦干	
（5）检验羽状边的质量 **方法：** 1）羽状边应手感光滑、无台阶 2）羽状边的宽度应大于 20 mm，羽状边外边缘到裸金属边缘的距离应在 70 mm 以上 3）羽状边整体应均衡一致 **提示：** 羽状边的轮廓应为整体圆滑且无尖角的斜坡	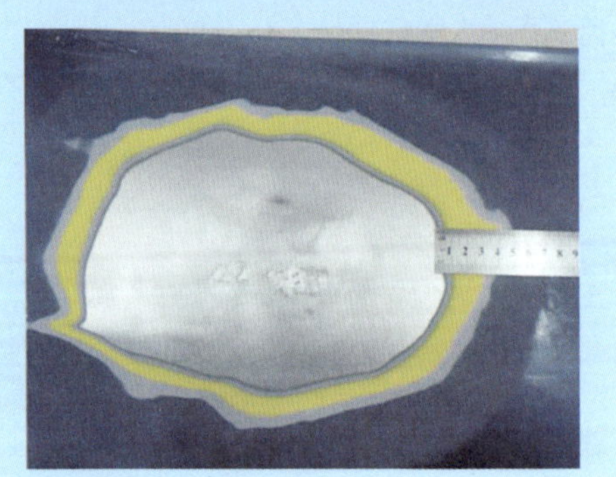

二、原子灰的刮涂

本任务的内容为原子灰的刮涂，见表 6–2–3。

表 6–2–3　　原子灰的刮涂

操作内容	图片
1. 确定待刮涂面积 **方法：** （1）原子灰覆盖的范围是从裸金属边缘向外扩展大约 10 ~ 20 mm （2）初步估计原子灰的用量 **提示：** 应避免刮涂超出打磨羽状边的受损范围	

续表

<table>
<tr><th>操作内容</th><th>图片</th></tr>
<tr><td>2. 清洁待刮涂板件
方法：
（1）用吹尘枪将压缩空气吹到待涂表面上，以除去灰尘和打磨下来的微粒
（2）用浸有除油剂的擦拭布擦拭待涂表面使其湿润，待残油浮起后，再用干净的擦拭布将除油剂擦干
提示：
如果待涂表面留有残油，则会使涂膜起泡或剥落</td><td>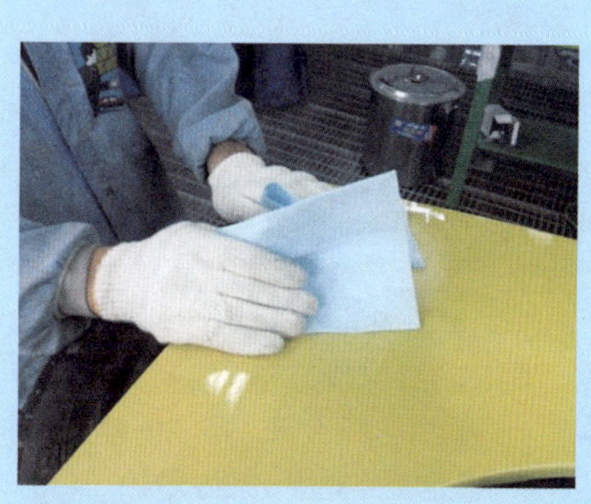</td></tr>
<tr><td>3. 拌和原子灰
方法：
（1）取适量的原子灰和固化剂置于混合板上
（2）用刮刀的尖端舀起固化剂，放在原子灰中搅拌，使它们充分混匀
提示：
（1）在取出原子灰后，不要在桶口刮除粘在搅拌杆上的原子灰
（2）原子灰拌和的动作要熟练，拌和必须在 60 s 内完成</td><td>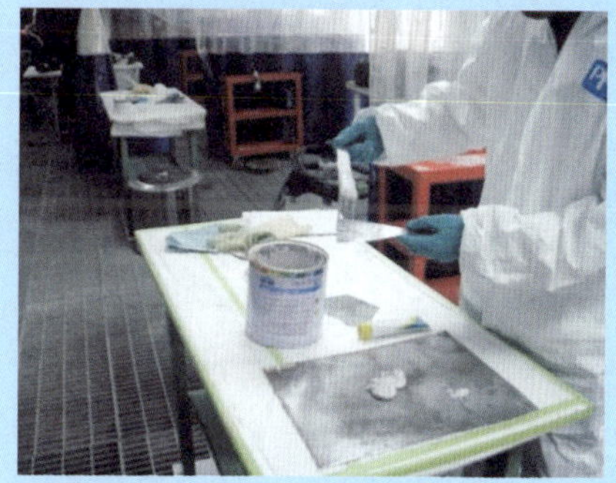</td></tr>
<tr><td>4. 压涂
方法：
取少量的原子灰，使刮板与涂面几乎垂直（夹角为 70°左右），将原子灰在金属表面上薄薄地压涂一层
提示：
（1）在刮板上施加一定的压力，将原子灰挤压到金属表面的缝隙内，以提高原子灰与金属表面的附着力
（2）一般只在裸露的金属表面上进行压涂操作</td><td></td></tr>
</table>

续表

操作内容	图片
5. 填涂 方法： 取适当多于所需量的原子灰，刮板的倾斜角为35°～45°，在大于压涂面积的范围内填刮原子灰，填平涂面的凹陷 提示： （1）如果涂面的凹陷很大，则要分几次进行填涂。原子灰涂面的高度要略高于工件表面的高度 （2）边缘一定要涂薄，形成斜坡，不能产生厚边。原子灰面要中间厚、边缘薄	
6. 修饰 方法： （1）清除刮板上残存的原子灰 （2）使刮板与涂面成35°夹角，轻轻收刮原子灰涂面，使其整体平整、光滑 提示： 修饰时握刮板的手要平稳，收刮要干脆，收刮要在1～2次内完成，切不可来回拖拉	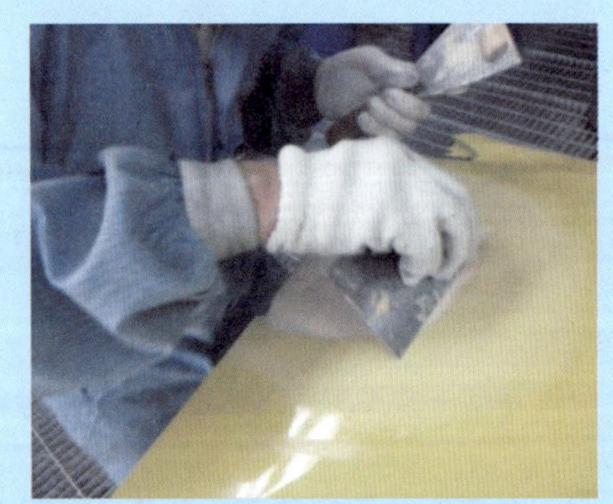
7. 收边 方法： （1）刮板几乎贴近涂面，刮板左侧尖角置于原子灰涂面之外，刮板右侧尖角稍稍抬起，沿原子灰涂面边缘刮涂一圈，以收去边缘多余的原子灰，使边缘变成薄薄的斜坡 （2）检查刮涂区外有无粘上原子灰，如果有，趁原子灰未干前用刮板将其清除 提示： （1）若刮涂区外粘上原子灰，要及时清除 （2）原子灰的活化寿命很短，所以整个刮涂工作要控制在3 min以内	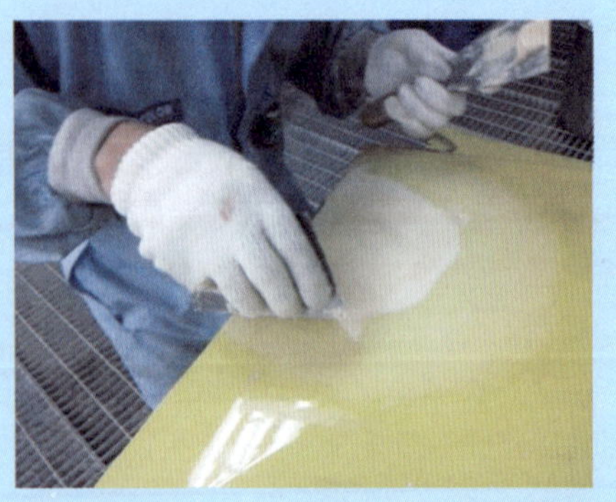

续表

操作内容	图片
8. 刮涂后的整理 **方法：** （1）将刮涂剩下的原子灰收集起来，放到指定的铁桶中 （2）清洗刮板、原子灰托板和混合板等工具 **提示：** 原子灰固化过程中会产生大量的热，因而不能随意丢弃剩余的原子灰，否则会引起车间起火，引发火灾	

三、中涂底漆的喷涂

本任务的内容为中涂底漆的喷涂，见表 6–2–4。

表 6–2–4　　中涂底漆的喷涂

操作内容	图片 
1. 待涂表面的打磨 **方法：** （1）选用双作用盘式打磨机和 P320 干磨砂纸，安装并调试好打磨机 （2）以超出原子灰涂层边缘 10 cm 的范围整体打磨原子灰涂层和旧涂膜表面，以提高表面的附着力 **提示：** 打磨范围不可超过板件的特征线；打磨两块板件交界的缝隙处时，打磨范围要限定在待涂板件的边缘	
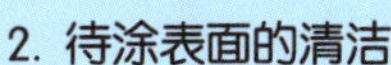 **2. 待涂表面的清洁** **方法：** （1）用吹尘枪吹除待涂表面和原子灰涂面上的灰尘 （2）用除油剂在原子灰涂层边缘的旧涂膜上进行脱脂处理，以保证待涂表面的清洁 **提示：** （1）若在前面的施工过程中使用了水磨，则还须对待涂表面进行除水操作 （2）不能在原子灰表面涂抹除油剂	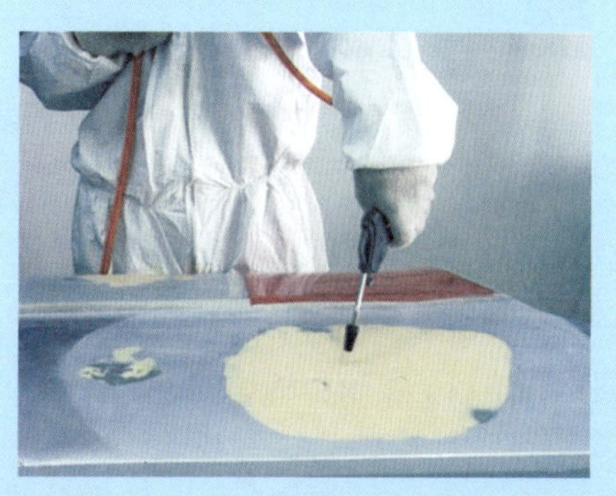

续表

操作内容	图片
3. 喷涂前的遮盖 **方法：** （1）在喷涂前选定打磨的边缘作为遮盖的边界 （2）用反向遮盖的方法进行喷涂前的遮盖操作 **提示：** 中涂底漆局部喷涂的气压较小，因此只需要遮盖待喷涂区域周边的一圈，不需要进行大面积遮盖	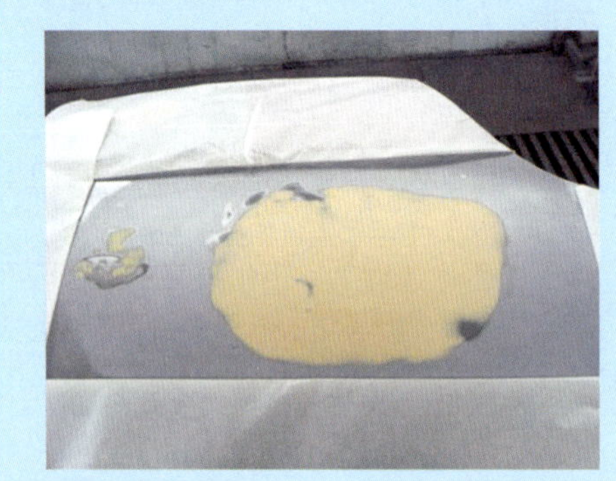
4. 中涂底漆的混合与过滤 **方法：** （1）根据中涂底漆产品说明书的规定确定中涂底漆的混合比例 （2）充分搅拌桶内的中涂底漆，根据所需的量，将搅拌好的中涂底漆倒入调漆杯中，然后按照混合比例依次倒入相应组分，搅拌均匀 （3）检查混合涂料的黏度 （4）过滤混合涂料 **提示：** 中涂底漆含有大量的体质颜料，在过滤时一般选用 80 目的涂料过滤网	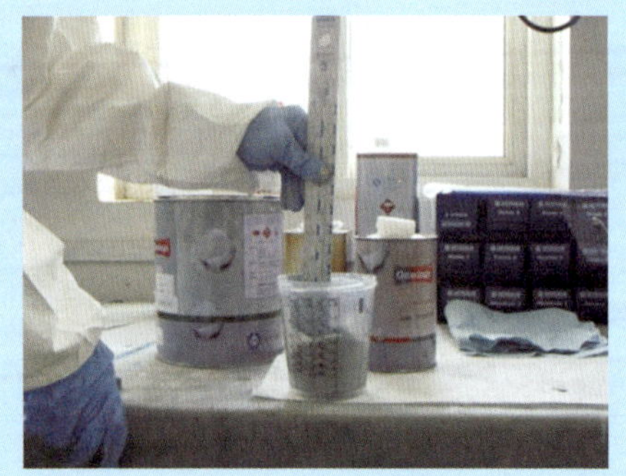
5. 喷枪的选用与调整 **方法：** （1）选用口径为 1.3 mm 的重力式喷枪 （2）按照喷涂气压为 245 kPa、喷幅开度为 3/4 和出漆量稍大的要求调整喷枪 **提示：** 对于不同的喷涂面积和不同的中涂底漆，喷枪的参数也不完全一致。一般来说，在喷涂小面积和涂料黏度较小的情况下，喷枪的气压都比较小	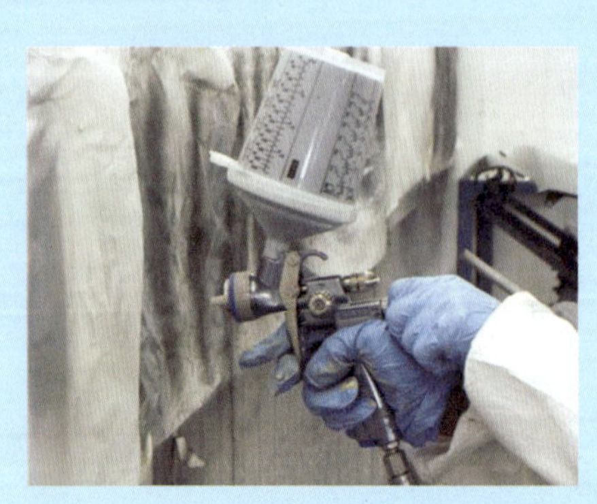

续表

操作内容	图片
6. 第一遍中涂底漆的喷涂 方法： 在原子灰涂层与旧涂膜的交界部位薄薄地喷涂，使旧涂膜与原子灰的交界面溶接 提示： 第一遍中涂底漆喷涂的目的是消除原子灰涂层与旧涂膜之间的连接痕迹	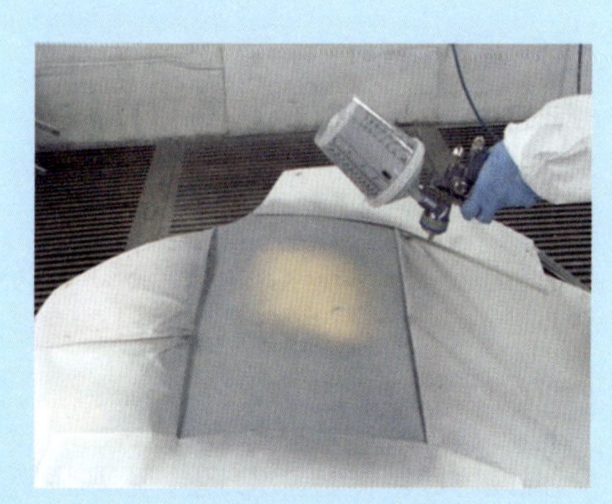
7. 第二遍中涂底漆的喷涂 方法： 待第一遍喷涂的中涂底漆稍干后，对整个原子灰表面薄薄地喷涂，以形成平整、光滑的涂层表面 提示： 第二遍喷涂的主要目的是填平原子灰涂层表面的砂纸磨痕和细小针眼	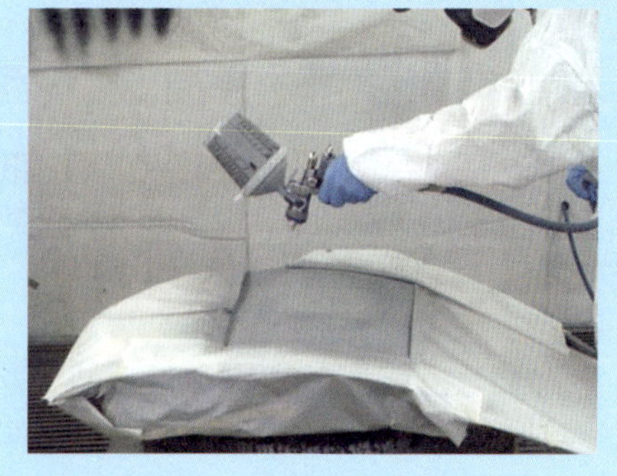
8. 第三遍和第四遍中涂底漆的喷涂 方法： （1）在第二遍喷涂后等待 3～5 min，待喷涂表面的光泽下降约 30% 后，开始第三遍喷涂，其喷涂面积应稍大于第二遍喷涂的面积 （2）第四遍喷涂的喷涂面积应比第三遍喷涂的大，最终形成平整且光滑的中涂底漆涂层 提示： 第三遍和第四遍中涂底漆喷涂完成后，涂层表面应看不到磨痕、砂眼或小凹坑等缺陷	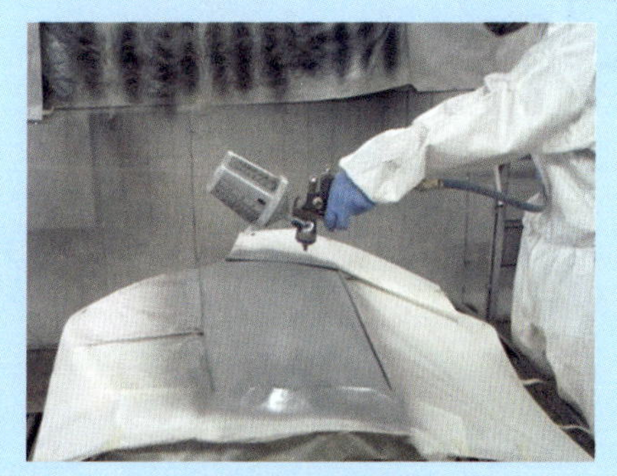

续表

操作内容	图片
9. 中涂底漆的干燥 **方法：** （1）中涂底漆喷涂结束后，应将涂层静置10～15 min （2）调节好烘烤距离，设置好烘烤模式和烘烤时间，用红外线烤灯对车身板件的中涂底漆进行烘烤 **提示：** 在强制干燥时不能骤然升温，否则会使涂膜产生缺陷	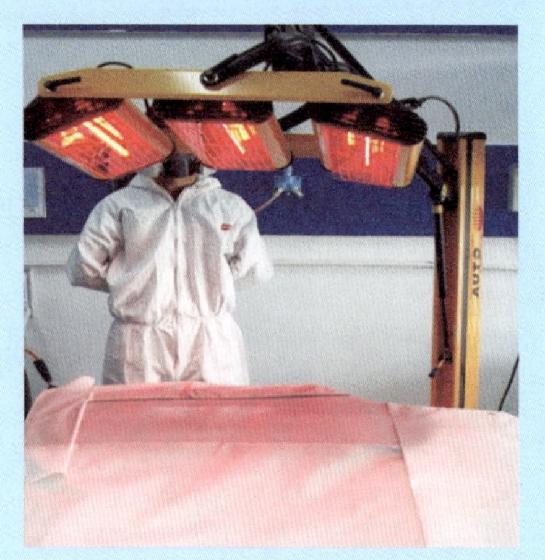
10. 施工后的整理 **方法：** （1）烘烤结束后，除去遮盖胶带和遮盖纸 （2）整理施工现场，清洗用于中涂底漆混合和喷涂的工具，清洁场地，并将设备归位 **提示：** 不能随意丢弃遮盖胶带、遮盖纸以及喷涂剩余的涂料等材料，应按照6S的作业要求将其分类整理	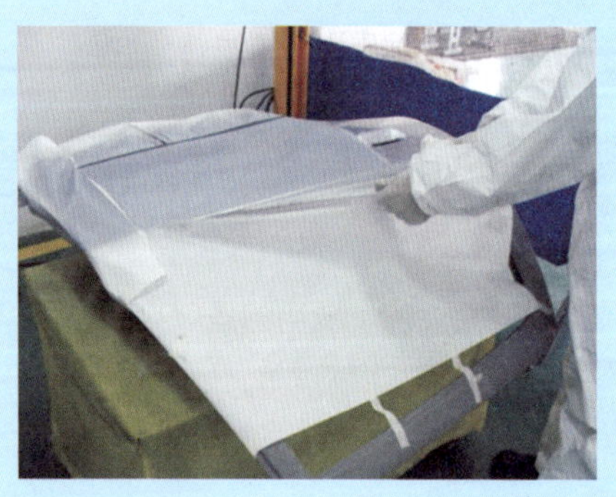

思考与练习

1. 怎样对塑料保险杠新件进行表面预处理？
2. 怎样进行原子灰涂层的修整？
3. 简述中涂底漆的喷涂工艺。

任务3 汽车车身面漆的喷涂

学习目标

1. 熟悉汽车车身面漆喷涂的方式。
2. 熟悉汽车车身面漆喷涂前准备的具体内容。
3. 掌握汽车车身面漆喷涂的走枪方法。
4. 掌握汽车车身面漆喷涂工艺。
5. 能正确进行素色漆的整体喷涂。
6. 能正确进行金属漆的局部修补喷涂。

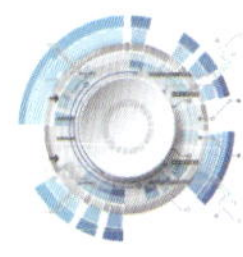

任务描述

面漆喷涂是汽车涂装维修的最后一道工序，面漆喷涂质量的好坏直接关系到涂装维修的成败。本任务具体介绍了面漆喷涂的方法、面漆喷涂前的准备工作和面漆喷涂工艺，要求学生通过实施具体任务，习得面漆整体喷涂和局部修补喷涂的操作技能。

相关知识

一、面漆喷涂的方法

1. 面漆喷涂的方式

面漆喷涂的方式通常有以下几种。

（1）干喷

干喷是指喷涂时选用快干稀释剂，在较大喷涂气压、较小出漆量和较低涂料黏度的情况下进行喷涂，喷涂后漆面较干的喷涂方式。要想获得理想的干喷效果，喷涂时必须加大喷涂距离、加快喷枪的运行速度，并延长两次喷涂的时间间隔。

（2）湿喷

湿喷是指喷涂时选用慢干稀释剂，在较小喷涂气压、较大出漆量和较高涂料黏度的情况下进行喷涂，喷涂后漆面较湿的喷涂方式。获得理想湿喷效果的操作方法与干喷的操作方法相反。

（3）湿碰湿喷涂

湿碰湿的喷涂方式就是不等上道漆中的溶剂挥发，马上继续喷涂下一道漆，如图 6–3–1 所示。

（4）虚枪喷涂

在喷涂色漆后，将大量溶剂或固体组分含量极低的涂料喷涂在面漆上的操作方式称为虚枪喷涂。虚枪喷涂一般被用于新喷的修补漆与原来的旧涂膜之间的晕色，使经过修补后的汽车表面看不出修补痕迹，如图 6–3–2 所示。

图 6–3–1　湿碰湿喷涂

图 6–3–2　虚枪喷涂

（5）雾化喷涂

雾化喷涂俗称飞雾法喷涂，一般用于金属漆的施工。金属漆与色漆的喷涂方式大不相同，金属漆中金属颗粒的占比大，喷涂金属漆时应采用散花状的雾化喷涂方式。雾化喷涂时，必须调小喷涂气压和出漆量，并适当加大喷涂距离，喷幅旋钮也要调至最大，如图 6–3–3 所示。

（6）带状喷涂

在喷涂某个构件的边缘时经常采用带状喷涂的方式，此时应将喷幅调得相对窄一些，一般调整到大约 10 cm 宽，喷出的雾束就会比较集中，并呈带状覆盖，如图 6–3–4 所示。此方式可以减少过度喷涂，达到节约原材料的目的。

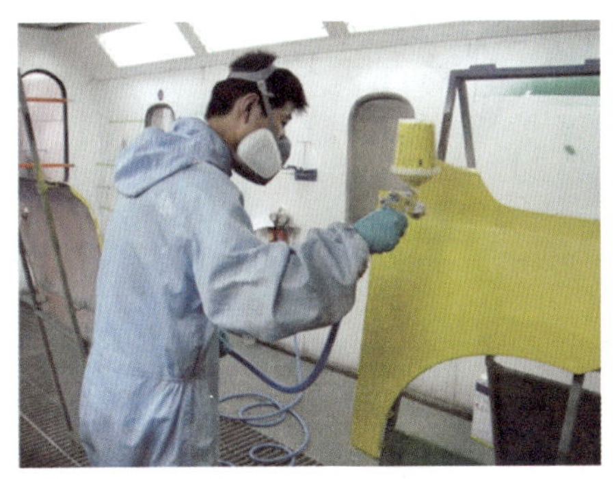
图6-3-3 雾化喷涂

图6-3-4 带状喷涂

2. 面漆喷涂的走枪方法

在汽车修补涂装中，因被涂构件的形状各异，喷涂的走枪方法也不尽相同。

（1）构件边缘和内角喷涂的走枪方法

构件边缘喷涂一般采用由右向左的走枪方法，喷枪的犄角与水平面平行，雾束呈竖直方向涂布在板件的边缘上，如图6-3-5所示。构件内角喷涂则采用先由下而上，再由上而下的走枪方法，喷枪的犄角与水平面垂直，喷出的雾束呈水平方向，如图6-3-6所示。

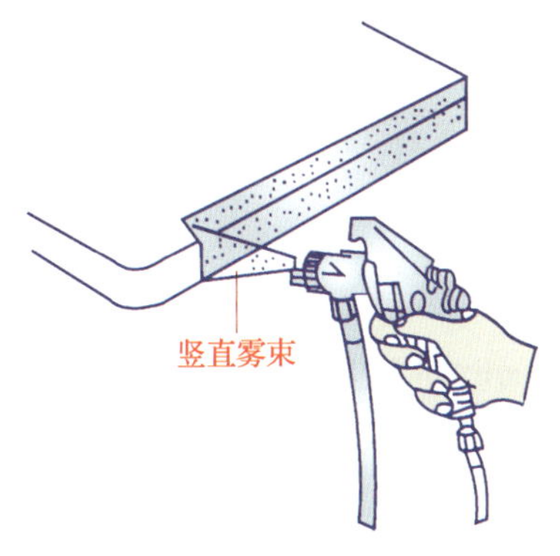

图6-3-5 构件边缘的喷涂

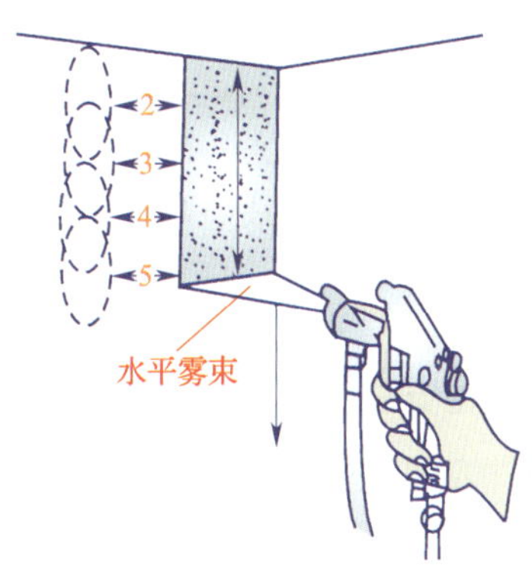

图6-3-6 构件内角的喷涂

（2）圆柱构件喷涂的走枪方法

喷涂小、中型圆柱构件时，先从圆柱顶部自上而下喷涂，再自下而上喷涂，一般分为3~6道垂直行程，如图6-3-7所示。喷涂大型圆柱构件时，先从左向右再由右至左喷涂，按照水平行程将柱体侧面依次喷完，如图6-3-8所示。

图 6-3-7　小、中型圆柱构件的喷涂

（3）棒状构件喷涂的走枪方法

喷涂较长而直径不大的棒状构件时，最好将雾束调窄一些，使之与构件相配合。很多油漆工为了省事，不愿经常调整喷枪，而是将喷枪雾束的方位与棒状构件相适应，如图 6–3–9 所示，这样可达到既完全覆盖又不过喷的目的。

图 6-3-8　大型圆柱构件的喷涂

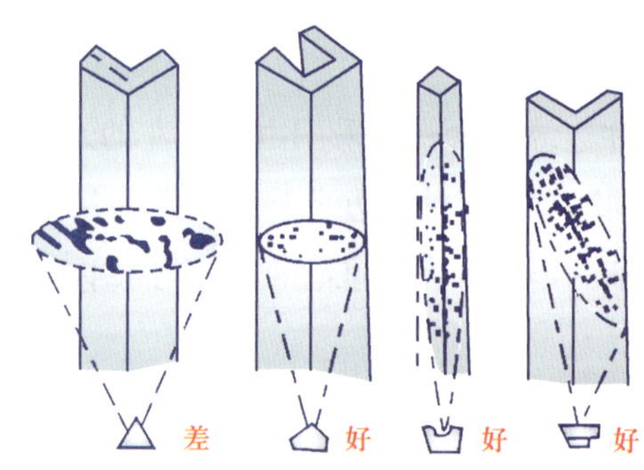

图 6-3-9　棒状构件的喷涂

（4）大型平面喷涂的走枪方法

喷涂大型平面（如发动机罩、客车顶部和后盖等）时，可以采用长而直立构件平面的走枪方法，即从左向右移动喷枪至临近构件表面时扣下扳机，继续移动喷枪至离开构件表面时放开扳机，这样可以使涂层充分润湿。在喷涂时，最好使用压送式喷枪，如果采用的是虹吸式喷枪，那么在喷涂过程中需要倾斜喷枪时要千万小心，不要让涂料滴落到构件表面上。为了防止涂料泄漏或滴落，整个喷涂操作过程中要保持动作平稳和协调，不要将涂料装得太满，涂料泄漏出来时要立即用抹布或纸巾将其擦拭干净。

3. 不同构件的喷涂顺序

车身构件的喷涂一般都遵照从上到下、从左到右和从内到外的原则，但由于构件形状及其安装方法不同，其喷涂顺序也不尽相同。

（1）车门的喷涂顺序

首先喷涂车门框的顶部，然后逐渐下移直至车门的底部，车门的喷涂顺序如图 6–3–10 所示。如果只喷涂一个车门，首先应喷涂车窗边缘。喷涂车门把手时要特别小心，因为车门把手的缝隙处会存留很多油漆，油漆太多将会产生流挂现象。

（2）前翼子板的喷涂顺序

首先喷涂与发动机罩边缘相邻的部分和前翼子板的翻边，然后喷涂前照灯周围部分和面板的凸起部分，最后喷涂前翼子板的底部，如图 6–3–11 所示。

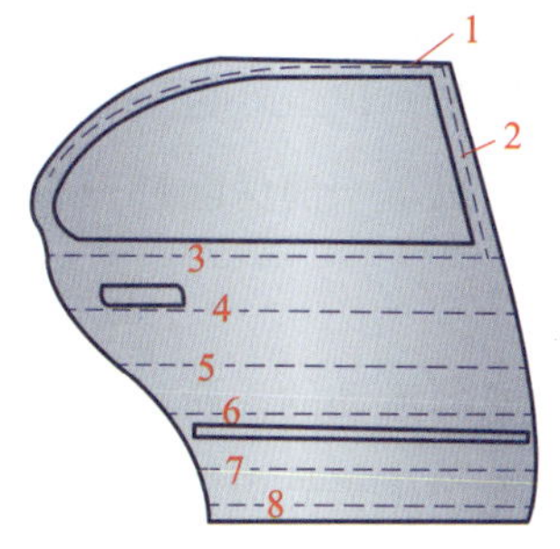

图 6–3–10　车门的喷涂顺序

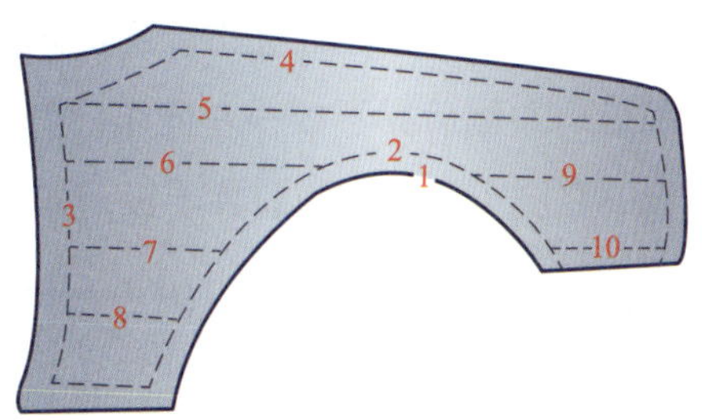

图 6–3–11　前翼子板的喷涂顺序

（3）后翼子板的喷涂顺序

首先喷涂后翼子板边缘，然后让涂装人员站在后翼子板的中间位置，以后翼子板全长的行程喷涂面板（见图 6–3–12）。如果后翼子板过长，则可以把喷涂区域分成两个部分。使用此方法喷涂时，一定要特别注意中间的喷涂重叠不能太多，否则会产生流挂现象。

（4）发动机罩的喷涂顺序

首先喷涂发动机罩边缘，然后喷涂发动机罩的前部，最后让涂装人员站在前翼子板的一侧，从发动机罩的中心开始向边缘喷涂，另一侧也使用相同的方法进行喷涂。发动机罩的喷涂顺序如图 6–3–13 所示。

（5）顶盖外板的喷涂顺序

为了便于喷涂顶盖外板，涂装人员应站在长凳上，以能够到车顶的中心为宜。首先喷涂一侧的风窗边缘，然后从中心向外边的一侧喷涂，待完成后，再用相同的方法完成后部和侧面的喷涂，如图 6–3–14 所示。

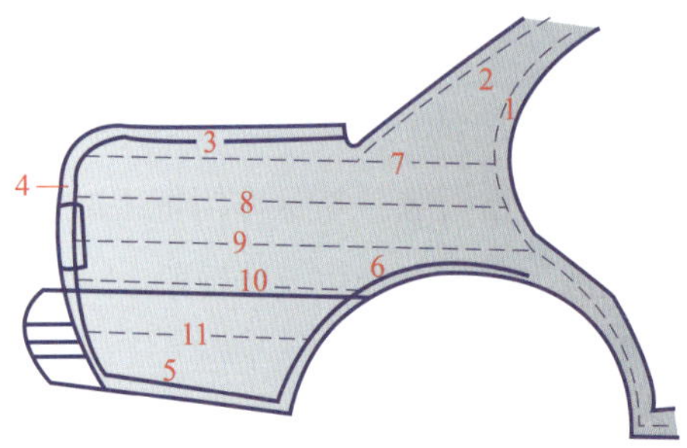

图 6-3-12　后翼子板的喷涂顺序

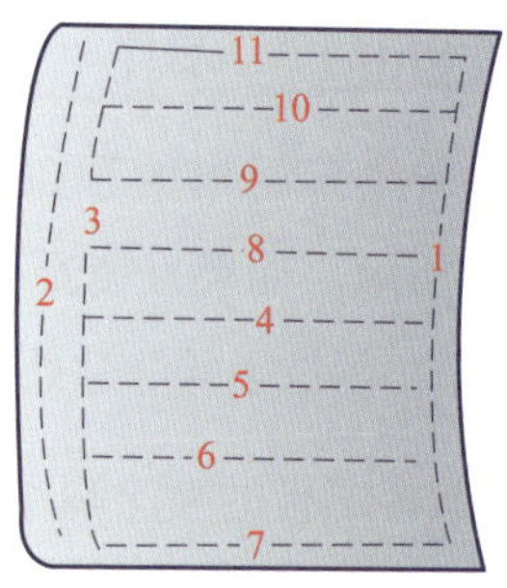

图 6-3-13　发动机罩的喷涂顺序

（6）整车的喷涂顺序

在横向排风的喷漆间里，应先喷涂车身离排风扇最远的地方，以保证附在喷漆表面的灰尘最少，并使漆面光滑。在此环境中整车的喷涂顺序是：顶盖外板→行李舱门和后围板→左侧后翼子板→左侧车门→左侧前翼子板→发动机罩→前保险杠→右侧后翼子板→右侧车门→右侧前翼子板，如图 6-3-15 所示。

在向下排风的喷漆间里，因为空气是从天花板向汽车底部流动的，所以涂装人员必须改变喷涂顺序。为了保持油漆边缘的湿润，首先应该喷涂顶盖外板，接着是右前车门、发动机罩和前保险杠，然后对车身左侧进行喷涂，最后喷涂行李舱门、后围板、右侧后翼子板和右后车门，并逐渐向前移动直至喷涂全部完成，如图 6-3-16 所示。

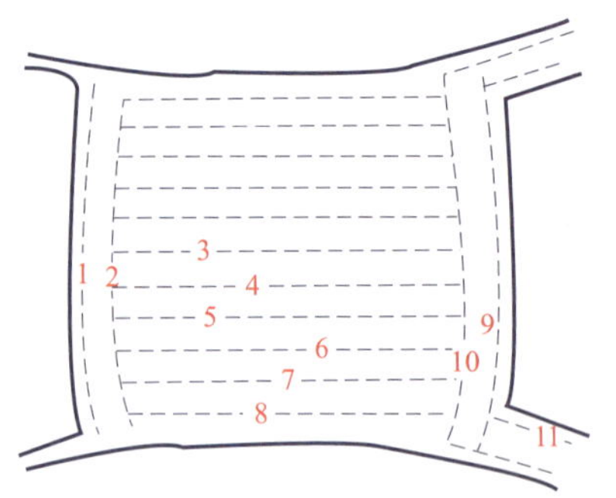

图 6-3-14　顶盖外板的喷涂顺序

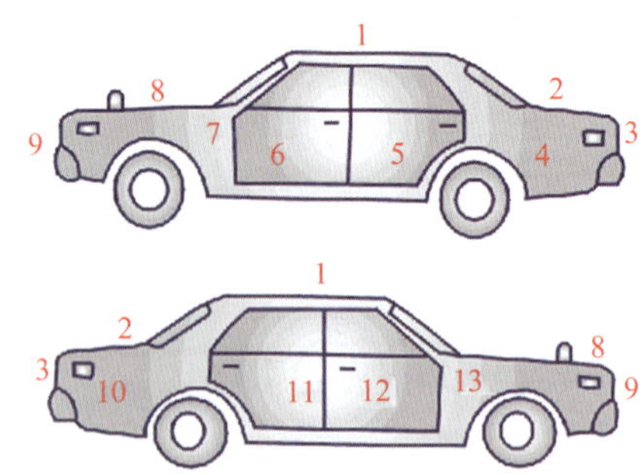

图 6-3-15　在横向排风的喷漆间里整车的喷涂顺序

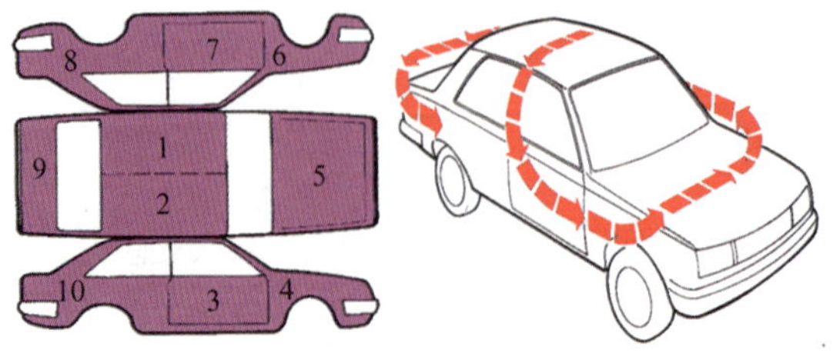

图 6-3-16　在向下排风的喷漆间里整车的喷涂顺序

二、面漆喷涂前准备

面漆喷涂前准备按照作业的先后顺序可分为喷涂前的遮盖、喷涂涂料的准备、喷涂环境准备、待涂表面准备和喷涂工具准备等内容，面漆喷涂前准备的主要内容如图 6–3–17 所示。

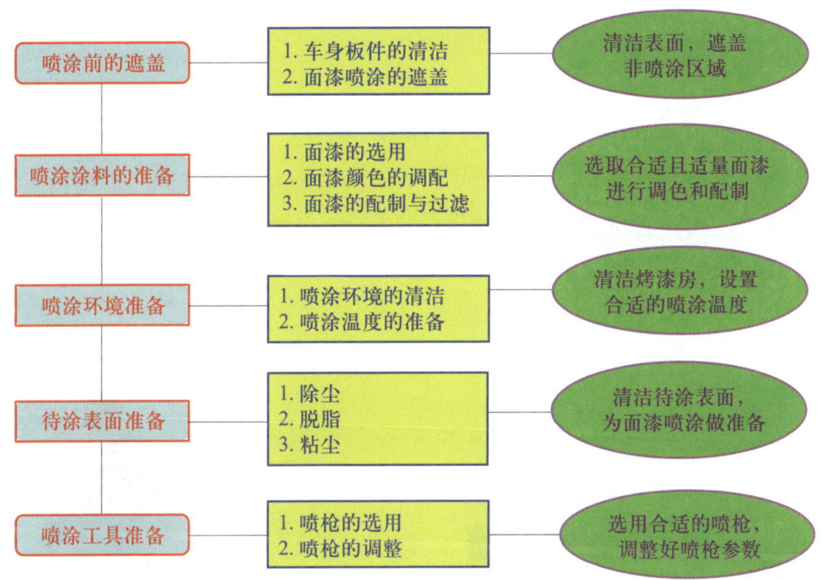

图 6–3–17　面漆喷涂前准备的主要内容

1. 喷涂前的遮盖

喷涂面漆前，必须对车身上不需要喷漆的部位进行有效的遮盖。在遮盖时，首先清除待涂表面上的灰尘以及沟槽和边缝里的水分和脏污，在遮盖边界除油，以提高遮盖胶带的黏附能力，然后按照喷涂前遮盖的要求进行遮盖操作，最后检查遮盖质量，以确保遮盖严实，且没有遮盖不足或遮盖过度的情况。以后保险杠为例，其局部修补喷涂前的遮盖如图 6–3–18 所示。

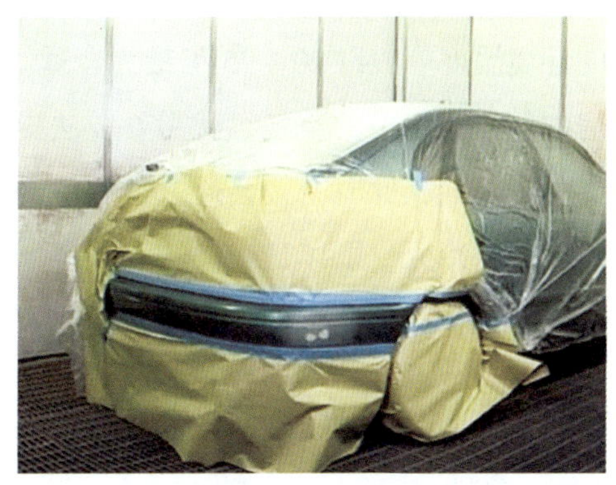

图 6–3–18　后保险杠局部修补喷涂前的遮盖

2. 喷涂涂料的准备

喷涂涂料的准备具体包括面漆的选用与用量估计、面漆颜色的调配，以及混合涂料的配制与过滤等内容。面漆选用应保证面漆具有一定的装饰性、保护性和良好的配套性，且其漆基类型应尽可能与原涂层面漆保持一致。面漆调色就是把几种不同颜色的基本色母按照一定的比例混合，形成与车身颜色基本一致的涂料。涂料配制就是根据面漆的特性向调好颜色的面漆中加入添加剂，将其稀释到适合喷涂的黏度，并过滤掉涂料里的杂质。

3. 喷涂环境准备

（1）喷涂环境的清洁

喷涂环境的清洁包括喷漆房的清洁和涂装人员工作服的清洁。清洁喷漆房的方法是用吹尘枪吹除喷漆房内部的灰尘和碎屑（见图 6–3–19），用水冲洗地板，并除去空气中飘浮的灰尘；清洁涂装人员工作服时，可用吹尘枪自我吹拂（见图 6–3–20），以吹去工作服上的灰尘和碎屑。

图 6–3–19　喷漆房的清洁

图 6–3–20　涂装人员工作服的清洁

（2）喷涂温度的准备

喷涂温度包括喷漆房的环境温度、车辆表面的温度和喷涂涂料的温度等。喷漆房的环境温度一般以 20 ~ 25 ℃最为合适。在寒冷的冬季，由于在开动循环风后进入喷漆房内的多为寒冷的空气，就需要设法提高喷漆房内的温度；夏季喷漆房内的温度与外界基本相同，此时一般会通过选用慢干稀释剂和适量固化剂的方式来调整涂料的干燥速度。寒冷天气下车身表面的温度很低，直接喷涂会使溶剂的挥发速度减慢，引起颜色不协调和涂料固化等方面的问题，所以在喷涂时应首先将车辆放置在喷漆房内并加温烘烤一段时间，使待涂表面达到合适的温度，再进行喷涂。同样，在冬季施工时，涂料的温度也非常重要，此时往往需要对调配好的涂料进行保温操作，或用热水加热的方法使涂料达到适合喷涂的温度。

4. 待涂表面的准备

（1）待涂表面的除尘、除水

用吹尘枪将压缩空气吹至需要重涂的表面及其相邻区域，如图 6–3–21 所示，以确保这些区域完全没有灰尘、污物及水汽，除尘所用的压缩空气的压力要略高于喷涂时所用的压力。在除尘时，喷漆房要处于运行状态，否则吹动的灰尘又会附着在待涂表面。如果除尘工作做得不彻底，残留的灰尘或污物就会使漆面上产生颗粒。

（2）待涂表面的脱脂处理

用浸有除油剂的抹布擦拭待涂表面，使其湿润；在除油剂干燥前，再用另一块清洁、干燥的抹布将浮起的油迹擦除，如图 6–3–22 所示。操作时，一只手拿蘸有除油剂的抹布，另一只手拿干净的抹布，先在待涂表面擦涂除油剂，然后用干抹布将除油剂擦干，交替进行。

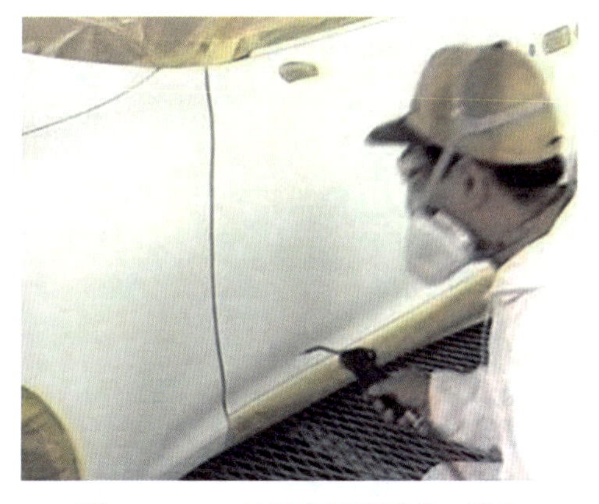

图 6–3–21　待涂表面的除尘、除水

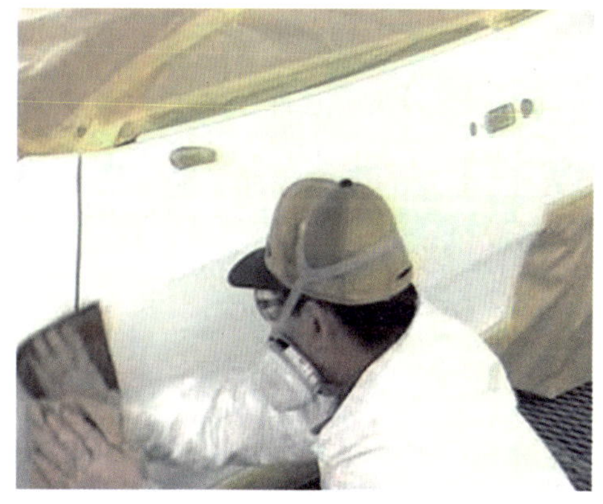

图 6–3–22　待涂表面的脱脂处理

（3）待涂表面的粉尘处理

在喷涂面漆之前，用粘尘布轻轻擦拭待涂表面，如图 6–3–23 所示。在使用新粘尘布时，应先将其完全摊开，然后再将其轻轻折起，以便使粘尘布能更加贴合车身的外形。注意不要让粘尘布上的黏附物留在车身的待涂表面上，否则会使涂料起泡。

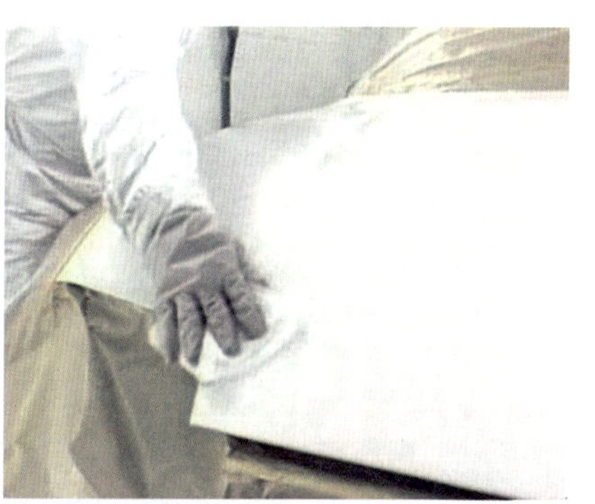

图 6–3–23　待涂表面的粉尘处理

5. 喷涂工具准备

面漆喷涂的主要工具是空气喷枪，空气喷枪

的选择要考虑喷涂面积和涂料黏度两个方面。一般来说，大面积喷涂应选用虹吸式喷枪，小面积局部修补应选用重力式喷枪；喷涂黏度大的面漆应选用大口径喷枪，喷涂黏度小的面漆则应选用小口径喷枪。以黏度为 18 s 的面漆的大面积喷涂为例，重力式喷枪选用 1.3 ~ 1.5 mm 口径比较合适，虹吸式喷枪则一般选用 1.5 ~ 1.7 mm 口径比较合适。

喷涂面漆前，要对喷枪的气压、出漆量和喷幅等做相应的调整，并测试喷枪，以确定合适的喷涂距离、走枪速度和喷幅重叠程度等。喷涂测试时，要将喷枪扳机扣到底，并按规定的喷涂距离、正常的走枪速度和 2/3 的喷幅重叠程度喷涂一小条（见图 6–3–24），以观察涂膜质量，如果涂膜质量符合要求，就可进行正式的喷涂，否则应再次进行调整。

图 6–3–24　喷枪的测试

三、面漆喷涂工艺

面漆喷涂按照修补面积大小的不同可分为整体喷涂和局部修补喷涂，按照修补涂料的不同可分为素色漆喷涂和金属漆喷涂。

1. 面漆的整体喷涂工艺

（1）素色漆的整体喷涂工艺

素色漆的整体喷涂工艺见表 6–3–1。

表 6–3–1　素色漆的整体喷涂工艺

作业步骤	喷涂参数	喷涂方法
步骤 1：预喷涂，提高表面附着力	1）涂料黏度：16 ~ 20 Pa · s（20 ℃） 2）喷涂气压：343 kPa 3）喷束直径：全开 4）喷涂流量：1/2 ~ 2/3 开度 5）喷枪距离：25 ~ 30 cm 6）喷枪运行速度：快	以车身整体喷上一层雾的感觉来薄薄地预喷一层。喷这一层的目的是提高涂料与旧涂膜的亲和力，同时确认有无排斥涂料的部位，如果有，就在该部位稍微加大气压进行喷涂，以将其覆盖住
步骤 2：着色喷涂，形成涂膜	1）涂料黏度：16 ~ 20 Pa · s（20 ℃） 2）喷涂气压：343 kPa 3）喷束直径：全开 4）喷涂流量：2/3 ~ 3/4 开度 5）喷枪距离：20 ~ 25 cm 6）喷枪运行速度：适当	在该工序中基本形成涂膜层，则须达到一定的涂膜厚度。要尽可能在此步骤喷厚一些，这是获得最终良好表面质量的基础，但同时也要注意涂膜过厚会产生流挂现象，涂膜厚度以不产生流挂为准

续表

作业步骤	喷涂参数	喷涂方法
步骤 3：表面色调和平整度的调整	1）涂料黏度：14～18 Pa·s（20 ℃） 2）喷涂气压：294～343 kPa 3）喷束直径：全开 4）喷涂流量：全开 5）喷枪距离：20～25 cm 6）喷枪运行速度：适当	第二次喷涂已形成了一定的涂膜厚度，第三次喷涂的主要目的是调整涂膜色调，同时还要形成涂膜光泽，有时要加入透明涂料，有时为调整色调还要加入干燥速度慢的稀释剂

素色漆一般喷涂三次就能达到所需的膜厚、光泽和色调。如果此时色调还达不到理想效果，可将面漆稀释到 14 Pa·s，再喷涂修正一次。

（2）金属漆的整体喷涂工艺

金属漆的整体喷涂工艺见表 6–3–2。

表 6–3–2 金属漆的整体喷涂工艺

作业步骤	喷涂参数	喷涂方法
步骤 1：预喷涂，提高表面附着力	1）涂料黏度：14～16 Pa·s（20 ℃） 2）喷涂气压：392～490 kPa 3）喷束直径：全开 4）喷涂流量：1/2～2/3 开度 5）喷枪距离：25～30 cm 6）喷枪运行速度：快	以车身整体喷上一层雾的感觉来薄薄地预喷一层。喷这一层的目的是提高涂料与旧涂膜的亲和力，同时确认有无排斥涂料的部位，如果有，就在该部位稍微加大气压进行喷涂，以将其覆盖住
步骤 2：着色喷涂，决定色调	1）涂料黏度：14～16 Pa·s（20 ℃） 2）喷涂气压：392～490 kPa 3）喷束直径：全开 4）喷涂流量：2/3～3/4 开度 5）喷枪距离：25～30 cm 6）喷枪运行速度：稍快	第二次喷涂决定了涂膜的颜色。喷涂时不必在意出现的喷涂斑纹和金属斑纹，喷枪移动速度稍快一点为宜。丙烯酸聚氨酯涂料的遮盖力较强，一般喷两次即可，但有的色调还需多喷涂一次
步骤 3：喷涂过渡层，消除金属漆表面的斑纹	1）涂料黏度：11～13 Pa·s（20 ℃） 2）喷涂气压：392～490 kPa 3）喷束直径：全开 4）喷涂流量：1/2～2/3 开度 5）喷枪距离：25～30 cm 6）喷枪运行速度：快	取 50% 金属闪光磁漆和 50% 透明涂料相混合。第三次喷涂的目的是修正第二次喷涂形成的喷涂斑纹和金属斑纹，以使涂层产生金属质感，并防止在喷涂透明层时引起金属斑纹

续表

作业步骤	喷涂参数	喷涂方法
步骤 4：预喷涂透明涂料	1）涂料黏度：12 ~ 14 Pa · s（20 ℃） 2）喷涂气压：294 ~ 343 kPa 3）喷束直径：全开 4）喷涂流量：2/3 开度 5）喷枪距离：20 ~ 25 cm 6）喷枪运行速度：稍快	第一次透明层预喷涂不能太厚，一次喷涂太厚会使金属颗粒的排列被打乱，所以要采取薄喷的方法
步骤 5：精加工喷涂	1）涂料黏度：11 ~ 13 Pa · s（20 ℃） 2）喷涂气压：294 ~ 343 kPa 3）喷束直径：全开 4）喷涂流量：3/4 ~ 1 开度 5）喷枪距离：20 ~ 25 cm 6）喷枪运行速度：普通或稍慢	以第五次喷涂结束涂膜的喷涂工作。在喷涂时，要边观察涂膜平整度边仔细喷涂。如果采用快速移动喷枪进行往返两次覆盖，就能得到很理想的表面色泽。尤其是在车顶、行李舱门和发动机罩等处，以喷涂两次为好

用涂料消除金属漆表面的斑纹时，原则上清漆（透明涂料）和金属漆应各占 50%，但随着金属漆颜色的不同，这一比例多少会产生些变化。例如在浅色金属漆消斑处理时，清漆的比例要多一些，占涂料的 70% ~ 80%，而金属漆只能占 20% ~ 30%。消斑的时间间隔一般为 10 ~ 15 min，其间，应保证涂膜中的溶剂能充分挥发。

2. 面漆的局部修补喷涂工艺

（1）素色漆的局部修补喷涂工艺

素色漆的局部修补喷涂工艺见表 6–3–3。

表 6–3–3　素色漆的局部修补喷涂工艺

作业步骤	作业要点	作业方法	图示
步骤 1：喷涂前准备	1）喷涂前打磨 2）除水、清洁 3）遮盖 4）脱脂、除油 5）除尘 6）按照涂料说明书要求的比例配制好涂料	用 P400 干磨砂纸打磨待涂表面，用 P500 干磨砂纸打磨待涂表面与旧涂膜的交界处；在打磨后用除油剂清除油分和污垢，再用粘尘布仔细除去细小的粉尘	中涂底漆 用P400干磨砂纸打磨 用P500干磨砂纸打磨

续表

作业步骤	作业要点	作业方法	图示
步骤 2：局部修补喷涂	1）预喷涂第一层 2）着色喷涂第二层，第一、第二层涂料的喷涂黏度为 14～16 Pa·s 3）修饰喷涂第三层，涂料的喷涂黏度为 13～14 Pa·s，喷涂气压为 245～294 kPa，喷涂距离为 250 mm，雾束开度和出漆量根据修补面积的大小来调整，若修补面积小，则应适当减小雾束开度和出漆量	第一次喷涂薄薄的一层，以提高旧涂膜与涂料的亲和力；第二次喷涂的范围比第一次喷涂稍宽一些，并在湿的状态下定出色彩；第三次喷涂的范围比第二次喷涂更宽一些，以求获得较高的表面质量	喷第一遍 喷第二遍 喷第三遍
		喷枪以圆弧形路径从中心向外移动。操作时，应适当减少喷枪的出漆量和喷涂气压	喷枪做圆弧运动
步骤 3：修补边缘的晕色	1）将 30% 的聚氨酯漆和 70% 的稀释剂混合以修补边缘晕色 2）晕色处理后干燥表面	将稀释后的聚氨酯涂料或专用“驳口水”薄薄地喷涂在新漆层与旧漆层的交界处，注意不要喷得太多，否则会出现流挂 晕色处理后一定要强制干燥，一般在 60 ℃下干燥 30 min 即可	晕色区

（2）金属漆的局部修补喷涂工艺

将金属漆和稀释剂以 1∶1 的比例混合，涂料黏度可调整到 14～16 Pa·s；将清漆和固化剂按 1∶2 的比例混合，然后加入 10%～20% 的稀释剂进行稀释，涂料黏度便可调整为 12～13 Pa·s，选用合适的滤网将两种混合涂料分别过滤。选取合适的喷枪，并调整和测试它。完成以上准备工作之后就可以开始金属漆的喷涂。金属漆的局部修补喷涂工艺见表 6-3-4。

表 6-3-4　　金属漆的局部修补喷涂工艺

作业步骤	作业方法	图示
步骤 1：喷涂前准备	在中涂底漆涂层上用 P500 水磨砂纸进行湿打磨，晕色部位则用 P600 干磨砂纸干磨。然后用压缩空气将表面吹干净，并用除油剂清洁，最后用粘尘布擦拭，以除去表面的灰尘	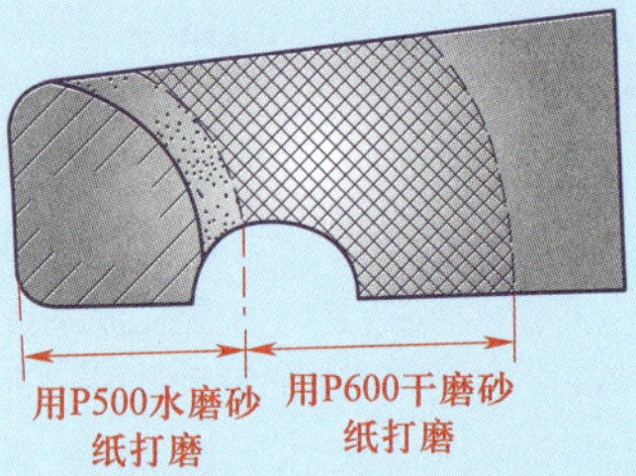 用P500水磨砂纸打磨 用P600干磨砂纸打磨
步骤 2：金属漆的喷涂	先在中涂底漆涂层四周喷一层清漆，以使所喷涂的金属漆更光滑；然后薄薄地喷一层金属漆，以提高其与中涂底漆和旧涂膜的亲和力；最后喷涂决定涂层颜色的金属漆，一般喷 2～3 遍，如果着色效果不好，则需要喷 3～4 遍。着色喷涂不能喷得过厚，要均匀地喷涂	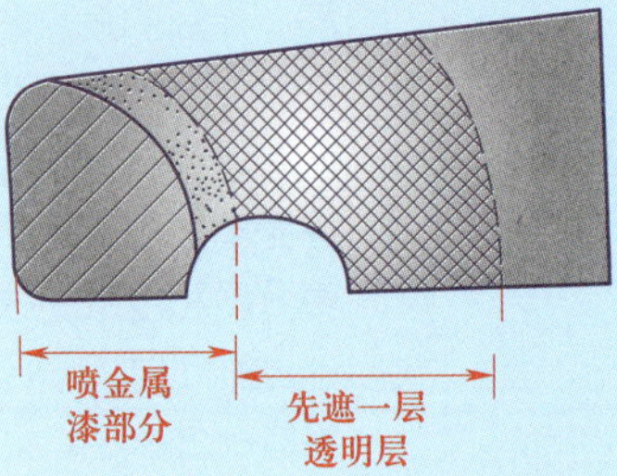 喷金属漆部分 先遮一层透明层
步骤 3：金属漆面的消斑处理	将 50% 的金属漆与 50% 的清漆相混合，将混合液的黏度调至 11～12 Pa·s。此步骤喷涂的面积应比步骤 2 要更大一些。喷涂时应使涂料呈雾状，薄薄地喷涂，以消除斑纹，调整金属质感，同时进行晕色处理。一般喷 2～4 次，每两次喷涂之间须设置 10～15 min（20 ℃）的闪干时间	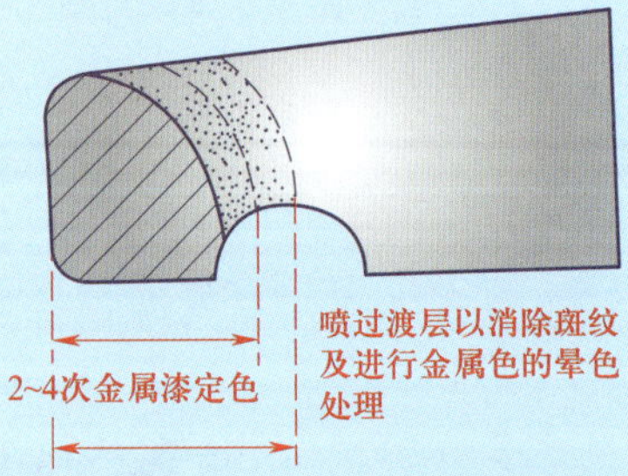 2~4次金属漆定色 喷过渡层以消除斑纹及进行金属色的晕色处理
步骤 4：清漆的喷涂	清漆的喷涂面积要比以上步骤的更大一些。第一次薄薄地喷一层，然后间隔大约 5 min，再喷第二层。喷涂时要边观察色调边调整喷涂，以形成涂面的光泽	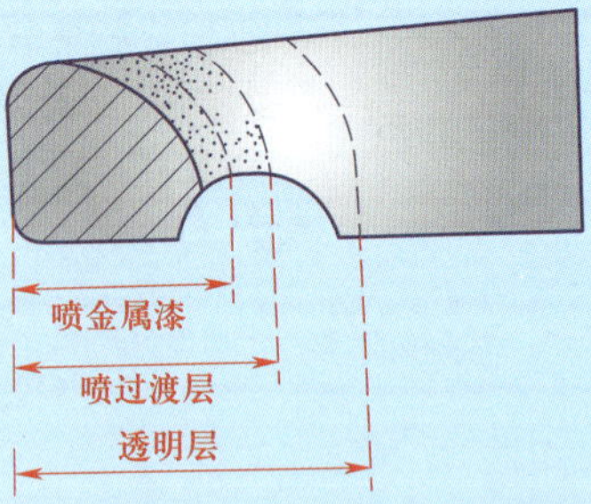 喷金属漆 喷过渡层 透明层
步骤 5：晕色处理	将 20% 的清漆和 80% 的稀释剂混合，并在新喷清漆层的周围进行喷涂。注意要喷得薄一些，以防产生流挂	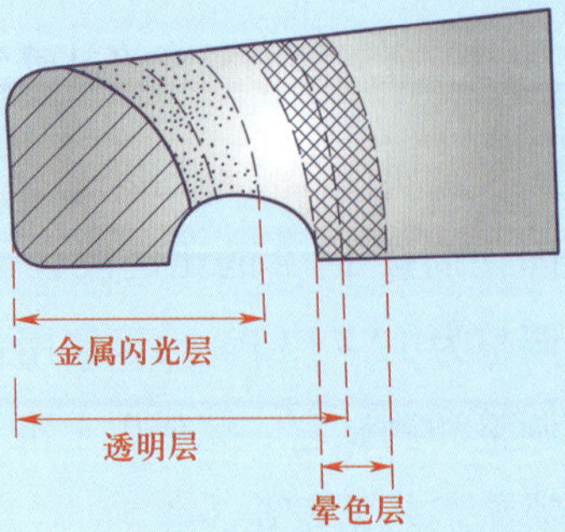 金属闪光层 透明层 晕色层

四、面漆的干燥

面漆的干燥可以采用自然干燥的方法，也可以采用强制干燥的方法。为了提高生产效率、节省作业时间，面漆的干燥通常采用强制干燥的方法。

强制干燥是指在面漆喷涂结束后，静置涂膜 10 ~ 20 min，待涂膜中的溶剂挥发（以免产生涂膜缺陷）后，再用烤漆房或红外线烤灯进行面漆干燥的方法，如图 6-3-25 所示。一般情况下，面漆的强制干燥需满足在 60℃条件下干燥 30 min 左右。

图 6-3-25　面漆的强制干燥

强制干燥结束后，要趁车身还未冷却就揭去遮盖胶带和遮盖纸，这样可以保护好涂膜，且方便省力。若采用自然干燥方式，应在喷涂后等待 10 ~ 15 min，再揭去遮盖胶带。如果面漆是硝基类涂料，则要等涂膜干燥到能用手指触摸的程度才能揭去遮盖胶带。不要等涂膜完全干燥后再揭去遮盖胶带，否则会损坏涂膜。

任务实施

一、素色漆的整体喷涂

本任务的内容为素色漆的整体喷涂，见表 6-3-5。

表 6-3-5　　　　素色漆的整体喷涂

操作内容	图片 
1. 素色漆整体喷涂前准备 **方法：** （1）对非喷涂区域进行遮盖，只露出待涂表面 （2）完成涂料的调色、配制和过滤，准备好面漆 （3）清洁烤漆房及其周边环境 （4）对待涂表面进行除水、除尘、除油和粘尘处理，确保待涂表面的清洁 （5）选择口径为 1.5 mm 的吸力式喷枪 **提示：** 喷枪的选择要考虑喷涂面积和涂料类型两个方面，以方便施工和形成质量良好的涂膜为原则	
2. 素色漆整体预喷涂 **方法：** （1）按照素色漆整体预喷涂的技术规范调整喷枪，测试喷雾图形，确保喷枪达到理想喷涂状态 （2）以 25～30 cm 的喷涂距离，速度较快地在待涂表面上进行喷涂，使喷涂表面涂上一层有些许光亮的涂膜 （3）检查喷涂表面有无涂料的排斥反应，如果有，则加大喷涂气压，以干喷的方式盖住该部位 （4）喷涂后，静置喷涂表面 3～5 min，使面漆干燥 **提示：** 预喷涂的主要目的是增强待涂表面的附着力，喷涂不宜过湿，使喷涂表面有一层轻微反光的涂膜即可	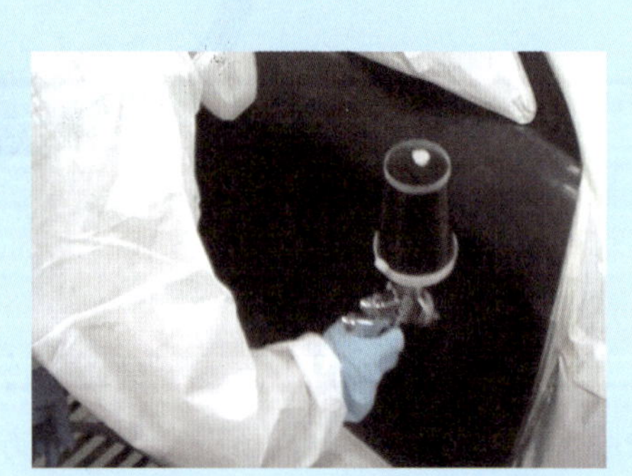
3. 素色漆整体着色喷涂 **方法：** （1）待素色漆预喷涂涂膜干燥后，将喷涂流量的调整旋钮调整至全程开度的 2/3～3/4 （2）以 20～25 cm 的喷涂距离和标准的喷涂速度对喷涂表面进行整体喷涂，形成一层均匀、较厚的面漆涂膜，涂膜表面要出现较高的光泽 （3）静置 5～8 min，使涂膜充分流平 **提示：** 素色漆着色喷涂应尽可能喷得厚一些，但要以不出现流挂为准	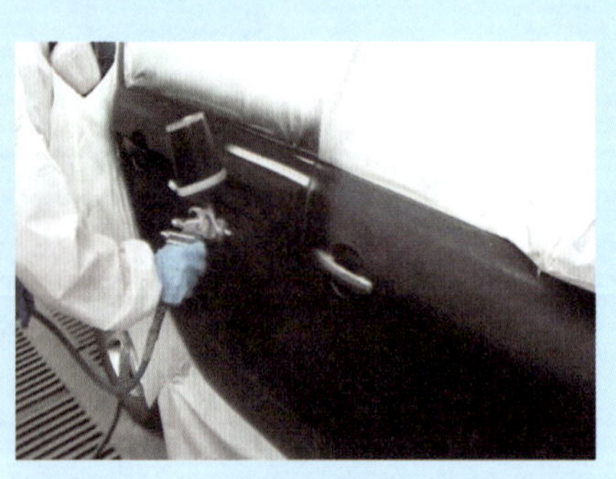

续表

操作内容	图片
4. **素色漆整体修整喷涂** **方法：** （1）向喷枪涂料罐中加入适量的清漆或慢干稀释剂，使涂料的黏度下降至 14 ~ 18 Pa · s （2）转动涂料流量调节旋钮，使涂料流量全开，并以标准喷涂速度和 20 ~ 25 cm 的喷涂距离整体喷涂一层 **提示：** 修整喷涂的主要目的是调整涂膜的色调，以形成统一的纹理，进一步提高涂膜的光泽	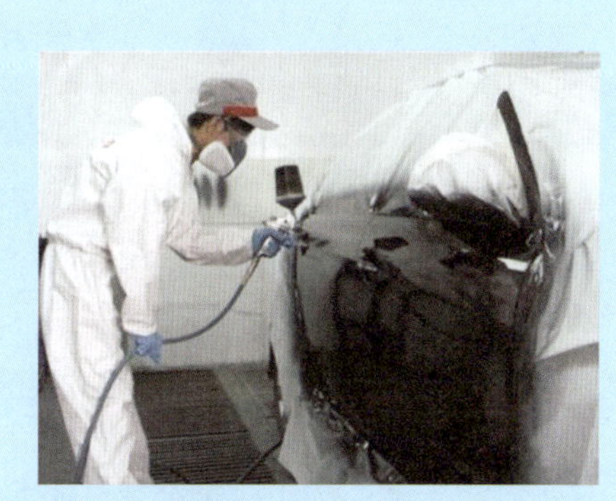
5. **素色漆面漆涂层干燥** **方法：** （1）喷涂结束后，静置涂膜 10 ~ 15 min，使涂膜表面干燥至不粘手 （2）将烤漆房逐渐升温至 40 ℃，保持 10 min，然后将烤漆房逐渐升温至 60 ℃，保持 35 min，使涂膜彻底干燥，最后关闭烤漆房，使涂膜自然冷却 **提示：** 在干燥面漆涂膜时不能急剧升温至 60 ℃，否则会使涂膜产生缺陷	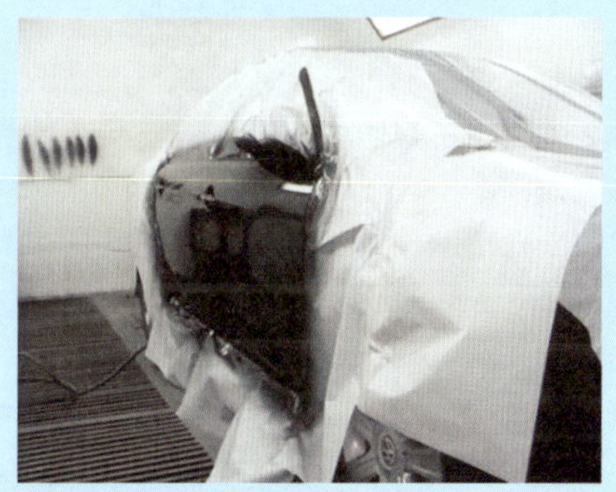
6. **收尾工作** **方法：** （1）趁面漆涂膜未冷却时揭去遮盖胶带和遮盖纸 （2）将喷涂好的汽车或板件移出烤漆房，清洁、整理烤漆房 （3）关闭烤漆房，清洗喷涂工具，整理喷涂设备和喷涂材料 **提示：** 为了提高工作效率，对于需要抛光的涂膜，在移去遮盖时只需揭开遮盖胶带，不用去除遮盖纸，这样能为抛光工序省去大部分的遮盖工作	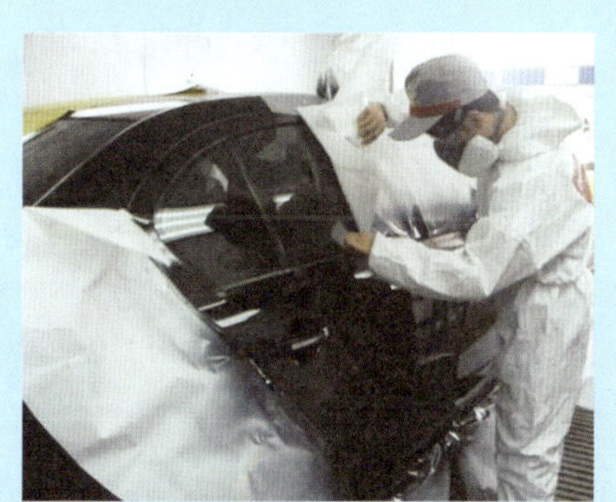

二、金属漆的局部修补喷涂

本任务的内容为金属漆的局部修补喷涂，见表 6–3–6。

表 6–3–6　　金属漆的局部修补喷涂

操作内容	图片
1. 喷涂前的打磨与遮盖 方法： （1）先用 P500 干磨砂纸打磨中涂底漆涂层区域，然后用 P600 干磨砂纸打磨修补的过渡区域 （2）用吹尘枪除尘，用除油剂清洁整个待涂表面及其周边部位，然后将非喷涂区域遮盖好 提示： 金属漆容易显示细小的磨痕和微小的缺陷，在打磨时须采用比素色漆使用的砂纸更细的砂纸	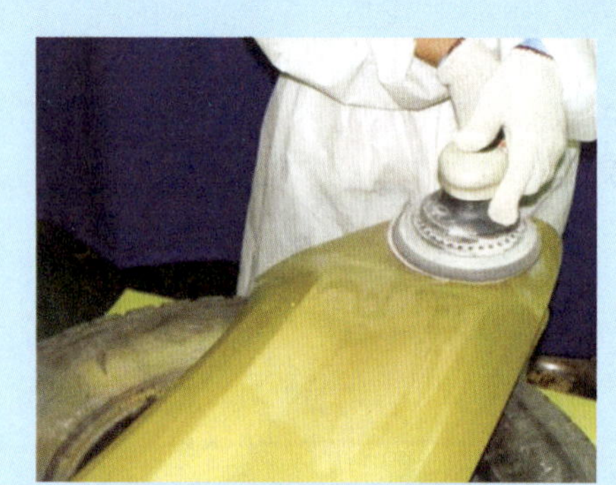
2. 喷涂前的其他准备工作 方法： （1）对待涂表面进行除尘、除油和粘尘等操作，以确保待涂表面的清洁 （2）配制、过滤金属漆和透明清漆 （3）选用口径为 1.3 mm 的重力式环保喷枪，按照喷涂的具体要求调整并检测喷枪，使之达到理想的工作状态 提示： 待涂表面周围的遮盖纸也需要进行粘尘处理，这样可以防止遮盖纸上的灰尘飘入新喷的涂膜中	
3. 喷涂底清漆 方法： （1）将环保型喷枪的喷涂气压调整至 147 kPa，喷涂流量设为 2/3，喷幅宽度设为 2/3 （2）在中涂底漆涂层边缘的过渡区域以 15 cm 的喷涂距离速度适中地喷涂一层清漆 提示： 喷涂底清漆的目的是防止金属漆过渡区域的铝粉层出现“黑圈”	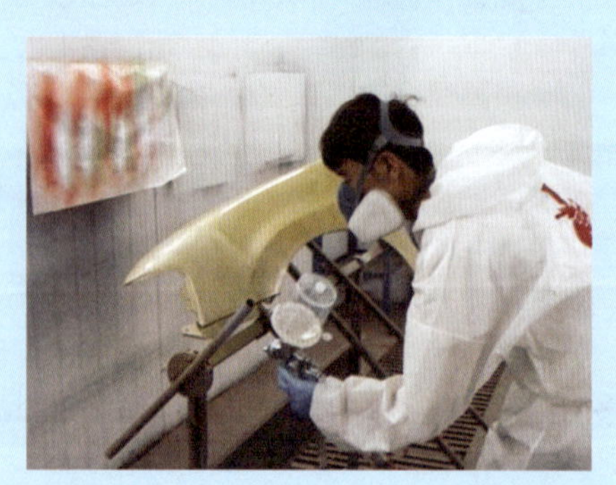

续表

操作内容	图片
4. 金属漆的预喷涂 方法： （1）将环保型喷枪的喷涂气压调整至 196 kPa，喷涂流量设为 1/2，喷幅宽度设为 3/4 （2）在中涂底漆涂层的范围内，以 17 cm 的喷涂距离速度较快地预喷一层金属漆 （3）闪干喷涂表面 3 min 提示： 金属漆预喷涂的主要目的是提高新旧涂层之间的亲和力，因而薄喷一层即可	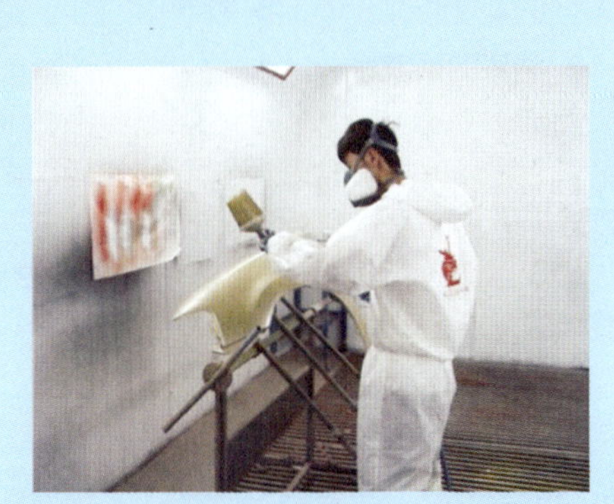
5. 金属漆的着色喷涂 方法： （1）将环保型喷枪的喷涂气压调整至 147 kPa，喷涂流量设为 2/3，喷幅宽度设为 2/3 （2）在中涂底漆涂层和过渡层区域，以 15 cm 的喷涂距离用“挑枪法”速度适中地薄薄喷涂一层，着色喷涂决定了涂层的颜色，一般要喷涂 2~3 遍，如果着色效果不好，则要喷涂 3~4 遍 （3）闪干喷涂表面 5~8 min 提示： 金属漆的着色喷涂不需要太厚，可每次薄薄地喷涂一层，只要能完全遮盖底材即可	
6. 金属漆面的消斑处理 方法： （1）将 50% 的金属漆与 50% 的清漆相混合，以使涂料黏度调至 11~12 Pa·s （2）喷枪参数与着色喷涂时相同，喷涂范围比着色喷涂时要更宽一些，使涂料呈雾状，薄薄地喷涂 （3）在每两次喷涂之间设置 8~10 min 的闪干时间，待消斑处理结束后，静置涂层 10~15 min 提示： 消斑处理的作用是消除斑纹，调整金属质感，同时还兼有晕色处理的作用	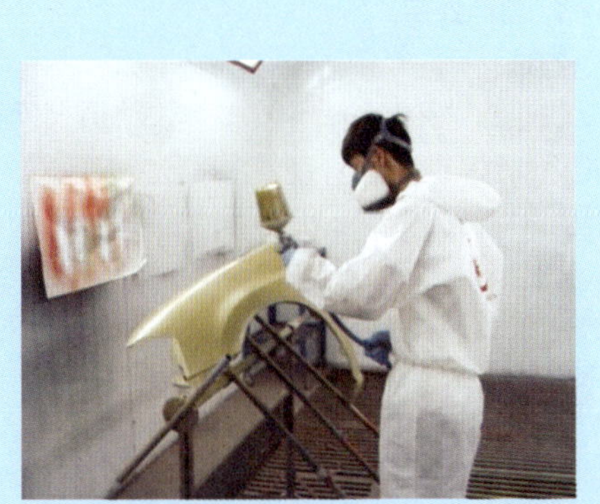

续表

操作内容	图片
7. 清漆的预喷涂 方法： （1）将环保型喷枪的喷涂气压调整至 147 kPa，喷涂流量设为 2/3，喷幅宽度设为 2/3 （2）以 15 cm 的喷涂距离、适中的速度在整个修补区域喷涂薄薄的一层透明清漆 （3）闪干喷涂表面 5 min 提示： 如果新喷金属漆的闪干不充分，金属颜料会溶于清漆中，从而使漆面颜色产生差异	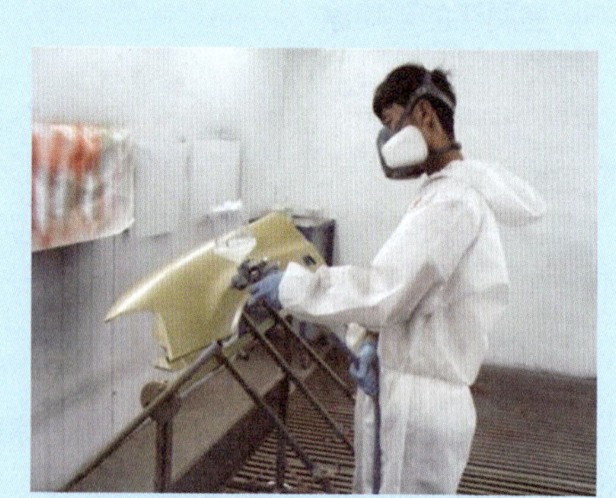
8. 清漆的精细喷涂 方法： （1）将环保型喷枪的喷涂气压调整至 147 kPa，喷涂流量设为 3/4，喷幅宽度全开 （2）以 10～13 cm 的喷涂距离、较慢的速度在大于清漆预喷涂范围的区域厚喷一层透明清漆 （3）闪干喷涂表面 3～5 min 提示： 要边观察涂膜的色调边进行喷涂，以确保涂层形成良好的光泽	
9. 晕色处理 方法： （1）以 20% 涂料与 80% 稀释剂的比例，在喷枪涂料罐中加入稀释剂，将其充分搅匀后，在旧涂膜和新喷清漆的交界处薄薄地喷涂 （2）闪干喷涂表面 3～5 min 后，在喷枪中加入专用驳口水，在适当超出修补边缘的区域内薄薄地喷涂 提示： 晕色处理时每次喷涂都要喷得很薄，以防产生流挂	

续表

操作内容	图片
10. 面漆涂层的干燥 方法： （1）静置喷涂表面 10～15 min，使修补涂膜中的稀释剂大部分挥发，指触时不粘手 （2）将烤漆房调整到烘烤模式，在 60 ℃的条件下烘烤涂层 35 min 提示： 如果采用自然干燥的方法，则喷涂后干燥 24 h 即可	
11. 收尾工作 方法： （1）烘烤结束后，趁车身涂膜未冷却时，揭开喷涂边缘的遮盖胶带。如果晕色区和修补区的涂膜质量良好，则不需要进行修整和抛光，可除掉所有的遮盖物 （2）清洗喷枪和其他喷涂辅助工具，整理漆料、废料，归置和保养喷涂设备，清洁场地 提示： 不要随意丢弃涂装产生的废料，要将其分类处理	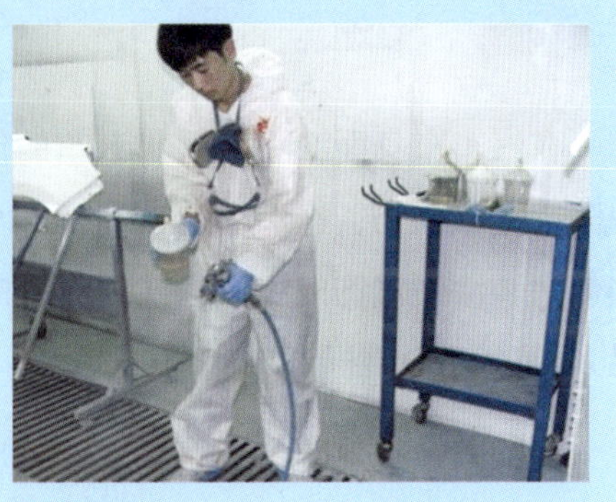

思考与练习

1. 面漆喷涂的方式有哪些？各自有什么特点？
2. 面漆喷涂前准备的具体内容是什么？
3. 简述金属漆局部修补喷涂的操作步骤。

任务 4　汽车车身漆面的修饰

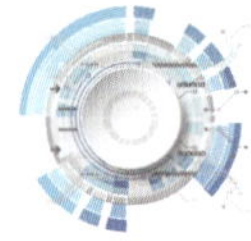

学习目标

1. 掌握新涂膜缺陷的修理方法。
2. 掌握旧涂膜漆面划痕的处理方法。
3. 掌握漆面打蜡的方法。
4. 能进行漆面缺陷的修理。
5. 能进行漆面的打蜡与抛光。

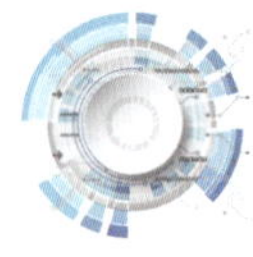

任务描述

在汽车车身面漆喷涂后和汽车的使用过程中，车身涂膜都会不可避免地产生一些缺陷或轻微损伤，这严重地影响了汽车的美观性。解决这一问题的办法是采用涂膜缺陷修理和漆面修饰的方法，恢复涂膜的表面质量，提高涂膜的光泽度和鲜映性，以满足人们对汽车绚丽光鲜的外观的需求。

本任务系统地介绍了涂膜缺陷修理和漆面打蜡抛光的方法，要求学生通过实施具体任务，提升车身漆面修理和装饰的能力。

相关知识

车身漆面的修饰从整体上可分为漆面修理和漆面装饰两部分，其中漆面修理按照涂膜缺陷类型的不同又可分为新涂膜缺陷的修理和旧涂膜损伤的修理。

一、新涂膜缺陷的修理

1. 涂膜轻微缺陷的修理

在喷涂过程中经常会由于各种原因在涂膜表面产生一些微小的缺陷，如局部流挂、涂膜颗粒（脏点）、微小划擦痕迹和凹坑等，影响涂膜的装饰性，因此必须对其进行修理。

（1）涂膜流挂和颗粒的修理

涂膜流挂和颗粒的修理必须在涂膜完全干燥的情况下进行。其处理过程为先平整流挂或颗粒所在的部位，然后用抛光的方法使修理部位与其他部位的光泽一致，以消除修理痕迹。

1）平整修理。平整流挂或小颗粒多采用打磨的方法，但在流痕或颗粒体积比较大的情况下，往往会先用刮刀将流痕或大颗粒削平，再用较细的砂纸打磨修理部位。流挂的打磨一般用 P1200 ~ P2000 水磨砂纸配合硬质打磨垫块来进行，有时还会使用磨石，如图 6-4-1 所示。为提高打磨效率，可先用 P800 ~ P1000 水磨砂纸打磨一遍，使流痕的高度略高于整体涂膜的高度，再用更细一级的砂纸打磨，直到流痕痕迹可以用抛光的方法消除为止。打磨时，不要跨级使用砂纸，不要磨穿流痕周围的涂膜，要保证足够的抛光膜厚，在边角等涂膜比较薄且极易磨穿的地方进行操作时更要小心。

图 6-4-1　流挂的打磨

颗粒修理等小范围的打磨一般使用小型打磨块配合 P1500 ~ P2000 水磨砂纸来进行，其打磨方法与流挂的打磨一样，须沿平行于涂膜平面的方向移动打磨块并用肥皂水进行润滑，如图 6-4-2 所示。如果颗粒过大或流痕突出部位非常明显，可以先用刮刀将其削除，再用上述打磨方法进行平整修理。在刮削时，刮刀刃口应略向上方倾斜，不可切削过量，如图 6-4-3 所示。

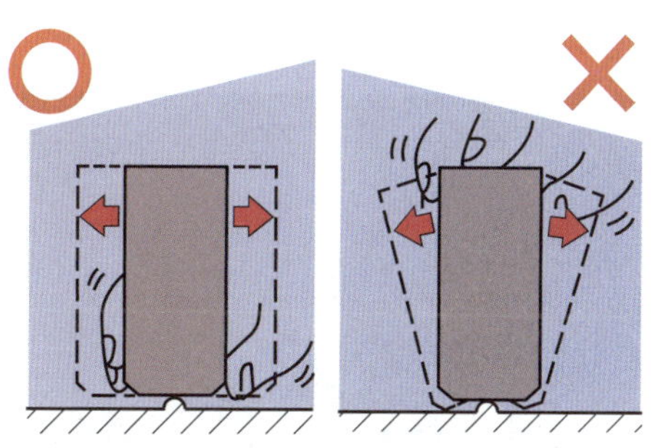
图 6-4-2　用打磨块打磨颗粒

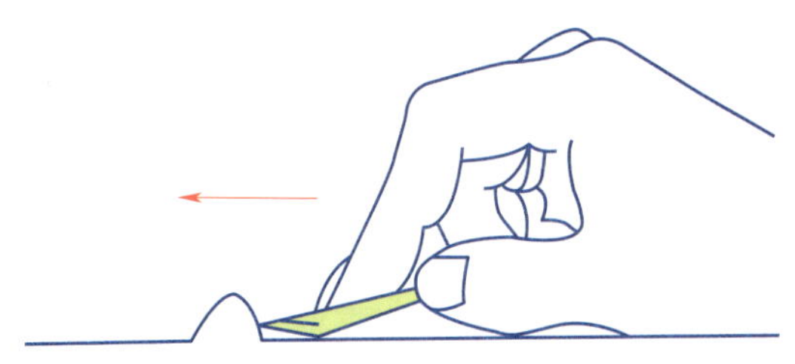
图 6-4-3　刮削突出流痕的方法

2）局部抛光。经过平整修理的区域必须抛光，在小范围修补区域一般使用手工抛光的方法，也可用机械抛光来提高效率。

手工抛光时，应用法兰绒布蘸上少许抛光粗蜡或中粗蜡，用力在打磨区域擦拭以消除打磨痕迹（见图 6-4-4），抛光布的运动轨迹以无序为好，尽量不要留下打磨的痕迹。待修理部位砂纸痕迹基本消除并具有一定的光泽后，用法兰绒布将粗蜡清理干净，然后换用细抛光蜡再次进行精细抛光。细蜡抛光的面积为修理区域面积的 3 ~ 5 倍，以使修理区域与未修理区域无明显的差异。完成细蜡抛光后，要用上光蜡在板件表面进行上光处理。

用抛光机进行局部抛光的步骤与手工抛光的步骤基本相同。首先将中粗抛光蜡涂抹于修理区域，选用小型海绵抛光轮以较低的转速对修理区域进行研磨抛光，如图 6-4-5 所示，待修理区域打磨痕迹基本消除并显现出光泽后，逐渐提高抛光机转速并扩大抛光区域至修理区域的 3 ~ 5 倍，然后换用较大的抛光轮，用细蜡对整板进行抛光上光一体操作，消除修理区域与未修理区域的光泽和颜色差异。

图 6-4-4　局部手工抛光

图 6-4-5　局部研磨抛光

（2）涂膜凹陷的修理

在面漆喷涂完成后，涂膜上常常会存在个别因喷涂表面清洁不全面，留有油渍和汗渍等造成涂膜张力变化而形成的小凹坑（见图 6-4-6），或是在清除贴护时造成的小范围涂膜剥落等现象。对这些地方进行补漆操作时，若缺陷位置不明显，一般使用牙签或小毛笔等来对凹陷部位进行填补。

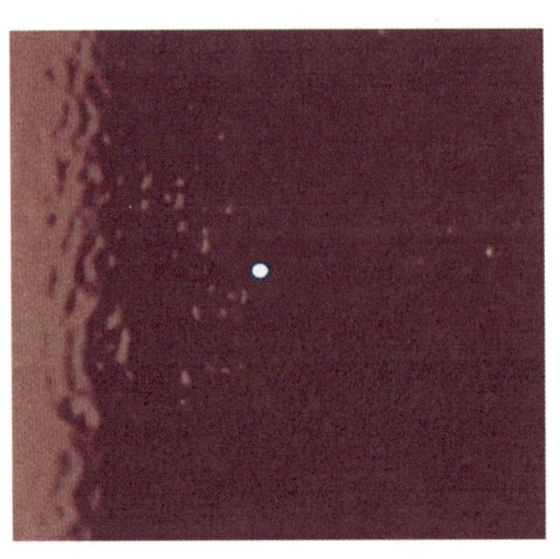
图 6-4-6　涂膜上的小凹坑

涂膜凹陷修理的步骤如下：

1）最好在涂膜未干时填补凹陷，若面漆涂膜已经基本干燥，则需要用清洁剂对需要填补的区域进行清洁。

2）用牙签或小毛笔蘸上少许面漆，并将其迅速地滴到凹陷部位或其他需要填补的部位，如图 6–4–7 所示。

3）用另一支牙签或小毛笔蘸取少许面漆稀释剂，将其涂抹在滴注面漆部位的周围，以使修饰部位变得平整，并利用稀释剂的晕开和溶解作用使修补部位与其周围漆面融合，如图 6–4–8 所示。

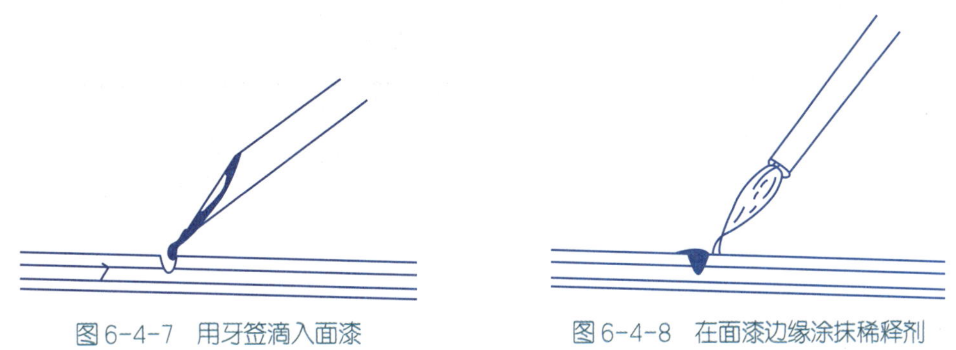

图 6-4-7 用牙签滴入面漆　　图 6-4-8 在面漆边缘涂抹稀释剂

4）待涂膜完全干燥后，稍稍对其进行打磨，然后进行局部抛光处理。

2. 修补痕迹的修理

在涂装修补后，若新旧涂膜的交界处或涂膜表面的涂膜纹理不一致，就会出现明显的修补痕迹。为了汽车整体的美观性，汽车涂装技术人员必须对修补痕迹进行修理。新旧涂膜的交界区称为晕色区，修补痕迹的修理主要包括晕色区修补痕迹的处理和新旧涂膜纹理的处理。

（1）晕色区修补痕迹的处理

处理车身晕色区域时，应选用超细的研磨膏，将其薄薄地涂在晕色部位，然后用装有海绵抛光垫的抛光机进行打磨，如图 6–4–9 所示。打磨时，抛光垫只能轻轻接触涂膜，要边观察光泽和涂膜状态边仔细操作。晕色部位的涂膜很薄，容易被磨穿而造成露底现象，因而晕色区抛光的方向只能是从重涂区域到非重涂区域，不能反向抛光，如图 6–4–10 所示。双组分丙烯酸聚氨酯硝基涂膜和丙烯酸聚氨酯涂膜的晕色部位在抛光前一定要用红外线烤灯进行加热，以确保涂膜完全干燥和固化，如果抛光时涂膜处于半干状态，就会出现涂膜脱落或发白等现象。

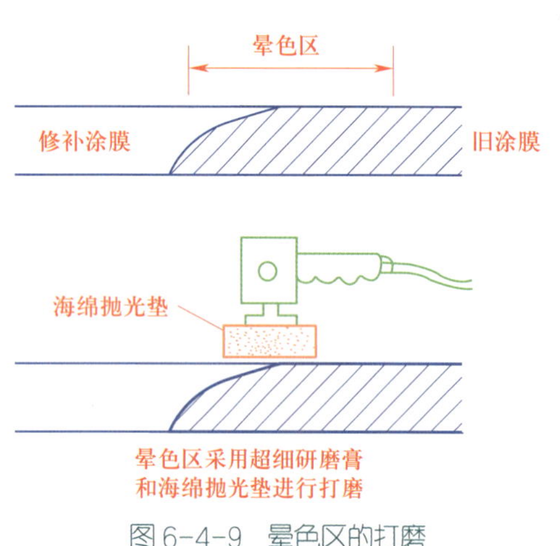

图 6-4-9　晕色区的打磨

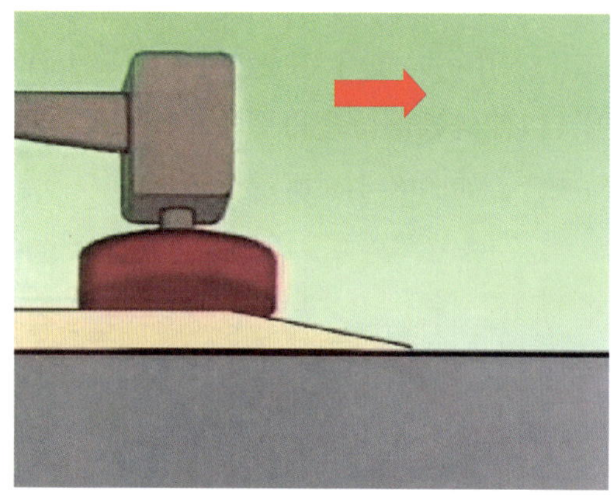

图 6-4-10　晕色区抛光的方向

（2）新旧涂膜纹理的处理

重涂表面的纹理一般比原涂膜表面的纹理粗糙，通过抛光磨去重涂表面的部分凸起以获得与原涂膜相似的表面纹理的方法，称为涂膜纹理调整抛光。涂膜纹理调整抛光的步骤如下：

1）比较新旧涂膜的纹理（见图 6–4–11），判断重涂表面是否需要抛光。

2）用 P1000 ~ P1200 水磨砂纸湿打磨重涂表面。

3）用调整光泽的粗抛光剂抛光重涂表面。

4）用产生光泽的细抛光剂抛光重涂表面。

图 6-4-11　新旧涂膜纹理的比较

二、旧涂膜损伤的修理

1. 漆面划痕的处理

在日常使用中，漆面划痕来自于车辆行驶时空气中的沙尘与车漆的摩擦、汽车维护不当产生的摩擦，以及其他车和物的剐蹭或划伤等。这些划痕有些可以被清除，有些则只能通过重新喷涂来补救。车身漆面划痕可以分为六种类型，见表 6–4–1。

表 6-4-1 车身漆面划痕的类型

序号	划痕类型	判断方法	处理方法
1	太阳纹和很细的划痕	在阳光下近距离观察可以看出	太阳纹专用抛光，打蜡
2	明显的太阳纹和细擦痕	只能在阴影或荧光灯下看出，在阳光下只能看到太阳纹	细抛光剂抛光，打蜡
3	中度划痕和洗车划痕	在阴影或荧光灯下能看出，在阳光下划痕和太阳纹有明显区别	细抛光剂抛光，太阳纹专用抛光，打蜡
4	粗糙的划痕和重度氧化	在各种光线下，间隔一米以上的距离都能看出	中粗抛光剂抛光，太阳纹专用抛光，打蜡
5	深划痕和过量喷漆	划痕可以被明显看出，大多呈白色，并能用指尖轻微感觉到	打磨精棉研磨，中粗抛光剂抛光，太阳纹专用抛光，打蜡
6	很深的划痕	能用指尖明显感觉到（注意：处理这种划痕时很容易把漆面磨穿，从而导致必须重新喷漆）	细砂纸打磨，中粗抛光剂抛光，太阳纹专用抛光，打蜡

在实际应用中，第一、第二种类型的划痕通常不予修理。

（1）划痕处理前的准备工作

1）清理车身，分析车身漆面状况。将需要处理的车身表面清洗干净，分析其漆面状况，选择合适的维修工艺。

2）遮盖。将不需处理的表面遮盖严实，以减轻施工后清理的工作量。

3）划分区域。在整车抛光处理时，可以将车身各部位分成若干小块（见图 6-4-12），然后分步进行处理。这样做的目的是减轻劳动强度，避免一些安全隐患。划分区域时应依照已有形状对车身进行分割，例如沿发动机罩上的褶皱、车门上的防擦条和前后包围的棱边等进行划分。

（2）划痕处理

1）砂纸打磨。根据情况选择是否需要使用砂纸打磨。砂纸打磨可以机械打磨也可以手工打磨。机械打磨时经常使用气动打磨机（见图 6-4-13），手工打磨时可以按图 6-4-14 所示的几种方式折叠砂纸进行打磨。

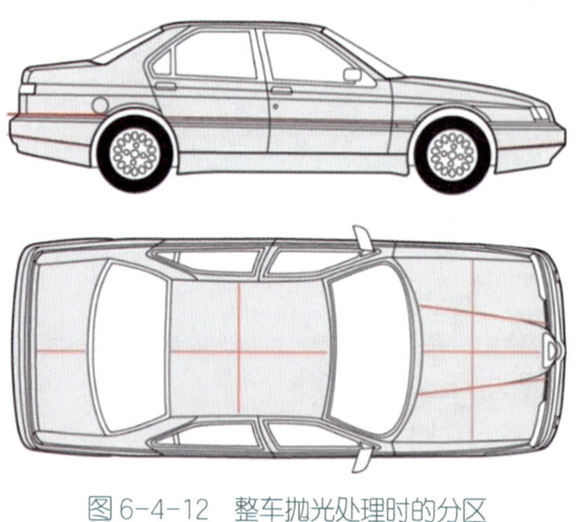

图 6-4-12　整车抛光处理时的分区

图 6-4-13　气动打磨机

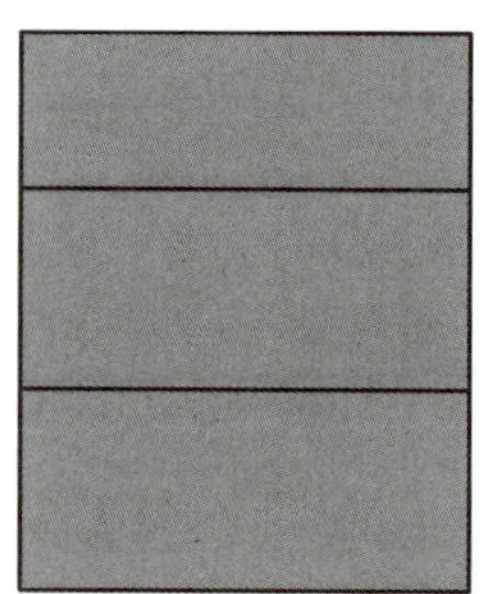

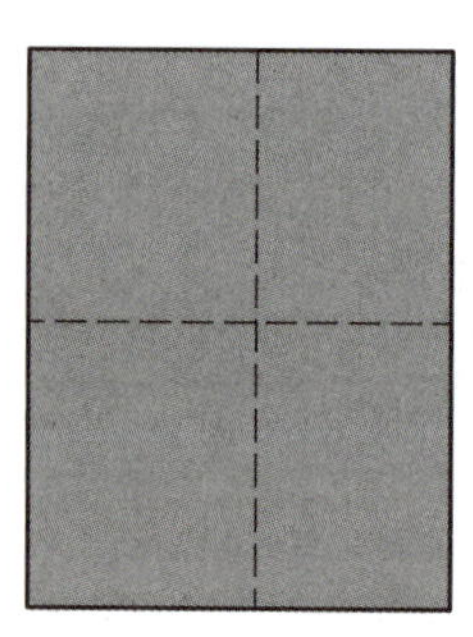

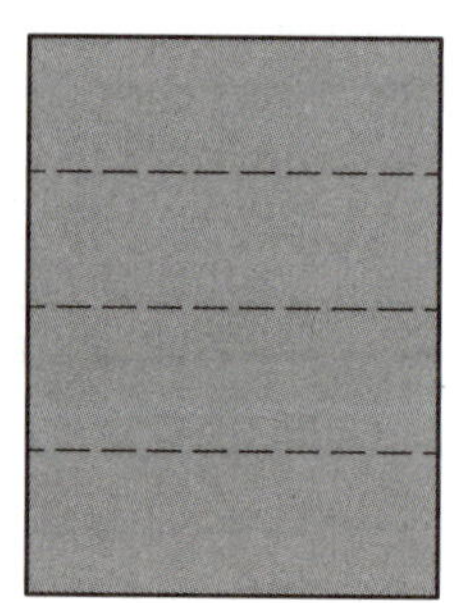

图 6-4-14　砂纸的折叠方式

漆面划痕处理常用的砂纸有 P1000、P1200、P1500 和 P2000 等几种型号。

2）精磨。在砂纸打磨后，可以用打磨精棉（相当于 P3000 砂纸）进行扩大范围的精磨，如图 6-4-15 所示，以消除砂纸的打磨痕迹。精磨面积必须大于砂纸打磨的面积，精磨要采用湿磨方式。

图 6-4-15　用打磨精棉进行精磨

3）粗抛光剂抛光。使用粗抛光剂进行抛光可以去除砂纸的打磨痕迹或处理中等深度的划痕，如图 6-4-16 所示。

图 6-4-16 粗抛光剂抛光

抛光的动作要领是两脚自然分开站稳，双手握紧抛光机，并控制抛光机沿着需要的方向移动。

在进行抛光处理时，应先洗净抛光垫，并将其安装到抛光盘上，将抛光机转速调节至 1 000 r/min，开启抛光机以甩去抛光盘上多余的水分，然后在抛光垫上倒上抛光剂。将抛光机转速调节至 1 600 r/min 左右，半按开关启动抛光机，将抛光剂均匀涂在需处理的表面上，然后按下抛光机开关并锁定，用抛光机对整个表面进行抛光。在操作抛光机时，先逐渐增大压力至抛光剂开始变干，当漆面出现光泽时再逐渐减小压力，当抛光剂全部变成干粉状时用干毛巾擦去粉末，观察漆面，如果 90% 以上的划痕已被处理掉，就停止抛光，用清水洗净处理表面，如果划痕处理未达到要求，则需要重复以上步骤。

在处理较浅的划痕时不要将整个抛光盘与漆面相接触，而是将抛光盘部分接触漆面，并保持抛光角度为 5° ~ 10°（见图 6-4-17），抛光机运行的路径通常是沿着划痕走“Z”字形。在去除打磨痕迹时要使整个抛光盘接触漆面，并使其沿直线移动，相邻的移动轨迹要有 1/4 ~ 1/3 的重叠部分。抛光漆面的温度以手背能靠住为限，温度过高时则要进行喷雾冷却。

4）中粗抛光剂抛光。经过打磨精棉处理后的漆面，须通过中粗抛光剂抛光来提高表面光洁度（见图 6-4-18）。经粗抛光剂抛光处理后的漆面，也要先进行中粗抛光剂抛光，再进行细抛光剂抛光。

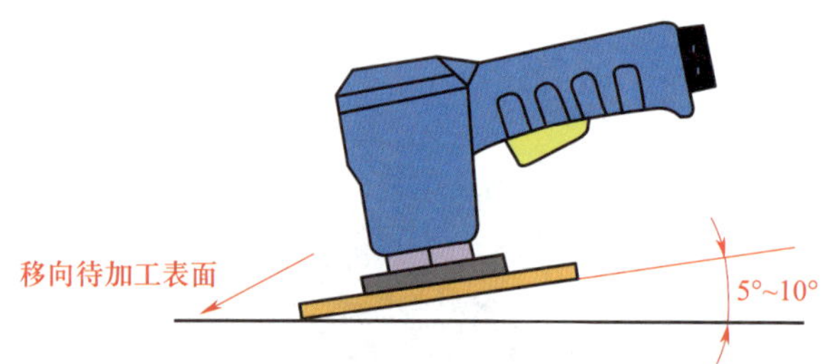

图 6-4-17　处理较浅的划痕时抛光机的抛光角度

图 6-4-18　中粗抛光剂抛光

进行中粗抛光剂抛光前，要更换抛光垫、换用中粗抛光剂，中粗抛光剂抛光的方法与粗抛光剂抛光的方法基本相同。中粗抛光剂抛光时，抛光机的转速通常要调整到 2 000 r/min 左右，其移动速度可以放缓但要保持均匀，其抛光漆面温度可以比粗抛光剂抛光时略高一些。

5）细抛光剂抛光。经过粗抛光剂和中粗抛光剂抛光的漆面，通常都要通过细抛光剂抛光来消除残余抛光痕迹。细抛光剂抛光时抛光机的转速为 2 200 ~ 3 000 r/min，抛光时，利用抛光的热量使车漆与抛光剂在高速的相对运动中发生化学反应，以消除漆面的细微划痕及太阳纹，让漆面呈现出完美的光泽。

6）清理。抛光结束后，清洗全车，注意清理发动机罩缝、门缝和行李舱门缝等缝隙，以及号牌、中网、文字和饰条上的抛光剂和污物。

（3）划痕处理的注意事项

1）在操作前必须穿好工作服，系上围裙，并佩戴好防护眼镜。

2）在操作中随时注意水、电分开，注意用电安全。

3）用砂纸打磨泛白的划痕会大大缩短施工的时间，但要防止磨穿面漆。

4）在操作过程中要经常停机观察漆面状况，确保漆面温度不会过高。

5）车身板件的边缘和棱角处的涂膜比较薄，在抛光时容易被磨穿。

6）在抛光机开机过程中不能将抛光机倒置，否则很容易卷入电线，引发事故。

2. 漆面打蜡

汽车漆面打蜡的主要目的是保持车身漆面的亮丽整洁和保护车身涂膜。漆面打蜡按照作业方式的不同可分为手工打蜡和机械打蜡两种。

（1）手工打蜡

进行手工打蜡时首先应上蜡，将适量的车蜡涂在专用打蜡海绵上，如图 6-4-19 所示，每道涂抹应与上道涂抹区域有 1/5 ~ 1/4 的重合部分，以防止漏涂并保证均匀涂抹，注意在边角处的涂抹应避免超出漆面。上完蜡后，等待车蜡凝固。最后用无纺布往复直线擦拭抛光，如图 6-4-20 所示，以达到使涂膜表面光亮如新和清除剩余车蜡的目的。

图 6-4-19 手工上蜡

图 6-4-20 手工抛光

（2）机械打蜡

在机械打蜡时，将液体蜡均匀倒在打磨机的蜡盘套上，如图 6-4-21 所示，每次按 0.5 m^2 的面积涂匀部分漆面，直至完成全车打蜡。上完蜡后，等待车蜡凝固。在确认蜡盘中无杂质后给打磨机装上抛蜡盘，开启打磨机，将其轻放在车体上沿横向或纵向进行覆盖式抛光，如图 6-4-22 所示，直至漆面光泽令人满意。

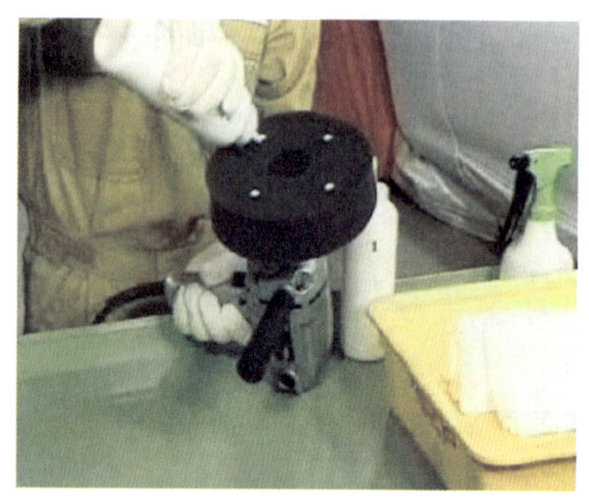
图 6-4-21　将液体蜡均匀倒在蜡盘套上

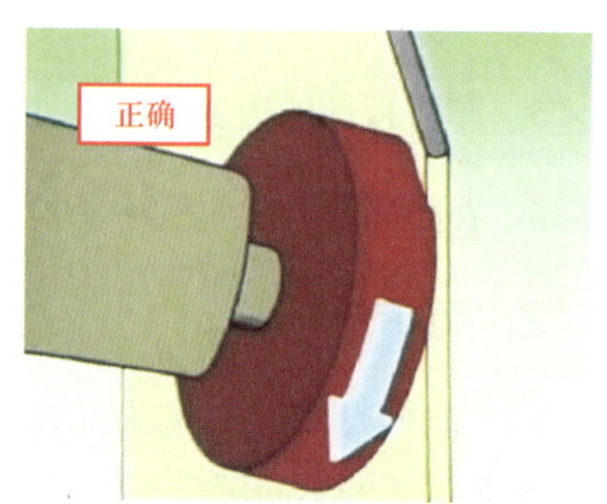

图 6-4-22　覆盖式抛光

（3）漆面打蜡的注意事项

要想达到理想的打蜡效果，在漆面打蜡作业时必须注意以下几点：

1）打蜡时一定要擦干车身，否则会影响打蜡效果。

2）打蜡作业环境要清洁，并设有良好的通风过滤装置。

3）应在阴凉处给汽车打蜡，车表温度过高会使车蜡附着力下降，影响打蜡效果。

4）打蜡时，打蜡海绵及打磨机海绵都应进行直线往复运动，不宜环形涂抹，以防车身由于涂抹不匀形成强烈的环状漫反射。

5）上蜡时应遵循先上后下的原则，即先涂抹车顶，后涂抹前、后盖板，最后涂抹车身侧面等。

6）上蜡时，若打蜡海绵上出现车漆的颜色，可能是车身漆面已经破损，应立即停止上蜡，进行车身修补处理。

7）上蜡后要遵循先上蜡的地方先抛光的原则，抛光要在规定时间内进行。

8）抛光结束后要仔细进行检查，及时清除车牌、车灯和门边等处残存的车蜡，防止产生腐蚀和影响整车美观性。

9）打蜡结束后，要及时清洁处理设备及用品（见图 6-4-23），并将它们妥善保存。

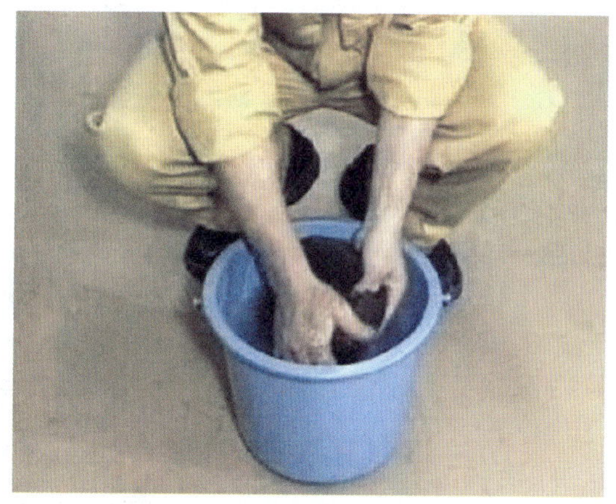

图 6-4-23 蜡盘的清洗

任务实施

一、涂膜轻微流挂的修理

本任务的内容是涂膜轻微流挂的修理，见表 6-4-2。

表 6-4-2 涂膜轻微流挂的修理

操作内容	图片
1. 板件表面的清洁 **方法：** （1）先用水清洗有流挂的板件，然后用毛巾将其擦干 （2）用吹尘枪吹除板件表面的水分和灰尘 （3）在流痕上检查涂膜的硬度，确定其是否适合抛光 **提示：** 板件表面清洁的目的是清除沙粒和灰尘，最大限度地减少因打磨带来的涂膜损伤	

续表

操作内容	图片
2. 初步平整流痕 方法： （1）将 P800～P1000 水磨砂纸包在打磨垫块外面，湿打磨涂膜表面凸起的流痕 （2）待流痕高度降低到略高于整体涂膜表面时，停止打磨，用清水洗净表面 提示： （1）若流痕高度过高，可以先用刮刀刮削流痕，以节省打磨时间 （2）只能打磨产生流痕的部位，不能碰擦到流痕周围的涂膜	
3. 细致平整流痕 方法： （1）用 P1500 水磨砂纸细致打磨已经过初步平整的流痕，当流痕的高度被打磨到与涂膜平面高度一致时，停止打磨 （2）用清水清洗打磨区域，然后用毛巾将其擦干 提示： 打磨过程中要用清水不断地对打磨区域进行冲洗，并反复检查打磨程度，以防打磨过度	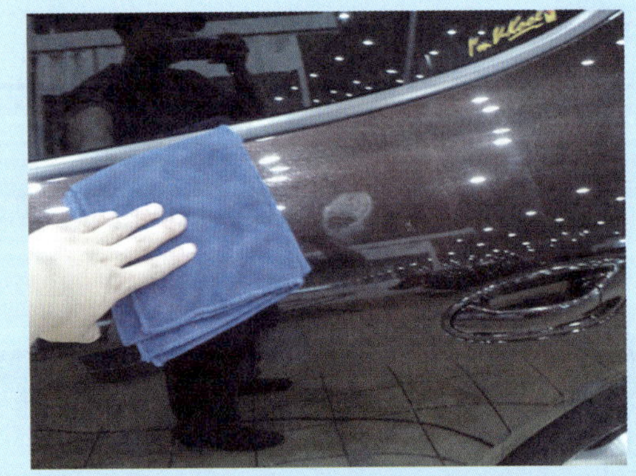
4. 用粗蜡抛光 方法： （1）在法兰绒抹布上倒上粗蜡，在经过流痕修理的打磨区域用力擦拭，直至打磨痕迹基本消除为止 （2）用清水洗去粗蜡，然后用毛巾将其擦干 提示： 粗蜡抛光的作用是进一步平整流痕，消除 P1500 砂纸的打磨痕迹，抛光打磨的运动轨迹以无序为好	

续表

操作内容	图片
5. 用中粗蜡抛光 方法： （1）在新的法兰绒抹布上倒上中粗蜡，在大于粗蜡抛光面积 2 倍的范围内进行打磨，直至流痕完全消失，表面显现较高的光泽为止 （2）用湿毛巾擦除涂膜表面的中粗蜡 提示： 一般来说，抛光蜡基本上都是水溶性的，因此除去抛光蜡的方式比较简单	
6. 用细蜡抛光 方法： 在麂皮或毛巾上涂上细蜡，在大于粗抛光区域 3 ~ 5 倍的范围内细致抛光，直到表面出现很高的亮度为止 提示： 经细蜡抛光后，涂膜表面的光洁度应很高，整体均匀细腻，看不出任何流挂的痕迹	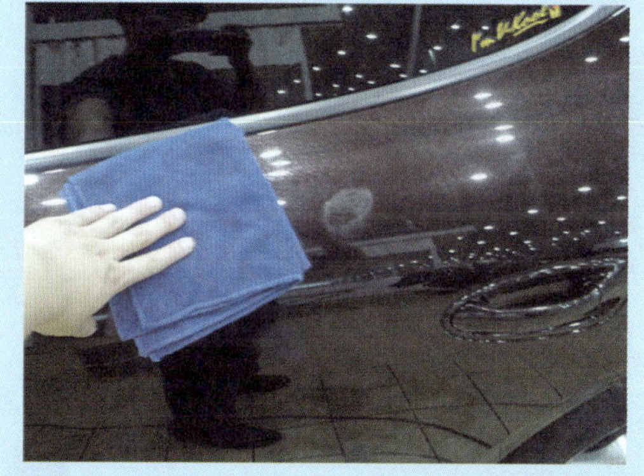
7. 抛光后清洁 方法： （1）清除板件周围的遮盖材料 （2）用干净的毛巾擦除板件边缘和沟缝里的残蜡 提示： 单块板件局部手工抛光时一般不需要遮盖，但在修理时一定要避免损伤周围的涂膜	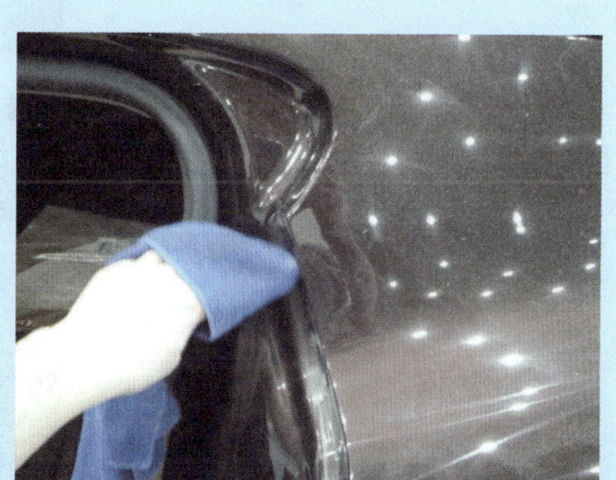

续表

操作内容	图片
8. 收尾工作 **方法：** （1）清洗抛光用的法兰绒抹布和毛巾 （2）整理砂纸和抛光剂等相关修理材料 （3）清扫作业场地 **提示：** 严格按照 6S 要求进行收尾工作	

二、漆面打蜡

本任务的内容是漆面打蜡，见表 6–4–3。

表 6–4–3　　漆 面 打 蜡

操作内容	图片
1. 车身表面的清洁 **方法：** （1）清洗车身，除去车身涂膜表面的沙粒、灰尘和脏污 （2）晾干车身，用吹尘枪吹除车身板件边缘和缝隙里的水分 **提示：** 打蜡前一定要洗车，否则难以保证打蜡的效果	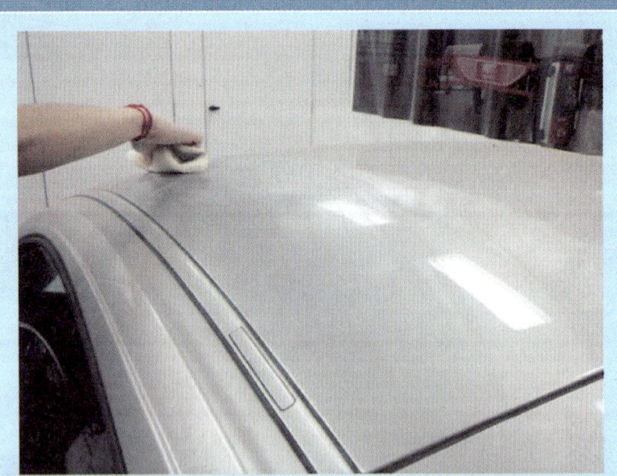
2. 上蜡 **方法：** （1）将液体蜡均匀倒在打磨机的蜡盘套上，每次按 0.5 m^2 的面积涂匀部分漆面 （2）按照先涂抹车顶，再涂抹前后盖板，最后涂抹车身侧面的顺序上蜡，直至涂抹完全车 **提示：** 在车身上涂蜡要均匀，不能有遗漏	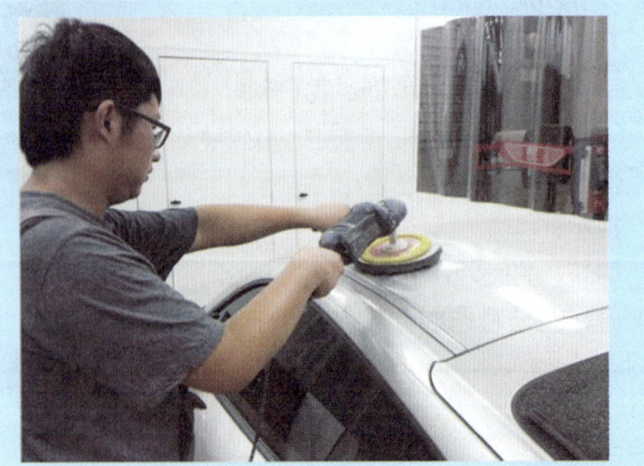

续表

操作内容	图片
3. 待蜡凝固 方法： （1）完成上蜡后，等待液体车蜡凝固 （2）当车身表面的车蜡变成白色，说明车蜡已经凝固，可以进行下一工序的施工 提示： 车蜡变成白色时是开始抛光的最好时机，过早或过晚抛光都难以达到理想的效果	
4. 抛光 方法： （1）将抛光机的转速调到 3 000 r/min 左右，按照上蜡的先后顺序进行全车抛光 （2）一块一块地将整个车身涂膜抛出亮丽的镜面光泽，直至抛光完全车 提示： 按照直线往复移动的方式进行抛光，抛蜡盘应水平覆盖在涂膜上，板件边缘的抛光时间应相对较短，否则会抛穿涂膜	
5. 清除残蜡 方法： （1）结束打蜡后，仔细检查车身涂膜的光泽度是否达到要求，是否有遗漏区域，如果达不到要求，则须继续抛光 （2）清除车标、车灯和门边等处的残存车蜡，防止产生腐蚀和影响整车美观性 提示： 车身板件边缘和沟缝处容易堆积大量的残蜡，必须将其清除干净	

续表

操作内容	图片
6. 收尾工作 **方法：** （1）结束打蜡后，清洁打蜡设备及用品，并将它们妥善保存 （2）及时清理作业场地 **提示：** 严格按照 6S 要求进行收尾工作	

思考与练习

1. 怎样修理涂膜轻微流挂？
2. 怎样进行漆面深度划痕的处理？
3. 漆面打蜡有哪些注意事项？